GUIDO KNOPP

Top-Spione

Buch

Hinter den Kulissen des Kalten Krieges fochten Ost und West mit Tricks und Raffinesse einen gnadenlosen Spionagekrieg aus. Wer waren die Akteure? Was brachte sie dazu, ihr Land zu verraten? Und wie gelang es ihnen, ihr Material durch den Eisernen Vorhang zu schmuggeln?

Guido Knopp hat mit den noch lebenden Top-Spionen, ihren Gegenspielern, ihren Angehörigen und berühmten Zeitzeugen gesprochen. Bei seinen Recherchen stieß er zudem auf brisantes Material, das Licht in das Halbdunkel dieses »Geheimen Krieges« bringt.

Autor

Prof. Dr. Guido Knopp leitet seit 1984 das ZDF-Ressort Zeitgeschichte. Er ist Autor zahlreicher, zum Teil preisgekrönter Fernsehfilme.

GUIDO KNOPP

TOP SPIONE

Verräter im Geheimen Krieg

In Zusammenarbeit mit Peter Adler,
Lutz Becker, Christian Deick,
Ralf Piechowiak, Kristiana Ruhl

Dokumentation von Ursula Nellessen
und Andrea Toth

GOLDMANN

Umwelthinweis:
Alle bedruckten Materialien dieses Taschenbuches
sind chlorfrei und umweltschonend.

Der Goldmann Verlag
ist ein Unternehmen der Verlagsgruppe Bertelsmann

Vollständige Taschenbuchausgabe März 1997
Wilhelm Goldmann Verlag, München
© 1994 der deutschsprachigen Ausgabe
C. Bertelsmann Verlag GmbH, München
Umschlaggestaltung: Design Team München
Druck: Presse-Druck Augsburg
Verlagsnummer: 12725
KF · Herstellung: Heidrun Nawrot
Made in Germany
ISBN 3-442-12725-4
www.goldmann-verlag.de

3 5 7 9 10 8 6 4

INHALT

Vorwort

DAS GEHEIMNIS DER VERRÄTER

Das Vokabular des zweitältesten Gewerbes der Welt ist schillernd: Infiltration, Sabotage, Verrat, Desinformation, Doppelagenten, lebende Köder, tote Briefkästen. Wie kaum ein anderes Thema beflügelt die geheimnisvolle Welt der Spionage die Phantasie von Schriftstellern und Drehbuchschreibern. Die legendären Helden eines John le Carré oder die sinistren Gegner des James Bond fesselten auch deshalb ein Millionenpublikum, weil sie in der Zeit des Kalten Krieges und des atomaren Gegensatzes zweier Supermächte unterbewußte Angstgefühle schürten. Die Aufdeckung einiger spektakulärer »echter« Spionagefälle schien die tödliche Bedrohung durch Agenten und Maulwürfe zu bestätigen: Ein einziges Leck im Sicherheitssystem konnte das Gleichgewicht des Schreckens aus der Balance bringen, konnte die Sicherheit von Millionen gefährden. So dachte man. Mitunter war es sogar so. Dies machte Spionage so bedrohlich.

Seit dem Zusammenbruch des Ostblocks werden nun auch die Konturen jenes mysteriösen »unsichtbaren Krieges« deutlich, den die Supermächte unter der Oberfläche der Tagespolitik mit allen Mitteln ausfochten. Der Kalte Krieg bot ein ideales Schlachtfeld für Spione: Fast alles, was politisch, militärisch oder wirtschaftlich auf der anderen Seite ausgeheckt wurde, war wichtig. Für noch so nebensächliche Informationen zeigten sich die Geheimdienstzentralen in Washington und Moskau, in London, Ost-Berlin und München-Pullach dankbar. Doch die heile Welt des Kalten Krieges liegt nun auf dem Friedhof der Geschichte. Und erst jetzt besteht die Chance, einige der damals bestgehüteten Geheimnisse zu lüften. Spione üben ihr dubioses Handwerk in der Regel weder auf Verfolgungsjagden noch auf Cocktailpartys aus. Spionagealltag heißt zuallererst Routine, Leerlauf, Bürokratie. Das Top-Model, mit dem der Top-Spion verführt wird, macht sich rar. Und trotzdem ist die Wirklichkeit um Längen spannender als die Fiktion. Die Hintergründe sind bedrohlicher, die Arbeit ist gefährlicher, die Gründe des Verrats sind vielschichtiger, als Romanautoren es sich ausdenken. Dies zeigen meine ausgewählten Fälle.

Die bedeutendsten Figuren im Geheimen Krieg der Mächte waren Männer ganz verschiedenen Schlages. Unauffällig oder schillernd, besonnen oder spontan, nüchtern oder gefühlsbetont, hatten sie doch eines gemeinsam – den Mut zum Verrat: der Atomspion Klaus Fuchs, deutscher Physiker im Dienst der USA, der den Sowjets das Geheimnis der Atombombe enthüllte; der Maulwurf George Blake, Agent im Dienste Ihrer Majestät, der das komplette Netz des britischen Geheimdienstes in Osteuropa an das KGB verriet; der Kanzlerspion Günter Guillaume, dessen Enttarnung letztlich einen Kanzlersturz auslöste; der Überläufer Werner Stiller, der nach seiner Flucht in den Westen Dutzende von DDR-Agenten auffliegen ließ; der Dealer John Walker, der zwei Jahrzehnte lang die geheimsten Dechiffriercodes der US-Streitkräfte an das KGB verkaufte; der Doppelagent Oleg Gordiewski, der als Offizier der Londoner KGB-Residentur hochkarätige Geheimnisse an die Briten verriet. In der Summe zeigen ihre Fälle eindringlich, was Spionage wirklich war und ist: ein zynisches Geschäft mit Menschen.

Nur einer, der Atomspion Klaus Fuchs, ist tot. Alle anderen leben: im Exil, in Freiheit, im Gefängnis. Alle Fälle sind längst abgeschlossen. Nur deshalb war es möglich, die Spione selbst als Kronzeugen in eigener Sache zu vernehmen. Nur so läßt sich die spannende Geschichte des Verrats rekonstruieren. Nur so erschließt sich auch das Psychogramm des einzelnen Spions. Aus diesen Gründen habe ich bewußt darauf verzichtet, etwa auch den letzten großen Fall der internationalen Spionage, den des Aldrich Ames, in dieses Buch mit aufzunehmen. Dennoch spielt der aufgespürte KGB-Spion im Dienst der CIA in unserem Fall Gordiewski eine auslösende Rolle: Ames gab Moskau den entscheidenden Hinweis. Ein Doppelagent verriet den anderen.

So unterschiedlich wie die Charaktere dieser Top-Spione sind auch die Motive des Verrats, den sie begangen haben. Auf die Frage, wie sie zu Spionen wurden, gibt es zwar verschiedene Antworten. Hehrer Idealismus hat ebenso zum Frontwechsel geführt wie Erpressung oder pure Habgier. Doch sie alle haben ihr Handwerk nicht nur willig betrieben – auch versteckte, unterdrückte Lust an Doppelleben, Täuschung, Camouflage war stets mit im Spiel. Die Rolle des Judas birgt verführerischen Reiz. Der unverhohlene Stolz, mit dem die meisten Ex-Spione nach dem oft unrühmlichen Ende ihrer Karriere von den Tricks und Schlichen berichten, mit denen sie die andere Seite narrten, ist freilich auch Indiz für ihre Einsamkeit: Niemand, auch nicht in der engsten und vertrautesten Umgebung, darf von den konspirativen Erfolgen erfahren, keiner darf öffentlich Lob oder Anerkennung zollen. Den einzigen Kontakt zur »eigenen« Seite halten meist nur tote Briefkästen und gelegentliche kurze Treffs mit Mittelsmännern im verborgenen. Der Zwang zum Doppelspiel, zur Täuschung selbst der besten Freunde und der eigenen Familie, hat viele Spione zermürbt.

Klaus Fuchs beschönigte seine eigene verzweifelte Situation noch als »kontrollierte Schizophrenie«.

George Blake bedauert heute überhaupt nicht, daß er vierhundert britische Spione an das KGB verriet; traurig stimmt ihn nur, daß er Frau und Familie nicht hat ins Vertrauen ziehen können. Die Ehe zerbrach.

Oleg Gordiewski hat seine Flucht aus Moskau alleine betrieben. Um seine Frau nicht zu gefährden, mußte er ihr seinen Plan verschweigen. Doch der Preis war hoch: Das KGB nahm sie als Geisel.

Top-Spione sollten besser Junggesellen bleiben. Immerhin zieht wenigstens der Autor, wenn auch erst nach Jahren, Nutzen aus der selbstgewählten Isolierung des Spions: Denn liegt ihr »Fall« erst einmal bei den Akten der Geschichte, sehen prominente Ex-Agenten es nicht immer ein, daß Schweigen Gold sein soll. Wenn Spione außer Dienst reden wollen, reden sie – doch bis man sie zum Reden bringt, ist es oft ein mühsames Stück Arbeit: gleich, ob einer Häftling im Gefängnis von Atlanta oder Emigrant in

Moskau ist. Von Treuepflicht – wem gegenüber? – ist dann nicht mehr die Rede, ohnedies verlangt sie keiner mehr. Treu sind diese Spitzenkräfte des zweitältesten Gewerbes der Welt dann höchstens ihrem alten Hang zur Täuschung, oder wenigstens zur Finte.

Die Lebensläufe der großen Verräter des Kalten Krieges sind auch Geschichten von mißbrauchten Gefühlen und von falschen Hoffnungen. Das Verhältnis der Agenten zu den Führungsoffizieren war oft nicht von jenem ritterlichen Respekt geprägt, den manche Agentenromane vorgaukeln. Die großen Dienste arbeiten nie ohne doppelten Boden. Man liebt den Verrat, aber nicht den Verräter. Auch prominente Top-Spione sind am Ende meist nicht mehr als Werkzeuge, die man benutzt und nach getaner Arbeit ohne Skrupel fallenläßt. Zurück bleiben verbitterte Agentenveteranen, die verzweifelt dem Verrat, den sie begangen haben, einen Sinn zu geben suchen. Nach der Enttarnung sind sie für ihre Auftraggeber in der Regel nutzlos, allenfalls als potentielles Sicherheitsrisiko bleiben sie von Interesse. Manche leben bis zu ihrem Tod in Furcht vor Verfolgung. Andere, wie John Walker, büßen den Verrat an ihrem Land mit lebenslanger Haft. Im besten Falle werden Ex-Spione in entlegene Villen abgeschoben und mit Orden überhäuft. Selten, wie im Falle Stiller, meistern sie ihr zweites Leben.

Was bleibt übrig? Woran können sie sich halten? In ihren nachträglichen Rechtfertigungen wiederholen Geheimdienstpensionäre gebetsmühlenartig die Formel, ihr Verrat habe dem Frieden gedient. Was sollen sie auch anderes sagen? Freilich hatten ihre Kämpfe an der »unsichtbaren Front« des Kalten Krieges oft zwei Seiten: Sie haben Spannungen verschärft und manchmal selbst geschaffen, zugleich jedoch über die Kanäle der Konspiration für Transparenz und Vertrauen gesorgt. Spionage als vertrauensbildende Maßnahme, als beruhigende Gewißheit, daß der Gegner einem gar nicht an den Kragen will, sondern selber Angst hat.

Es ist tröstlich für die Gegenwart, daß dieser Zwiespalt wohl auch nach dem Kalten Krieg erhalten bleiben wird. Die geheimen Dienste werden auch in Zukunft zu den Säulen nationaler Sicherheit gehören, wenn auch mit verringerten Budgets. Große Spionagefälle werden weiterhin für Aufsehen sorgen, so wie Fuchs,

Blake, Walker und die anderen. Das Gewicht wird sich verlagern: von den militärischen auf ökonomische »Top Secrets«. Das Atom-Geheimnis wird am Ende seiner Exklusivität beraubt sein. Bei alledem wird das zweitälteste Gewerbe der Welt weiterhin sein (Un-)wesen treiben. Es wird ein aufregendes Faszinosum bleiben, voller atemberaubender Spannung und zwiespältiger, schillernder Figuren.

Einige von jenen »Dunkelmännern« äußern sich in diesem Buch zum ersten Mal zu den Geheimnissen der Top-Spione: die KGB-Chefs Wladimir Krjutschkow, Leonid Schebarschin und Viktor Gruschko; Markus Wolf, Chef des Spionagediensts der DDR; Günther Kratsch, Chef der DDR-Spionageabwehr; die KGB-Agenten beziehungsweise -Führungsoffiziere Pawel Sudoplatow, Jewgeni Pitovranow, Vadim Gonscharow und Sergei Kondraschow; der CIA-Agent Joe Evans; Heribert Hellenbroich, Ex-Chef des bundesdeutschen Verfassungsschutzes, und viele andere mehr. Sir Nicholas Elliott, legendärer Ex-Direktor des britischen Geheimdienstes MI 6, gab für dieses Buch das letzte Interview vor seinem Tod.

Spionagefälle sind stets Psychodramen, und die Hauptrollen besetzen Frauen. Einige von ihnen sagen uns in diesem Buch zum ersten Mal die Wahrheit über ihre Männer: Werner Stillers Ex-Frau Erzsebet – und seine Ex-Geliebte, Helga Michnowski; Leila Gordiewski, die nach der Flucht ihres Mannes dem KGB als Geisel diente; John Walkers Ex-Frau Barbara, die ihren Mann, den KGB-Spion, der sie betrogen hatte, an das FBI verriet – und damit, ohne es zu ahnen, auch den eigenen Sohn preisgab. Die ersten Opfer unserer Top-Spione waren ihre Frauen.

Viele haben mir bei diesem Buch geholfen. Ich danke meinen Mitarbeitern und Kollegen Peter Adler, Ralf Piechowiak und Lutz Becker, die nicht nur filmisch, sondern auch am Schreibtisch ihre Kreativität bewiesen haben; Kristiana Ruhl und Christian Deick, die mit mir literarisch unsere Spionagefälle Guillaume und Fuchs erschließen konnten; Nina Steinhauser und Ulrich Lenze, die diese Fälle filmisch nacherzählen; Alexander Rodnianski, der den Fall Gordiewski für das Fernsehen reportiert; Ursula Nellessen und Andrea Toth, die für dieses Buch die Dokumentation besorgt haben.

Das Fazit der Verräter ist ernüchternd: Spionage lohnt sich nicht. Es bleiben Wunden, die sie sich und anderen schlugen: zerstörte Ehen, das frustrierende Exil, mitunter gar die quälende Erinnerung an Menschen, die man in den Tod trieb. Die Vergangenheit läßt sich verdrängen, aber sie vergeht nicht. Das Geheimnis der Verräter ist am Ende auch verborgene Trauer. Für Staaten mag sich Spionage lohnen, für Spione nicht.

Guido Knopp

Der Doppelagent

Der erste Eindruck ist: Wie unbedeutend dieser Mann aussieht. Ein breites russisches Gesicht, die Haare schütter, wache Augen, aber nirgendwo ein markantes Merkmal, das im Gedächtnis haftenbleibt. Ein dunkler Anzug, weißes Hemd – muß man so unauffällig wirken, wenn man ein erfolgreicher Spion gewesen ist?

Der zweite Eindruck ist sein Mißtrauen. Aus einer abgewetzten Sporttasche zieht er im Laufe unseres Gesprächs eine Thermoskanne, vollgefüllt mit »Russian coffee«, also Wodka-Kaffee, eine Flasche Mineralwasser, drei Käsesandwiches. Von uns nimmt er nichts an. Er traut uns nicht. Er will unabhängig bleiben, überall, in jedem Augenblick.

Er hat noch immer Angst. Das ist ganz offenkundig. Und er hat Grund dazu. Auch jetzt noch.

Oleg Anatoljewitsch Gordiewski, Jahrgang 1939, war Oberst im sowjetischen Geheimdienst KGB. Als er es wurde, 1985, stand er auf dem Sprung zum Chefposten der KGB-Filiale in London. Tatsächlich aber arbeitete er längst schon als Maulwurf für den britischen Geheimdienst. Ihm hatte er elf Jahre lang nicht nur Interna aus dem KGB verraten, sondern auch Agenten. Dafür wurde er in der Sowjetunion zum Tod verurteilt.

Das KGB gibt es nicht mehr. Doch das Todesurteil gegen Oleg Anatoljewitsch gilt nach wie vor. Er ist ein rechtskräftig verurteilter Verräter. Deshalb hat er Angst. Er sagt nicht, wo er wohnt. Er sagt nicht, wie er heute heißt. Wenn er sich mit uns trifft, nimmt er einen U-Bahn-Zug, steigt um, nimmt einen anderen, steigt wieder um und wechselt in ein Taxi. Wir treffen uns in einer Wohnung in South Kensington, die wir für das Gespräch mit ihm gemietet haben. Er will nicht, daß wir wissen, wo er lebt.

Wir wissen nur, daß er in einer kleinen Stadt bei London wohnt, rund eine Stunde Bahnfahrt vom Waterloo-Bahnhof entfernt, und ausgerechnet einen deutschen Namen angenommen hat, unter dem ihn seine Nachbarn kennen.

»Sie müssen verstehen: Theoretisch kann mich das KGB oder seine Nachfolgeorganisation an jedem beliebigen Ort der Erde töten.«

Wir hielten das für übertrieben, haben uns aber eines Besseren belehren lassen. Zwischenzeitlich sah es kurzfristig so aus, als ob das KGB mit seinem eigenen Exitus auch seine Altlasten begraben würde. Aber was heißt Exitus? Aus dem alten KGB herausgezogen wurde nur die Zweite Hauptverwaltung, zuständig für innere Sicherheit und Spionageabwehr, und in »Ministerium für Sicherheit« umbenannt.

Als jedoch der »Sicherheitsminister« im Oktober 1993 den Putsch gegen Präsident Jelzin nicht nur nicht verhindern konnte, sondern dies vor allem gar nicht wollte, löste der erzürnte Präsident das Ministerium auf und gab ihm einen neuen Namen: »Bundesdienst für Spionageabwehr«.

Währenddessen tat die Erste Hauptverwaltung, zuständig für Auslandsspionage, weiter Dienst, als ob sich nichts geändert hätte. Die alten KGB-Kader sind nach wie vor gefragt – zumal jetzt, da das neue Rußland wieder Großmacht sein will und dafür einen funktionierenden Geheimdienst braucht. Sie sind die Spezialisten – andere gibt es nicht – für Aufklärung, Erpressung, Sabotage, Wirtschaftsspionage. Und diese Experten haben ein langes Gedächtnis. Sie verzeihen nicht – egal, ob sie schon pensioniert sind oder noch aktiv. Wir haben sie getroffen und gesprochen, die Krjutschkows, Gruschkos und Schebarschins. Der Fall Gordiewski ist für sie eine bittere Niederlage, die sie nicht verwinden können. Gordiewski verkörpert für sie den Inbegriff des Bösen – nicht nur, weil er es geschafft hat, die Sowjetunion bei Nacht und Nebel zu verlassen und dem sicheren Tod zu entgehen, sondern auch, weil er sie mit seiner Flucht düpiert hat – sie, die vordem so Allmächtigen.

»Was hat Sie eigentlich zum Dienst im KGB bewogen?«

»Mein Bruder hat mich überredet. Er diente schon beim KGB. Ich wollte eigentlich Diplomat werden. Aber der Geheimdienst – das schien mir doch die aufregendere Karriere zu sein. Ich war jung und ehrgeizig. Ich wollte etwas werden. Und ich wollte in den Westen. Welcher Zweiundzwanzigjährige in Moskau wollte das nicht? Und eine Tätigkeit im KGB – das war für mich so etwas wie die Brücke nach Europa.«

Es gab da auch noch eine familiäre »Vorbelastung«: Schon Gordiewskis Vater hatte für den Vorläufer des KGB gearbeitet – als politischer Kommissar. Er war Parteimitglied sei 1919, und für ihn war die Partei »ein Gott«. Als während der Säuberungsaktionen Stalins Mitte der dreißiger Jahre zahlreiche Verwandte und Freunde der Familie spurlos verschwanden, wurde die bedingungslose Gläubigkeit des Vaters schwer erschüttert. Doch mit dem Kommunismus brach er nicht. Das sollte erst sein Sohn tun.

»Trotz alledem war die Sowjetunion ja doch Ihr Vaterland. Warum haben Sie es verraten?«

»Ich habe nicht mein Land verraten, sondern das Regime, das es jahrzehntelang verraten hat. Es begann mit dem Einmarsch der Truppen des Warschauer Paktes in die Tschechoslowakei.«

Damals, im August 1968, starb der »Prager Frühling«: der Versuch, dem realen Sozialismus ein »menschliches Antlitz« zu geben. Die häßliche Fratze des Sowjetkommunismus trat offen zutage.

»Ich war wie vor den Kopf geschlagen«, sagt Gordiewski. »War dies das Land, für das ich einzutreten hatte? Solschenizyn schrieb damals: ›Man muß sich schämen, Bürger der Sowjetunion zu sein.‹ Genauso empfand ich es. Ich wollte keiner Staatsmacht dienen, die laufend gegen ihre eigenen Gesetze verstieß, und rang mich dazu durch, nicht mehr länger mit dem System zusammenzuarbeiten.«

»Aber das kann doch nicht ganz abrupt geschehen sein. Da muß doch vorher ein Prozeß der Ablösung, des Nachdenkens zumindest, stattgefunden haben.«

»Ja, schon. Ich war seit 1962 KGB-Mann. Ich war jung, interessiert und informiert. Ich las deutsche Zeitungen im Original, schwedische, französische, englische und amerikanische. Ich erfuhr weit mehr als der normale Sowjetbürger. Ich erfuhr, daß Chruschtschow auf dem 20. Parteitag 1956 die Wahrheit gesagt hatte, als er erstmals die Verbrechen Stalins anklagte. Ich erfuhr, daß das Sowjetsystem schon innerlich verfault war und sich nur

Präsident
|

Zentralkomitee der ——————— Politbüro ——————— Zentralkomitee,
KPdSU   Abteilung Verwal-
                                                              tungsorgane

Kollegium ————————— KGB-Vorsitzender ————— KGB-Partei-
                    und Stellvertreter   komitee

Sonderinspektorat   Sekretariat

Personalverwaltung   Verwaltung   Verwaltung   Direktorat für
                     Finanzen   Mobilmachung   Administration
                     und Planung   und Beschaffung

Hauptverwaltungen

Erste (Ausland)   Zweite (Innere   Grenztruppen   Achte (Kommuni-
                   Sicherheit und   kation und Code)
                   Spionageabwehr

Verwaltungen   Abteilungen und Dienste

Dritte (Militärischer — Vierte   KGB-Dienst Per- — Zehnte
Abschirmdienst)   (Transport)   sonenschutz   (Archiv)
                                      (früher Neunte
                                      Verwaltung, Leib-
                                      wächter für Spit-
                                      zenfunktionäre)

Verfassungsschutz   — Sechste (Wirt- Abteilung Sonder- — Regierungs-
(früher Fünfte Ver-   schaftsspionage- ermittlungen   kommunikation
waltung, Ideologie   abwehr und In-
und Dissidenten)   dustrieschutz)

Technische Opera-   — Siebte   KGB-Hochschule — Sechste
tionen (OTU)   (Überwachung)   (Abhördienst und
                                                       Postzensur)

Sechzehnte (Fern-   — Fünfzehnte   — Zwölfte
meldeaufklärung)   (Sicherung von   (Lauschoperatio-
                      Regierungsein-   nen)
                      richtungen)

                    — Pioniereinheiten

Die Organisation des KGB
(Nach: Gordiewski und Recherchen des Autors)

durch Repression halten konnte. Ich war also bereits vorbereitet. Und ich wußte: Das einzige Mittel, das ich hatte, um die Zustände in meinem Land zu ändern, bestand darin, dem Westen zu helfen. Der Westen war für mich eine Insel der Freiheit. Diese Insel wird die Welt retten, dachte ich. Also nahm ich Kontakt zu einem westlichen Geheimdienst auf.«

Das war 1972 in Kopenhagen. Nach dem Besuch der Kaderschmiede für Spione in Moskau hatte Gordiewski 1966 seine KGB-Karriere als schlichter »Sekretär« des sowjetischen Konsulats in der dänischen Hauptstadt begonnen. 1970 kehrte er nach Moskau zurück, 1972 war er wieder in Kopenhagen – diesmal als »Presseattaché« der Botschaft. Jeder KGB-Mann brauchte eine »offizielle« Tätigkeit: Beliebt waren Jobs als »Presseattaché«, »Wirtschaftsattaché« oder »Handelsattaché«.

Der »Presseattaché« Gordiewski wählte zur Kontaktaufnahme eine provokante, aber sichere Methode. Er vertraute seiner damaligen Ehefrau telefonisch grundsätzliche Bedenken gegen das Sowjetsystem an – wohlwissend, daß Privatgespräche sowjetischer Diplomaten vom dänischen Geheimdienst abgehört wurden. Die Dänen kontaktierten ihn. 1974 wurde Gordiewski in einer Turnhalle von einem britischen Agenten angesprochen. Er hatte den Dänen signalisiert, daß seine Informationen eher für eine Atommacht wie Großbritannien von Interesse seien als für ein kleines Land wie Dänemark.

»Warum die Briten? Weshalb nicht die Amerikaner?«

»Ich habe mich für den britischen Geheimdienst entschieden, weil ich mir von ihm mehr Anerkennung versprach als von den Amerikanern.«

Ein edler Held? Gordiewski, ein einsamer Ritter zwischen den Blöcken, der die Schlechtigkeit des Sowjetsystems erkennt und sein Land retten will, indem er für den Westen spioniert? Es gibt auch andere Erklärungen:

»Ihre hehren ideologischen Motive nehmen Ihnen Ihre früheren Chefs nicht ab. Sie behaupten: Gordiewski hatte ausschließlich finanzielle Gründe für seinen Verrat. Er brauchte Geld.«

»Natürlich müssen die das sagen. Denn sie sind auf mich neidisch, weil sie mich nicht gefaßt haben. Und weil keiner von ihnen die Ebene des ideellen Kampfes gegen das totalitäre Sowjetregime

Organisation der Ersten KGB-Hauptverwaltung (Ausland)

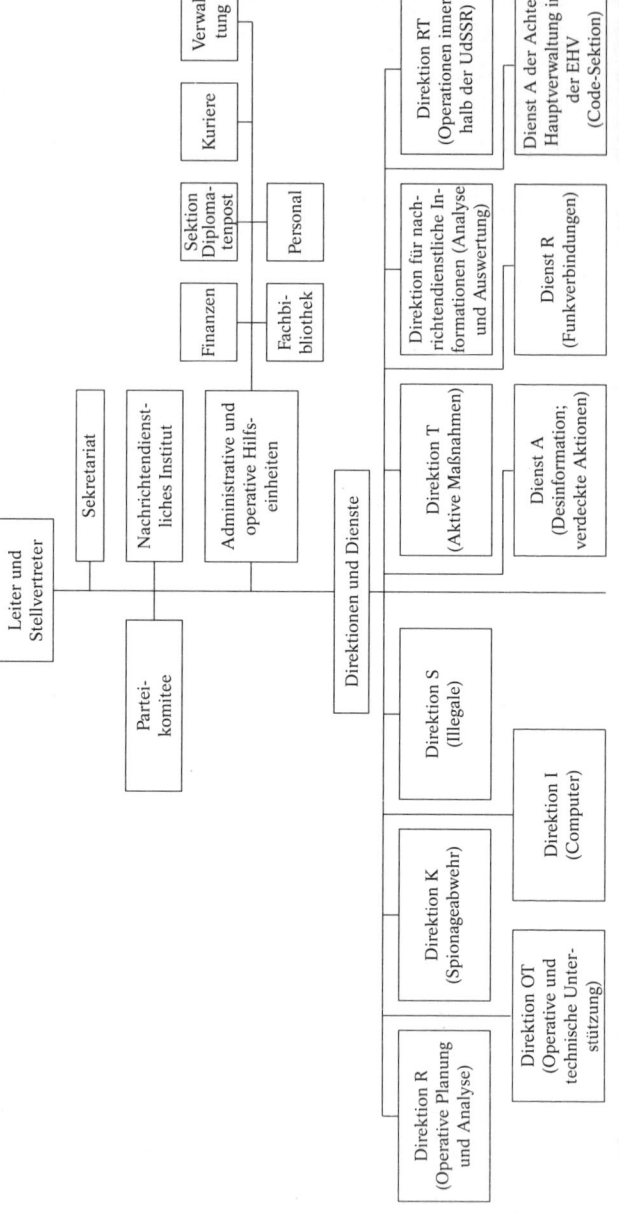

Leiter und Stellvertreter

- Sekretariat
- Parteikomitee
- Nachrichtendienstliches Institut
- Administrative und operative Hilfseinheiten
  - Finanzen
  - Sektion Diplomatenpost
  - Kuriere
  - Verwaltung
  - Fachbibliothek
  - Personal

Direktionen und Dienste

- Direktion R (Operative Planung und Analyse)
- Direktion K (Spionageabwehr)
- Direktion S (Illegale)
- Direktion T (Aktive Maßnahmen)
- Direktion für nachrichtendienstliche Informationen (Analyse und Auswertung)
- Direktion RT (Operationen innerhalb der UdSSR)
- Direktion OT (Operative und technische Unterstützung)
- Direktion I (Computer)
- Dienst A (Desinformation; verdeckte Aktionen)
- Dienst R (Funkverbindungen)
- Dienst A der Achten Hauptverwaltung in der EHV (Code-Sektion)

Abteilungen

1. USA, Kanada

2. Lateinamerika

3. Großbritannien, Australien, Neuseeland, Skandinavien

4. BRD, DDR, Österreich

5. Beneluxländer, Frankreich, Spanien, Portugal, Schweiz, Griechenland, Italien, Jugoslawien, Albanien, Rumänien

6. China, Vietnam, Laos, Kambodscha, Nordkorea

7. Thailand, Indonesien, Japan, Malaysia, Singapur, Philippinen

8. Afghanistan, Iran, Israel, Türkei

9. Afrika (englischsprachig)

10. Afrika (französischsprachig)

11. Verbindung zu sozialistischen Ländern

15. Registratur und Archiv

16. Fernmeldeaufklärung und Operationen gegen westliche Chiffriertechniker

17. Indien, Sri Lanka, Pakistan, Nepal, Bangladesch, Burma

18. Arabische Länder und Ägypten

19. Emigranten

20. Verbindung zu den Entwicklungsländern

Quellen: Desmond Ball und Robert Windren,
»Soviet Signals Intelligence (Sigint): Organisation and Management«, Intelligence and National Security, Bd. V (1990), Abb. 2, und Gordiewski

erreicht hat wie ich. Wer hat denn etwas riskiert? Sie doch nicht. Ich habe mein Leben riskiert. Ich habe meine Familie riskiert, die ich sechs Jahre lang nicht sehen durfte. Sie aber haben dem Regime gedient, bis es verschwand! Ich habe recht behalten, und das können sie mir nie verzeihen. Ihre einzige Chance ist, mich zu verleumden.«

»Ihre früheren KGB-Kollegen sagen, daß man Sie erpressen konnte. Ein Foto etwa: Sie und eine Frau...«

»Ich hatte nie Angst vor Erpressung. Der britische Geheimdienst wendet nie Erpressung an. So denkt das KGB. Das KGB erpreßt ja selbst. Die denken wie in einem Spiegelbild: Wenn wir das machen, machen das die anderen auch! Das ist typisch für das KGB.«

»Und Frauen, Oleg? Hatten Sie nie irgendwelche Abenteuer?«

Gordiewski lächelt. Nein, er sei ein langweiliger Mensch, sagt er. »Ich war nie in Freudenhäusern, habe nicht gesoffen – tut mir leid. Wenn andere Kollegen sich betrunken haben, las ich Zeitung oder« – und das meint er wirklich ernst – »irgendeinen wissenschaftlichen Artikel oder hörte Bach. Ich war ein ernster Mensch mit ernsthaften Interessen.«

»Hat ein solcher reiner Ritter wirklich keinen einzigen Penny von den Engländern genommen?«

»Also gut...«, Gordiewski zögert etwas, nimmt noch einen Schluck von seinem »Russian coffee« und gibt zu: »Am Ende meiner Arbeit für den britischen Geheimdienst haben mir die Engländer gesagt: ›Oleg, ob Sie wollen oder nicht, wir haben kürzlich begonnen, kleine Geldsummen auf Ihr Konto zu überweisen. Denn Ihre Zukunft ist ja unklar, und wir wollen, daß Sie eine sichere Zukunft haben.‹ Und dieses Geld, das sie auf meinem Konto für mich anlegten, konnte ich nach meiner Flucht aus der Sowjetunion im Jahre 1985 wirklich gut gebrauchen.«

Das können wir verstehen. Also hat er doch nicht ganz umsonst gearbeitet. Der britische Geheimdienst hat es ihm geschickt verbrämt. Denn Gordiewski hat sich ja auch seinen britischen Kollegen gegenüber als Gesinnungstäter ausgegeben. Wo aber steht geschrieben, daß Gesinnungstäter gar kein Geld annehmen dürfen?

»Ich habe mir von dem Geld ein Haus gekauft. Das ist der ganze

materielle Hintergrund. Ansonsten habe ich nie etwas erhalten.«
Er zögert etwas: »Außer einer kleinen ständigen Pension. Denn
sonst kriege ich ja nichts.«

Vom britischen Geheimdienst wurde uns das bestätigt. Was die
KGB-Kollegen meinen, werden wir noch hören.

»Worüber haben Sie den britischen Geheimdienst zuerst informiert?«

Gordiewski lächelt: »Sie wollten natürlich wissen, ob es KGB-
Agenten in ihrem Dienst oder überhaupt in der Regierung gebe.
Wenn das der Fall gewesen wäre, hätte ich es ihnen gesagt. Aber
leider gab es damals keine solchen Agenten. Dann forderten sie
mich auf: ›Erzählen Sie uns doch mal, wer in Dänemark für das
KGB arbeitet!‹ Das war natürlich einfach zu beantworten. Ich
habe ihnen alles erzählt. Aber sie wußten es schon längst. Sie
wollten mich nur auf die Probe stellen.«

»Und welche Nachrichten haben Sie den Briten dann zukommen lassen?«

»Ich habe ihnen einige KGB-Agenten im Westen genannt. Ich
habe ihnen die Organisationsstruktur des KGB gegeben. Ich habe
ihnen KGB-Dokumente zugespielt. Ich habe sie über Ziele und
Methoden des sowjetischen Geheimdienstes informiert. Ich habe
ihnen die atomare Strategie der Sowjetunion verraten. Ich habe
ihnen alles erzählt, was ich wußte. Manchmal fanden sie be-
stimmte Nachrichten viel interessanter, als ich dachte. Nur ein
Beispiel: Mitte der siebziger Jahre besuchte uns der sowjetische
Vizeaußenminister Semskow in Dänemark – er trank sehr viel.
Und als er ziemlich voll war, sagte er: ›Wir sind alle Sklaven des
Alten Platzes.‹ Das sollte heißen: Alle Minister sind abhängig vom
Zentralkomitee der KPdSU, dessen Sitz am Alten Platz in Moskau
war. Das fanden die Briten sensationell. Sie sind fast vom Stuhl
gefallen: ›Wiederholen Sie das noch mal, wiederholen Sie das
noch mal! Das kann doch gar nicht sein!‹ Und doch war es damals
so. Die Entscheidungen wurden im Politbüro getroffen, im Sekretariat des Zentralkomitees, vorbereitet von der Internationalen
Abteilung des ZK.«

Das entsprach wirklich den Tatsachen. Erst in der Endphase der
Ära Gorbatschow hat sich die Machtbalance in Moskau radikal
verändert. Nun war zum Beispiel Außenminister Schewardnadse

einflußreicher als der Leiter der Internationalen Abteilung des ZK, Walentin Falin. Den Durchbruch hin zur deutschen Einheit hatte Falin so nicht akzeptieren wollen. Doch Gorbatschow zog in der letzten Phase ganz bewußt nicht ihn zu Rate, sondern Schewardnadse.

»Wie haben Sie Ihre Informationen übermittelt? Benutzten Sie tote Briefkästen? Oder trafen Sie sich mit den britischen Geheimdienstlern?«

»In Dänemark hatten wir uns ungefähr einmal im Monat getroffen. In England trafen wir uns anfangs einmal im Monat, dann zweimal, schließlich einmal wöchentlich und am Ende sogar zweimal in der Woche. Sie sehen: Die Briten wollten immer mehr wissen! Bei solchen Treffen sprach ich russisch, denn sie wollten, daß ich mich ganz genau ausdrückte und möglichst ausführlich erzählte. Das zeichneten sie dann mit einem Tonband auf. Manchmal nahm ich streng geheime Dokumente aus der Botschaft mit, meist als Fotonegative. Ich entnahm sie meinem Safe, steckte sie in die Tasche und übergab sie, meist in einer konspirativen Wohnung, meinem Führungsoffizier. Dessen Assistentin rollte meine Filme auf einem Tisch aus, zog irgendein Gerät darüber und kopierte sie. Dann steckte ich die Dokumente in die Tasche, ging zur Botschaft zurück und schloß sie wieder in den Safe. Die ganze Aktion durfte nicht länger als fünfundvierzig Minuten dauern. Denn wenn es in der Zwischenzeit eine Überprüfung gegeben hätte, wäre ich schon früher aufgeflogen.«

»Wurden Sie nie überprüft?«

»Einmal fand eine solche Überprüfung statt. Irgendwelche streng geheimen Dokumente fehlten. Alle waren aufgeregt: ›Wo sind die Dokumente wohl?‹ Ich kam gerade von einem Treffen mit meinem Führungsoffizier. Wenn sie mich durchsucht hätten, wäre es das Ende gewesen. Aber irgendwie haben sie es nicht kapiert.«

Sie haben es doch kapiert. Denn alle diese Details sind in der Akte Gordiewski verzeichnet, die im Moskauer KGB-Archiv liegt. Doch es waren nur Indizien, keine Beweise. Zu einer Überführung reichte es nicht. Noch nicht.

»Ihr Dasein als Doppelagent war also gefährlich. Hatten Sie keine Angst? Um sich? Um Ihre Familie?«

Er zieht die Schultern hoch: »Und ob. Ich hatte furchtbare

Angst. Die können Sie nicht ausschalten. Man kann sie verdrängen. Aber dann kommt sie und packt dich, meist in einem Augenblick, in dem du gar nicht daran denkst. Sie schüttelt dich und bringt dich fast um. Aber ich habe gelernt, mit meiner Angst zu leben. Mir blieb ja keine Alternative, ich hatte mich nun einmal entschieden. Also mußte ich die Konsequenzen tragen.«

»Und Ihre Familie wußte nichts?«

»Um Gottes willen, nein. Das hätte meine Frau verrückt gemacht.«

Mit »meiner Frau« meint er seine zweite, Leila. Sie ist erheblich jünger, wie das bei zweiten Ehefrauen oft der Fall ist. Seine beiden Töchter gehen in eine englische Privatschule. Ein Spion mit Familie, wie die meisten. James Bond hat keine Planstelle.

Wenn er von Leila spricht, dann mit einer seltsamen Distanz. Sie haben sich in Kopenhagen kennengelernt, bei seinem zweiten Aufenthalt als »Presseattaché«. Da war er in erster Ehe noch verheiratet, auf dem Papier.

Leila war Sekretärin bei der Weltgesundheitsorganisation. Die Sowjetkolonie in Kopenhagen bestand aus dreihundert Personen. Es gab ein ungeschriebenes Gesetz, daß man zu allen Abendveranstaltungen kommen mußte. Es war schwer, sich nicht kennenzulernen.

Gordiewski ließ sich scheiden und heiratete Leila. Sie gebar ihm zwei Mädchen und war glücklich – bis sie hörte, daß ihr Mann, der KGB-Oberst, in Wahrheit für den britischen Geheimdienst spionierte.

Da aber befand er sich schon im goldenen Westen, und sie saß im grauen Moskau, mit zwei kleinen Kindern. Er hatte ihr von seinem Doppelspiel natürlich nie erzählt – um sie nicht zu belasten. Doch versteht das eine Frau? Oder kommt sie sich mißbraucht vor? Wir werden die Version der Ehefrau noch hören.

»Gab es eigentlich in all den Jahren nie einen Verdacht, daß die KGB-Stationen Kopenhagen und London ein Leck aufwiesen – und daß Sie dieses Leck gewesen sind?«

»In den ersten fünf Jahren meiner Arbeit für die Briten, also von 1974 bis 1979 in Kopenhagen, waren wir sehr vorsichtig. In der Residentur wurde kein Verdacht geschöpft. Anders sah es in der KGB-Zentrale aus. Als ich 1979 nach Moskau zurückkehrte, erfuhr ich, daß das KGB das Durchsickern von Informationen bemerkt hatte. Sie vermuteten, daß der Westen in einigen Punkten mehr wußte, als er hätte wissen dürfen. Man rätselte: ›Wer ist der Maulwurf in unseren Reihen?‹ Das trieb meinen Adrenalinspiegel ziemlich hoch. Aber noch war alles viel zu vage...

Als ich dann 1982 endlich nach London versetzt wurde – ›to the horse's mouth‹ –, verschlechterte sich die Lage immer mehr. Ich hatte einige Agenten und Möchtegernagenten hochgehen lassen – wie Arne Treholt und Michael Bettaney. Da schöpften die in Moskau natürlich Verdacht: Da konnte der Westen nicht allein draufkommen! Da mußte es einen Verräter geben! Die Schlinge zog sich immer mehr zusammen. Im KGB gibt es ein Sprichwort: ›Ein Agent lebt rund zehn Jahre.‹ Und nach rund zehn Jahren Arbeit für die Briten begann das KGB, mich zu verdächtigen. Meine Zeit war abgelaufen, der Boden unter meinen Füßen wurde heiß. Ich habe nichts Genaueres gewußt. Doch schon Anfang 1985 hatte ich ein ungutes Gefühl. Irgend etwas war im Anzug. Das spürte ich.«

»Wie ist man Ihnen auf die Spur gekommen? Wer oder was hat Sie verraten?«

»Darüber habe ich mir jahrelang den Kopf zerbrochen. Jetzt weiß ich es. Natürlich gab es viele Anzeichen dafür, daß Informationen durchgesickert waren. Und wenn sie in der KGB-Zentrale alle Mosaiksteine zusammengefügt hätten, wären sie früher auf mich gestoßen. Aber es geschah etwas ganz anderes: Anfang Mai 1985 hatten sie eine sehr glaubwürdige Information von hochkarätiger Seite erhalten, daß in der Londoner Residentur ein westlicher Spion saß. Ich war der einzige, der in Frage kam. Von wem stammte diese Information? Es war Aldrich Hazen Ames, der damalige Chef der CIA-Abteilung Gegenspionage, zuständig für die Sowjetunion und Osteuropa. Ames wurde im April 1985 im KGB angeworben. Sein erstes Honorar hat er Mitte Mai 1985 erhalten. Es war der Lohn für den Tip, in London gebe es ein Loch.«

Durfte der CIA-Mann Ames überhaupt wissen, daß in London ein Doppelagent sein Spiel trieb? Eigentlich nicht – doch die Briten waren in den siebziger und achtziger Jahren peinlich bemüht, ihr ramponiertes Ansehen bei den Vettern durch gezielte

Weitergabe hochkarätiger Informationen zu verbessern. Seit die »Glorreichen Fünf« aus Cambridge, die berühmten akademischen Agenten der Sowjetunion, den Secret Intelligence Service von innen ausgehöhlt hatten, traute die CIA dem britischen Geheimdienst nicht über den Weg. Nur gute Informationen konnten das beheben. So landeten Gordiewskis Hinweise auch auf ein paar Schreibtischen in Langley im US-Bundesstaat Virginia. Zwar waren sie »gesäubert« – die Briten hatten ihre Quelle, so gut es ging, verwischt. Doch ein Profi konnte eins und eins zusammenzählen. Und Aldrich Ames war ein Profi.

So geriet der Doppelagent Gordiewski Ende Mai 1985 in einen zweimonatigen Alptraum – ein riskantes Spiel um Leben oder Tod. Es begann mit einem Telegramm.

Als er das Telegramm auf seinem Schreibtisch sah, wußte er sofort, daß etwas nicht stimmte. Es war Donnerstag mittag in London, ein schöner Maitag, vierundzwanzig Grad im Schatten, ungewöhnlich warm für diese Jahreszeit. Gordiewski legte seine Jacke über einen seiner beiden abgewetzten Drehsessel und öffnete das Fenster. In seinem Zimmer im dritten Stock der sowjetischen Botschaft brütete die Hitze. Die KGB-Etage lag direkt unter dem Dach – eine Mansarde, die im Sommer unerträglich wurde. Die Ventilatoren, je einer pro Raum, sollten erst am 1. Juni von der Hausverwaltung ausgegeben werden.

Da lag neben dem Kalenderblatt mit Datum vom 16. Mai das Telegramm aus Moskau. Es forderte den Genossen »Gornow« auf, sofort in die Hauptstadt der Sowjetunion zu fliegen, um mit »Wladimirow« und »Aljoschin« »dienstliche Gespräche« zu führen.

»Gornow« war Gordiewskis Deckname im KGB. »Wladimirow« war das Pseudonym für den KGB-Vorsitzenden Genosse Viktor Michailowitsch Tschebrikow, Mitglied des Politbüros der KPdSU; »Aljoschin« war der Codename für Wladimir Alexandrowitsch Krjutschkow, damals Leiter der Ersten Hauptverwaltung des KGB, zuständig für die Auslandsspionage. Die Decknamenmanie des KGB war sprichwörtlich.

Trotz der Hitze spürte Gordiewski kalten Schweiß an seinen Händen. Da war wieder dieser Schwindel. Er klammerte sich an die Stuhllehne. Spione sollten eigentlich eine eiserne Gesundheit haben, Doppelspione erst recht. Gordiewski aber litt an Bluthochdruck und mußte Sedativa nehmen. Doch das Gefühl der drohenden Gefahr ließ sich nicht mit Pillen bekämpfen. War sein Geschäft bislang zu glatt gelaufen?

Vordergründig hatte er ja eigentlich keinen Grund zur Sorge. Er stand auf dem Zenit seiner Karriere. Sein Ansehen in Moskau war, so sagten seine Vorgesetzten, gut wie nie, aus gutem Grund. Als Gorbatschow im Dezember 1984 zum ersten Mal Großbritannien besuchte, hatte ihn Gordiewski mit sprechreifen Tischvorlagen über Land und Leute versorgt, die den designierten Parteichef regelrecht begeisterten. Kein Wunder, daß der quicke Vizeresident im Januar 1985 in die Moskauer Zentrale beordert wurde, wo man ihm mitteilte, daß er zum Londoner Residenten ernannt werden würde und sein neues Amt im Mai 1985 anzutreten habe. Wozu also jetzt noch dieses Telegramm? Warum sollte er auf einmal wieder nach Moskau?

Gordiewski zwang sich dazu, ruhig zu bleiben. Nach der Dienstvorschrift war er verpflichtet, den Botschafter der UdSSR in Großbritannien von dem Telegramm zu unterrichten. Viktor Iwanowitsch Popow war beeindruckt. Er und Gordiewski hatten sich nie leiden können. Popow war Choleriker, trank oft zuviel und machte unflätige Bemerkungen über die Frauen der Botschaft. Jetzt aber gab er sich wohlwollend, klopfte Gordiewski auf die Schulter und versorgte ihn mit kollegialen Ratschlägen für seine Moskauer Gespräche. Offensichtlich hielt er die Einladung für eine Auszeichnung. Gordiewski schien offenbar zu Höherem berufen. Mit den Siegreichen muß man sich gut stellen.

Am nächsten Tag, einem Freitag, traf ein weiteres Telegramm aus Moskau an den Genossen »Gornow« in der Botschaft ein. Es enthielt die Order, daß »Gornow« sich für die Gespräche mit »Wladimirow« und »Aljoschin« darauf vorbereiten solle, Fragen zur politischen, wirtschaftlichen und militärischen Situation in Großbritannien zu beantworten.

Das schien im Grunde eine ganz normale Anweisung zu sein. Gordiewski beruhigte sich ein wenig. War er nach elf Jahren Eiertanz als Doppelagent nicht bereits zum Paranoiker geworden? Litt er unter zwanghaftem Verfolgungswahn? Sah er schon Gefahren, wo es gar keine gab?

Das sagte ihm sein Verstand. Doch er ahnte instinktiv, daß dieses Moskauer Gespräch eine sorgfältig gestellte Falle war.

In Moskau saß zur gleichen Zeit Wladimir Alexandrowitsch Krjutschkow, Spionagechef des KGB, vor dem umfangreichen Resopalschreibtisch von Viktor Michailowitsch Tschebrikow. Auf die Besuchern zugewandte Auflage des Tisches hatte er die Akte Gordiewski gelegt. Krjutschkow blickte neidvoll auf den Telefontisch Tschebrikows. Der Vorsitzende verfügte über insgesamt sieben Telefone – darunter selbstverständlich die »Vertuschka«, die nur den obersten Mitgliedern der Nomenklatura zustand. Die Zahl der Telefone war ein wichtiger Indikator für den Rang des Nomenklaturisten. Ab fünf Telefone aufwärts hatte man es geschafft. Und der KGB-Chef Tschebrikow gehörte von Amts wegen zu dieser Elite.

»Wird er kommen?« fragte Tschebrikow.

»Wenn er ein wirklich scharfsinniger Mensch wäre«, erwiderte Krjutschkow, »dann durchschaut er unsere Methode und bleibt in England. Aber ich denke, er wird kommen.«

»Was haben wir gegen ihn in der Hand?«

»Noch nichts Stichhaltiges. Aber es gibt eine Vielzahl von Indizien, daß er die undichte Stelle ist.«

»Dann sorgen Sie dafür, daß er in Moskau mit den Fakten konfrontiert wird. Wir brauchen sein Geständnis.«

»Wir werden unser Bestes tun, Genosse Tschebrikow. Aber wir brauchen etwas Zeit dafür.«

»Gut, die haben Sie. Aber bringen Sie ein eindeutiges Ergebnis.«

Zur gleichen Zeit in Washington, D. C.: Aldrich Hazen Ames, Leiter der Abteilung Gegenspionage der CIA, zahlt auf seinem Konto neuntausend US-Dollar ein. Es ist sein erstes Honorar, bar ausbezahlt vom KGB – für Ames' Tip, in London gebe es ein Loch.

Am Nachmittag desselben Tages nahm Gordiewski in London Kontakt zum MI 6 auf.

Der MI 6 war im britischen Geheimdienst für die Auslandsspionage zuständig, der MI 5 für die Abwehr. In seiner offiziellen

Amtsfunktion als designierter Resident des KGB war Gordiewski ein Objekt für den MI 5, in seiner inoffiziellen, als Spion, ein illegaler Mitarbeiter des MI 6.

Er hoffte insgeheim darauf, daß seine Auftraggeber ihm dazu rieten, nicht nach Moskau zu fahren, weil die Sache zu gefährlich sei. Doch die Kollegen taten ihm den Gefallen nicht. Nach ihren Unterlagen, so erklärten sie, existiere nicht das geringste Anzeichen dafür, daß irgend etwas angebrannt sei. Mehr sagten sie nicht. Aber sie gaben Gordiewski zu verstehen, daß es für den britischen Geheimdienst außerordentlich wichtig sei zu wissen, was die Genossen Tschebrikow und Krjutschkow über die sowjetische Großbritannien-Politik im allgemeinen und die des KGB im besonderen zu sagen hätten. Sie versprachen, ihn im Auge zu behalten und für seine Sicherheit zu sorgen. Doch welchen Stellenwert hat eine Garantie des britischen Geheimdienstes in der Hauptstadt der Sowjetunion? Das Signal war freilich klar: »Du mußt nach Moskau.«

Also fuhr er. Doch vorher hatte er noch einen offiziellen, schon länger geplanten Auftrag zu erledigen. Am Samstag, dem 18. Mai, sollten einem britischen »Illegalen« – so hießen im Jargon der Dienste verdeckt operierende Agenten – achttausend Pfund Sterling übergeben werden. Gordiewski war für diese Aufgabe vorgesehen, weil er einen Diplomatenpaß besaß, der ihn im Falle einer Entdeckung schützte.

Die Ironie des Aktes lag natürlich darin, daß Gordiewski, selbst ein »Illegaler« des MI 6, dadurch ohnedies geschützt war.

Dennoch hatte er den MI 6 nie über alle Aktionen informiert, die er als KGB-Offizier durchführte. Das wußte der britische Geheimdienst – und dieses *Gentleman's Agreement* gehörte zum Geschäft. Der MI 6 erfuhr nur das, was Gordiewski mitteilen wollte. Der Verräter blieb Herr des Verrats. Kein Bestandteil seiner Doppelspionage war zum Beispiel Dr. Yusef Dadoo, Vizepräsident der südafrikanischen Schwarzenorganisation ANC, die in den achtziger Jahren nicht nur im eigenen Land verboten war, sondern überdies als kriminelle Organisation galt.

Die Sowjetunion unterstützte den ANC, dessen Präsident Nelson Mandela damals im Gefängnis saß, mit Geld und Waffen. Während Waffenlieferungen meist über die sambische Hauptstadt

Lusaka liefen, war London Stammplatz der Geldübergabe. Zwischen Juli und Dezember 1982 überreichte Gordiewski bei mehreren Treffen insgesamt rund zweihunderttausend US-Dollar für den ANC – und obendrein gleich auch noch achtzigtausend Dollar für die südafrikanische kommunistische Partei. Das Geld kam von der Moskauer Bank für Außenhandel und trug beim Eintreffen in London noch deren Banderolen. Dadoo stopfte sich die Taschen voll mit Dollarnoten, quittierte und verschwand – ein *Postillon de monnaie*. Gordiewski wunderte sich stets, daß der Afrikaner, der unbeirrbar an die Überlegenheit des kommunistischen Systems glaubte, keine Angst vor einem Überfall hatte. Jedenfalls erfuhr der MI 6 von Dadoos Geldtransport kein Sterbenswort.

Auch bei der jetzigen Aktion war Schweigen Gold. Also nahm Gordiewski an jenem 18. Mai 1985 einen von den Technikern der Residentur präparierten Ziegelstein, der innen hohl war und gerade Platz für vierhundert Banknoten zu je zwanzig Pfund bot. Er steckte den Stein in eine Plastiktüte und machte sich mit seinen beiden kleinen Töchtern Maria und Anna auf den Weg zu einem Park, in dem die Übergabe vorgesehen war.

Beide Töchter sprachen ein hervorragendes Englisch: Maria besuchte die erste Klasse der »Church-of-England«-Schule, und Gordiewski erzählte gerne, wie sie eines Tages heimgekommen war und das Vaterunser in perfektem Englisch aufgesagt hatte. Das sollte übrigens noch eine Rolle spielen.

Corams Field in Bloomsbury lag nicht weit vom Londoner Geschäftszentrum entfernt und war entsprechend belebt. Gordiewskis Töchter, vier und fünf Jahre alt, tollten im Park herum: Eine bessere Tarnung konnte es nicht geben.

Der KGB-Mann sah sich um, nahm den Ziegelstein aus der Plastiktüte und legte ihn an den Rand des Spazierweges. Dann kaufte er zwei Hot dogs für die Töchter und verließ den Park.

Das Risiko lag darin, daß in den vorgesehenen fünfzehn Minuten zwischen Gordiewskis Verschwinden und dem Auftauchen des »Illegalen« ein Passant den Ziegelstein hätte aufheben und mitnehmen können. Denn es war ein schöner und intakter Ziegelstein. In einem solchen Fall wäre Gordiewski zur Rechenschaft gezogen worden.

Doch die Übergabe funktionierte. Der »Illegale« (Codename »Dario«) kam wie vorgesehen und nahm den Ziegelstein samt Inhalt mit. Der Akt war planmäßig verlaufen. Gordiewski konnte nicht wissen, daß dies die letzte Aktion in seinem Berufsleben als Doppelagent gewesen war.

Am nächsten Morgen stand um halb sieben ein Ford Granada der sowjetischen Botschaft vor Gordiewskis Wohnung in der Kensington High Street. Der Fahrer brachte ihn hinaus nach Heathrow, zur Frühmaschine der Aeroflot nach Moskau. Es war Sonntag, der 19. Mai 1985.

Frau und Kinder blieben in London. Von seinen Ängsten hatte er zu Hause nichts gesagt. Leila Gordiewski wußte nicht, daß ihr Mann ein riskantes Spiel trieb.

Bei der Verabschiedung sagte Gordiewski zu seiner Frau: »Ich rufe dich aus Moskau an, wenn ich abfliege, und du holst mich mit den Kindern am Flughafen ab!« Bis zum Mittwoch der übernächsten Woche sei er wohl zurück.

Scheremetjewo II ist von den Moskauer Flughäfen der modernste. Hier landen die Maschinen aus dem Ausland. Vor den wenigen Paßschaltern in der Ankunftshalle bilden sich rasch lange Schlangen.

Mit seinem Diplomatenpaß konnte Gordiewski einen besonderen Schalter benutzen, an dem niemand vor ihm stand. Der Grenzbeamte nahm den Paß, tippte den Namen in seinen vorsintflutlichen Computer und blätterte die Seiten mehrmals durch. Dann wartete er – fünf, zehn, fünfzehn Minuten, die immer länger wurden.

Die Grenzbeamten in Scheremetjewo unterstanden der Hauptverwaltung Grenztruppen des KGB. Gordiewski wußte das natürlich. Seine Unruhe wuchs, als der Beamte zum Telefon griff und in die Muschel etwas sagte, was für den Wartenden vor der Glasscheibe so aussah wie: »Er ist da!«

Informierte der Mann seine diensthabenden Führungsoffiziere? Hieß das: Beschattung, Bespitzelung, Kontrolle? War sein Angstgefühl begründet?

Eine Stunde später schloß er die Tür zu seiner Wohnung im Leninskij-Prospekt 109 auf. In diesem Augenblick wußte Gordiewski, daß der KGB ihn tatsächlich beschattete. Die Wohnung war durchsucht worden!

Oleg und Leila Gordiewski benutzten stets nur zwei der drei vorhandenen Türschlösser. Jetzt aber waren alle drei verschlossen worden. Das war im Grunde amateuerhaft – wollte man ihm suggerieren, daß er belauert wurde?

Ansonsten gab es in der Wohnung auf den ersten Blick keine weiteren Veränderungen. Erst als Gordiewski auch das Badezimmer überprüfte, fand er in der Deckfolie einer noch geschlossenen Schachtel mit Erfrischungstüchern ein winzig kleines Loch, das zuvor nicht existiert hatte. Wer ihm da auf der Spur war, interessierte sich ganz offenbar selbst für das kleinste Detail.

Und dann war da noch etwas: Gordiewski hatte unter seinem Bett einen Stoß Bücher versteckt, die unter den damaligen Bedingungen des sowjetischen Alltags nach wie vor als »antisowjetisch« galten. Zu Beginn der Ära Gorbatschow waren »Glasnost« und »Perestroika« noch nicht erfunden. Bücher welcher Art? Zum Beispiel Solschenizyns Werk über den »Archipel Gulag«, die Zeitschrift *Kontinent,* ein bißchen Sacharow und etwas Pasternak. Derartige Bücher, die im Westen in russischer Sprache erschienen, wurden zwar von vielen Journalisten, Diplomaten, Geschäftsleuten (und eben auch Spionen) gerne gekauft – doch offiziell galt die Bibliothek unter dem Bett als umstürzlerisch. Diese Bücher waren in der Sowjetunion verboten. Hier hatten die KGB-Rechercheure keine Spuren hinterlassen, aber sie mußten den Stapel entdeckt haben.

In London hatte Gordiewski noch richtige Angst gespürt. Jetzt war es mehr ein merkwürdiges Gefühl der Verlorenheit.

»Ich fühlte mich in einer ausweglosen Situation. An Furcht war ich gewöhnt. Das hatte ich trainiert. Ich wußte immer, daß mein Ende tragisch sein konnte. Mir war bewußt, daß ich vielleicht irgendwann einmal erschossen würde. Und jetzt war es vielleicht soweit. Aber diese Furcht war schlimmer. Denn sie war ständig da. Sie ließ sich nicht unterdrücken.«

Er versuchte ganz normale Dinge zu tun, setzte sich aufs Bett, griff nach dem Telefonhörer, rief seinen Vorgesetzten Gribin an, den Leiter der Dritten Abteilung: »Nikolai Petrowitsch, ich bin wieder in Moskau. Was soll ich tun?«

»Gut, Oleg Anatoljewitsch. Jemand wird Sie morgen abholen.« Gribins Ton war zurückhaltender als sonst. Das Telefongespräch beunruhigte Gordiewski zusätzlich.

Am nächsten Morgen brachte ihn ein subalterner Offizier in einem schwarzen Dienst-Lada des KGB nach Jasenewo.

Jasenewo ist ein Vorort der Millionenmetropole Moskau, direkt am Autobahnring, der die Hauptstadt umschließt. Wie so viele moderne Gebäude in Moskau ist auch die KGB-Zentrale von finnischen Architekten erbaut worden.

In Jasenewo hat die Erste Hauptverwaltung des KGB, zuständig für die Auslandsspionage, ihren Sitz: ein großflächiger und hermetisch abgeriegelter Komplex mit Datschen, Garagen, einer Poliklinik, einem Fitneßzentrum mit diversen Schwimmbädern. Im Mittelpunkt der Anlage: ein zweiundzwanzigstöckiger Bürotrakt in Form eines Ypsilon. An den elektrisch geladenen Stacheldrahtzäunen patrouillieren rund um die Uhr bewaffnete Streifen. Inmitten des Geheimdienstparks machen sich zwei Kolossalstatuen gegenseitig Konkurrenz: hier der obligate Lenin-Kopf aus Granit, da der »unbekannte Geheimdienstoffizier« aus Bronze.

Das Personal der Ersten Hauptverwaltung hatte sich von rund dreitausend Mitarbeitern im Jahre 1965 auf zwölftausend Mitte 1985 erhöht. Damit war die Erste Hauptverwaltung nach KGB-Maßstäben klein. Allein die Hauptverwaltung Grenztruppen verfügte über zweihunderttausend Angehörige. Doch der Auslandsgeheimdienst hatte mit Abstand das beste Renommee im KGB. Seine Erfolgsbilanz war legendär. Die Erste Hauptverwaltung – sie verkörperte Auge und Ohr des Dienstes. Sie rekrutierte die Elite der »Tschekisten«, wie sie sich selbst nannten und noch immer nennen – nach der ersten sozialistischen Geheimdienstorganisation, der »Tscheka«.

Gordiewski war immer stolz darauf gewesen, dieser Ersten Hauptverwaltung anzugehören. Als Student hatte er davon geträumt, in den auswärtigen Dienst einzutreten. Doch dann hatte ihn der KGB-Rekruteur, sein eigener Bruder, leicht geködert: Abenteuerlust, Auslandsaufenthalte ... es brauchte Anfang der sechziger Jahre nicht viel, um einen jungen, ehrgeizigen Studenten zum KGB-Dienst zu bewegen.

In Jasenewo wurde Gordiewski ein leeres Zimmer in der Dritten Abteilung zugewiesen. Man befahl ihm, dort zu warten.

Als am zweiten Tag noch immer nichts geschehen war, fragte er nach dem Termin mit Tschebrikow und Krjutschkow. »Man wird Ihnen schon sagen, wann es soweit ist.«

Eine ganze Woche lang passierte nichts. Gordiewski wartete jeden Tag bis acht Uhr abends auf den Anruf, der sein Schicksal klären würde. Doch nichts dergleichen geschah. Offenkundig wollte man ihn weichkochen.

Offiziell verbrachte er die Zeit damit, Berichte über die KGB-Operationen in Großbritannien anzufertigen. Aber das war schnell erledigt. Er hatte Zeit, genügend Zeit, um nachzudenken, wo sein schwacher Punkt gewesen war. Was konnte man ihm nachweisen?

Da war zum Beispiel der Fall Haavik.

Gunvor Galtung-Haavik war Norwegerin. In den frühen vierziger Jahren, während der deutschen Besatzung, hatte sie sich in einen russischen Kriegsgefangenen namens Wladimir Koslow verliebt und ihm zur Flucht nach Schweden verholfen. Nach der deutschen Kapitulation setzte sie alle Hebel in Bewegung, um als Sekretärin in den auswärtigen Dienst übernommen zu werden – denn sie wollte nach Rußland, zu Wladimir.

1947 gelang es ihr, an die norwegische Botschaft in Moskau versetzt zu werden. Wladimir wartete schon auf sie. Zwar hatte er inzwischen geheiratet – doch was zählte das schon? Die Welt war wunderbar.

Koslow aber war inzwischen Mittelsmann des sowjetischen Geheimdienstes, der sich damals gerade wieder einmal umbenannt hatte: von »NKWD« in »MGB«. Es dauerte nicht lange, da versorgte Gunvor Haavik ihren Liebhaber mit Dokumenten aus der Botschaft. Jetzt war sie erpreßbar geworden – und blieb es dreißig Jahre lang. Sie wurde Spionin aus Liebe, dann Agentin aus Angst, schließlich aus Gewohnheit. Am Ende kannte sie kein anderes Leben mehr.

1956 kehrte Gunvor nach Norwegen zurück und arbeitete als Sekretärin im Außenministerium. Unter dem Decknamen »Greta« lieferte sie dem KGB bis 1977 geheime Nato-Unterlagen,

Protokolle von Kabinettssitzungen, Tischvorlagen des norwegischen Außenministers – eine außerordentlich interessante Lektüre.

Als stellvertretender KGB-Resident in Kopenhagen erfuhr Gordiewski von »Gretas« Existenz. Prompt informierte er den britischen Geheimdienst. Der gab den Tip an die norwegischen Kollegen weiter. Anfang 1977 wurde Gunvor Haavik in flagranti verhaftet – gerade als sie ihrem Führungsoffizier Alexander Prinzipalow Dokumente übergeben wollte. Prinzipalow berief sich auf seine diplomatische Immunität und wurde freigelassen, nachdem zweitausend Kronen in seiner Tasche registriert worden waren – die Prämie für seine Agentin.

Gunvor Haavik entpuppte sich als harte Nuß. Im Verhör bestand sie zäh darauf, sie habe nur ein Liebesverhältnis mit Wladimir Koslow gehabt, sowjetische Diplomaten hätten ihr gelegentlich Briefe von ihm übergeben – nur deshalb habe sie sich mit ihnen getroffen.

Norwegische Verhörmethoden sind nicht so handgreiflich wie etwa lateinamerikanische – doch auch sie verfehlen auf die Dauer ihre Wirkung nicht. Nach einer Woche Psychowäsche brach Gunvor Haavik zusammen und gestand, seit drei Jahrzehnten für den sowjetischen Geheimdienst spioniert zu haben. Bevor ihr Prozeß eröffnet werden konnte, starb sie im Gefängnis an einem Herzanfall.

Ein Jahr später – Gordiewski tat gerade Dienst in der Zentrale – sagte Viktor Gruschko, damals Chef der Dritten Abteilung, während einer Sitzung: »Unser Freund Kim Philby hat uns einen Bericht über den Fall Haavik geliefert. Wir haben ihn um eine stichhaltige Erklärung gebeten, weshalb die Agentin aufgeflogen ist. Ihr Name und ihre Nationalität wurden geändert. Philby hatte nur eine Erklärung: In unserer Abteilung gibt es einen Verräter.« Und Gruschko blickte die Anwesenden der Reihe nach an.

Mitten unter ihnen stand Gordiewski. Ihm war, als müsse er in den Boden versinken. Das Blut schoß ihm in die Wangen. Bemerkte Gruschko seine Röte nicht? Er fühlte sich ertappt. Doch es gab keine Konsequenzen. »Gretas« Berichte waren über zu viele Schreibtische gewandert.

Daß der Verlust seiner Agentin »Greta« das KGB nicht allzu heftig schmerzte – dieser Verdacht war dem norwegischen Geheimdienst rasch gekommen. Die Frau des KGB-Mitarbeiters Wladimir Schischin war in Oslo abgehört worden, als sie ihren Mann fragte, ob denn etwas Ernstliches passiert sei. Gelassen, zu gelassen antwortete der: »Es hätte schlimmer kommen können.«

Genauso war es. Denn das KGB hatte in Oslo noch einen ganz anderen Fisch an der Angel, der die vielgeschätzte »Greta« vergleichsweise wie einen Saibling aussehen ließ: Arne Treholt. Neben Hans-Joachim Tiedge, dem bundesdeutschen Spionageabwehrchef, war er der wichtigste Agent des KGB in jenen Jahren.

Treholt war dem KGB schon Ende der sechziger Jahre aufgefallen. Als junger Politologiestudent hatte er in Oslo Demonstrationen gegen den »US-Imperialismus« organisiert. Die KGB-Residentur begann die Saat zu säen, die schon bald erstaunlich sprießen sollte. Treholt war eitel und leicht von seiner eigenen Bedeutung zu überzeugen.

Sein erster KGB-Kontaktmann hieß Jewgeni Beljajew, und der investierte zunächst nur ein paar Abendessen in den vielversprechenden jungen Mann, um mit ihm über internationale Politik im allgemeinen und norwegische im besonderen zu diskutieren. Er gab ihm das Gefühl, ihn nicht nur ernst zu nehmen, sondern ihn geradezu als wichtig zu erachten. Wirklich interessant wurde Treholt freilich erst, als der prominente Anwalt und Politiker Jens Eversen ihn zu seinem Assistenten machte. Nach der bewährten KGB-Methode brachte Beljajew Treholt dazu, für ein paar eher unwichtige Informationen etwas Geld anzunehmen. Doch Treholts Stunde schlug erst unter Beljajews Nachfolger Gennadi Titow.

Der war, erinnert sich Gordiewski, der »kriminellste und brutalste KGB-Offizier, der mir je begegnet ist«. Titow war ein Schmeichler, und natürlich gab er Treholt zu verstehen, wie faszinierend und gebildet er ihn fand – eben zu weit Höherem berufen. Als Treholts Mentor Eversen Minister wurde, machte er seinen Schützling zum Staatssekretär. Der lieferte von nun an seinen Auftraggebern alles, was sie wollten: vor allem Geheimdokumente zur norwegischen Außen- und Sicherheitspolitik. Weil Norwegen ein strategisch wichtiges Nato-Mitglied war, waren das für die Sowjets extrem wichtige Unterlagen – vor allem, als Treholt Zugang zur Geheimstufe »Cosmic Top Secret« erhielt.

Arne Treholt galt als Perspektivagent. Die Sowjets hofften, daß er einmal Außenminister werden würde. Die Chancen dazu hätte er gehabt. Es war nicht auszudenken: Neben dem sowjetischen Top-Agenten Urho Kekkonen, Präsident des neutralen Finnland, hätte auch der Außenminister eines Nato-Landes für das KGB gearbeitet! Aber dazu mußte Treholt erst einmal Karriere machen.

Als Titow im Gefolge der Verhaftung »Gretas« aus Norwegen ausgewiesen wurde, überredete er Wladimir Krjutschkow, den Chef der Ersten Hauptverwaltung, auch in Zukunft sein Trumpfas Treholt aus der Zentrale führen zu dürfen. Und so traf er den norwegischen Agenten weiterhin in Wien und Helsinki, den beiden favorisierten Treffpunkten der sowjetischen Auslandsspionage. Doch bei einer dieser Zusammenkünfte wurden Treholt und Titow von CIA-Agenten fotografiert. Denn Gordiewski hatte Treholt an den MI 6 verraten. Und weil das zu der Zeit geschah, als die Briten ihr notorisches Image als unzuverlässige Gesellen bei den CIA-Kollegen aufpolieren wollten, gaben sie die wirklich heißen Tips beflissen weiter. Right or wrong – our Allies!

Jetzt zog sich die Schlinge um den Top-Agenten immer enger zu. Ende 1978 wurde er an die norwegische UN-Vertretung in New York versetzt. Dies erwies sich als idealer Zeitpunkt für das KGB. Denn just im gleichen Zeitraum war das kleine Norwegen Mitglied im UN-Sicherheitsrat. So traf sich Treholt in New York mit dem ortsansässigen KGB-Kontaktmann Zizin in den lauschigen Lokalen von Manhattan zu vertraulichen Gesprächen, wo die Zecher Geheimpapiere des Sicherheitsrates gegen US-Dollar in bar austauschten.

Anfang 1984 – Titow war gerade wegen seiner patriotischen Verdienste um den Top-Agenten Treholt zum General befördert worden – besuchte US-Außenminister George Shultz Oslo. Treholt fungierte während des Aufenthalts als Pressesprecher des norwegischen Außenministers. Kaum war Shultz abgereist, buchte Treholt einen Flug nach Wien, um seinem Führungsoffizier Titow brühwarm das Neueste von dem Ereignis zu berichten. In seinem Diplomatenkoffer steckten sechsundsechzig Dokumente der Kategorie »Top Secret«. Als Treholt die SAS-Maschine betreten wollte, verhaftete ihn Ornulf Tofte, Vizechef der norwegischen Spionageabwehr.

Er habe nur »Brücken zwischen Ost und West« schlagen wollen, verteidigte sich der Spion in seinem Prozeß. Das mochte er bisweilen selbst geglaubt haben, konzedierten seine Richter, die von einer »unglaublichen Selbstüberschätzung« Treholts sprachen. Dennoch verurteilten sie ihn zu zwanzig Jahren Haft. Denn Treholts Habgier war belegbar: Die Reste seiner Spionagehonorare – immerhin eine Million norwegische Kronen – wurden beschlagnahmt.

Auch Treholts Festnahme ging weitgehend auf Gordiewskis Konto. Titow wäre nie zum General befördert worden, wenn die norwegische Abwehr seinen Schützling einen Monat eher verhaftet hätte. Der Generalstern war zwar nicht mehr rückgängig zu machen – doch zur Strafe wurde Titow in die DDR versetzt: an die KGB-Filiale in Berlin-Karlshorst.

Und dann war da noch der Fall des Briten Michael Bettaney, eines frustrierten Mitarbeiters des MI 5.

Am Morgen des Ostersonntags 1983 fand Arkadi Guk, Londoner Resident des KGB (Deckname: »Jermakow«), an seiner Tür einen Umschlag, der durch den Briefschlitz gesteckt worden war. Der Inhalt des Schreibens bestand aus einem detaillierten Bericht der britischen Spionageabwehr über drei sowjetische Geheimdienstoffiziere, die des Landes verwiesen worden waren, nebst den Einzelheiten ihrer Enttarnung.

Bettaney war bei einer Beförderung im MI 5 übergangen worden – vor allem wegen seiner Alkoholprobleme. Geheimdienstleute greifen nicht weniger zur Flasche als Normalbürger. Aber wenn ein britischer Geheimdienstoffizier seine Neigung, Frust mit Spirituosen zu bekämpfen, allzu deutlich zeigt, dann leidet nicht nur seine Gesundheit darunter, sondern auch seine Karriere. Offensichtlich war das Grund genug für seine gar nicht mal so heimliche Offerte.

Überdies bot Bettaney weitere Top-secret-Informationen direkt aus der Höhle des britischen Löwen an. Frisches Material vom MI 5! Das war der Traum eines jeden KGB-Residenten – sollte man meinen.

Doch Arkadi Guk, pikanterweise selbst ein kapitaler Trinker, hielt den ganzen Akt für eine gezielte Provokation. Er entschloß sich, Bettaneys Angebot zu ignorieren.

Gordiewski stand vor einer heiklen Frage: Sollte er seine Freunde vom britischen Geheimdienst warnen und damit seine persönliche Sicherheit aufs Spiel setzen oder den Dingen einfach ihren Lauf lassen? Wenn der MI 5 Bettaney aus dem Verkehr zog, wäre Moskau gewarnt. Denn in der Londoner KGB-Residentur wußten nur drei Menschen von Bettaneys Angebot: Arkadi Guk, sein Stellvertreter Leonid Nikitenko und Gordiewski. Daß von diesem Trio einer als Verräter agierte, wäre spätestens dann klar, wenn Bettaney der Prozeß gemacht werden würde.

Die Entscheidung wurde Gordiewski schon bald abgenommen. Denn Bettaney bot der Londoner KGB-Filiale erneut seine Dienste an. Diesmal äußerte er sich ganz konkret: Er könne beweisen, daß es »drei Löcher« im sowjetischen Sicherheitsnetz gebe, und er sei auch in der Lage, sie zu benennen.

Jetzt war rasches Handeln für Gordiewski reiner Selbstschutz. Er mußte davon ausgehen, daß er selbst eines der »drei Löcher« war. Der Doppelagent Gordiewski informierte den MI 5.

Arkadi Guk blieb stur und beharrte weiterhin auf seiner Provokationsthese. Bettaney verzweifelte fast am mangelnden Interesse des Londoner KGB-Büros und beschloß, sich an die KGB-Residentur in Wien zu wenden. Wenige Tage vor seinem Abflug in die österreichische Hauptstadt wurde er verhaftet. Der Skandal war da. In einer Demokratie führte man Prozesse öffentlich – und in Prozessen kommt heraus, worum es geht.

Arkadi Guk war bis über beide Ohren blamiert. Eine solche Chance, »on the horse's mouth« zu lauschen, hatte es für den sowjetischen Geheimdienst seit den Tagen der »Glorreichen Fünf« nicht mehr gegeben. Überdies wurde Guk von den Briten zur unerwünschten Person erklärt und des Landes verwiesen. In Moskau brachte er kein Bein mehr auf den Boden.

Doch in der KGB-Zentrale schrillten die Alarmglocken. Wer war der Maulwurf in London? Guk selbst? Wohl kaum! Dafür war er zu borniert. Nikitenko? Der schon eher. Oder eben Gordiewski.

Da saß er nun, der Doppelagent, einsam in seinem Zimmer, mitten in der KGB-Zentrale, fern von der Familie, abgeschnitten von den Auftraggebern. Man war ihm auf der Spur, das ahnte er. Doch es geschah nichts – eine ganze Woche lang.

Das änderte sich zu Beginn der zweiten Woche: Am Montag, dem 27. Mai, klingelte um zwölf Uhr mittags das Telefon. Am Apparat war General Viktor Fjodorowitsch Gruschko, stellvertretender Chef der Ersten Hauptverwaltung (Deckname: »Sewerow«) – ein Kommißkopf erster Güte.

Gruschko erklärte, man erwarte ihn, den ausgewiesenen Experten, zu einer Konferenz, in der eine neue Strategie für die Einschleusung sowjetischer Agenten nach Großbritannien beraten werden solle.

»Und das Gespräch mit der Führung?« fragte Gordiewski. Nein, da müsse er noch warten. Erst einmal gehe es nur um die Einschleusung.

Gruschko – welche Ehre! – fuhr Gordiewski selbst in seinem schwarzen Wolga über den Moskauer Autobahnring hinaus, in eine nach sowjetischen Kriterien komfortable KGB-Datscha, wo schon zwei weitere Offiziere des Geheimdienstes auf sie warteten. Gordiewski hatte sie noch nie zuvor gesehen.

Ein Dienerehepaar trug ein Mittagessen aus belegten Broten auf. Armenischer Kognak wurde gereicht. Gruschko und die beiden anderen tranken ebenso davon wie Gordiewski. Dann wurde eine zweite Flasche Kognak entkorkt. Der Diener schenkte Gordiewski nach.

Nur ein paar Sekunden später spürte er, daß irgend etwas mit ihm nicht stimmte: Sie hatten ihn unter Drogen gesetzt.

Gruschko ging aus dem Zimmer, die beiden anderen verhörten ihn.

Der Kognak war mit einer chemischen Substanz versetzt, die im Labor der Direktion K (Spionageabwehr, Aufspüren interner Lecks) für solche Fälle eigens fabriziert wurde. Der Stoff sollte einerseits die Hemmschwelle des Probanden senken und ihn zum Reden bringen, andererseits Kontrollmechanismen des Gehirns ausschalten.

Ihm war, als stünde er neben sich. Ein Teil von ihm sah zu, wie der andere ohne Pause redete. Sie fragten ihn zunächst, ob er

»andere Überläufer« kenne. Er verneinte. Doch sie sagten: »Gib doch zu, daß du ein englischer Agent bist. Wir wissen es. Wir haben unumstößliche Beweise.«

Gordiewski erwiderte immer nur: »Nein, nein, das ist ein Irrtum, man hat mich nicht angeworben. Ich bin kein Agent!«

Dann stellten sie ihm, um ihn abzulenken, andere Fragen: »Wie konntest du dich rühmen, daß deine Tochter Maria das Vaterunser auf englisch betet? Du, ein Tschekist, ein Geheimdienstmann!«

All das klang für ihn, als käme es aus weiter Ferne. Und doch sagte ihm eine Stimme aus einem noch normal funktionierenden Teil seines Gehirns: »Aha, sie wissen also, daß die kleine Maria das Vaterunser auf englisch betet!« Dabei hatte er das in Moskau nur ein einziges Mal erzählt, nämlich auf dem Sofa seiner Mutter. Also waren auch in deren Wohnung Wanzen installiert!

Dann fragten sie ihn: »Unter Ihrem Bett haben Sie antisowjetische Bücher versteckt! Wie konnten Sie, entgegen dem Gesetz, diese Schriften überhaupt ins Land schmuggeln?«

Mittlerweile lag Gordiewski auf dem Boden, denn die Drogen taten ihre Wirkung. Die beiden Männer spielten offenkundig mit verteilten Rollen. Der ältere von beiden war von blasser Gesichtsfarbe und wirkte kränklich. Er hielt sich eher zurück. Später erfuhr Gordiewski, daß es sich um General Golubew von der Direktion K der Ersten Hauptverwaltung handelte, zu dessen Aufgaben das Aufspüren von Doppelagenten in den eigenen Reihen gehörte.

Von dem Jüngeren ging größere Gefahr aus. Er wirkte intelligenter und stellte die härteren Fragen. Später identifizierte Gordiewski ihn auf Fotos des britischen Geheimdienstes. Es war Oberst Budanow, Spürhund der Abteilung K.

Budanow packte den auf dem Boden liegenden Gordiewski und lehnte ihn grob an den Tisch, auf dem die Reste des fatalen Mittagessens lagen: »Gib endlich zu, daß du von P. rekrutiert worden bist!« brüllte er. P. war ein britischer Geheimdienstmann des MI 6.

»Sie brauchten«, sagt Gordiewski heute, »ein Geständnis. Und ich spürte trotz der Drogen, daß ich nichts zugegeben hatte. Ich sagte immer nur: ›Ich weiß nicht, wovon Sie reden!‹«

Golubew und Budanow ließen ihn am Boden liegen. Gordiewski lag neben dem Eßtisch, war bei Bewußtsein, konnte aber nicht aufstehen. Er kam sich vor wie ein Patient, der zwar vor der Operation narkotisiert worden war, den Eingriff jedoch bei vollem Bewußtsein erlebte.

Nach einiger Zeit kam Golubew zurück und brachte ein mit Schreibmaschine beschriebenes Blatt Papier mit. »Das ist Ihr Geständnis«, sagte er. »Sie haben gerade gestanden, ein englischer Spion zu sein. Jetzt unterschreiben Sie schon Ihr Geständnis!«

Gordiewski versuchte, laut zu widersprechen, konnte aber nur flüstern: »Nein, das stimmt nicht! Nein, das stimmt nicht!« Dann verlor er das Bewußtsein.

Als er am nächsten Morgen aufwachte, hatte er bohrende Kopfschmerzen. Er lag im oberen Stock des Hauses angekleidet auf dem Bett; auf einmal war das Dienerehepaar der Datscha wieder da und brachte ihm Kaffee. Gordiewski fragte: »Haben Sie mir gestern mittag etwas ins Essen getan?«

Die beiden schauten ihn verständnislos an und zuckten die Achseln. Offenbar war ihnen befohlen worden, nicht mit ihm zu sprechen.

Es waren Profis: Spezialisten zur Betreuung von »Gästen« in einer mit Tonbändern und Kameras gespickten Verhördatscha des KGB.

Um halb zehn tauchten Golubew und Budanow auf. Sie taten so, als sei das Verhör vom Tag zuvor eine ganz normale Unterhaltung gewesen.

Budanow fragte Gordiewski, welche Landesteile von England er schon kenne. Gordiewski erwiderte, daß er auf ein paar Parteitagen der Labour Party in Blackpool und Brighton gewesen sei, sonst nur in London. Budanow plauderte noch etwas über britische Bräuche – »Die Küche ist gar nicht so schlecht, wie man sie immer macht, finden Sie nicht auch?« – und fragte dann plötzlich: »Warum waren Sie gestern eigentlich so arrogant? Heute sind Sie schon viel kameradschaftlicher!« Gordiewski entschuldigte sich und erklärte, ihm sei nicht gut gewesen, an Einzelheiten könne er sich nicht erinnern. Er dachte, es sei besser zu verschweigen, daß ihm sehr wohl einige »Einzelheiten« im Gedächtnis haftengeblieben seien.

Budanow sagte: »Gestern haben Sie uns an den Kopf geworfen, wir würden die Atmosphäre von 1937, die Zeit der Säuberungen

Stalins, wiederaufleben lassen. Wir werden Ihnen beweisen, daß Sie unrecht haben.«

Ein KGB-Wagen brachte ihn zurück in seine Wohnung am Leninskij-Prospekt. Gordiewski warf sich aufs Bett. Er fühlte sich erschöpft. Doch schlafen konnte er nicht.

Erst jetzt spürte er seine Angst. Es war ein Riesenfehler gewesen, nach Moskau zu fliegen. Hier hatten sie ihn in der Hand. Aber offenkundig war ihm trotzdem eine Atempause vergönnt. Vor zwanzig Jahren hätte man ihn auf den bloßen Verdacht hin einfach erschossen. Jetzt brauchte das KGB Beweise.

Sie hofften auf einen Fehler von ihm. Wenn er in die Falle ging und, ohne es zu wollen, den noch fehlenden Beweis für seinen Hochverrat erbrachte, würden sie ihn zweifellos exekutieren.

Gordiewski hatte recht. Allen Mitarbeitern in der Ersten Hauptverwaltung war der Fall des KGB-Obersten Penkowski bekannt, der Ende der fünfziger und Anfang der sechziger Jahre aus Überzeugung für den Westen spioniert hatte. In London führte man ihn unter dem Decknamen »Alex«, in Washington als »Mr. Young«.

»Alex« berichtete über die Absicht des damaligen KPdSU-Parteichefs Nikita Chruschtschow, die Spannungen um Berlin bis zur Unerträglichkeit anzuheizen und Zwischenfälle auf den Zufahrtswegen zum freien Teil der Stadt zu provozieren. Er lieferte Geheimberichte über die Raketenrüstung der Sowjetunion. Er schickte interne Analysen über das Verhältnis Moskaus zu seinen sozialistischen »Bruderländern«. Penkowski war der bis dato wertvollste Maulwurf, über den der Westen in Moskau verfügte. Doch der sowjetische Geheimdienst kam ihm auf die Spur. Linientreuen Mitarbeitern war es längst verdächtig vorgekommen, daß der Genosse Oberst unverhohlen eine Schwäche für gewisse Waren aus dem Westen offenbarte. Sie beschatteten ihn dezent und fanden ihre Vermutung bestätigt.

Mitten in der Kuba-Krise 1962 wurde Penkowski verhaftet und vor ein Militärgericht gestellt. Ein Jahr später fand der »Judas von Moskau«, wie ihn die Sowjetpresse nannte, den Tod durch ein Erschießungskommando.

Die Todesstrafe für Spione war kein Phänomen des Kalten Krieges. Noch in der Zeit von 1986 bis 1989, also in den »Balzjahren« der Ära Gorbatschow, auf dem Scheitelpunkt der vielumjubelten Kampagnen um »Glasnost« und »Perestroika«, hat das KGB sechzehn für den Westen operierende Agenten erschossen. Das heißt: Sie wurden von einem Militärgericht zum Tode verurteilt und dann dem KGB zur Exekution überlassen.

Gordiewski ahnte nicht, daß er nur das Mosaiksteinchen eines intriganten Spiels darstellte. Denn er war nicht der einzige, der 1985 von Aldrich Hazen Ames verraten wurde.

Im August 1985 wechselte der KGB-Mann Vitali Jurtschenko von Moskau nach Washington über und stellte sich dort den US-Behörden. Bei der CIA war man hoch beglückt, zumal der mutmaßliche Überläufer einen CIA-Verräter identifizierte: Edward Lee Howard.

Jurtschenko blieb gerade so lange in Washington, bis Howard die Flucht nach Moskau gelang. Danach verschwand er selbst, zur Verblüffung aller. Er hatte seine Aufgabe erfüllt. Eines Tages tauchte er in Moskau wieder auf. Auf einer Konferenz im Pressezentrum wurde mitgeteilt, Jurtschenko habe es sich anders überlegt und kehre reuevoll in den Schoß der großmütig verzeihenden KGB-Familie zurück.

Ein abgekartetes und durchsichtiges Spiel, sollte man meinen. Doch CIA und FBI fielen darauf herein: Die Spezialisten beider Dienste waren der festen Ansicht, daß Howard jener Maulwurf sei, auf dessen Konto die Serie »verbrannter« hochkarätiger US-Agenten ging, die im Sommer 1985 aufflogen.

Zum Beispiel Valeri Martinow, Mitglied der Sowjetbotschaft in Washington, ein FBI-Agent. Er wurde erschossen.

Zum Beispiel Sergei Motorin, Mitglied der Sowjetbotschaft in Washington, ein FBI-Agent. Er wurde erschossen.

Zum Beispiel Adolf Tolkatschew, Technologie-Experte im sowjetischen Verteidigungsministerium in Moskau – ein CIA-Agent. Er wurde erschossen.

Doch die Aktion Jurtschenkos und die Identifizierung Howards erwiesen sich nur als ein grandioses Ablenkungsmanöver, um vom wahren Maulwurf abzulenken: Aldrich Ames. Ironischerweise war er es, der Jurtschenko bei der CIA verhörte und das Protokoll mit unterzeichnete, das Howard die Schuld an dem

Agentensterben in die Schuhe schob. Der Verräter ermittelte in eigener Sache – und fand natürlich den vom KGB dafür bestimmten Sündenbock.

Tatsächlich hatte er selbst, Aldrich Ames, die US-Agenten an das KGB verraten. Neun Jahre lang stand Ames auf der Lohnliste des sowjetischen (beziehungsweise russischen) Geheimdienstes. Bis zu seiner Verhaftung im Februar 1994 erhielt er insgesamt anderthalb Millionen Dollar für seine Dienste.

Bei Martinow, Motorin und Tolkatschew war die Beweislage eindeutig gewesen. Deshalb wurden sie sofort erschossen.

Gordiewski wußte nichts von diesen dreien. Doch seine Ahnung trog ihn nicht: Wenn in seinem Fall die letzten Mosaiksteinchen zusammenpaßten, war er dran. Dann würde auch er hingerichtet werden.

Am schlimmsten war das Warten. Er saß in seiner Wohnung und wartete, bis man ihn holte. Das war unerträglich. Er mußte etwas tun, mußte in Erfahrung bringen, was gegen ihn sprach. Gordiewski griff zum Telefon und rief Michail Ljubimow an, vormals KGB-Resident in Kopenhagen, seinen früheren Chef. Ljubimow war der einzige KGB-Kollege, für den Gordiewski gewisse freundschaftliche Gefühle hegte. Ljubimow hatte seinem Stellvertreter einst das Du angeboten, doch der war auf Distanz bedacht und lehnte ab. Ein Doppelagent mag keine Nähe. Dennoch duzte ihn Ljubimow in der Folgezeit. Gordiewski selbst blieb weiterhin beim »Sie«.

»Michail Petrowitsch, ich bin in Moskau. Man hat mich zurückgerufen.«

»Was soll das heißen?«

»Das erzähle ich Ihnen später. Es ist etwas Unangenehmes passiert.«

Ljubimow, der schon seit fünf Jahren pensioniert war, riet zur Ruhe: »Laß den Kopf nicht hängen, Alter. Das passiert schon mal, daß man Unannehmlichkeiten bekommt.«

»Kann ich bei Ihnen vorbeikommen?«

»Ja, komm ruhig vorbei.«

Das geschah am Abend des 29. Mai, einem Mittwoch.

Ljubimow erinnert sich noch heute an Gordiewskis Anblick:

»Da kam ein totenbleicher Mensch herein. Er war ganz weiß. Er hatte Angst, das spürte man. So habe ich ihn nie zuvor gesehen. Er hatte eine Flasche Whisky mit dabei, nach alter Tradition das gute Gastgeschenk eines Mannes, der gerade aus dem Ausland kommt.«

Sie setzten sich. Gordiewskis Hände zitterten, als er sein Glas hob. »Was ist passiert?« fragte Ljubimow. Gordiewski sagte: »Man hat bei mir verbotene Literatur gefunden – Solschenizyn, Sacharow und andere Schriftsteller. Das haben sie aktenkundig gemacht. Wissen Sie, was das bedeutet? Ein neues 1937 bricht herein!«

»Die Geschichte traf mich mitten ins Herz«, erinnert sich Ljubimow heute. »Denn ich hatte selbst aus Kopenhagen drei Koffer voll mit Solschenizyn und anderen Klassikern mit nach Hause geschleppt. Ich dachte wirklich: ›Lieber Gott, das wird wieder wie damals.‹ Wie konnte ich ihn trösten?«

Ljubimow sagte: »Hör mal, Oleg, die ganze Sache ist vielleicht gar nicht so schlimm. Letztendlich schicken sie dich eben ins Andropow-Institut.« So hieß eine »Bildungsstätte« des KGB, in die Führungskräfte geschickt wurden, die unangenehm aufgefallen waren.

»Du hast doch intellektuelle Arbeiten immer gern gemocht. Dort kannst du unterrichten...«

»So versuchte ich ihn zu trösten«, sagt Ljubimow heute. »Aber er saß immer nur da, schüttelte den Kopf und sagte: ›Nein, nein, das wird nicht gehen.‹ Heute weiß ich, daß das alles nur ein ausgeklügeltes Spiel war: Er wollte mich aushorchen, wollte hören, was ich wußte. Und ich bin noch darauf hereingefallen.

Schon nach seinen ersten Worten habe ich gesagt: ›Komm, Oleg, wir gehen ins kleine Zimmer.‹ Denn in meinem großen Zimmer stand das Telefon. Und ich ging immer davon aus, daß ein Telefon auch als ein Abhörinstrument diente. So dachten wir alle damals. Und wissen Sie, was ich tat, nachdem er weggefahren war? Ich habe meine eigenen verbotenen Bücher zusammengepackt und vergraben...«

Am selben Tag wartete Leila Gordiewski in London vergeblich auf den Anruf ihres Mannes aus Moskau. Bis dahin hatte er sich noch nicht gemeldet. War etwas passiert? Sie rief in der Botschaft an und fragte, ob dort eine Nachricht von Oleg vorliege. Die Sekretärin verneinte.

Doch eine halbe Stunde später klingelte es an der Wohnungstür. Im Flur stand Nikitenko von der Residentur. »Leila, wissen Sie, Oleg Anatoljewitsch hat Probleme mit dem Herzen und deshalb beschlossen, seinen Urlaub in Moskau zu verbringen. Er bittet Sie, zu ihm nach Moskau zu fahren.«

Leila Gordiewski schöpfte keinen Verdacht. Als Offiziersfrau war sie es gewöhnt, rasch umzudisponieren. Sie packte leichte Sachen für den heißen Moskauer Sommer ein und ließ sich am nächsten Morgen zusammen mit den Kindern zum Flughafen chauffieren. Es war Donnerstag, der 30. Mai.

»Wir reisten buchstäblich mit ›kleinem Gepäck‹. Man brachte mich zum Flugzeug. Und naiv, wie ich war, sagte ich: ›Ihr könnt schon gehen, ich komme schon allein bis zum Flugzeug.‹ Aber die begleiteten mich bis zu meinem Sitz, und sie verließen das Flugzeug erst, als die Kinder und ich schon angeschnallt waren. Was das bedeuten sollte, habe ich erst später begriffen.«

Ungefähr zur gleichen Zeit, als seine Frau in London das Flugzeug betrat, wurde Gordiewski in Moskau zu Gruschko befohlen. Im Büro des stellvertretenden Leiters der Ersten Hauptverwaltung standen außerdem General Golubew und Gordiewskis Abteilungsleiter Nikolai Petrowitsch Gribin, der noch grimmiger als sonst dreinblickte. Gruschko eröffnete das Gespräch in offiziellem Ton:

»Was Sie betrifft, Genosse Gordiewski – wir wissen längst, daß Sie ein doppeltes Spiel treiben. Wir wissen es aus einer ganz besonderen Quelle. Aus welcher, werden Sie nie erfahren.«

Die drei KGB-Offiziere blickten ihn an, als sei er Luzifer persönlich. Gordiewski zwang sich, ruhig zu bleiben. Ob sie das Pochen seines Herzens hören konnten?

»Gestern abend«, fuhr Gruschko fort, »habe ich mit Wladimir Alexandrowitsch Krjutschkow sehr lange Ihren Fall besprochen. Er hat entschieden, daß Sie Ihren England-Aufenthalt sofort beenden. Ihre Familie kehrt in diesem Augenblick in die Sowjetunion zurück. Aber Sie dürfen weiter für das KGB arbeiten –

natürlich ohne Dienstreisen nach England oder Skandinavien. Nun, was halten Sie davon?«

Gordiewski schwieg und nickte. »Laß sie nur in dem Glauben, daß du blöd bist«, dachte er. »Wenn sie schon wissen oder vermuten, daß ich für den britischen Geheimdienst arbeite, dann ist doch eine weitere Arbeit für das KGB gar nicht mehr möglich.« Das Ganze war ein Trick, der ihn dazu bringen sollte, sich zu verraten. Sie würden ihn weiter beschatten. Sie hofften, daß er irgendeine Verzweiflungstat beging, die ihn entlarven würde – etwa ein Kontaktversuch mit dem britischen Geheimdienst. Sie wollten mit ihm Katz und Maus spielen.

Er beschloß, sich ahnungslos zu geben. »Was die Vorwürfe gegen mich betrifft, so weiß ich wirklich nicht, wovon Sie sprechen. Bei alledem kann es sich nur um ein Mißverständnis handeln. Doch als Offizier werde ich Ihre Entscheidung natürlich hinnehmen.«

Die Szene war kein Tribunal, sie grenzte ans Absurde – vor allem, als Gordiewski sich dafür entschuldigte, daß er bei dem »Gespräch« in der Datscha »eingeschlafen« sei. »Irgend etwas war wahrscheinlich mit dem Essen nicht in Ordnung«, sagte er. Golubew widersprach empört: »Nein, das ist nicht wahr! Das Essen war völlig in Ordnung!«

Natürlich hatte er recht; die Droge steckte nicht im Kaviar, sondern im Kognak.

Gruschko sah man die Erleichterung förmlich an, daß Gordiewski seine Abservierung so gelassen hinzunehmen schien.

»Sie erhalten Urlaub bis zum 3. August«, sagte er, »dann melden Sie sich hier bei mir. Und keine Telefonate mit London, verstanden?« Damit war Gordiewski entlassen.

Vor der Tür wollte er sich noch von seinem alten Abteilungsleiter Gribin verabschieden, doch der gab ihm nicht die Hand: »Ich weiß nicht, was ich sagen soll. Tragen Sie Ihr Los mit Fassung.«

Gordiewski erhielt einen Dienstwagen mit Fahrer zugeteilt, um seine Familie in Scheremetjewo abzuholen. Dort dauerte es fast noch drei Stunden, bis er Leila und die Mädchen wiedersah. Sie kamen nicht durch die Zollpassage, sondern seitlich davon aus einem der Büros.

Im Wagen flüsterte seine Frau: »Man hat mir den Paß wegge-nommen. Was ist passiert? Was ist mit deinem Herzen?«

»Still«, antwortete Gordiewski ebenso leise, »mein Herz ist in Ordnung.« Als sie in der Wohnung waren und die Kinder vor dem Fernseher saßen, führte Gordiewski seine Frau hinaus auf den Balkon. Er war nicht aufrichtig, und Leila sollte ihm das nie verzeihen. Doch hätte er sie wirklich ins Vertrauen ziehen sollen? Hätte sie das nicht gefährdet?

»Es geht etwas vor, verstehst du«, flüsterte er. »Ich werde abgehört. Sie verdächtigen mich aus irgendeinem Grund. Ich zähle zum Bewerberkreis für einen hohen Posten. Und weil es viele Kandidaten gibt, hat man begonnen, Material gegen mich zu sammeln. Sie versuchen mich zu Fall zu bringen. Ich spüre, wie die Schlinge sich zusammenzieht. Sie graben alles um. Es kann sein, daß sie mich in die Lubjanka bringen. Es kann sein, daß sie mich foltern. Aber egal, was auch geschehen mag: Du sollst wissen, daß ich dich liebe, daß ich die Kinder liebe. Und wenn man dir etwas Schlechtes über mich sagt – bitte, glaube es nicht!«

Leila Gordiewski war völlig verwirrt: Warum dieser melodra-matische Ausbruch? Sie dachte: »Warum schwört er mir seine Liebe, als würden wir uns gerade kennenlernen? Was soll das? Wir sind doch eine Familie. Wir haben Kinder. Wozu dieser überflüs-sige Quatsch?«

Sie begriff nicht, was Gordiewski wollte, denn für sie stand nichts in Frage. Acht Wochen später sollte sie im KGB-Verhör jedes Wort des auf dem Balkon Gesagten rekapitulieren.

Bevor Gordiewski seinen Urlaub antrat, mußte er noch seine »antikommunistischen« Bücher in der Bibliothek der Ersten Hauptverwaltung abgeben und dies mit seiner Unterschrift bestä-tigen. Er zweifelte nicht daran, daß die Existenz der Bücher in einem Prozeß gegen ihn verwendet werden würde.

Es folgten nun zwei bittersüße Wochen mit Leila, Maria und Anna in Moskau, die für Gordiewski von dem Wissen überschattet waren, daß die Trennung von seiner Familie bevorstand. Denn eines war ihm klar: Er mußte fliehen.

»Ich hatte die Wahl: entweder in Moskau zu bleiben, irgend-wann verhaftet und erschossen zu werden – oder zu fliehen und die Familie zurückzulassen. Ich entschloß mich für die zweite Lösung: Denn dann blieb mir zumindest die Chance, von außen für meine Familie zu kämpfen. So dachte ich damals.«

Diese Hoffnung schwang natürlich mit. Zunächst jedoch ging es vor allem darum, das eigene Leben zu retten.

Mitte Juni 1985 wurde Gordiewski zur »Erholung« in ein Sanatorium des KGB nach Semjonowskoje geschickt, rund hundert Kilometer südlich von Moskau. Normalerweise wäre er bei seiner Familie geblieben, doch das KGB wollte ihn unter Aufsicht haben. Ljubimow hatte nach dem Besuch Gordiewskis dessen Abteilungsleiter Gribin, den er gut kannte, angerufen und gefragt: »Hör mal, Kolja, was habt ihr mit Oleg gemacht? Der ist ja völlig durchgedreht! Er ist übergeschnappt, ja, krank!« Gribin hatte abgewiegelt: »Mach dir keine Sorgen, er fährt nach Semjonowskoje. Wir glauben, daß er dort seine Gesundheit wieder in Ordnung bringt. Und wenn er dann zurückkommt, ist alles in Butter.«

Im Sanatorium wurde Gordiewski ebenso rund um die Uhr beschattet wie zuvor in Moskau. Das fing mit seinem Zimmerkollegen, einem Offizier der Grenztruppen, an und hörte mit dem KGB-Bibliothekar auf, der über die Ausleihbräuche des Beschatteten zu wachen hatte. Um keinen Verdacht zu erregen, studierte Gordiewski Landkarten all jener Gebiete, die er bei seiner Flucht zu durchqueren gedachte, im Stehen vor den Regalen.

»Das war sehr schwierig. Sowjetische Karten sind meist unbrauchbar. Sie enthalten in der Regel viele falsche Angaben. Und ins Zimmer mitnehmen durfte ich sie auch nicht. Denn dann hätte der Bibliothekar, der mich wie eine Glucke observierte, sofort berichtet, daß ich Landkarten studiere. Also konnte ich das nur in der Bibliothek tun.«

Doch Gordiewski hatte sich auf eine eventuell notwendige Flucht aus Moskau schon von 1977 an vorbereitet. Damals, als er bereits für die Briten spionierte und das Ende seiner zweiten Kopenhagener Dienstzeit absehbar war, hatte er damit begonnen, über sein Verschwinden nachzudenken. Er machte sich verschlüsselte Notizen, die für jeden anderen Leser unverfänglich waren. Der Fluchtplan war dem britischen Geheimdienst längst bekannt. Gordiewski hatte ihn vor seiner Abreise aus London mit den Engländern noch einmal besprochen – als Rückversicherung. Es war verabredet, daß er in der Innenstadt von Moskau ein bestimmtes Signal geben, wenn der Fluchtplan wirksam werden sollte. Noch aber war er draußen, in Semjonowskoje.

Dorthin nahm er seine Fluchtnotizen vorsichtshalber nicht mit. Nicht weit von seiner Moskauer Wohnung, die in einem von KGB-Leuten bewohnten Block lag, hatte er eine Garage gemietet. Dort waren seine Aufzeichnungen in den Fugen zwischen zwei Backsteinen versteckt. Der Gedanke, daß das KGB auch die Garage untersuchen könnte, verstärkte seine Nervosität. Zwar waren die Notizen verschlüsselt – doch wenn man sie finden würde, lag die Frage nahe: Welchem Zweck dienten vier eng beschriebene Notizhefte, versteckt im Mauerwerk einer Garage? Gordiewski betete, daß das KGB etwas so Profanes wie eine Garage unbehelligt ließ.

Noch konnte er es sich nicht leisten, diese Aufzeichnungen zu vernichten. Denn er war noch zu aufgeregt, um sich den ganzen komplizierten Fluchtplan zu merken. Also mußte er warten, bis er den unfreiwilligen Aufenthalt in Semjonowskoje überstanden hatte.

Die Flucht aus der Sowjetunion erwies sich als ein kompliziertes und gefährliches Spiel mit dem Tod. Vor Gordiewski war sie keinem anderen Geheimdienstmann geglückt.

Zum Fluchtplan gehörte ein mehrstündiger Fußmarsch im Grenzgebiet der UdSSR nach Finnland. Darauf mußte sich der untrainierte Doppelagent natürlich vorbereiten. Er begann zu joggen: erst eine Stunde täglich, dann zwei, schließlich – alle Achtung! – vier Stunden.

Jetzt hatten es seine Beschatter schwer. Solange er im Park des Sanatoriums nur herumspaziert war, blieb er seinen ständigen Beobachtern nicht verborgen, die stets vor denselben Büschen standen und so taten, als verrichteten sie ihr Geschäft. Einmal blieb Gordiewski ganz bewußt eine Viertelstunde stehen, um zu sehen, wie sein Beschatter reagierte. Der verharrte stur in der gleichen Haltung – Rücken zum Betrachter, Hände vor dem Bauch.

Beim Joggen aber legte Gordiewski nach vier Tagen ein verschärftes Tempo vor – und es gelang ihm dabei mehrmals, seine Bewacher abzuschütteln. Doch er kehrte immer wieder zurück. Das beruhigte seine Aufpasser, so daß sie ihn bei seinen Läufen nur gelegentlich verfolgten.

Einmal gelang es ihm, unter einem Vorwand nach Moskau fahren zu dürfen: Seine Frau reiste mit den Kindern auf die Datscha ihres Vaters in den Kaukasus. Es glückte ihm, in Moskau das vereinbarte Signal zu setzen, das den britischen Geheimdienst über seinen Fluchtplan instruierte. Dann traf er seine Frau.

Maria und Anna waren an diesem Tag auf der Datscha von Gordiewskis Mutter. Das Ehepaar kaufte in einem Kleidergeschäft leichte Sommersachen für die Reise ein. Dann kam der Augenblick des Abschieds.

Gordiewski war sich im klaren, daß er seine Frau, wenn überhaupt jemals wieder, sehr lange nicht mehr sehen würde. Sie wußte das natürlich nicht. Leila Gordiewski ging in diesen Wochen ganz in der Frage auf, wie sich die Kinder wieder an das Leben in der Sowjetunion gewöhnen würden, was sie zum Anziehen brauchten, welche Schulen sie besuchen sollten.

Entsprechend reagierten beide. Gordiewski sehnte sich nach einer liebevollen Geste, die ihm über die kommenden Jahre helfen konnte. Aber nichts dergleichen geschah. Leila gab ihm nur einen flüchtigen Kuß. Dann sagte sie: »Also, bis bald.«

Gordiewski erwiderte: »Du hättest ruhig ein bißchen zärtlicher sein können.«

Leila sah ihn erstaunt an. Dann drehte sie sich um und ging. Sie sollte ihren Mann sechs Jahre lang nicht wiedersehen.

Noch schmerzlicher gestaltete sich der Abschied von den Kindern, die ihn einen Tag vor ihrer Reise in den Kaukasus im Sanatorium besuchen durften. Als er die beiden Mädchen wieder in den Zug nach Moskau setzte, drückte er sie so lange und so heftig an sich, daß er fast mitgerissen worden wäre, als der Zug anfuhr.

»Ich verspürte einen großen Schmerz. Ich durfte ja nicht sagen, was ich plante, denn ich wollte die Kinder nicht verlieren. Trotzdem haben mich die schrecklichen Bedingungen, die Entscheidung über Leben und Tod, dazu gezwungen. Ich war unsagbar traurig. Doch ich hatte keine Wahl.«

Am 10. Juli kehrte Gordiewski in seine Moskauer Wohnung zurück. Einen Tag später hinterließ er an einer vereinbarten Stelle in der Innenstadt das zweite Zeichen für den MI 6. Jetzt lag das Datum seiner Flucht fest.

Der Countdown lief. Fluchttag sollte der 19. Juli, ein Freitag, sein. Am Wochenende würde man ihn nicht so bald vermissen. Auch beim KGB begann der Dienstbetrieb erst montags wieder richtig.

Außerdem sollte am nächsten Tag in Moskau das mit großem publizistischen Aufwand angekündigte Weltjugendfestival beginnen. Gordiewski hoffte darauf, daß die Spezialdienste gezwungenermaßen ihre Aufmerksamkeit auch auf die zahlreichen Ausländer, die Moskau besuchten, richteten.

Nun galt es, ein paar falsche Fährten zu legen. Als erstes meldete er seinen Lada telefonisch für den 22. Juli zur obligaten Inspektion an.

Dann versprach er seiner Schwester, wieder telefonisch, sie am Wochenende des 20. und 21. Juli auf ihrer Datscha zu besuchen.

Schließlich rief er noch Ljubimow an und bat ihn um ein Treffen. Ljubimow sagte: »Komm doch einfach vorbei!«

Auf dem Weg zu seinem Freund spürte Gordiewski, wie intensiv er beschattet wurde. Es war ein heißer Tag, er ging zu Fuß, und dabei sah er zwei Männer in einem grünen Schiguli, die in ihren dunklen Jacken ungeheuer schwitzten. Der Beifahrer sprach etwas in ein Mikrofon.

Beim KGB lernt man, daß der Beschattete der Beschattung nur dann Aufmerksamkeit schenken darf, wenn er einen ganz bestimmten Auftrag ausführt, der nicht bemerkt werden darf. Wenn das nicht der Fall ist, etwa wenn man nur spazierengeht oder einkauft, dann soll man die Beschatter tunlichst ignorieren.

Gordiewski hatte kein Interesse, seine Aufpasser abzuhängen. Er wollte, daß sie wußten, wo er war und welche Verabredungen er traf.

Er hatte eine Flasche Wodka mitgebracht, Marke Stolitschnaja, doch Ljubimow lehnte ab. Er mußte anschließend noch Auto fahren. Gorbatschows Anti-Alkohol-Kampagne war gerade auf dem Höhepunkt, und Verstöße gegen die bestehende Null-Promille-Regelung wurden strikt geahndet.

Gordiewski trank also allein aus der Flasche – ein Akt, der minuziös im Protokoll des KGB beschrieben wird. Offenkundig war dies Grundlage für den später öffentlich erhobenen Vorwurf, der Überläufer sei ein Alkoholiker.

Das Gespräch dauerte nur eine halbe Stunde. Ljubimow fand, Gordiewski wirke immer noch nervös und fahrig, von Erholung keine Spur.

Er bot ihm an, ihn in der nächsten Woche, »sagen wir am Montag«, in Swenigorod zu besuchen. »Da lebe ich für einen Monat im Erholungsheim. Dort können wir uns unterhalten, Oleg, und du kommst zur Ruhe ...«

Gordiewski sagte zu. Zu Hause schrieb er auf den Blockkalender unter das Datum 22. Juli: »10.00 Uhr – Swenigorod – Treffen mit Ljubimow.«

Den Kalender legte er auf seinen Wohnzimmertisch.

Ljubimow hatte später das berechtigte Gefühl, von Gordiewski als Schachfigur in einem Spiel benutzt worden zu sein: »Er hat Katz und Maus mit mir gespielt. Das war professionell. Aber da es um sein Leben ging, kann ich ihm nicht böse sein.«

Gordiewski kam sich vor wie eine Spinne, die gejagt wird und zur Tarnung ihrer Flucht ein klebriges Gespinst auslegt – ein Gespinst aus Lügen. Die schwierigste Lüge stand noch bevor.

Am Abend des 17. Juli, einem Mittwoch, rief er seine Frau im Kaukasus an: »Leila, ich komme am 31. Juli zu euch. Ich habe schon ein Flugticket. Am 30. rufe ich dich noch mal an. Hol mich bitte mit den Kindern am Flughafen in Baku ab. Ich liebe dich!«

Es war der letzte Satz, den Leila Gordiewski bis zum September 1991 von ihm hören sollte.

Am nächsten Tag, dem 18. Juli, verließ Oleg Gordiewski seine Wohnung am Leninskijprospekt, um zu joggen – und um eine Bahnfahrkarte nach Leningrad zu kaufen. Nach fünf Kilometern strammen Dauerlaufs merkte er, daß er nicht mehr verfolgt wurde. Seine Bewacher zogen es offenbar vor, auf ihr allzu sportliches Objekt vor dessen Wohnung zu warten.

Er nahm einen Bus zum Leningrader Bahnhof und kaufte eine Karte für den Nachtzug vom 19. auf den 20. Juli. Weil er so spät dran war, erwischte er nur noch den schlechtesten Platz eines Sechs-Personen-Abteils: Innenseite oben. Aber das war jetzt egal. Er hatte seine Fahrkarte.

Während seiner letzten Nacht in der Wohnung konnte Gordiewski nicht schlafen. Neben seinem Bett stand ein Metalltablett, auf das er seine handgeschriebenen Fluchtnotizen und die Fahrkarte gelegt hatte – daneben eine Schachtel Streichhölzer.

Sollte ein KGB-Kommando nachts die Wohnung stürmen, um ihn zu verhaften, so hätte er zuvor die Instruktionen und die Fahrkarte verbrannt.

Doch es wurde Morgen, und niemand war gekommen, um ihn festzunehmen.

Gordiewski wartete bis zum Nachmittag. Er verbrannte seine Instruktionen. Mittlerweile hatte er sie auswendig gelernt. Dann zog er jenen alten Trainingsanzug an, den seine KGB-Beschatter mittlerweile zur Genüge kannten, und verließ die Wohnung. Es war vier Uhr.

Er begann zu laufen. Ungewöhnlich war nur, daß er eine Plastiktüte in der Hand trug. Was sie enthielt – darüber wurde bei der Untersuchung später heftig spekuliert. Ihr Inhalt bestand aus Rasierzeug, einer Zahnbürste, einer Jacke, einer Lederkappe, Gordiewskis Reisepaß und seinem KGB-Ausweis, in dem noch nicht der neue Dienstgrad »Oberst« eingetragen war, sondern der alte: »Oberstleutnant«. Die Fahrkarte nach Leningrad hatte Gordiewski in der Unterhose versteckt. Er durchquerte den Leninskij-Prospekt und erreichte nach zweihundert Metern den Gorki-Park.

Das Parkgelände war an diesem sommerlichen Freitagnachmittag von Besuchern überfüllt. Liebespaare flanierten, Kwas-Verkäufer boten ihr säuerliches Erfrischungsgetränk an, vor dem Riesenrad wartete eine lange Schlange. Niemand achtete auf den Jogger. Gordiewski verschwand in der Menge.

Er lief bis zum Parkende, überquerte die Krimbrücke und bog auf den Zubowskij-Boulevard ein. Dort erstand er eine billige Einkaufstasche. Er legte seine Plastiktüte hinein und fuhr mit der Metro zum Leningrader Bahnhof.

Auf dem Bahnsteig wimmelte es von Milizionären, die Pässe kontrollierten und die Anwesenden im Auge behielten. Doch ihre Aufmerksamkeit galt nur den ankommenden Gästen, die zum Weltjugendfestival in die Stadt reisten. Abreisende blieben unbehelligt. Dennoch verbrachte Gordiewski zwei unruhige Stunden auf der nicht gerade reinlichen Herrentoilette. Um acht Uhr abends stieg er in den Zug. Das Schlafwagenabteil war voll.

Gordiewski kletterte auf seinen Platz, Innenseite oben, und versuchte zu schlafen. Es gelang ihm nicht.

Er wußte, daß er Ruhe brauchte, denn am nächsten Tag würde er seine ganze Kraft brauchen. Er nahm zwei Schlaftabletten und schloß die Augen. Als der Zug Kalinin erreichte, war er eingeschlafen.

Der Nachtzug von Moskau nach Leningrad braucht für die sechshundertachtzig Kilometer lange Strecke etwas mehr als acht Stunden. Gegen Mitternacht, in Torshok, stoppte der Zug mit einem harten Ruck. Gordiewski fiel von seiner Pritsche, mit dem Kopf vornüber, auf den Boden und verletzte sich dabei ziemlich schwer.

An der Stirn, der Schulter und am Arm hatte er offene Wunden, die stark bluteten. Sein Schädel schmerzte. Das Abteil verschwamm vor seinen Augen. Er hatte sich eine Gehirnerschütterung zugezogen.

Die Schaffnerin kam und knipste das Licht an: »Sollen wir Sie in ein Krankenhaus einliefern?«

»Nein, es geht schon«, flüsterte Gordiewski. Sie sah ihn an und schüttelte den Kopf. Gordiewski steckte ihr einen Fünfrubelschein zu: »Bitte, lassen Sie mich liegen. Ich habe einen wichtigen Termin in Leningrad.«

Sie gab ihm Verbandszeug aus dem Erste-Hilfe-Kasten und löschte das Licht. Gordiewski blieb für den Rest der Fahrt auf dem Boden liegen.

Um Viertel nach vier morgens lief der Zug in den Moskauer Bahnhof von Leningrad ein. Gordiewski fühlte sich nicht gerade frisch. Er betrat den Newskij-Prospekt, sog die frische Morgenluft ein und bog nach einem Kilometer rechts ab Richtung Newa. Niemand folgte ihm.

Er betrat den Litejnyj-Prospekt in nördlicher Richtung, überquerte die Litejnyj-Brücke und stand vor dem Finnischen Bahnhof.

Vor dem modernen Stationsgebäude erhebt sich ein monumentales Lenin-Denkmal aus Bronze. Es erinnert an ein historisches Ereignis: In der Nacht zum 17. April 1917 wandte sich Lenin, soeben aus der Emigration zurückgekehrt, vom Turm eines Panzerwagens vor dem Bahnhof mit einer Rede an die

Arbeiter und Soldaten, die ihn zu Tausenden begrüßten. Der Sockel des Denkmals ist eine Nachbildung des Panzerturms.

Gordiewski ging ganz nah an ihn heran. Die Schlußworte der Lenin-Rede waren darauf zu lesen: »Es lebe die sozialistische Revolution in der ganzen Welt!«

Das waren Worte eines Emigranten aus dem Westen, der die bessere Welt erzwingen wollte – notfalls mit Gewalt. Gordiewski spürte die Ironie der Situation. Er, ein Genosse, verließ das von dem Revolutionär geschaffene Vaterland der werktätigen Massen nicht gerade durch die Hintertür. Es sollte schon der Kultbahnhof der Großen Sozialistischen Oktoberrevolution sein.

Um zehn vor sechs fuhr der erste Vorortzug nach Wyborg ab. Unterwegs stieg Gordiewski aus, nahm einen Bus nach Norden, stieg abermals aus und wechselte in einen Bus nach Süden.

Mittlerweile war er nur noch fünfzehn Kilometer von der Grenze entfernt. Er hatte seine Instruktionen auswendig gelernt. Ihnen zufolge mußte er an einer ganz bestimmten Haltestelle aussteigen. Plötzlich spürte er, daß irgend etwas an der Strecke nicht mehr stimmte. Er hatte die vereinbarte Haltestelle verpaßt.

Gordiewski stand auf, ging zum Busfahrer und sagte: »Entschuldigen Sie, Genosse, halten Sie bitte an, ich möchte aussteigen. Mir ist nicht gut, ich muß mich übergeben.«

Daß er sich nicht wohl fühlte, stimmte wirklich. Er sah käseweiß aus. Außerdem hatte er sich ganz bewußt einen Dreitagebart wachsen lassen. In seiner alten Trainingskluft glich er einem Landstreicher. Das war Absicht: Je verlotterter er aussah, desto unverdächtiger würde er wirken.

Der Busfahrer sah ihn mit einem merkwürdigen Ausdruck an. Wer an der Grenze lebte, wurde dazu angehalten, mißtrauisch zu sein. Es gab regelrechte Kurse der Behörden, in denen die Bevölkerung darüber informiert wurde, worauf sie aufzupassen hatte. Doch Gordiewski durfte aussteigen.

Er verließ die Straße und ging, parallel zu ihr, den Weg zurück. Das Gras stand fast mannshoch. Es war elf Uhr vormittags. Die Sonne brannte. Tausende von Mücken hatten offenbar kein anderes Ziel als seine Haut. Sie rochen, daß er Angst hatte. Gordiewski zog seine Lederkappe aus der Tasche und setzte sie auf. Jetzt war zumindest seine Halbglatze geschützt. Er sah verwegen aus.

Auf einmal hörte er ein stotterndes Geräusch. Ein Militärbus fuhr vorbei. Die Insassen waren allesamt in Uniform. Sie konnten ihn sehen.

Gordiewski warf sich instinktiv zu Boden. Im gleichen Moment wußte er, daß er einen Fehler begangen hatte. Was würden sie jetzt denken? Ein Unbekannter, der sich an der streng bewachten Grenze ins Gras warf, wenn er einen Militärbus sah! Seine Kappe war verrutscht, die Mücken machten sich an seinem Kopf zu schaffen. Doch der Militärbus fuhr vorbei.

Um zwei Uhr nachmittags erreichte Gordiewski den Treffpunkt. Er legte sich ins Gras und wartete.

Der Wagen traf am frühen Abend ein. Der Zeitpunkt war exakt vorherbestimmt. Sie mußten den Kontrollpunkt in jenem Augenblick passieren, da die Grenzbeamten ihre Hunde fütterten.

Diplomaten brauchen ihre Autos nicht zu verlassen, wenn sie eine Grenze überqueren. Sie reichen ihre Diplomatenpässe durchs Wagenfenster, der Beamte bringt die Pässe zwecks Kontrolle zur Station, der Kommandant vergleicht die Namen mit der registrierten Diplomatenliste. Sind die Namen dort verzeichnet, bringt der Grenzbeamte die Pässe wieder hinaus, überreicht sie ihren Inhabern, salutiert und läßt das Auto passieren. Der Wagen darf nicht untersucht werden – es sei denn, die auf menschliche Ausdünstungen dressierten Spürhunde reagieren ungewöhnlich heftig. Deshalb war der Zeitpunkt der Hundefütterung besonders wichtig.

Gordiewski lag im Kofferraum des Wagens. Als das Auto stoppte, hörte er die Schritte und Stimmen zweier Grenzbeamter. Sie klangen ganz nah, nur einen Meter entfernt. Etwas weiter weg vernahm er Hundegebell. Es kam nicht näher. Sie hatten den Zeitpunkt der Hundefütterung genau abgepaßt. Die Stimmen der Grenzer entfernten sich. Alles kam jetzt darauf an, daß sie für die Kontrolle nicht zu lange brauchten.

Der Aufenthalt am Kontrollpunkt dauerte insgesamt sechs Minuten. Es waren die längsten sechs Minuten seines Lebens. Auf einmal hörte er, wie eine Stimme auf russisch sagte: »Gute Fahrt.«

Der Wagen fuhr an.

Drei Minuten später war Gordiewski auf finnischem Boden. Er hatte geschafft, was noch keinem KGB-Offizier vor ihm gelungen war: die Flucht in den Westen.

Gordiewski war in Finnland, seine Frau in der Sowjetunion. Mit dem Verschwinden ihres Mannes begann für die ahnungslose Leila ein sechsjähriger Alptraum, den sie immer noch nicht überwunden hat. An ihr hat die erzürnte Staatsmacht einen Teil von all dem ausgelassen, was für ihren Mann bestimmt gewesen wäre. Das KGB nahm Leila Gordiewski als Geisel.

»Als er am 30. Juli nicht anrief und am 31. nicht kam, geriet ich in Panik. Ich stand mit den Kindern am Flughafen in Baku, und er war nicht da. Ich rief in der Wohnung in Moskau an. Doch niemand nahm den Hörer ab. Ich rief die Nachbarn an: Sie haben geklopft und geklingelt, aber niemand machte auf. Dann bat ich die Nachbarin, ein Zettelchen an unsere Tür zu hängen: ›Leila dringend anrufen, sie macht sich Sorgen!‹ Noch immer keine Reaktion! Da dachte ich schon an das Schlimmste! Hat er vielleicht ein Bad genommen, hat sein Herz versagt? Ich nahm die Kinder, flog nach Moskau und fand – nichts!«

In solchen Fällen weiß die Frau eines Geheimdienstoffiziers, was sie zu tun hat. Sie ruft beim KGB an: »Mein Mann ist verschwunden! Können Sie mir helfen?«

»Nun beruhigen Sie sich doch! Er ist vielleicht auf irgendeiner Datscha!«

»Aber nein, das sieht ihm gar nicht ähnlich. Er kann Datschas gar nicht ausstehen. Oleg ist ein Mensch, der den Komfort liebt. Wenn er keine hellblaue Toilette und kein heißes Wasser hat, leidet er fürchterlich!«

Das erzählt sie uns am Tatort – in ihrer alten Moskauer Wohnung. Zwar lebt Leila heute bei ihrem Mann im Westen, doch ihr Domizil in Moskau hat sie ganz bewußt behalten: »Meine Fluchtburg.«

»Dann hab' ich auf dem Tisch die Notiz mit Michail Ljubimow gefunden. Wir haben ihn angerufen: ›Ja, er wollte kommen, aber kam nicht.‹ Nun ging der ganze Zirkus los. Jetzt kamen diese Männer in den schwarzen Jacken und durchsuchten unsere Wohnung! Das dauerte acht Stunden. Und sie durchsuchten nicht nur unsere Wohnung, sondern auch noch die von Olegs Mutter. Vor lauter Aufregung erlitt die alte Dame einen Herzanfall. Sie suchten, fanden aber nichts. Ich sagte: ›Finden Sie nur meinen Mann; egal, ob er bei einer anderen ist, Hauptsache, er lebt.‹«

Wie kam es denn heraus, daß er ein westlicher Spion war?

»Das haben wir schon bald durch die Engländer erfahren. Sie wollten ja auch meine Ausreise erzwingen. Doch man ließ mich nicht raus. Zu diesem Zeitpunkt war ich gar nicht mehr erleichtert, daß er lebte; ich war wie in Trance. Sie fingen an, mich zu verhören:

›Sie sind doch seine Frau! Sie haben doch mit diesem Mann zusammengelebt! Wie konnten Sie das alles übersehen?‹

Ich habe mich verteidigt: ›So, Genossen? Sie haben Tausende von Leuten, die dafür bezahlt werden, Spione zu fangen. Sie haben ihn vierzehn Jahre lang übersehen! Ich war nur seine Frau, sechs Jahre lang! Ich habe ihm zwei Kinder geboren, ich habe gewaschen, genäht, gebügelt; ich habe alles getan, was eine Ehefrau tut! Sie können mir nichts vorwerfen. Aber ich kann Ihnen etwas vorwerfen: Sie haben ihn entwischen lassen!‹

›Aber Leila‹, sagten sie dann, ›was für seltsame Gedanken!‹

›Na und?‹ erwiderte ich. ›Hätte ich denn bei den Geburten oder anderen intimen Gelegenheiten etwa denken sollen: Teufel auch, und wenn er ein westlicher Spion ist? Das habe ich nicht getan. War das mein Fehler? Wenn ja, dann habe ich dafür gebüßt!‹«

»Verzeihen Sie, aber diese Frage stellen wir uns auch: Wie hat Ihr Mann sich denn so kontrollieren können, daß die eigene Ehefrau nichts merkt?«

»Was hätte ich denn ahnen können? Alles in ihm war doch darauf ausgerichtet, seine Taten zu verbergen, zu verstecken. Das war seine zweite Natur. Was für ein Dasein, ständig unter Strom! Ich hätte so nicht leben können!

Ich bin das genaue Gegenteil von Oleg. Doch er kann sich nicht beklagen über mich. Damals hat ihn alle Welt verdammt. Seine Freunde haben ihn verraten, seine Verwandten haben ihn beschuldigt, selbst seine Mutter hat sich von ihm losgesagt. Ich war die einzige, die zu ihm hielt. Die Leute sagten: ›Nein, wie kannst du nur! Er hat dich mit zwei kleinen Kindern sitzenlassen, völlig mittellos!‹

Ich aber dachte: ›Gut, das kommt schon vor. Vielleicht liebt er mich nicht mehr, vielleicht ging er zu einer anderen. Komm doch her und sag mir ehrlich, daß du mich nicht liebst, daß du mich nicht mehr willst!‹ Ich erklärte dem Beamten, der mich tagelang verhört hat: ›Solange ich seine Augen nicht gesehen habe, glaube ich keinem anderen.‹ Doch das alles durchzuhalten war so schwer, so schwer...«

Diese Frau ist leidenschaftlich, impulsiv, spontan. Ihr Ehemann zu sein ist keine Nebentätigkeit. Auch nicht für einen so beherrschten Mann wie Oleg Gordiewski.

Im Oktober 1985 wurde der Flüchtling in Abwesenheit vor einem Militärgericht wegen Hochverrats angeklagt. Der Prozeß war nicht öffentlich.

»Am 14. November kam das Urteil: Todesstrafe. Ein schönes Geburtstagsgeschenk hat er mir gemacht...«

Leila Gordiewski ist am 14. November geboren.

»Vom Urteil habe ich ganz zufällig erfahren. Es war ja ein geheimer Prozeß. Ich war nie dort. Sein sogenannter Anwalt hat es mir erzählt. Ich habe meine Freunde angerufen: ›Wißt ihr, was passiert ist? Warum ruft ihr mich nicht an?‹ Heute weiß ich, warum, ich Dummchen. Sie hatten Angst. Sie wollten nichts mit mir zu tun haben.«

»Hat Sie das KGB beschattet?«

»Und ob es mich beschattet hat. Sechs Jahre und zwei Monate hat das gedauert, sechs Jahre und zwei Monate hat mich eine Meute von Männern ständig verfolgt. Wissen Sie, wie so was ist? Stellen Sie sich das nur vor: Drei Schichten von Beschattern jeden Tag, jeder schreibt einen Bericht. Allein das Geld, das fürs Benzin draufging – das würde mir bis an mein Lebensende reichen. Im KGB-Archiv steht meine Akte. Sie hat Dutzende von Bänden. Schrott, nur Schrott.«

»Wie viele Männer haben Sie in der Regel beschattet?«

»Normalerweise acht. Nur wenn etwas Besonderes geschah, zum Beispiel als Frau Thatcher kam, waren es zwölf. Das KGB hatte wohl Angst, die Journalisten würden mich kontaktieren.«

»Wie haben sich diese Männer Ihnen gegenüber verhalten?«

»Sie haben sich anständig benommen. Schließlich waren wir jahrelang zusammen, verstehen Sie? Warum sollten sie mich also quälen? Und dann... ich war ja so allein, daß ich mich manchmal richtig gefreut habe, vertraute Gesichter zu sehen, und wenn es sich nur um die meiner Bewacher handelte. Ich lebte ja wie unter einer gläsernen Glocke. Ich war isoliert, ausgestoßen, die Frau eines Spions. Da war ein Vakuum um mich: Man schreit, man rennt herum wie eine Kakerlake, aber niemand hört dich. Alles, was zählt, ist der Spruch: ›Sie ist die Frau eines Spions.‹ Das ist wie ein Brandmal, das nicht abgewaschen werden kann.«

»Hat man Sie diffamiert?«

»Nicht nur mich, auch meine Kinder. Und nicht nur unser Leben änderte sich total, auch das von Olegs Mutter. Kurz nach dem Todesurteil rief sie an, sie war schon achtzig, mußte zur Kontrolle in eine Poliklinik des KGB: ›Ach, Leila, als ich dasaß und wartete, ruft eine Stimme aus dem Lautsprecher: Die nächste ist Frau Gordiewski! Und alle Rentner rücken von mir ab und sehen mich ganz furchtbar an. Sie wissen alle davon. Wie soll ich alte Frau mit dieser Schande leben?‹ Ich habe sie natürlich beruhigt, aber ich war selbst nicht überzeugt von meinen Argumenten.«

»Hatten Sie denn selbst das Gefühl: Mein Mann hat Schande über mich gebracht?«

»Ja, wegen meiner Kinder. Unser Haus in Moskau ist ein KGB-Haus. Alle Väter arbeiten für den Geheimdienst. Die Kinder gehen alle in dieselbe Schule. Meine Töchter hatten haufenweise Freundinnen. Auf einmal aber wollte niemand mehr mit ihnen spielen. So fragte ich ein fünfjähriges Krümelchen: ›Warum kommst du denn nicht mehr mit Mascha spielen?‹ Sie sagte mir: ›Meine Mutti hat mir gesagt, ich soll Mascha vergessen.‹ Da habe ich meine Kinder genommen und zu meiner Mutter gebracht. Dort konnten sie wenigstens in eine Schule gehen, in der sie niemand kannte.«

»Und wovon haben Sie gelebt in all den Jahren?«

»Von der Rente meines Vaters. Wir alle haben von dieser kleinen Rente gelebt: Er selbst, meine Mutter, meine Kinder, ich. Ich durfte nichts verdienen, erhielt keine Stelle. Ich war die Frau des Westspions. Nicht einmal unsere Möbel durfte ich verkaufen. Bis zum letzten Schuhlöffel war alles inventarisiert. Selbst unser Auto haben sie registriert. Und derselbe Angestellte der Justiz, der das Auto auf die Liste gesetzt hat, hat es aus der Garage gestohlen, anderthalb Jahre lang gefahren, dann verkauft. Ich wollte mein Recht, ging vor Gericht. ›Was willst du denn‹, sagten die. ›Du bist die Frau eines Spions.‹ Vier Jahre lang habe ich prozessiert, ich wollte mein Recht. Dann hatte ich keine Kraft mehr.«

»Sie haben Ihre Kraft für die Kinder gebraucht.«

»Eigentlich für den ganzen Alltag. Schon die Läden haben mich zermürbt. Um acht Uhr morgens muß man anfangen, sonst gibt's nichts mehr. Wie ein Köter rennt man durch die Geschäfte. Drei Stunden steht man an für Wurst, ein halbes Kilo kriegt man zugeteilt, mehr nicht. Und dann die Milch. ›Nur eine Tüte? Ich habe doch zwei Kinder!‹ ›Dann zeig mal deinen Ausweis! Nur ab drei Kindern kriegst du mehr.‹ Und alle schauen böse, wie Hunde. Ich brauchte alle Kraft zum Überleben. Da war kein Platz mehr für romantische Gedanken.«

»Auch kein Platz für andere Männer? Keine Schulter, um sich auszuweinen?«

»Ich wollte niemanden gefährden. Also baute ich diese Wand um mich herum auf. Ich war ja eine Aussätzige. Sich mit mir zu unterhalten konnte gefährlich sein. Ich habe niemanden von mir aus angerufen, keinen Mann ermutigt. Wenn in der Metro mir mal irgendein Blödmann zugeblinzelt hat und dann womöglich auch noch zu mir kam und ›Hallo, Fräulein‹ sagte – dann wußte ich doch, daß jede Menge Aufpasser hinter mir hergingen, daß jeder Schritt und jeder Blick von mir aufgezeichnet wurde. Vor solchen Annäherungsversuchen hatte ich immer eine Heidenangst. Irgendein Wassja, der mich überhaupt nicht kennt und von der ganzen Sache überhaupt nichts weiß, kommt plötzlich zu mir – und schon ist er im KGB-Computer. Das wird er sein ganzes Leben nicht mehr los. Wie viele Leute sind da wohl vermerkt? Leute, die ich überhaupt nicht kenne?«

»Hat Ihr Mann versucht, Kontakt mit Ihnen aufzunehmen?«

»1987 hat er mir den ersten langen Brief geschrieben und ihn offiziell beim MI 6 abgegeben. Der überließ ihn dem Foreign Office. Das reichte ihn an die Sowjetbotschaft weiter. Diese schickte ihn an das Außenministerium. Das übergab ihn an das KGB. Das KGB rief mich in das Empfangszimmer der Lubjanka. Dort sagten sie mir: ›Leila, diesen Brief haben wir nicht gelesen. Er ist fachmännisch zugeklebt. Aber wir sind neugierig. Das ist das erste Lebenszeichen. Was steht in diesem Brief?‹«

»Das frage ich Sie auch.«

»Da stand die gleiche Story drinnen, die er mir auf dem Balkon vor unserer Wohnung erzählt hat: Daß er fliehen mußte, weil gegen ihn eine Intrige läuft, und daß er unschuldig wie ein Vöglein ist. Das war natürlich Blödsinn, weil die westliche Presse schon längst das richtige Gegenteil publik gemacht hatte.«

»Es gab ja jahrelange Forderungen der britischen Regierung, Sie ausreisen zu lassen. Aber erst nach dem Augustputsch 1991 war das möglich.«

»Das ist dann einfach über mich gekommen, völlig überraschend. Man treibt und schwimmt in einem Strom mit ungeheurem Tempo, ohne daß man sich dagegen wehren kann. Vorher lebte ich auf einem Friedhof. Dann auf einmal kam das Leben wie ein bunter Fluß zu mir, alles drehte sich um mich herum. Leute redeten mich an, ich hatte mir schon abgewöhnt zu reden, war versteinert, weil ich mir jahrelang fest eingebleut hatte: ›Reden ist gefährlich, halt den Mund!‹ Das war wie eine Krankheit, und es hat jahrelang gedauert, bis ich mich von ihr befreien konnte.«

»Sechs Jahre lang hat man Sie diffamiert, weil Sie die Frau eines westlichen Spions sind, jetzt waren Sie gerade deshalb populär. Darüber kann man weinen oder lachen. Wie haben Sie reagiert?«

»Ich war nicht fähig, Gefühle zu zeigen. Ich empfand nur das Absurde an der Situation. Man hat uns aus der Stadt gebracht wie Staatsbesucher. Eine ganze Wagenkolonne fuhr mich bis nach Scheremetjewo. Die Crew begrüßte mich, die Kinder brachte man ins Cockpit und gab uns irgendwelche Souvenirs. Ich trank Champagner, die ganze Erste Klasse war für uns reserviert. Hinten saß ein Schwarm von Journalisten, die nur darauf warteten, daß ich mal eben fünf Minuten Zeit für sie hatte. Verstehen Sie, wie mir zumute war? Sechs Jahre war ich ausgestoßen, jetzt bedeutete es offenbar für alle Welt ein großes Glück, sich mit mir unterhalten zu dürfen. Wie absurd!«

»Und dann das Wiedersehen mit Ihrem Mann in London: Hatten Sie davor Angst?«

»Nicht ich, sondern er. Ich durfte vorher kurz mit ihm telefonieren: ›Oleg‹, habe ich gesagt, ›sei darauf vorbereitet, daß die Kinder nicht auf dich zustürmen werden.‹ Früher haben sie ihn nur sehen müssen, und schon hingen sie an seinem Hals: Papa, Papa! Jetzt werde das nicht so sein. Ja, das verstehe er, hat er gesagt.

Er hat es aber nicht verstanden. Für die Kinder war er wie ein fremder Onkel. Da gab es kein Gefühl von Liebe mehr. Sie fühlten sich im Stich gelassen. Da habe ich mir Vorwürfe gemacht. Die Kinder waren ja von mir aus einer ganz und gar vertrauten Umgebung herausgerissen worden, fort von den Menschen, die sie liebten, in ein Vakuum, in dem sie fremd waren, sie konnten ja kein Englisch mehr, kein einziges Wort verstanden sie. Sie sagten: ›Mama, warum hast du uns hierhergebracht? Bitte laß uns wieder heim nach Moskau fahren.‹«

»Und Sie, wie haben Sie das Wiedersehen mit Ihrem Mann empfunden?«

»Ich ging vorneweg, in einem Meer von Blumen, und die Fotografen warteten auf Tränen. Doch ich habe nicht geweint. Und das gilt heute noch. Ich habe mich sehr verändert. Mit mir zusammenzuleben ist nicht leicht für Oleg, und wahrscheinlich liegt es daran, daß ich immer noch im Inneren denke: ›Er hat dich so enttäuscht.‹ Obwohl er doch so handeln mußte. Aber hätte er mir nicht vertrauen können?«

»Das hätte Sie nur in Gefahr gebracht. Steht das Thema denn noch immer zwischen Ihnen?«

»Wir leben damit, jeden Tag, im guten und im schlechten. Im guten: Das gilt nur für Oleg, denn er tritt stets in eigener Sache auf. Aber ich? Auch in London lebe ich wieder unter einer Glocke. Ich schaffe es nicht, neue Freunde zu gewinnen, und unterhalten darf ich mich mit niemandem, ohne Oleg um Erlaubnis zu fragen. Für alles brauche ich seine Einwilligung, seine Prüfung. Jeder freundliche Mensch kann ein KGB-Agent sein. Doch was bedeutet das für mich? Ich bin von einem Gefängnis ins andere geraten. Das ist nicht mein Leben, es ist das Leben von Oleg!«

»Ist das der Grund, weshalb Sie Ihre Wohnung in Moskau beibehalten haben? Diese Wohnung, in der wir uns jetzt unterhalten?«

»Ja, sie ist meine Fluchtburg. Schon ein halbes Jahr nach meiner Ausreise wollte ich nach Moskau fahren. Alle Welt erklärte mich für absolut verrückt. Kaum hat man mich herausgeholt aus dieser Hölle, schon will ich wieder freiwillig zurück. Ich sagte: ›So versteht doch! Man hat mich verstoßen. Sie haben ihre Füße an mir abgeputzt. Jetzt will ich zeigen, daß ich doch ein freier Mensch bin, der von hier kommen und von hier gehen kann, wann und sooft er will. Moskau ist ein Sumpf, doch es ist mein Sumpf.‹«

»Werden Sie bei Ihrem Mann bleiben, wenn die Kinder aus dem Haus gegangen sind?«

Sie sieht uns groß an und sagt nichts. Sie weiß, was wir vermuten. Doch sie weiß nicht, daß wir wissen: Sie hat sich nach dem Todesurteil gegen ihren Mann von ihm scheiden lassen müssen. Das geschah auf Druck ihrer Familie: Auch Leilas Vater war ein pensionierter KGB-Mann. Sie heißt nicht mehr Leila Gordiewski, sondern Alijewa – ihr alter Mädchenname.

»Was ist das Fazit von alledem?«

»Ich kann nicht mehr träumen. Damals, 1985, war das anders. Aber da ist viel kaputtgegangen. Wenn du Pläne schmiedest, alles vor dir siehst, und dann kracht das Kartenhaus zusammen, da entsteht ein Schmerz, der nicht vergeht. Deshalb muß ich mich jetzt schützen. Das ist einfach, denn ich sage mir: ›Ich lebe heute, was die Zukunft bringt, ist mir egal. Es geht schon alles. Hauptsache, du träumst nicht mehr.‹«

Das KGB hat aufgehört zu existieren. Die alten Bosse sind entmachtet. Längst hat Rußland einen eigenen Geheimdienst. Doch die neuen Kader sind dieselben alten Köpfe. Diese Kontinuität wird nicht beschworen, aber sie ist da: aus der zweiten Reihe – ausgewählt, ausgebildet und befördert innerhalb des KGB.

Wer mit den alten Führern aus der ersten Reihe reden will, muß erst einmal zahlen. Unser diesbezüglicher Kontaktmann zählt, noch in der Lobby des Hotels, die Dollarnoten sorgfältig nach, bevor er sich mit uns in Bewegung setzt. Unser Ziel: die Ex-Bosse des KGB. Wir wollen von ihnen wissen, wie sie zum Fall Gordiewski stehen. Sind sie noch immer aufgebracht? Oder haben sie die Niederlage weggesteckt?

Unsere beiden Gesprächspartner, Krjutschkow und Gruschko, sind borniere Apparatschiks alter Schule. Sie sehen sich nicht nur äußerlich erstaunlich ähnlich, auch ihre Ansichten ähneln zwei Stiefelpaaren, die im gleichen Tritt aufs Pflaster knallen.

Wladimir Alexandrowitsch Krjutschkow war von 1974 bis 1988 Chef der Ersten Hauptverwaltung, Leiter der Auslandsspionage und danach KGB-Vorsitzender – bis er wegen seiner Teilnahme am Moskauer Augustputsch 1991 abgesetzt und inhaftiert wurde. Das gleiche galt für seinen Stellvertreter Gruschko, den

»getreuen Viktor«. Die alte kommunistische Sowjetunion hat beide als »Verräter« abgestempelt und ins Gefängnis geworfen. Vom neuen freien Rußland wurden sie amnestiert. Nun warten beide ungeduldig, daß der Staat die ihnen aberkannte Rente wieder zuweist.

»Gordiewski?« Krjutschkow bläst verächtlich Zigarettenrauch durch seine Nase. »Wenn er ein scharfsinniger Mensch gewesen wäre, hätte er unser hinterhältiges Spiel durchschaut. Doch ich denke, daß wir seine geistigen Fähigkeiten richtig eingeschätzt hatten. Deshalb ist er auf unsere Methode reingefallen.«

Er will natürlich nicht verraten, daß es Ames war, der den letzten Hinweis gab. Wir fragen Krjutschkow, warum das KGB den hochgradig Verdächtigen nicht festgenommen hat, für alle Fälle sozusagen – und erfahren, wie gesetzestreu ein KGB-Chef sein muß:

»Wir konnten niemanden verhaften, ohne eine hundertprozentige Grundlage dafür zu haben. Jeder ungesetzliche Arrest ist ein Skandal. Wenn sich unsere Gewißheit, daß er ein Verräter ist, im Verlauf der gerichtlichen Untersuchung als falsch herausstellt, dann würde man uns eines Gesetzesbruchs beschuldigen. Das durften wir uns nicht erlauben. Wir haben das Gesetz beachtet. Die Briten allerdings« – Krjutschkows Augenbrauen ziehen sich zusammen –, »diese Briten haben gegen alle internationale Normen verstoßen.«

»Weil sie Gordiewski außer Landes brachten?«

»Ja. Nie hätte ich gedacht, daß sie die Spielregeln so grob verletzen. So etwas tut man nicht.«

Wir haben den Eindruck, daß für den früheren KGB-Chef nicht der Versuch des britischen Geheimdienstes unverzeihlich ist, sondern die Tatsache, daß er gelang.

Viktor Gruschko ist noch etwas gröber als sein Meister. Als wir ihn fragen, ob Gordiewski seiner Meinung nach ein Idealist sei oder ob er nur aus finanziellen Gründen für den Westen spioniert habe, bricht blanker Haß aus ihm heraus: »Er ist ein Lügner und Verräter. Ich habe meine Gründe für die Aussage, daß er 1970 in eine halbprivate Situation geraten ist. Er wurde erpreßt, er wäre ausgewiesen worden und verhinderte das durch seinen Verrat.«

Krjutschkow setzt noch einen drauf: »Er hat für Geld gearbeitet. Ein Mensch, der seine Heimat nicht aus Überzeugung, sondern nur für Geld verrät, der ist kein Mensch mehr, sondern eine schmutzige Gestalt. Gordiewski ist ein unanständiges Subjekt.«

Gruschko nickt und fügt hinzu: »Er hat nicht nur sein Land verraten, sondern auch das Kollektiv des KGB. Er hat die Werte dieses Kollektivs verraten: Kameradschaft, Treue, Dankbarkeit – für ein paar Silberlinge.«

»Er sagt doch aber selbst, daß er nie Geld genommen hat – und die Briten, seine Auftraggeber, bestätigen das auch –, kein Geld, zumindest während seiner Spionagetätigkeit.«

Gruschko schnaubt verächtlich: »Das gehört zur schmutzigen Legende dieses Herrn. Glauben Sie kein Wort.«

»Darf man denn überhaupt kein Geld annehmen als Spion?«

»Wissen Sie«, sagt Krjutschkow, »ich kenne einige unserer eigenen Agenten. Kim Philby war ein sauberer, ehrlicher Mann. Oder George Blake – ein Mann mit festen Überzeugungen, mit einem tiefen Glauben, mit konkreten Idealen. Gordiewski aber besteht allein aus Dreck.«

Die Selbstgerechtigkeit dieser Männer ist unerschütterlich. Sie messen mit zweierlei Maß.

War Gorbatschow über den Fall Gordiewski informiert?

»Er war es. Ich habe Michail Sergejewitsch persönlich davon in Kenntnis gesetzt. Er war entrüstet und hat unsere Verfahrensweise damals gutgeheißen. Er hat uns nicht gestört in unserer Arbeit, sondern hat uns ausgesprochen unterstützt. Das war eben der Gorbatschow des Jahres 1985 – und nicht der von 1989!«

»Warum sind Sie eigentlich so haßerfüllt?« fragen wir Krjutschkow.

»Weil er Menschen ausgeliefert hat, die der Sowjetunion aus ideellen Gründen geholfen haben. Sie wurden von ihm denunziert, sie leiden im Gefängnis, und er macht sich ein schönes Leben. Das Leben eines solchen Mannes wird am Ende finster sein. Er wird als einsamer Verräter sterben.«

Krjutschkow mit Himmler zu vergleichen wäre ungerecht. Er ist ein Mann des Übergangs, er hat lernen müssen, mit den Wölfen der Freiheit zu heulen – dennoch klebt an seinen Händen Blut. Im Herzen ist er Stalinist. Er kennt nur seine Wahrheit.

»Worin besteht der Unterschied zwischen einem, der die Sowjetunion verrät, und einem, der seine Heimat Großbritannien verrät?«

»Sie meinen Blake und Philby«, sagt Krjutschkow. »Diese beiden lehnten Geld von Anfang an ganz kategorisch ab. Sie halfen uns, weil sie in uns die Zukunft sahen. Ich kenne beide gut. Es sind Leute mit ehrlicher und reiner Überzeugung. Sie haben Charakter und verdienen Achtung.

Gordiewski aber ist nur Dreck. In ihm steckt die Lüge. Und ich glaube, seine Frau begreift das mittlerweile. Sie begreift, daß ein Mensch sich nicht sein ganzes Leben lang verstellen kann. Beim Geheimdienst braucht man im Familienleben Sauberkeit. Wer seine Ehefrau hintergeht, der hintergeht morgen auch die Heimat. Wer seine Kinder heute im Stich läßt, der kann morgen noch schlimmere Verbrechen begehen. Aber das ist ihre Sache. Sollen sie doch leben, wie sie wollen.«

»Jetzt können sie das ja. Gordiewskis Frau hat mittlerweile zumindest die Entscheidungsfreiheit. In Moskau hatte sie die damals nicht. Finden Sie es richtig, wie das KGB die Frau des flüchtigen Spions behandelt hat?«

»Wir mußten sie beobachten«, sagt Krjutschkow, »um zu verhindern, daß die Briten auch sie außer Landes schafften. Eine weitere Blamage konnten wir uns einfach nicht erlauben.«

»Aber hätten Sie die Frau nicht einfach gehen lassen können? Sie und die Kinder?«

»Als die Briten dies verlangten, war sie gar nicht mehr mit Gordiewski verheiratet. Sie hat die Scheidung eingereicht. Ich halte mich jetzt sehr zurück: Wenn noch ein bißchen Zeit vergangen wäre, hätte sie um nichts in der Welt eingewilligt, zu ihm zu fahren.«

Krjutschkow kennt Leila Alijewa nicht persönlich, nur aus der Aktenlage. Wir aber wissen, daß die Akten manchen »Wassja« nennen, der wohl nur ein Aktenbock gewesen ist. Wenn auch Leila einmal Trost gefunden haben sollte, was wir nicht von vornherein ganz ausschließen – sie fuhr trotzdem nach London. Die Familie ist zusammen.

»Wie groß war der Schaden, den Gordiewski der Sowjetunion zugefügt hat?«

»Wissen Sie« – Krjutschkow lächelt jetzt zum ersten Mal –, »ein Geheimdienst ist wie ein Schiff mit vielen Kammern. Schlägt eine Kammer einmal leck, so fährt das Schiff trotzdem weiter seinen Kurs, weil die Kammern gegeneinander völlig abgeschottet sind. So war es auch im Fall Gordiewski.«

Am Ende fragen wir Krjutschkow, was Gordiewski widerfahren wäre, wenn man ihn verhaftet und seine Schuld bewiesen hätte.

»Wenn es uns gelungen wäre, seine Schuld zu beweisen, hätte alles von seinem Verhalten abgehangen. Wenn er sich gleich von Anfang an entschlossen hätte, alles ehrlich zuzugeben, wenn er uns ehrlich geholfen hätte, den operativen und politischen Schaden zu bestimmen, den er unserem Staat zugefügt hat, dann, glaube ich, hätte das Gericht sein Leben geschont. Und heute wäre er auf freiem Fuß.«

Es gibt viele Gründe, dem zu mißtrauen. Krjutschkow ist ein Wolf im Schafspelz, noch geprägt von altem Denken und vom Wunsch, das Rad der Geschichte zurückzudrehen. Aber dieser Mechanismus funktioniert nicht mehr. Die Demokratie in Rußland ist ein zartes und gefährdetes Pflänzchen. Doch zumindest eine Rückkehr zum Sowjetkommunismus alter Prägung wird es nicht mehr geben.

Von anderem Kaliber ist Leonid Schebarschin. Er wurde Anfang 1989 unter Gorbatschow Chef der Auslandsaufklärung und nach dem Putsch im August 1991 für einen Tag als Nachfolger von Krjutschkow Chef des ganzen KGB. Nachdem Gorbatschow Bakatin den Vorzug gegeben hatte, trat Schebarschin zurück. Heute leitet er den halbprivaten »Dienst für wirtschaftliche Sicherheit«, der sich mit Industriespionage beschäftigt. Schebarschin ist ein hochintelligenter Kopf, ein intellektueller Analytiker. Im Gegensatz zu Krjutschkow und Gruschko ist er noch ein Mann mit Zukunftsambitionen – und mit Zukunft.

Erstaunlicherweise fällt sein Urteil in Sachen Gordiewski noch harscher aus als das seiner Kollegen.

»Er trank gerne Alkohol, er hatte Frauengeschichten, er war feige und geltungsbedürftig. Seine sogenannten ideellen Gründe? Ihm gefiel der Glanz des Geldes. Doch es klingt besser, wenn man sagt: ›Ich kämpfe gegen das Regime des Kommunismus.‹ Judas hat

Christus nicht verraten, weil er ein Gegner seiner Lehre war. Er hat vielmehr dem Glanz der dreißig Silberlinge nicht widerstehen können.«

»Sie glauben ihm also nicht?«

»Nein, ich glaube ihm nicht. Er war sowjetischer Offizier und hat den Eid verletzt. Er hat nicht etwa das System verraten, sondern sein Volk. Systeme kommen und gehen, das Volk bleibt. Wir haben für unser Land und unser Volk gearbeitet, nicht für das System.«

»Das sehen Millionen von Sowjetbürgern aber völlig anders. Für sie war das KGB ein Handlanger der Unterdrückung, ein Büttel des Staates gegen das Volk.«

»Das mag im Inneren früher so gewesen sein. Ich aber rede von der Auslandsaufklärung. Da ging es nicht um Unterdrückung, sondern um Informationen. Wir wollten wissen, was die Gegner planten, zum Schutz des Landes und des Volkes. Das hat er verraten. Er ist ein Bastard, ein gerissener Gauner, Abschaum der Gesellschaft. Ich hasse ihn, und ich verachte ihn.«

Uns überrascht die Heftigkeit der Anklage – und die Unversöhnlichkeit der früheren Vorgesetzten. Der Fall Gordiewski ist für das KGB noch immer eine offene Wunde.

Wieder in London, erzählen wir dem Sündenbock von der moralischen Verdammung durch seine früheren Oberen. Sie überrascht ihn nicht. »Was haben Sie erwartet?«

Krjutschkows These, ein geständiger Gordiewski wäre heute längst auf freiem Fuß, animiert den Überläufer zu homerischem Gelächter: »Glauben Sie ihm bloß kein Wort. Er ist nicht nur ein Schlächter, sondern auch ein routinierter Lügner.«

Wir zweifeln nicht daran, daß auch ein rückhaltlos geständiger Gordiewski postwendend erschossen worden wäre. Da sind wir auf seiner Seite. Aber warum tun ihm eigentlich nicht die Agenten leid, die er verraten hat?

»Weil sie ihr Risiko gekannt haben. Und überhaupt: Arne Treholt ist längst wieder auf freiem Fuß. Der norwegische König hat ihn 1992 begnadigt. Nun sitzt nur noch Mike Bettaney im Gefängnis. Man hat ihn zwar zu dreiundzwanzig Jahren Haft verurteilt, doch bei guter Führung wird er schon in drei, vier Jahren freigelassen. Sein Risiko war nicht größer als meines. Ich habe kein schlechtes Gewissen seinetwegen.«

»Worauf sind Sie besonders stolz?«

»Auf meine Rolle bei der *Operation RYAN*: Ich denke, das war eine konstruktive Arbeit, die ein bißchen dabei half, den Frieden zu bewahren. Auch wenn es sonst nichts geben sollte – darauf bin ich stolz.«

RYAN ist die Abkürzung für *Raketno-Yadernoye-Napadenie* – das russische Kürzel für »Atomarer Raketenangriff«.

Zum ersten Mal fiel das Wort im Mai 1981 auf einer geheimen KGB-Konferenz in Moskau. Kein Geringerer als der damalige KGB-Chef Juri Andropow erklärte, die neue amerikanische Regierung bereite offenkundig einen atomaren Erstschlag vor. Deshalb sei vom Politbüro entschieden worden, daß der sowjetische Geheimdienst weltweit alle Anzeichen für einen solchen Angriff aufmerksam registrieren und nach Moskau melden solle. Diese *Operation RYAN* habe höchste Priorität vor allen anderen Aktionen.

Das war natürlich großer Blödsinn, weil die neue amerikanische Regierung zwar in starken Worten schwelgte, aber niemals daran dachte, die Sowjetunion zu überfallen. Die Regierung Reagan wollte die tatsächliche Raketenlücke gegenüber der Sowjetunion durch die »Nachrüstung« schließen, sie wollte das atomare Gleichgewicht der Kräfte wieder halbwegs herstellen und benötigte dafür einen willigen Kongreß. Der wiederum war nur zu überzeugen, wenn ihm die kommunistische Bedrohung möglichst plastisch vor Augen geführt wurde.

Das Politbüro in Moskau verwechselte die markige Rhetorik Reagans mit der Wirklichkeit. *RYAN* war ein Beispiel für die waltende Paranoia der alten Herren im Kreml, die das atomare Säbelrasseln Washingtons für bare Münze nahmen.

Zudem wußte Moskau, daß das Pentagon gerade ein neues Waffensystem namens SDI entwickelte – das US-Kürzel für »Strategic Defense Initiative«, die »Strategische Verteidigungsinitiative«. Ihr Ziel war es, im Weltraum einen Schutzschild zu errichten und sowjetische Raketen schon im Anflug mittels Laserwaffen zu zerstören. SDI kam nie zustande, doch zu Beginn der achtziger Jahre konnte das noch niemand wissen. Andropow fürchtete, die durch SDI geschützten USA könnten in Versuchung kommen, einen atomaren Erstschlag zu probieren. So wurden alle KGB-Residenturen angewiesen, zumindest einmal wöchentlich Berichte über »wirklich alle Anzeichen« eines drohenden atomaren Erstschlags nach Moskau zu senden.

Das galt auch für die Londoner Filiale. Gordiewski war die absurde Dramatik der Lage klar: Schon um ihre Existenzberechtigung zu beweisen, müßten sich die KGB-Büros fortan, alle möglichen Indizien eines »atomaren Erstschlags« zu sammeln – eine teils skurrile, teils gefährliche Spirale, die am Ende, angesichts des waltenden Verfolgungswahns in Moskau, durchaus in einen atomaren Präventivkrieg hätte münden können.

Zwei Beispiele: Als die Londoner Residentur über eine Kampagne berichtete, mit der die britische Regierung um mehr Blutspender warb – eine ganz normale Angelegenheit –, schickte die Zentrale postwendend ein Lobestelegramm zurück, denn die absurde Konstruktion schien überzeugend: Blutvorräte waren eine der notwendigen Voraussetzungen des Atomkriegs.

Als die KGB-Residentur in einer Woche einmal keinen derartigen Bericht an die Zentrale übermittelte, kam aus Jasenewo prompt ein grober Tadel: Was denn mit dem pflichtvergessenen Büro in London los sei? »Der Befehl, uns alle Zeichen eines atomaren Angriffs mitzuteilen, ist nicht aufgehoben.«

Gordiewski mußte mit den Wölfen heulen und lieferte seitenlange Berichte über angebliche atomare Vorbereitungen der Briten – im Bewußtsein, daß das purer Unsinn war. Das einzige, was er dagegen tun konnte, war die detaillierte Auflistung von Anzeichen, die praktisch keine waren und sich dadurch ad absurdum führten: So sandte er im Sommer 1983 eine ausführliche Mitteilung über eine neue Autobahn im Süden Englands, die, so unkte er, natürlich auch militärisch genutzt werden konnte. Eine Valentinade – doch Jasenewo nahm den Bericht so ernst wie viele andere.

Hauptsächlich aber informierte Gordiewski die Briten über die Verfolgungsneurosen in Moskau. Er übergab dem MI 6 auf die bewährte Weise Dokumente, die er in der Residentur gestohlen hatte – Akten, in denen die Zentrale immer neue Materialien und Beweise für den atomaren Erstschlag forderte. Bei der Lektüre dieser Quellen wurde manchen MI-6-Offizieren klar, wie tief verankert die Befürchtungen des Kreml waren.

»Sie begriffen, welche Geistesgestörten da saßen, wie man mit ihnen umgehen muß, wie kompliziert das ist. Sie gaben meine Informationen an die amerikanische Regierung weiter. Und ab Ende 1983 beeinflußte das die Politik der US-Regierung gegenüber der Sowjetunion. Ab 1984 veränderte Reagan seinen Sprachstil. Kontakte wurden geknüpft, Gorbatschow kam an die Macht, und 1985 kam es dann zum ersten Treffen zwischen Gorbatschow und Reagan.«

Den Rest der Weltgeschichte kennen wir. Auch wenn sich einer hier ein bißchen überschätzen mag, denn Politik ist nicht nur eindimensional: Letztlich war Gordiewskis Doppelspionage, und das ist die Ironie, eine vertrauensbildende Maßnahme. Nicht, weil es ihm gelungen wäre, die mißtrauischen Machthaber im Kreml über die am Ende doch nicht so furiosen Kriegsgelüste der Verbündeten des »Cowboys« zu informieren, sondern weil er es offenkundig schaffte, ein paar Politikern im Westen mit handfesten Beweisen klarzumachen, daß der Kreml keinen atomaren Erstschlag wollte, sondern selbst vor diesem eine Heidenangst entwickelte. Das war, mit allem Vorbehalt, ein Mosaikstein, der den Kalten Krieg beenden half.

»Und nun, Oleg Gordiewski? Hat sich das alles eigentlich gelohnt? Was ist das Fazit nach elf Jahren Doppelspionage – persönlich und politisch?«

»Gesundheitlich ist dieses Fazit negativ. Ich konnte nicht mehr schlafen, mußte starke Schlaftabletten nehmen, habe Bluthochdruck bekommen. Darunter leide ich immer noch. Gesundheitlich hat sich das alles nicht gelohnt. Moralisch und politisch aber bin ich glücklich. Ich wollte ja schon immer meinen Beitrag dazu leisten, daß der Westen frei bleibt und mein Rußland frei wird. Und das ist geschehen. Bei allen Schwierigkeiten, die es gibt, hat Rußland doch zumindest seine Chance, eine echte Demokratie zu werden.«

»Und menschlich? Ihre Familie lebt auch hier wie unter einer Glocke!«

»Ich weiß, das ist nicht ideal. Doch alles in allem bedeutet dies das kleinere Übel. Denn wir leben, und wir sind zusammen. Das ist viel, und das genießen wir.«

Wir sagen ihm natürlich nicht, daß seine Frau mit dem Gedanken spielt, eines Tages wieder ganz nach Moskau, in den altvertrauten »Sumpf«, zurückzukehren – ohne Oleg. Wir wünschen diesem tapferen und zähen kleinen Mann, der so viel Druck aushielt, daß er am Ende seine Rente so genießen darf, wie er es sich wünscht: mit Lesen, Reisen, Rosenzüchten, manchmal einen Vortrag halten – über Rußland gestern, heute, morgen. Auch Spione gehen in den Ruhestand.

Der Atomspion

»Nie habe ich einen traurigeren Anblick gesehen oder Vergeltung in einer solchen Dimension erlebt.« Was Harry S. Truman am Abend des 16. Juli 1945 seinem Tagebuch anvertraute, war nicht die ahnungsvolle Prophezeiung der apokalyptischen Zerstörungskraft einer an diesem Tag erstmals gezündeten neuen Waffe, sondern der Schock nach einem Ausflug durch das zerstörte Berlin. Einen Tag zuvor war der amerikanische Präsident in Potsdam eingetroffen, um mit Stalin und Churchill die Nachkriegsordnung für Europa und Fernost zu besprechen.

Der einundsechzigjährige Nachfolger Franklin Delano Roosevelts, bis dahin nur als gewiefter Innenpolitiker in Erscheinung getreten, sah der Konferenz der »Großen Drei« mit höchst gemischten Gefühlen entgegen. Längst hatte die Allianz der Sieger tiefe Risse bekommen. Doch ein Erbstück seines Vorgängers flößte Truman Zuversicht für die bevorstehenden ungewissen Verhandlungen ein: ein Unternehmen der allerhöchsten Geheimhaltungsstufe, das »Manhattan Project«.

Noch bevor der Präsident am 16. Juli sein Erschrecken angesichts der Berliner Trümmerwüste niederschrieb, erreichte ihn eine sehnlichst erwartete Nachricht aus der Wüste von Alamogordo im US-Bundesstaat New Mexico. Sie gab ihm den Schlüssel zu einer neuen, bis dahin unvorstellbaren Dimension von Zerstörung und Vernichtung in die Hand: »Operation erfolgte heute morgen. Diagnose noch nicht vollständig. Ergebnisse scheinen jedoch zufriedenstellend und übertreffen bereits die Erwartungen.« Das »Manhattan Project« meldete Erfolg. Zum ersten Mal hatten Menschen die Urkraft des Atoms entfesselt. Auf dem entlegenen Testgelände im menschenleeren Südwesten der USA war die erste Atombombe detoniert.

Die Nachricht aus New Mexico verlieh dem nervösen weltpolitischen Neuling Truman über Nacht neue Selbstsicherheit. Ein erstaunter Winston Churchill notierte, der Amerikaner sei am grünen Tisch ein »veränderter Mensch« gewesen, der »den Russen sagte, wo sie ein- und wo sie auszusteigen haben«. Doch erst am 24. Juli – die Konferenz drohte im zähen Feilschen um Einflußzonen steckenzubleiben – entschloß sich Truman, den nuklearen Trumpf aus dem Ärmel zu ziehen.

Nach dem offiziellen Sitzungsende im Schloß Cäcilienhof ließ der Präsident seinen Dolmetscher zurück und trat an die Seite Stalins, der wie üblich seine weiße Galauniform trug. Truman berichtete später, er habe »beiläufig erwähnt, daß wir eine neue Waffe von ungewöhnlicher Zerstörungskraft besaßen. Das russische Staatsoberhaupt zeigte kein besonderes Interesse. Er sagte lediglich, er freue sich, das zu hören, und hoffe, wir würden von ihr Gebrauch gegen die Japaner machen«. Der verdutzte Präsident konnte seine Enttäuschung nur mühsam verbergen. Als Churchill ihn wenig später auf das kurze Zwiegespräch ansprach, antwortete er achselzuckend: »Er hat nicht mal eine Frage gestellt!«

US-Außenminister Byrnes erklärte seinem konsternierten Chef das offenkundige Desinteresse Stalins damit, daß der schlichte Georgier »die Bedeutung wohl nicht erfaßte«. Doch die Memoiren des Sowjetmarschalls Schukow, als oberster Militär der Roten Armee mit dabei in Potsdam, zeigen das Tête-à-tête der beiden damals mächtigsten Männer der Welt in völlig anderem Licht.

Schukow zufolge diskutierte Stalin Trumans Anspielung noch am selben Abend mit Außenminister Wjatscheslaw Molotow. Beide wußten anscheinend über die »neue Waffe« der Amerikaner genau Bescheid. Abschließend habe Molotow gesagt: »Wir müssen das mit Kurtschatow besprechen und ihn dazu bringen, daß er schneller macht.« Igor Kurtschatow war Kernphysiker und Leiter des sowjetischen Atombombenprogramms. Die Kremlherren waren über den Stand des »Manhattan Project« bestens informiert.

Stalins Reaktion auf die betont beiläufige Bemerkung Trumans war wohlüberlegt. Solange die USA allein über die Bombe verfügten, mußte sich die Sowjetunion möglichst unbeeindruckt von der neuen Waffe zeigen. Jeder Art von amerikanischer »Atomdiplomatie« sollte so von vornherein der Wind aus den Segeln genommen werden. Nach dem Abwurf der beiden Atombomben auf Hiroshima und Nagasaki – auch eine Machtdemonstration gegenüber dem Kreml – gab Stalin die Parole aus: Kernwaffen seien nur geeignet zum »Einschüchtern von Schwächlingen«. Sein Potsdamer »Pokerface« war der Beginn einer neuen sowjetischen Diplomatie im Schatten der Bombe.

Amerikaner und Briten wußten davon in Potsdam noch nichts. Sie ahnten nicht, daß das »Manhattan Project« trotz höchster Geheimhaltungsstufe eine undichte Stelle hatte. Seit 1941 lieferte diese Quelle die neuesten Ergebnisse des westlichen Kernwaffenprogramms regelmäßig an die sowjetische Auslandsspionage. Das Geheimnis der Atombombe war verraten worden, noch bevor in der Wüste von Alamogordo zum ersten Mal ein Atompilz in die Atmosphäre schoß.

Der US-Kongreß stellte 1951 dazu fest, daß der Maulwurf im »Manhattan Project« »die Sicherheit von mehr Menschen beeinflußte und ein größeres Zerstörungswerk anrichtete als jeder andere Spion in der Geschichte der Nationen«.

In den frühen Morgenstunden jenes 16. Juli 1945, des Tages, an dem Harry S. Truman seinen Ausflug durch die Ruinen Berlins unternahm, trafen Kernphysiker, Techniker und Militärs mit Armeebussen am Compaña Hill ein, einem Aussichtspunkt mitten in der Wüste von Alamogordo, hundert Kilometer von der nächsten menschlichen Siedlung entfernt. Der Name dieses Teils der Wüste, »Jornada del Muerto« (Reise des Todes), hatte mit dem dort für um halb sechs morgens angesetzten Experiment nichts zu tun – in den Pioniertagen des amerikanischen Westens waren Dutzende von Siedlern hier verdurstet. Doch die Gruppe der angespannt wartenden Beobachter kümmerte die Geschichte dieser gottverlassenen Wüste kein bißchen. Sie waren hierhergekommen, um eine waffentechnische Premiere mitzuerleben, die deren Urheber erwartungsvoll »Trinity« (Dreifaltigkeit) getauft hatten.

Pünktlich zum festgesetzten Zeitpunkt explodierte auf einem zweiunddreißig Kilometer vom Compaña Hill entfernten Stahlgerüst der erste von Menschen gezündete nukleare Sprengsatz. Sein Kern bestand aus einer apfelsinengroßen, fünf Kilogramm schweren Kugel Plutonium. Der Widerschein des Feuerballs strahlte heller als die Sonne und blendete die Anwesenden auf dem Compaña Hill trotz ihrer starken Schutzbrillen minutenlang. Während über dem »Ground Zero«, dem Explosionsmittelpunkt, eine Rauchsäule kilometerhoch emporschoß, erreichte die Hitzewelle den Compaña Hill.

»Es war, als würde man einen heißen Ofen öffnen und heraus käme die Sonne wie bei einem Sonnenaufgang«, notierte ein Augenzeuge. Das Stahlgerüst, auf dem Techniker die »Trinity«-Bombe installiert hatten, verdampfte. Der Asphalt im Umkreis der Turmes schmolz zu Sand, grün und durchscheinend wie Jade. Im Detonationszentrum herrschten für den Bruchteil einer Sekunde Temperaturen wie im Inneren der Sonne – mehr als zehn Millionen Grad Celsius.

Die Schöpfer des »Manhattan Project« hatten die Urenergie des Kosmos auf die Erde geholt. Die Plutoniumapfelsine entfesselte die unvorstellbare Sprengkraft von zwanzigtausend Tonnen des herkömmlichen Sprengstoffs TNT.

Immer noch gebannt vom Eindruck des ersten Atomtests, beglückwünschten sich die Physiker, die zum Teil mehr als drei Jahre an ihrem »Baby« gearbeitet hatten: »Es hat funktioniert.« Den Weitsichtigen unter ihnen dämmerte jedoch, daß mit ihrer Erfindung ein neues, bedrohliches Zeitalter eingeläutet wurde. Die Menschheit würde bald zum ersten Mal in der Lage sein, sich selbst auszulöschen. Robert Oppenheimer, der Leiter des »Manhattan Project«, zitierte ahnungsvoll aus einer alten Hinduschrift, der Bhagavadgita: »Jetzt bin ich der Tod geworden, der Zerstörer der Welt.«

Etwas abseits von den jubelnden Gelehrten stand ein hagerer, asketisch wirkender Brillenträger. Er hatte die charakteristische pilzförmige Staub- und Rauchwolke der Explosion aufrecht stehend beobachtet und sich nicht entsprechend den Sicherheitsvorschriften auf den Boden gelegt. Aufgrund der letzten Berechnungen über die Stärke von »Trinity« war er überzeugt, daß für die Zuschauer auf dem Compaña Hill keine Gefahr bestand. Der Mann vertraute den Prognosen, denn für deren mathematisch genaue Ausarbeitung war er selbst verantwortlich gewesen.

Seine Kollegen wunderte es nicht, daß er sich ein gutes Stück entfernt von ihnen postiert hatte. Der hochtalentierte, stets etwas blasse Wissenschaftler mit dem deutschen Namen war als zurückhaltender Einzelgänger bekannt. Was damals aber noch niemand auf dem Compaña Hill wußte: Der Mann mit der Nickelbrille hatte dem nuklearen Geschichtsbuch ein gefährliches, neues Kapitel hinzugefügt. Er war das Leck im »Manhattan Project«. Er war derjenige, der das Geheimnis der Atombombe an Moskau verraten hatte. Sein Name war Klaus Fuchs.

Die Folgen der Enttarnung des »infamsten Verräters aller Zeiten«, wie das US-Magazin *Time* titelte, waren ungeheuer. Die Verhaftung des Agentenehepaares Julius und Ethel Rosenberg, dessen Hinrichtung die Welt aufwühlte, der politische Aufstieg des erzreaktionären Senators von Wisconsin, Joseph McCarthy, und die damit einhergehende antikommunistische Hexenjagd in den USA, der Eintritt der Vereinigten Staaten in den Koreakrieg und, vielleicht am wichtigsten, die Entscheidung Präsident Trumans für den Bau der Wasserstoffbombe – all dies sind mehr oder minder direkte Konsequenzen des Falles Klaus Fuchs.

Wer war dieser ruhige und verschlossene Junggeselle, der auf Bekannte wie das Urbild des Klassenprimus wirkte? Was trieb den vor den Nazis geflüchteten Physiker zu einem jahrelangen Doppelleben in ständiger Angst? Welche Umstände brachten ihn dazu, das Land zu hintergehen, das ihn aufgenommen hatte, und auf der Suche nach einer utopischen Zukunftsvision Verrat an seinen Freunden und Kollegen zu üben? Dutzende Autoren haben sich mit diesen Fragen beschäftigt. Das Leben des Atomspions ist mehrfach verfilmt worden und diente Carl Zuckmayer als Vorbild für sein Drama »Das kalte Licht«. Doch alle Versuche, die Abgründe der Seele des berühmtesten aller Wissenschaftsspione auszuloten, glichen der Jagd nach einem Phantom.

Das lag vor allem an Fuchs selbst. Auch nach seiner Entlassung aus einem englischen Gefängnis legte er die Primärtugend aller Spione, eiserne Verschwiegenheit, nicht ab. Seinem britischen Biographen Norman Moss, der unermüdlich versuchte, den emeritierten Wissenschaftler und Spion an seinem späteren Wohnsitz Dresden zu einem Gespräch zu bewegen, sandte er lediglich die Abschrift einer Rede vor der sowjetischen Akademie der Wissenschaften. Einzige autobiographische Hinterlassenschaft des 1988 in seiner Wahlheimat DDR verstorbenen Atomspions ist ein Interview, das die Stasi fünf Jahre vor seinem Tod mit ihm geführt hatte. Wir haben dieses Gespräch verwendet.

Klaus Fuchs wurde am 29. Dezember 1911 in Rüsselsheim geboren. Weitgehend unbemerkt von der Weltöffentlichkeit, hatte sechs Jahre zuvor ein begabter junger Mann aus Ulm namens Albert Einstein eine anscheinend harmlose mathematische Formel errechnet, deren physikalische Bedeutung vierzig Jahre später die Welt veränderte: $E = mc^2$ – Energie ist Masse mal Lichtgeschwindigkeit hoch zwei. Sie besagte, daß Materie in Energie umgewandelt werden konnte, in ungeheuer viel Energie. Kein Mensch, Einstein eingeschlossen, konnte jedoch damals sagen, ob die Formel jemals eine praktische Bedeutung haben würde. Noch war Physik ein politikfreier Raum, noch hatten die Nationen die tödliche Kraft der Natur nicht entdeckt. Noch war nicht absehbar, wie bald die Welt in Unordnung geraten würde, wie rasch das Potential, das hinter dieser Formel steckte, einen gnadenlosen Wettlauf provozieren würde.

Die Deutschen zu jener Zeit erfreuten sich seit mehr als einer Generation stabiler gesellschaftlicher Zustände. Jedenfalls dachten so das weitgehend konservativ orientierte Bürgertum und die staatstragenden Schichten des wilhelminischen Reiches, Beamte und Militärs. Doch noch bevor Emil Julius Klaus Fuchs – der später nur noch seinen dritten Vornamen benutzte – die Schule verließ, hatten sich die Zustände in Deutschland grundlegend gewandelt.

Die Weimarer Republik als Erbin der Hohenzollernmonarchie brachte den Deutschen zwar die Demokratie, stieß jedoch mit ihrer Politik auf den Widerstand einer ständig wachsenden Mehrheit ihrer Bürger. Die schweren Krisen der Republik hatte tiefgreifende Auswirkungen auf die Menschen. Orientierungslosigkeit und millionenfache Verarmung schufen einen gefährlichen Nährboden, auf dem braune Rattenfänger gediehen, die bald die halbe Welt in einen Strudel der Zerstörung reißen sollten.

Der talentierte Oberschüler, mit seinen Eltern ins thüringische Eisenach umgezogen, verspürte die allgemeine politische Radikalisierung schon bald am eigenen Leib. Als Sohn eines evangelischen und überdies noch sozialdemokratischen Pfarrers hatte der im Vergleich zu Gleichaltrigen eher schmächtige Klaus ohnehin einen schweren Stand in seinem Gymnasium. Lehrer und Schüler der höheren Schulen in Deutschland gehörten traditionell nicht zu den Freunden des Weimarer Staates.

Das schriftliche Geständnis, das Fuchs zwei Jahrzehnte später in einem Büro des britischen Kriegsministeriums ablegte, enthält eine bezeichnende Anekdote aus Pennälertagen: »Meine einzige politische Handlung, an die ich mich erinnere, fand am Feiertag der Weimarer Reichsverfassung statt, während innen die meisten Schüler mit Kokarden in den Farben des Kaiserreiches erschienen waren. Als ich meine Kokarde mit den Farben der Republik, hervorholte, wurde sie mir natürlich sofort heruntergerissen.«

Woher stammte dieser Mut, gegen den Strom zu schwimmen, auch wenn es Klassenkeile dafür setzte? Ein Schlüssel zu diesem schon in frühen Jugendtagen ausgeprägten Selbstbewußtsein liegt in der überlebensgroßen Vaterfigur, die Pastor Emil Fuchs zeitlebens für seine Kinder blieb.

»Mein Vater war nie ein Mann der Kirche, sondern ein Mann des Glaubens. Eines sehr tiefen Glaubens, eines Glaubens, den ich respektiere, obwohl ich ihn nicht teile.« Diese nüchternen Sätze aus den Videoaufzeichnungen der Stasi verraten mehr über die Person des Klaus Fuchs, als der inzwischen zum Betonsozialismus konvertierte Wissenschaftler vor der Kamera wohl selbst beabsichtigt hat.

Emil Fuchs war die zentrale und stets dominierende Figur für alle seine vier Kinder. Der fromme lutherische Pastor, der 1912 als einer der ersten evangelischen Geistlichen überhaupt Mitglied der SPD geworden war, übertrug seine sozialistischen Ideale sowohl auf die beiden Söhne Gerhardt und Klaus als auch auf die Töchter Elisabeth und Kristel. Außerdem schärfte er ihnen Luthers Maxime ein, in Wort und Tat immer nur der Stimme des eigenen Gewissens zu folgen – was sich Sohn Klaus besonders zu Herzen nahm.

Sein Geständnis aus dem Jahre 1950 beginnt mit den Worten: »Mein Vater war Pfarrer, und ich hatte eine sehr glückliche Kindheit. Entscheidend war, daß mein Vater immer danach handelte, was er als richtig empfand, und er hat uns immer gesagt, wir sollten unseren eigenen Weg gehen, auch wenn er nicht einverstanden war.«

Was alle »roten Füchse«, wie Vater und Söhne alsbald wegen ihrer politischen Gesinnung und ihrer Haarfarbe tituliert wurden, kennzeichnete, war die Fähigkeit zu unerschütterlichem Glauben auch angesichts stärkster Anfeindungen von außen. Eine Kette von Zufällen sorgte dafür, daß diese Fähigkeit zum Rüstzeug eines »Jahrhundertspions« wurde.

Die überdimensionale Figur des Vaters scheint auch die Lücke gefüllt zu haben, welche die Mutter hinterlassen hatte. Über sie hat Klaus Fuchs später auch seinen wenigen Freunden gegenüber nie ein Wort verloren. Im Oktober 1931 nahm sich Else Fuchs, von pathologischen Depressionen gepeinigt, das Leben. Ihr Mann fand sie sterbend auf dem Boden ihrer Wohnung. Sie hatte Salzsäure getrunken. Ihre letzten Worte waren: »Mutter, ich komme.« Erst jetzt erfuhr die Familie, daß Elses Mutter ebenfalls Selbstmord begangen hatte. Der tragische Stern über den Frauen der Familie Fuchs wirkte weiter: Auch eine der beiden Schwestern von Klaus nahm sich das Leben, die andere mußte sich in psychiatrische Behandlung begeben.

Sein außergewöhnliches mathematisches Talent war schon den Lehrern des politisch zwar unbequemen, aber immens fleißigen Klaus auf der Oberschule nicht verborgen geblieben. 1928 gewann er einen Preis der Stadt Eisenach. Nach dem Abitur schrieb sich der begabte Pfarrerssohn in Kiel zum Physikstudium ein, wo Emil Fuchs nach dem Tod seiner Frau eine Professur für Religionswissenschaften an der pädagogischen Hochschule angenommen hatte.

So wurde Klaus Fuchs Bewohner jener norddeutschen Hafenstadt, in der schon zwei andere Gestalten aus dem Schattenreich der Spionage aufgewachsen waren: Richard Sorge, der russische Meisterspion in Tokio, und Wilhelm Canaris, Hitlers Spionagechef, der sich zwischen Widerstand und Pflichterfüllung tödlich verstrickte.

1932 veröffentlichte der englische Physiker James Chadwick in der Zeitschrift *Nature* eine Arbeit über die Existenz eines bis dahin unbekannten Bestandteils des Atoms. Der junge Kieler Physikstudent Fuchs dürfte davon sicher keine Notiz genommen haben. Die Kernphysik galt noch als exotische Nebendisziplin, und Klaus Fuchs widmete sich mehr seiner erwachten Leidenschaft für die Politik als Vorlesungen und Büchern. Doch die Entdeckung des Neutrons durch Chadwick markierte einen Meilenstein der Entdeckungsreise in die unsichtbare Welt des Atoms.

Noch im selben Jahr kam Kernphysikern sowohl in den USA als auch am Kaiser-Wilhelm-Institut in Berlin der Gedanke, daß man durch den Beschuß eines Atomkerns mit dem neuentdeckten Teilchen die gewaltigen Energien in dessen Innerem freisetzen könnte. Am Horizont der weltweit noch kleinen Familie der Kernphysiker, bislang von Anerkennung nicht gerade verwöhnt, zeichnete sich die Möglichkeit einer praktischen Anwendung ab. Niemand wußte, wie sie aussehen konnte, doch daß enorme Kräfte dabei frei werden würden, hatte schon Einsteins Formel aus dem Jahre 1905 vorhergesagt.

In Kiel wurde Klaus Fuchs vom Sog des Bürgerkriegs zwischen Links und Rechts am Vorabend der »Machtergreifung« mitgerissen. Getreu der Devise seines Vaters, immer das zu tun, was das Gewissen vorschrieb, kämpfte er als Angehöriger des »Reichsbanners«, der paramilitärischen Organisation der SPD, gegen die Braunhemden der SA. Daß sich der schmächtige Brillenträger mit seinen dünnen Armen und Beinen auch auf der Straße für die Ziele der Sozialdemokraten einsetzte, trug ihm die Bewunderung vieler politischer Freunde ein. »Hier brach ich mit der Philosophie meines Vaters, denn er ist Pazifist«, erinnerte er sich stolz noch siebzehn Jahre danach.

Obwohl der blutige politische Kampf in Berlin auch innerhalb der Linken tobte, wirkte sich dies auf das Verhältnis zwischen Sozialdemokraten und Kommunisten an der abgelegenen Universität Kiel nicht so nachhaltig aus. Der junge »Reichsbanner«-Aktivist Fuchs, fleißig Flugblätter verteilend, fand sich im Streitgespräch immer öfter auf der Seite der Kommunisten. Im »Reichsbanner« trug ihm diese offene Haltung gegenüber den roten Rivalen Ärger ein. Doch Loyalität oder gar Bewahrung der Parteidisziplin kam für den glühenden Verehrer der russischen Revolutionäre nicht in

Frage. Welchen Sinn machte es, fragte er sich, den Kampf gegen die Nazis nicht Seite an Seite aufzunehmen?

Der entscheidende Bruch mit der SPD, der Partei seines Vaters, erfolgte 1932. Die Sozialdemokraten verzichteten anläßlich der Wahl des Reichspräsidenten zugunsten des greisen Weltkriegshelden Hindenburg auf einen eigenen Bewerber, um den Sieg Hitlers, des Kandidaten der NSDAP, zu verhindern. Fuchs erklärte noch im Jahre 1950: »Mein Argument war, daß wir Hitler nicht durch Zusammenarbeit mit anderen bürgerlichen Parteien stoppen konnten, sondern nur durch eine vereinte Arbeiterklasse. In diesem Moment entschied ich mich, die offizielle Politik meiner Partei abzulehnen, und ich bot mich als Redner für den kommunistischen Kandidaten bei der Präsidentenwahl an.«

Die SPD schloß den undisziplinierten Rebellen aus der Partei aus. Wenige Tage später fand sich Fuchs im Büro der Kieler KPD ein und unterschrieb einen Aufnahmeantrag, wie übrigens im selben Jahr auch seine drei Geschwister. Sie waren dem Ruf ihres Gewissens gefolgt. Wäre ihr Vater nicht selbst alter Sozialdemokrat gewesen, er hätte stolz sein können auf seine Kinder.

Kommunist zu sein erwies sich in Deutschland schnell als lebensgefährlich. An der ehrwürdigen Kieler Christian-Albrechts-Universität inszenierten NS-Studenten einen Streik gegen den republiktreuen Rektor. Schlägertrupps der SA machten den Campus unsicher. Gerüchte von politischen Morden gingen um in der Gemeinschaft der erschrockenen linken Studenten. Fuchs wagte mutig, sich den johlenden Braunhemden entgegenzustellen, wurde brutal zusammengeschlagen und in einen nahen Fluß geworfen.

Die »roten Füchse« waren gewarnt. Der Familienrat faßte angesichts der Blessuren von Klaus den Beschluß, in Zukunft nicht mehr über Politik zu sprechen. Zu großes Wissen um die Parteiaktivitäten der Familienangehörigen konnte gefährlich werden im »Führerstaat«. Ein prägender Aspekt im Leben des Klaus Fuchs: Verschwiegenheit und Konspiration wurden zu lebensrettenden Tugenden.

Am 27. Februar 1933 ging in Berlin das Reichstagsgebäude in Flammen auf. Für die Nazis war die Stunde der brutalen Abrechnung mit ihren Gegnern gekommen. »Nach dem Reichstagsbrand mußte ich in den Untergrund gehen«, schilderte Fuchs den Beginn der blutigen Säuberungen. »Ich hatte Glück, denn am Morgen nach dem Brand habe ich früh das Haus verlassen, um mit dem Zug zu einem Treffen der kommunistischen Studenten in Berlin zu fahren. Das ist der einzige Grund, weshalb ich einer Inhaftierung entkommen bin. Ich erinnere mich genau, wie mir beim Öffnen der Zeitung im Zug sofort die Bedeutung klar wurde. Ich wußte, daß jetzt der Kampf im Untergrund begonnen hatte. Ich nahm das Abzeichen der Kommunistischen Partei, Hammer und Sichel, von meiner Jacke ab und steckte es in die Tasche.« Dort sollte es noch lange bleiben, denn bis sich Fuchs wieder offen zum Kommunismus bekannte, vergingen siebzehn Jahre.

Nach dem Reichstagsbrand mußte Fuchs in Berlin untertauchen. Die Kieler NSDAP hatte ihn in die Fahndungslisten eintragen lassen. Im August gelang dem Gesuchten die Flucht nach Paris. »Die Partei hatte mich dorthin geschickt«, erinnerte er sich 1950, »weil sie wollte, daß ich mein Studium beendete. Nach der Revolution würden in Deutschland Leute mit technischem Wissen für den Aufbau eines kommunistischen Deutschland gebraucht werden.« Dies war jedoch Kosmetik an der eigenen Vita: Der einundzwanzigjährige Physikstudent galt keineswegs als ein akademischer Hoffnungsträger des kommunistischen Untergrunds, der 1933 ohnehin andere Sorgen hatte, sondern war schlicht nur einer von Tausenden Flüchtlingen vor den Schergen des heraufdämmernden »Dritten Reiches«.

Der junge Emigrant stand vor dem Nichts: Er hatte alles zurückgelassen – Familie, Freunde, sein Studium und den politischen Mikrokosmos in Kiel. Doch schnell umfing ihn die Woge der Sympathie und Solidarität, welche die ersten deutschen Flüchtlinge im Westen erwartete. Ein Cousin, der in England arbeitete, eröffnete dem bettelarmen Verwandten den Eintritt in eine neue Welt. Er erwähnte das Schicksal seines Vetters gegenüber wohlhabenden Bekannten, den Gunns, von deren sozialistischen Ansichten er wußte.

Die Gunns verkehrten in den feinen Kreisen von Bristol, für die es damals als schick galt, der Lebensart der Oberschicht zu frönen und gleichzeitig die Vision einer besseren, sozialistischen Zukunft zu preisen. »Rechts« leben und »links« denken, das war während der dreißiger Jahre in den Demokratien des Westens weit verbreitet. Die Gunns luden Fuchs ein, bei ihnen zu wohnen.

Am 24. September 1933 stieg er in Dover von Bord eines Kanaldampfers. Ins Protokoll der Einwanderungsbehörde ließ der blasse und hagere Heimatvertriebene eintragen, er beabsichtige, Physik an der Universität von Bristol zu studieren. Das war nichts weiter als eine vage Hoffnung.

Jessie Gunn war die Tochter eines der größten Tabakimporteure im britischen Empire, der sich die großzügige Förderung der Universität von Bristol zur Aufgabe gemacht hatte. So konnte sie den jungen kommunistischen Flüchtling aus Deutschland, der in ihrem Hause Zuflucht gefunden hatte, trotz seiner miserablen Sprachkenntnisse problemlos am physikalischen Institut der Hochschule unterbringen. Daß sie sich ausgerechnet an Professor Neville Mott wandte, erwies sich als einer der vielen Zufälle auf dem Weg zum Verrat der Atombombe.

Der achtundzwanzigjährige Mott war der jüngste ordentliche Professor an Englands Universitäten. Er hatte in Göttingen bei Max Born studiert, dem Nestor der frühen Atomphysik. Die naturwissenschaftliche Fakultät in der niedersächsischen Kleinstadt galt weltweit als Mekka der Handvoll Physiker, die sich der Erforschung der kleinsten Teilchen der Materie verschrieben hatten. Mott war in Göttingen Kollegen wie Werner Heisenberg, dem Italiener Enrico Fermi, dem ungarischen Emigranten Edward Teller und dem Amerikaner Robert J. Oppenheimer begegnet. Die Liste der Studenten Max Borns liest sich heute wie ein »Who's who?« der Geschichte der Atombombe.

Neville Mott hatte sich in Bristol auf die Quantenmechanik spezialisiert, das heißt die mathematischen Zusammenhänge der subatomaren Welt. Hätte Jessie Gunn den jungen Studenten aus Kiel damals an einem anderen Lehrstuhl untergebracht, etwa für elektrische Physik – der Sowjetunion wäre der Griff nach den Geheimnissen der amerikanischen Atombombe verwehrt geblieben.

Der Fuchs von Bristol war nicht mehr derselbe wie in Kiel. Der politisierende Student, der flammende Reden halten konnte, wandelte sich zum verschlossenen und bis an die Grenze der Selbstaufopferung fleißigen wissenschaftlichen Assistenten. Er lernte schnell die Sprache seiner Gastgeber, bewegte sich aber in der ihm fremden Welt mit der Vorsicht des Emigranten. Politische Diskussionen verfolgte er als stummer Zuhörer. Auf Partys machte Fuchs auf Beobachter einen »einsilbigen« und »frostigen« Eindruck. Eine treffsichere Freundin beschrieb den schweigsamen Deutschen als »Münzautomatenperson«: Man müsse eine Frage hineinwerfen, erst dann kämen ein paar Worte heraus.

Im stillen Kämmerlein studierte der Pfarrerssohn die Fundamente der marxistischen Philosophie. Die mathematische Klarheit in den Schriften des Trierer Philosophen faszinierte den Naturwissenschaftler.

»Die Idee, die mich am meisten beeindruckte«, so Fuchs fünfzehn Jahre später, »war die Erkenntnis, daß die Menschheit früher unfähig war, ihre eigene Geschichte und die entscheidenden Kräfte der gesellschaftlichen Entwicklung zu verstehen. Jetzt war der Mensch zum ersten Mal in der Lage, die historischen Kräfte zu verstehen und zu kontrollieren, und deshalb war er zum ersten Mal wirklich frei.« Eine hochbrisante Mischung: protestantische Verantwortungsethik und kommunistische Geschichtsphilosophie. Klaus Fuchs braute sich daraus seine eigenen Prinzipien zusammen.

Der Emigrant entwickelte sich zum geachteten Kernphysiker. Mit dem Doktorhut versehen, machte er sich von Bristol auf den Weg nach Edinburgh, wo Max Born Zuflucht vor den Nazis gefunden hatte. Der erkannte schnell das außergewöhnliche Talent seines neuen Assistenten. Gemeinsam veröffentlichten Schüler und Meister in den angesehenen *Proceedings of the Royal Society*. Wer mit Born publizierte, hatte den Olymp der jungen Kernphysik erklommen. Fuchs hatte es geschafft.

Im Januar 1939 machten zwei deutsche Physiker die Ergebnisse eines Experiments publik und lösten damit eine technische Revolution aus, die allenfalls noch mit der Erfindung des Schießpulvers zu vergleichen ist. Am Kaiser-Wilhelm-Institut in Berlin hatten

Otto Hahn und Fritz Straßmann ein Stück Uranerz mit Neutronen beschossen. Dabei waren Uranatome zerschlagen worden, und ein Teil ihrer Materie hatte sich explosionsartig in Energie verwandelt. Das Kaiser-Wilhelm-Institut blieb gleichwohl unbeschädigt, die winzigen Explosionen einzelner Atome tauchten in Form nadelfeiner Ausschläge der Meßgeräte auf.

Albert Einsteins Formel aus dem Jahre 1905 hatte sich also als richtig erwiesen. Die unvorstellbare Energie, die im Kern des Atoms steckte, konnte von Menschenhand entfesselt werden. Doch Hahn und Straßmann machten sich offenbar keinerlei Gedanken über die militärische Bedeutung ihrer Entdeckung.

Das taten dafür andere, vor allem in den USA. Leo Szilard und Enrico Fermi, Schüler Borns aus Göttinger Zeiten, wandten sich an Einstein mit der Bitte, den Präsidenten der USA auf die rasanten Fortschritte ihrer Wissenschaft hinzuweisen. Immerhin waren Hahn und Straßmann Deutsche. Wenn Hitler als erster über eine »Uranbombe« verfügte, dann würde er sie skrupellos einsetzen – soviel stand für die besorgten Physiker in den USA, die fast alle vor faschistischer Verfolgung geflohen waren, fest. Die panische Angst, die Nazis könnten ihnen mit dem Bau der Atombombe zuvorkommen, trieb Amerikas Physiker in die Vorzimmer der Politiker. Doch Präsident Roosevelt erteilte ihnen zunächst einmal eine herbe Abfuhr. Er verfügte zwar die Gründung eines »Urankomitees«, bis Mitte 1940 machte die Regierung jedoch nur bescheidene sechstausend Dollar für die Kernforschung locker.

An der ehrwürdigen Universität im schottischen Edinburgh nahm Klaus Fuchs von dem gelungenen Experiment seiner deutschen Kollegen in Berlin zwar interessiert Notiz; doch die Bedeutung, die diese erste Kernspaltung auch für seinen eigenen Lebensweg haben würde, ahnte er noch nicht. Den wie besessen schuftenden Physiker beschäftigten 1939 andere Probleme. Nach außen wirkte er ebenso in sich gekehrt wie schon in Bristol. Max Born, der Mentor, erinnerte sich später an seinen zu zweifelhaftem Ruhm gekommenen Schüler: »Er war ein sehr netter, ruhiger Mensch mit traurigen Augen.«

Im Spätsommer erreichte Klaus Fuchs eine tragische Nachricht aus der Heimat: Acht Jahre nach dem Selbstmord der Mutter hatte sich auch seine Schwester Elisabeth das Leben genommen. Elisabeth Fuchs, die in Kiel wie ihr Bruder Klaus dem Zirkel der sozialistischen Studentenschaft angehörte, hatte 1935 den Kommunisten Gustav Kittowski geheiratet. Gemeinsam mit dem Vater Elisabeths, der von den Nazis noch 1933 einen Monat lang wegen »staatsfeindlicher Äußerungen« in ein Konzentrationslager eingesperrt worden war, hatte das junge Paar eine Autovermietung in Berlin eröffnet.

Als Elisabeth einen Sohn zur Welt brachte, tauften die Kittowskis ihren Sprößling auf den Namen Klaus. 1938, während Hitler mit stillschweigender Billigung der Westmächte das Sudetenland »heim ins Reich« holte, wurde Gustav von der Gestapo verhaftet. Er hatte für die im Untergrund agierende KPD Kurierdienste ins Ausland übernommen. Wenig später konnte er aus dem KZ ausbrechen und nach Prag fliehen. Doch nach dem deutschen Einmarsch in die Tschechoslowakei riß der Briefkontakt zu seiner Familie ab. Elisabeth vermochte die Angstzustände um das Schicksal ihres Mannes nicht zu ertragen. Im August 1939, wenige Tage vor Ausbruch des Krieges, stürzte sie sich unter einen fahrenden Zug.

Emil Fuchs blieb mit seinem kleinen Enkel allein zurück. Den Emigranten im fernen England traf die Nachricht vom Tod der Schwester wie ein Keulenschlag und riß ihn aus der abstrakten Welt mathematischer Formeln. Politische Leidenschaften wurden wieder wach. Der brennende Haß auf die Nazis mischte sich mit dem schmerzhaften Gefühl der eigenen Ohnmacht.

Wie für viele andere Linke im Westen, so bedeutete der Hitler-Stalin-Pakt auch für Klaus Fuchs einen schweren Schock. Die zynische Machtpolitik Stalins, der sich an der Seite Hitlers über die polnische Beute hermachte, verunsicherte sozialistische Idealisten, überzeugte Kommunisten und Salonsozialisten in der ganzen Welt gleichermaßen. Noch waren im Westen Interna aus dem Reich des »roten Zaren« nicht bekannt. Noch wußte man nichts von Gulags, politischen Säuberungen und dem Terrorsystem der Geheimpolizei. Doch jetzt machte der erste und bis dahin einzige kommunistische Staat der Welt, das »große Experiment«, gemeinsame Sache mit Hitlers Unrechtsstaat.

Fuchs, der in die Kommunistische Partei eingetreten war, um

gegen die Nationalsozialisten zu kämpfen, zweifelte zum ersten Mal an seinen Überzeugungen. Nur zögernd mochte er sich den hinter vorgehaltener Hand kursierenden Erklärungsversuchen in England anschließen: »Erstmals hatte ich Zweifel an der russischen Außenpolitik. Der Hitler-Stalin-Pakt war schwer zu verstehen, aber schließlich akzeptierte ich, daß Rußland Zeit gewinnen mußte.«

Mit dem Rüstzeug der marxistischen Klassiker im Kopf fing sich der empörte Emigrant bald wieder und interpretierte die Machtpolitik des Kreml als notwendigen Schritt auf dem Siegeszug des Sozialismus. Als die Rote Armee drei Monate später Finnland überfiel, verteidigte dies der sonst nach außen so unpolitische Wissenschaftler sogar offen als präventive Maßnahme.

Dennoch scheint Fuchs in der Zeit der unheiligen Allianz zwischen den beiden Diktatoren eine Art stille Zuneigung zu den westlichen Demokratien empfunden zu haben. Jetzt standen nur noch sie dem verhaßten Hitler-Reich gegenüber, auch wenn der Westen sich nach der Kriegserklärung 1939 zunächst auf einen »Sitzkrieg« beschränkte. Vermutlich hegte der unscheinbare Kernphysiker auch eine gewisse Dankbarkeit dem Land gegenüber, das ihm Asyl gewährt hatte.

Er stellte einen Antrag, Untertan der britischen Krone zu werden. Doch der Krieg legte dieses Vorhaben vorerst auf Eis. Deutsche, gleichgültig, ob sie politisch Verfolgte waren, wurden in England von nun an als »Angehörige eines Feindstaates« behandelt. Fuchs mußte vor einer Kommission erscheinen, die ihn jedoch wegen seiner Zugehörigkeit zur SPD von 1930 bis 1932 als »harmlosen« Deutschen einstufte.

Nachdem die deutsche Wehrmacht in wenigen Wochen ganz Westeuropa überrannt hatte und eine Invasion an den Küsten Englands unmittelbar bevorzustehen schien, steigerte sich die Furcht vor deutschen Spionen und Saboteuren im Königreich zur Hysterie. Das Kriegsministerium in London ordnete die Internierung aller Angehöriger »feindlicher Staaten« an. Ausnahmen wurden nur in wenigen Fällen gestattet.

Im Juni 1940 klopfte noch vor dem Frühstück ein Polizeibeamter an die Zimmertür des deutschen Assistenten von Max Born. Fuchs wurde in ein hastig improvisiertes Internierungslager auf der Isle of Man gebracht und von dort mit dreizehnhundert Landsleuten auf der »Ettrick« nach Quebec verschifft. Im fernen Kanada, so die Überlegung der britischen Regierung, konnte Hitlers »fünfte Kolonne« keinen Schaden mehr anrichten. Dem vor dem braunen Terror geflüchteten Kommunisten Fuchs mußte das absurd vorkommen: Nur weil er Deutscher war, galt er auf einmal als potentieller Agent der Nazis.

Sein ausgeprägter Gerechtigkeitssinn, ebenfalls ein Erbe des Vaters, war empfindlich verletzt. Wie ein verschmähter Liebhaber wandte er sich von England ab. Nationale Bindungen sollten für Fuchs von nun an keine Rolle mehr spielen. Das Deutschland, für das er im Gymnasium Klassenkeile eingesteckt hatte, war von Hitler zertrümmert worden, und seine neue Wahlheimat, zu der er gerade erst zarte Bindungen geknüpft hatte, sperrte ihn ohne Ansehen politischer Gesinnung zusammen mit echten Nazis hinter Stacheldraht. Klaus Fuchs verlor endgültig den Glauben an die eigene nationale Identität. Bürokratische Willkür stellte so eine entscheidende Weiche für den »Verrat des Jahrhunderts«.

Die Lagergemeinschaft setzte sich ausschließlich aus Deutschen zusammen. Hier legte Fuchs die politische Reserviertheit und Zurückhaltung, die seine Arbeit in Bristol und Edinburgh gekennzeichnet hatten, wieder ab. Unter den Internierten befanden sich auch viele Kommunisten, die sich wöchentlich zu einer Diskussionsrunde trafen. Fuchs lernte dabei Ernst Kahle kennen, ein prominentes Mitglied der KPD, der im Spanischen Bürgerkrieg die Elfte Internationale Brigade kommandiert hatte. Kahle, ein guter Freund Hemingways, der ihm ein Exemplar seines Bürgerkriegsromans »Wem die Stunde schlägt« ins Lager schickte, begeisterte Fuchs erneut rückhaltlos für die Internationale. Der inzwischen neunundzwanzigjährige Physiker machte kein Hehl aus seiner Zugehörigkeit zur roten Lagerfraktion. Er empfand Stolz darüber, mit so berühmten Leuten wie Kahle über die Welt und den Sozialismus debattieren zu dürfen. Er war beliebt, nicht nur bei den Genossen. Seine immer noch schmächtige Erscheinung trug ihm den Spitznamen »Füchslein« ein.

Aus dem Internierungscamp nahm Fuchs Briefkontakt zu seiner zweiten Schwester Kristel auf, die in die USA emigriert war und dort geheiratet hatte. Sie vermittelte einen Kontakt zu Israel Halperin, einem Mathematikprofessor im kanadischen Kingston, der Fuchs von nun an im Lager mit Fachliteratur versorgte. Obwohl beide sich niemals kennenlernten, spielte Israel Halperin eine bemerkenswerte Nebenrolle im Spionagefall Klaus Fuchs.

Als 1946 die kanadische Polizei einen sowjetischen Agentenring aufdeckte, der Geheimnisse des kanadischen Atomprogramms verraten hatte, richteten sich die Ermittlungen auch gegen den Mathematiker und KP-Aktivisten Halperlin. Geheimdienstler durchsuchten seine Wohnung und stießen dabei auf ein Adreßbuch, das den Namen von Fuchs enthielt. Routinemäßig teilte die kanadische Spionageabwehr auch diesen Fund den Kollegen vom amerikanischen FBI mit, doch ging man dort der Spur zunächst nicht nach.

Weihnachten 1940 wurde Fuchs aus dem Lager entlassen. Max Born, der von den britischen Behörden nicht interniert worden war, hatte sich für seinen fleißigen Assistenten stark gemacht. Doch Fuchs kehrte nur für kurze Zeit nach Edinburgh zurück. Rudolf Peierls, wie Fuchs selbst vor den Nazis aus Deutschland geflohen und jetzt Professor an der Universität von Birmingham, bot dem Schüler von Born eine Stelle an seinem Institut an. Beide kannten sich nur flüchtig, doch Fuchs hatte sich längst als brillanter Theoretiker und Mathematiker einen Namen gemacht – und Peierls brauchte einen guten Rechner.

Er hatte für die britische Regierung ein Memorandum verfaßt, das die bis dahin vorherrschende Ansicht, die »Superbombe« aus Uran sei technisch nicht machbar, mit einem Schlag ins Gegenteil verkehrte. Neben technischen Lösungsvorschlägen finden sich in dem historischen Dokument auch Sätze von beklemmender Weitsicht:

»1. Als Waffe wäre der Superbombe so gut wie nichts entgegenzusetzen.

2. Wegen der Verbreitung radioaktiver Substanzen durch den Wind ist zu erwarten, daß die Waffe nicht eingesetzt werden kann, ohne eine große Zahl von Zivilisten zu töten, und deshalb ist ihr Gebrauch durch dieses Land wohl nicht in Betracht zu ziehen.«

Und dann folgt der für die Regierungsstellen in London entscheidende Satz:

»3. Es ist durchaus vorstellbar, daß Deutschland eine solche Waffe tatsächlich entwickeln wird.«

Die Regierung Ihrer Majestät reagierte konsequenter als US-Präsident Roosevelt ein Jahr zuvor auf das Schreiben Einsteins. Die deutschen Bomber, die noch immer über englischen Städten auftauchten, waren ausreichende Mahnung: Wenn Hitler als erster die Bombe hätte, würde er sie einsetzen. Unter Hochdruck wurde mit dem Bau der englischen Uranbombe begonnen. Deckname des Programms: »Tube Alloys« – auf deutsch: »Röhrenlegierungen«.

Peierls befaßte sich mit den zentralen Fragen des Atombombenprojekts: Welche Menge des Uranisotops 235, einer besonders spaltfreudigen Form des Urans, würde nötig sein für eine Bombe? Wie kann die notwendige Menge dieses apokalyptischen Sprengstoffs aus gewöhnlichem Uranerz gewonnen werden? Wenn solche grundlegenden Probleme gelöst werden konnten, dann war die Konstruktion der »Superbombe« nur noch eine technische Angelegenheit.

Die Arbeit von Peierls war das Herzstück von »Tube Alloys«. Vielleicht hat sich der nach dem Krieg von der Queen geadelte Wissenschaftler später einmal gewünscht, damals einen anderen Fachmann für die komplexen mathematischen Berechnungen der Kernspaltung eingestellt zu haben. Klaus Fuchs sah sich plötzlich, ohne vorher etwas von der Arbeit seines neuen Chefs zu ahnen, im allergeheimsten Projekt der britischen Kriegsanstrengungen beschäftigt. Die Stunde der Versuchung war gekommen.

Streng nach Vorschrift fragte Peierls im Kriegsministerium nach, ob gegen den neuen Kollegen irgendwelche Sicherheitsbedenken vorlägen. Dem MI 5, der zuständigen Geheimdienstabteilung für Spionageabwehr, lagen zwei Papiere über Fuchs vor, die ihn jeweils als aktiven Kommunisten auswiesen. Das eine war im Jahre 1934 ausgestellt und vom deutschen Konsul in London an die britischen Behörden übermittelt worden. Solche Berichte nahmen die Engländer nicht übermäßig ernst, denn NS-Stellen schwärzten bis zum Kriegsausbruch alle ihre Gegner im Ausland als bolschewistische Totengräber des Abendlandes an. Der zweite

Hinweis stammte jedoch aus einer zuverlässigen Quelle innerhalb der deutschen Emigrantengemeinde und besagte ebenfalls, daß Fuchs Kommunist sei.

Das gab eigentlich den Sicherheitsbehörden genügend Anlaß für ein Veto: Die Sowjetunion war noch mit dem Hitlerreich verbündet, und die moskauhörige britische KP, die für einen schnellen Frieden mit Berlin agitierte, stand unter strenger Beobachtung. Doch MI 5 äußerte nur verhaltene Einwände: Der Geheimdienst empfahl, Fuchs lediglich mit für seine Arbeit wichtigen Informationen zu versehen und ihm das endgültige Ziel von »Tube Alloys« zu verheimlichen. Peierls antwortete amüsiert, daß dies wohl kaum praktikabel sei, und MI 5 ließ die Bedenken fallen.

Wenige Wochen später waren Sicherheitsvorbehalte gegen Kommunisten ohnehin Vergangenheit. Nach Beginn des »Unternehmens Barbarossa«, des deutschen Überfalls auf die Sowjetunion, kämpfte der Westen gemeinsam mit Stalin gegen Hitlers Wehrmacht. Die Restriktionen gegen Kommunisten in England wurden abgebaut, auch kommunistische Zeitungen durften wieder erscheinen. Der politische Glaube von Klaus Fuchs wurde von nun an nicht mehr als potentielles Risiko eingestuft. Sämtliche turnusgemäßen Überprüfungen überstand er in der Folgezeit ohne Beanstandungen.

Der Beginn des deutschen »Vernichtungskrieges« im Osten erlöste Fuchs von allen Zweifeln an der Politik Stalins. Bewies nicht der deutsche Angriff überdeutlich, daß es sich bei der Besetzung des östlichen Polen doch um eine weitsichtige Vorsichtsmaßnahme gehandelt hatte? Im Herbst 1941 hatten die deutschen Armeen in wenigen Wochen tausend Kilometer zurückgelegt und näherten sich Moskau. Die deutsche »Wochenschau« meldete schon voreilig den Sieg im Osten. Die UdSSR kämpfte mit dem Rücken zur Wand, und Klaus Fuchs sah mit Bestürzung, daß die Westmächte bis auf immer noch sehr vereinzelte Bombenangriffe auf das Reichsgebiet nichts unternahmen, um dem neuen Verbündeten beizustehen.

Fuchs entschied sich, der Sowjetunion eigenmächtig mit Ergebnissen seiner neuen Arbeit zur Hilfe zu kommen. Skrupel wegen des Verrats von britischen Staatsgeheimnissen kannte er jetzt – nach der demütigenden Internierung – nicht mehr. Er fühlte sich wieder ganz als Kommunist. Als solcher akzeptierte er keine Staatsgrenzen, sondern nur Barrieren zwischen gesellschaftlichen Klassen. Und solange die Sowjetunion das einzige kommunistische Land der Welt war, mußten die Interessen der Arbeiterklasse, gleichgültig in welchem Land, identisch sein mit den Belangen der Sowjetunion. So einfach war das.

Ende 1941 traf Fuchs in London einen alten Bekannten, den er 1933 in Berlin kennengelernt hatte: Jürgen Kuczynski, damals KP-Aktivist und Agent des sowjetischen Militärgeheimdienstes GRU, später linientreues Aushängeschild der DDR-Gesellschaftswissenschaft. Der Physiker deutete grob an, er könne Informationen von außerordentlichem Wert für die Sowjetunion liefern. Kuczynski vermittelte einen Kontakt zu Simjon Dawidowitsch Kremer, offiziell als Militärattaché in der sowjetischen Botschaft akkreditiert, tatsächlich aber Agent der Londoner GRU-Residentur. Fuchs lernte ihn nur als »Alexander« kennen. Bei ihrem ersten Treffen in einem Haus in der Nähe des Hydeparks händigte Fuchs seinem Kontaktmann Durchschläge von Kalkulationen über die bei einer Kernspaltung auftretenden Kräfte aus.

Mit Naivität und Kaltblütigkeit, den charakteristischen Merkmalen ihres neuen Agenten, wurden die sowjetischen Geheimdienstler nur wenige Tage später konfrontiert. Fuchs wollte sich vergewissern, ob seine Informationen auch an der richtigen Stelle landeten, und spazierte geradewegs in die Botschaft der Sowjetunion in London, um sich zu erkundigen. Zufällig traf er Kremer auf einem Gang des Gebäudes.

»Alexander« war einen Moment perplex angesichts dieses Verstoßes gegen alle Vorsichtsregeln, zog Fuchs dann aber schnell in einen leeren Büroraum und versicherte ihm, er sei tatsächlich an die Auslandsaufklärung der Sowjetunion geraten. Anschließend begann er, dem Geheimdienstneuling einige grundlegende Lektionen im Handwerk der Spionage zu vermitteln.

Noch betrieb der Gesinnungsethiker sein neues Geschäft äußerst penibel und lieferte »Alexander« nur Ergebnisse der eigenen Arbeit. Mündlich teilte Fuchs allerdings auch schon die groben

Zusammenhänge des »Tube-Alloys«-Projekts mit. Vermutlich waren diese allgemeinen Informationen nicht wichtig wegen ihrer inhaltlichen Brisanz, sondern wegen der Tatsache, daß sie Moskau überhaupt erst sensibilisierten.

Der Kreml hatte noch kein Atombombenprogramm auf den Weg gebracht, obwohl die Anzeichen für atomare Forschungen in anderen Ländern deutlich sichtbar waren. Sowjetische Wissenschaftler hatten registriert, daß in westlichen Fachzeitschriften seit 1940 keine weiteren Studien zur Kernspaltung mehr abgedruckt wurden. Im Westen mußte offenkundig ein geheimes Nuklearprojekt gestartet worden sein – um das zu erkennen, brauchte man allerdings keine Geheimdienstberichte. Mit Klaus Fuchs verfügten die sowjetischen Physiker jedoch nun über eine Quelle im inneren Zirkel der westlichen Bombenbauer, die bestätigte, daß die Kollegen in England und den USA auf eine Bombe aus Uran 235 setzten.

In Verbindung mit anderen Geheimdienstberichten, die den Start von ähnlichen Programmen in Deutschland und auch in Japan meldeten, zwangen die Informationen des Maulwurfs in »Tube Alloys« den Kreml zum Handeln. Ende 1942 begannen sowjetische Kernphysiker unter der Leitung von Igor Kurtschatow mit dem Bau der ersten kommunistischen Atombombe. Klaus Fuchs hatte maßgeblich zu dieser Entscheidung beigetragen, und er sollte auch die Arbeit von Kurtschatow entscheidend beschleunigen.

Im Herbst 1942 sahen sich »Alexander« und sein freiwilliger Informant zum letzten Mal. Der GRU hatte aus Sicherheitsgründen entschieden, die Kontaktperson zu wechseln. Fuchs mußte von nun an zu konspirativen Treffen nicht mehr nach London fahren, sondern sollte sich in der Nähe von Birmingham mit »Sonja« treffen. Was Fuchs bis zu seiner Entlassung aus dem Gefängnis 1950 nicht erfuhr: »Sonja« war Jürgen Kuczynskis Schwester Ruth, wie ihr Bruder seit Jahren in Diensten der Sowjetspionage. Ruth Kuczynski, eine dunkelhaarige, attraktive Frau, rekrutierte ihre Liebhaber und später auch ihren Mann aus den Reihen der sowjetischen Geheimdienste.

Mehr als vierzig Jahre später, als Spionagepensionärin in der

DDR, schilderte sie die Begegnungen mit Fuchs: »Wir haben uns getroffen und angelächelt, bei uns brauchte es keine Erkennungszeichen, weil das Treffen schon so gewählt war, daß wir einfach aufeinander zugingen und uns ansprachen – und wir haben das Liebespaarprinzip, dieses banale, benutzt, weil das am harmlosesten war.«

Daß die reizvolle »Sonja« für den blassen Junggesellen mehr als bloß konspirative Bedeutung gehabt hat, ist unwahrscheinlich. Auf seine Umgebung in Birmingham wirkte er wie schon in Edinburgh und Bristol: schweigsam, introvertiert, blutleer. Sein Leben bestand überwiegend aus mathematischen Gleichungen.

Die einzige Verbindung zur Welt der Gefühle scheint sein Verhältnis zu den Peierls' gewesen zu sein. Rudolf Peierls bot dem neuen Assistenten großzügig ein Zimmer in seinem Haus an, und Fuchs empfand zum ersten Mal seit seiner Flucht aus Kiel wieder so etwas wie familiäre Geborgenheit. Eugenia Peierls kochte für den ruhigen und zurückhaltenden Gast, kümmerte sich um die Wäsche und verwaltete seine Lebensmittelkarten. Sie erinnerte ihn daran, Weihnachtskarten zu verschicken, und kaufte für ihn Hemden und Anzüge. Daß der neue Mitbewohner so wortkarg war und so gut wie nie von sich selbst erzählte, störte die Peierls nicht.

»Es gibt Menschen«, erzählte Eugenia Freunden, »die reden nicht, und man merkt, daß sie scheu und ängstlich sind. Das macht mich unglücklich. Bei Klaus habe ich nie dieses Gefühl.« Für Fuchs ergab sich aus der Freundlichkeit und der Wärme der Frau seines Chefs auch ein Aspekt abseits des rein Privaten. Eugenia Peierls war gebürtige Russin, die in Leningrad Physik studiert hatte. Wenn er mit ihr über das traurige Schicksal ihrer Heimat sprach, fühlte er sich in seinem verborgenen Handeln bestätigt.

Dennoch weckte gerade die freundschaftliche Verbindung mit den Peierls' die ersten Skrupel. Loyalität gegenüber England war für den Spion in »Tube Alloys« kein Thema mehr. Daran änderte sich auch nichts, als die britischen Behörden seinem alten Antrag auf Einbürgerung am 7. August 1942 schließlich doch noch entsprachen. Als Fuchs den Treueid auf die britische Krone schwor, traf er sich schon längst regelmäßig mit »Sonja« und händigte ihr die neuesten Ergebnisse des britischen Atombombenprogramms aus. Doch die Sympathie für seinen Vorgesetzten und dessen Frau ließ ein neues, personalisiertes Loyalitätsgefühl in Fuchs keimen. Wenn er den neuesten Stand der Arbeit von Peierls verriet, dann kollidierte das ganz offensichtlich mit der Freundschaft zu diesem und zu seiner Frau.

Fuchs löste diesen inneren Konflikt auf seine Weise. »Ich benutzte meine marxistische Philosophie«, beschrieb er seinen ganz persönlichen Ausweg, »um in meinem Kopf zwei getrennte Abteilungen zu schaffen. In der einen erlaubte ich mir, Freundschaften zu schließen und Menschen zu helfen und persönlich so zu sein, wie ich sein wollte ...

Ich konnte frei, offen und heiter mit anderen Menschen umgehen, ohne Angst, mich selbst zu verraten, weil ich wußte, daß die andere Abteilung eingreifen würde, wenn ich mich dem Gefahrenpunkte näherte. Ich konnte die andere Abteilung verdrängen und mich trotzdem darauf verlassen ... Rückblickend ist wohl der beste Ausdruck dafür: kontrollierte Schizophrenie.«

Patentrezept: gespaltene Persönlichkeit. Solange die beiden »Abteilungen« im Kopf von Fuchs säuberlich getrennt blieben, konnten ihm kaum Fehler unterlaufen. Wie »kontrolliert« diese selbstdiagnostizierte Schizophrenie auch immer war, Fuchs hatte eine Lösung für Loyalitätskonflikte und Skrupel gefunden, die alle Geheimdienste der Welt wohl gern patentieren lassen würden.

Für den GRU jedenfalls erwies er sich als der vollkommene Glücksfall: Weil er aus innerer Überzeugung handelte, war nicht einmal Bargeld vonnöten, um Informationen aus dem Zentrum der westlichen Kernforschung zu erhalten. Doch zum Kronjuwel der sowjetischen Auslandsspionage wurde »Sonjas« Quelle erst 1944.

Alle kriegführenden Mächte, die mit ersten Forschungen in der »Disziplin Superbombe« begonnen hatten, erkannten bald, daß vor allem ein gigantischer industrieller Aufwand nötig sein würde, um die neue Waffe zu bauen. Die überstrapazierte deutsche Kriegswirtschaft war dazu kaum noch in der Lage. Außerdem waren einige der besten deutschen Kernphysiker alles andere als überzeugte Nazis. Otto Hahn sprach wohl vielen Kollegen aus der Seele, als er nach der ersten geglückten Kernspaltung ausrief:

»Wenn meine Entdeckung dazu führen sollte, daß Hitler eine Atombombe bekommt, bringe ich mich um!« Das erfuhren die Alliierten jedoch erst nach Kriegsende. Als sich der britische Premier Churchill und US-Präsident Roosevelt im August 1943 in Quebec trafen, klangen die Geheimdienstberichte aus Hitlers Deutschland noch beängstigend: Die Deutschen hatten sämtliche Vorräte an Uranerz in der tschechischen Grube Joachimsthal, dem größten bekannten Uranvorkommen, beschlagnahmt.

In Quebec unterzeichneten Churchill und Roosevelt ein Geheimabkommen über die Verschmelzung von »Tube Alloys« und »Manhattan Project«: In den Vereinigten Staaten sollte nun eine gemeinsame, angloamerikanische Bombe gebaut werden. Auf einem Gebiet waren die britischen Forscher ihren amerikanischen Kollegen weit voraus: bei der Trennung des Uranisotops 235 von gewöhnlichem Uran 239. Der hierfür zuständige britische Fachmann und sein Assistent wurden deshalb eingeladen, in den USA am mittlerweile mit gewaltigen finanziellen Mitteln versehenen »Manhattan Project« mitzuwirken. Peierls und Fuchs machten sich auf den Weg in die Neue Welt.

Als die beiden mit dreißig anderen Wissenschaftlern aus Großbritannien Ende 1943 an Bord der »Andes« gingen, verließ Fuchs zum zweiten Mal in seinem Leben Europa – dreieinhalb Jahre nach der weitaus weniger komfortablen Reise als internierter »Angehöriger eines Feindstaates«. Die Überfahrt auf der »Andes« war eine angenehme Überraschung. Auf dem ehemaligen Luxusdampfer gab es alles, was das Herz begehrte: frisches Obst und Gemüse, erlesene Weine und so viel »ham and eggs« zum Frühstück, wie man wollte. Nach dem entbehrungsreichen Leben unter dem Rationierungssystem in England blickten die Wissenschaftler ihrer Arbeit in den USA freudig entgegen. Doch auf einen von ihnen wartete in New York nicht nur die Freiheitsstatue, sondern noch jemand.

Fuchs spielte niemals Tennis, doch an einem regnerisch-kalten Samstagnachmittag im Februar 1944 stand er an einer Straßenecke in der New Yorker Lower East Side mit einem Tennisball in der Hand. Der Ball war das Erkennungszeichen, das er bei seinem letzten Treffen mit »Sonja« für den neuen Kontaktmann in New

York verabredet hatte. Nach wenigen Minuten spazierte ein untersetzter Brillenträger vorbei. Er trug Handschuhe und hatte unter seinen Arm ein weiteres Paar Handschuhe geklemmt. Der Spaziergänger fragte beiläufig: »Können Sie mir den Weg zur Grand Central Station erklären?« Fuchs hatte seinen neuen Kurier getroffen. »Raymond?« fragte Fuchs, und sein Gegenüber nickte.

Peierls und Fuchs arbeiteten an der Columbia-Universität in New York auf ihrem Spezialgebiet, der Trennung von Uranisotopen. Bald waren die Vorarbeiten in diesem Bereich so weit fortgeschritten, daß in Oak-Ridge, Tennessee, mit dem Bau einer riesigen Fabrik für die Separation von Uran 235 begonnen werden konnte. Alles, was der deutsche Emigrant und frischgebackene Untertan der britischen Krone über dieses Projekt wußte, faßte er in schriftlichen Berichten penibel zusammen, die er seinem Kontaktmann übergab. »Raymond« händigte diese umgehend seinem Vorgesetzten aus: Anatoli Jakowlew, der offiziell den Posten des sowjetischen Vizekonsuls in New York versah.

Zehntausend Kilometer weiter östlich, vor den Toren Moskaus, war Igor Kurtschatow, der Leiter des russischen Atomprojekts, mit seinen nur knapp dreißig Mitarbeitern zwar noch meilenweit von den Fortschritten des »Manhattan Project« entfernt, doch jedes Exposé aus der Feder von Klaus Fuchs las er mit brennendem Interesse. Die Fehler und Irrwege, mit denen Briten und Amerikaner zu kämpfen hatten, würden seinem Bombenteam erspart bleiben. Als die Sowjetunion Jahre später in Podolsk südlich von Moskau ihre erste Anlage zur Isotopentrennung errichtete, glich sie der Fabrik von Oak-Ridge wie ein Ei dem anderen.

Gleichwohl halfen die Informationen von Klaus Fuchs den russischen Forschern vorerst nur indirekt. Er befaßte sich noch ausschließlich mit der Uran-235-Bombe, die für die Russen lediglich eine Nebenrolle spielte – sie konzentrierten sich auf den zweiten theoretisch möglichen Weg zur Atombombe, die Plutoniumalternative. Das neue künstliche Element, kurz zuvor in den ersten urtümlichen Kernreaktoren entdeckt und ahnungsvoll nach dem Fürsten des Hades benannt, war viel leichter von anderen Stoffen zu trennen als Uran 235 und daher weitaus billiger zu produzieren.

Allerdings galt die Produktion eines Plutoniumsprengsatzes als erheblich anspruchsvolleres technisches Problem. Genügte es bei Uran 235, zwei Brocken wie in einem Kanonenrohr zu einer explosiven »überkritischen Masse« gegeneinanderzuschießen, reagierte der neue Höllenstoff so unkalkulierbar schnell, daß andere, kompliziertere Methoden gefunden werden mußten. Klaus Fuchs jedoch wußte noch kaum etwas von der alternativen »Superbombe«.

Seine Treffen mit »Raymond« hielten sich gewöhnlich nicht an die im Spionagemetier üblichen Vorsichtsmaßnahmen. Der Spion und sein Kurier plauderten in aller Seelenruhe an Straßenecken, in Bars und in Restaurants. »Raymond« war in Amerika aufgewachsen, er sprach englisch ohne Akzent. Darüber hinaus bemerkte Fuchs schnell, daß der sowjetische Geheimdienst für diese Mission einen Mann mit naturwissenschaftlichen Kenntnissen ausgewählt hatte.

»Raymond« hieß mit richtigem Namen Harry Gold. Weder Fuchs noch er wußten, daß hinter den Kulissen in Moskau der GRU gezwungen worden war, den Top-Spion an das mächtigere KGB abzugeben. Gold war Chemiker, wie Fuchs auch überzeugter Kommunist und schon seit Jahren V-Mann des KGB. Doch verglichen mit seiner jetzigen Aufgabe waren alle Informationen, die er bisher beschafft hatte – chemische Verfahren für zivile Nutzung –, kleine Fische.

Im Gegensatz zu Fuchs, der es strikt ablehnte, mit Geld für seine Spionage entlohnt zu werden, hatte der Sohn russischer Einwanderer von seinen Agentenführern hin und wieder bescheidene dreistellige Dollarbeträge entgegengenommen. Dennoch war auch er Verräter aus Überzeugung. In seinem Geständnis gegenüber dem FBI 1950 betonte Gold: »Alle Ausgaben, die ich bei meiner Arbeit in dieser Sache hatte, habe ich selbst aus eigenen Mitteln bezahlt.«

Wie viele andere Kommunisten im Westen empfand es Gold als unerträglich, daß die USA und England ihrem sowjetischen Verbündeten noch immer nicht mit einer zweiten Front Entlastung verschafft hatten. Ohne je darüber gesprochen zu haben, waren der Spion und sein Kurier politisch einer Meinung.

Im Juli 1944 wartete Gold vor einem Kino in Brooklyn – schon damals ein ungemütliches und unsicheres Pflaster. Gold gab später zu Protokoll: »Dr. Fuchs kam nicht zu dem vereinbarten Treffen, und auch zu einem vorher arrangierten Alternativtreffen tauchte er nicht auf. Ich hatte keine Ahnung, wo er war.«

Sorgenvoll äußerte er gegenüber seinem Chef Jakowlew die Vermutung, der körperlich zerbrechlich wirkende Physiker könne in Brooklyn vielleicht einem Verbrechen zum Opfer gefallen sein, und erkundigte sich beim Portier der noblen Unterkunft des Wissenschaftlers nach dessen Verbleib. Doch die einzige Auskunft, die Gold erhielt, lautete, der »Engländer« sei »abgereist«.

Jakowlew bediente sich des Informationsnetzes seines Geheimdienstes und fand die Adresse von Fuchs' Schwester Kristel in der Nähe von Boston heraus. Gold setzte sich in einen Bus, erkundigte sich bei ihr nach der neuen Adresse ihres Bruders und hinterließ eine Botschaft für seinen auf geheimnisvolle Weise verschwundenen Spion. Das einzige, was er in Erfahrung bringen konnte, war, daß man Fuchs an einen Ort irgendwo im Südwesten der USA versetzt hatte.

Als Peierls und Fuchs im August 1944 in Los Alamos ankamen, repräsentierte das Gelehrtencamp bereits die außergewöhnlichste Ansammlung an Wissen und Know-how in der Geschichte der Forschung. Fernab von jeder menschlichen Ansiedlung hatte General Leslie Groves, der militärische Boß von »Manhattan Project«, eine unscheinbar wirkende Reihe von Militärbaracken auf einem Hochplateau im Norden New Mexicos aufstellen lassen.

Das mit Stacheldraht umzäunte und streng bewachte Lager war in weniger als einem Jahr zur Gralsburg der modernen Kernphysik geworden. Alles, was in der noch jungen Wissenschaft Rang und Namen hatte und nicht im besetzten Europa lebte, arbeitete in der atemberaubenden Landschaft inmitten wilder Canyons und gewaltiger Gebirgsketten mit dem einen Ziel: die Bombe so schnell wie möglich einsatzfähig zu machen.

Los Alamos war so geheim, daß nicht einmal eine Anschrift des Lagers existierte. Sämtliche Post mußte an ein Postfach in Santa Fe adressiert werden. Kindern, die dort geboren wurden, trugen die Behörden in die Geburtsurkunde unter der Rubrik »Geburtsort« eben jenes »Postfach 1266« ein. Die versammelten Superhirne, viele von ihnen jüdische Emigranten aus Europa, hatten vor ihrer Abreise niemandem den Ort ihres neuen Arbeitsplatzes verraten. Viele empfanden diese Gegend in den Jemezbergen als unwirklich und seltsam bedrohlich. Die das auf dreitausend Meter Meereshöhe gelegene Camp umgebende Landschaft gehört wohl zu den bizarrsten in Nordamerika: Sandsteinfarbene Bergriesen, tiefe Schluchten und steile, zerklüftete Felsklippen erinnern an die Mondoberfläche. Die Luft über dem Atomcamp war klar und dünn.

Eugenia Peierls beschrieb ihre Ankunft in Los Alamos begeistert: »Es war später Nachmittag, die Sonne ging bald unter, und die Farben waren unglaublich. Als wir die enge Straße höher und höher hinauffuhren, tauchten immer mehr Felsklippen auf, und Wälder, und diese Aussicht. Es glich einer Fahrt ins Paradies.«

Doch die Lebensbedingungen in den Wellblechbaracken waren alles andere als paradiesisch. Lebensmittel gab es nur aus Armeebeständen. Die Öfen mußten jeden Morgen mit Holz befeuert werden. Die einzigen Vergnügungen bestanden in abendlichen Besuchen bei Kollegen und gelegentlichen Partys. Dennoch arbeiteten die meisten der Physiker und Techniker wie beseelt von dem Gedanken, daß ihre neue Waffe den Krieg verkürzen und eine bessere, friedlichere Zukunft einläuten könne. Die meisten schufteten vierzehn Stunden am Tag und sechs Tage pro Woche.

Wissenschaftlicher Leiter von Los Alamos war Robert J. Oppenheimer, ein 1904 in New York geborenes »Wunderkind«. Schon in der Schule konnte er lateinische und griechische Klassiker ohne Lexikon übersetzen und verfaßte französische Sonette. Wie viele seiner Kollegen in Los Alamos hatte auch er in Göttingen bei Max Born studiert. Er las Dante auf italienisch, Racine auf französisch, beschäftigte sich mit Sanskrit und vertiefte sich in komplizierte Fragen der Physik und Philosophie – nur mit der sozialen und politischen Wirklichkeit stand der magere Gelehrte auf Kriegsfuß. Sein verhaltener politischer »Linksdrall« aus Jugendtagen ließ ihn ein Jahrzehnt später zum hilflosen Opfer einer häßlichen antikommunistischen Hexenjagd werden.

Mit dem neuen Mitarbeiter in der theoretischen Abteilung war »Oppie«, wie ihn seine Freunde nannten, bald schon überaus zufrieden. Fuchs war bienenfleißig wie eh und je. Wenn er über einem mathematischen Problem brütete, verließ er sein winziges Büro oft erst mitten in der Nacht. Nach wenigen Wochen lud Oppenheimer den jungen Engländer mit dem deutschen Akzent zu den wöchentlichen Treffen aller Wissenschaftler in leitenden Funktionen ein, obwohl er keine solche Stelle bekleidete. Klaus Fuchs, der bis zu seiner Ankunft in Los Alamos lediglich in einem Teilgebiet Einblick in das geheimste Unternehmen der westlichen Welt erhalten hatte, gehörte nun zu den fünfzig Männern, die über die Atombombe am besten Bescheid wußten.

Für seine Verhältnisse taute der verschlossene Junggeselle in der Aufbruchstimmung der Gelehrtenenklave regelrecht auf. Auf Partys entwickelte er sich zum emsigen Tänzer, er sprach immer häufiger dem Alkohol zu, wanderte regelmäßig in den umliegenden Bergen und erlangte bald den Ruf, der zuverlässigste Babysitter in Los Alamos zu sein. Dennoch empfanden viele den begabten Rechner aus der theoretischen Abteilung immer noch als sehr seltsamen Zeitgenossen.

Emilio Segré, ein aus Italien emigrierter Kernphysiker, der dem innersten Kreis der »Eggheads«, der »Eierköpfe«, von Los Alamos angehörte, nannte den dreiunddreißigjährigen Junggesellen mit der stets absturzgefährdeten Brille auf der Nase »poverino«, »armer Kleiner«. In die Mittagspause ging er meist allein. Anschließend fütterte er die Enten auf einem kleinen Teich neben den Labors. Das Bonmot von der »Münzautomatenperson« machte die Runde. Oppenheimer bemerkte einmal, Fuchs scheine »das ganze Gewicht dieser Welt auf den Schultern zu tragen«.

Im Winter 1944/45 machte sich Ratlosigkeit unter den führenden Köpfen des »Manhattan Project« breit. Beide Alternativen für den Bau der »Superbombe« standen vor unerwarteten Schwierigkeiten. Die riesige Fabrik in Oak-Ridge produzierte trotz Dauerbetriebs nur verschwindende Mengen Uran 235. Bis zum Juni würde das Werk nur einen faustgroßen Brocken spaltbares Uran liefern können, gerade mal ausreichend für eine einzige Bombe. Und für die Plutoniumbombe war noch immer keine praktikable technische Lösung gefunden.

Fuchs arbeitete jetzt am Problem der Zündung einer solchen

Bombe aus dem neuen, künstlichen Element. Hans Bethe, sein wissenschaftlicher Chef, hielt ihn »für einen der wertvollsten Männer in meiner Abteilung«. Die von Fuchs entwickelte mathematische Methode zur Kalkulation eines Zündkranzes aus herkömmlichem Sprengstoff ist heute noch gültig.

Doch seit mehr als einem halben Jahr hatte er keinen Kontakt mehr zu »Raymond« gehabt. Und das gerade jetzt, wo er ins Allerheiligste des angloamerikanischen Atombombenprogramms vorgestoßen und Informationen zu liefern imstande war, über die allenfalls Oppenheimer und ein paar Dutzende weitere Forscher verfügten! Aber wie konnte er seinen Kurier benachrichtigen, von dem er weder Namen noch Adresse kannte?

Ausgerechnet hier hatten sich die beiden an die Sicherheitsvorschriften für sowjetische Spionageprofis gehalten. Das Angebot, nach Los Alamos zu gehen, war so überraschend gekommen, daß er schon vor dem nächsten verabredeten Treffen abreisen mußte. Wochenlang blieb Fuchs im abgeschiedenen Camp ein verhinderter Atomspion.

Im Februar 1945 verließ er Los Alamos – ordnungsgemäß bei den zuständigen Sicherheitsoffizieren abgemeldet –, um seine Schwester Kristel zu besuchen. Bei ihr fand er Golds Botschaft und rief noch am selben Tag die New Yorker Telefonnummer an, die sein Kontaktmann hinterlassen hatte. »Raymond« machte sich unverzüglich auf den Weg – mit einem Briefumschlag von Jakowlew, der anderthalbtausend Dollar für Fuchs enthielt. Als Gold den Umschlag überreichen wollte, wurde ihm sofort klar, welches Sakrileg er begangen hatte.

»Seine Ablehnung war so brüsk und endgültig, daß ich kein Wort mehr darüber verlor«, berichtete er fünf Jahre später, »es war offenkundig, daß allein das Angebot ihn zutiefst beleidigt hatte.«

Mit Geld konnten die Russen vielleicht Kuriere und Allerweltsspione bezahlen, aber nicht ihn. Einer wie er, der eigenhändig den Lauf der Geschichte korrigierte, war doch nicht mit Dollarscheinen zu entlohnen!

Fuchs fing sich schnell wieder, berichtete kurz von der Arbeit in Los Alamos und holte ein achtseitiges Papier aus der Tasche, in dem er zusammengefaßt hatte, was er über das »Manhattan Project« wußte. Die Erleichterung bei Jakowlew und seinen Vorgesetzten muß gewaltig gewesen sein. Nach einem halben Jahr Funkstille sprudelte ihre Quelle im Atombombenprogramm der westlichen Verbündeten endlich wieder – und wie: Was Fuchs jetzt berichtete, übertraf alles bisher Verratene um Längen.

Vor allem hatte er nun auch Zugang zu den Ergebnissen der Alternative, der Plutoniumbombe, an der Kurtschatows Team besonders interessiert war. Über Jakowlew und Gold ließ die sowjetische Konkurrenz bei Fuchs anfragen, ob er nicht noch mehr über den schwierigen Zündmechanismus mitteilen könne. Beim nächsten Treffen erfüllte er pflichtschuldig auch diesen Wunsch und lieferte neben einer detaillierten Zeichnung der Plutoniumbombe zusätzlich genaue Angaben über den Zünder.

Nach Los Alamos zurückgekehrt, spürte Fuchs die Veränderungen, die auf der Hochebene vor sich gingen. Die theoretischen Arbeiten waren jetzt fast abgeschlossen. Aus Oak-Ridge und einer in Windeseile errichteten Plutoniumfabrik bei Hanford im Bundesstaat Washington trafen endlich die ersten Lieferungen an spaltbarem Material ein. Wissenschaftler und Techniker arbeiteten schneller, als die Prognosen vorhergesagt hatten. Im Sommer würde ihr »Baby« zum ersten Mal gezündet werden. Doch zusammen mit der Spannung, ob die Bombe auch tatsächlich funktionierte, machten sich unter den Superhirnen gleichermaßen Melancholie und Abschiedsstimmung breit. Ihre Aufgabe würde bald erfüllt sein.

Die Gelehrten im Camp verstanden sich vom Beginn ihrer Arbeit an nicht als bloße Erfüllungsgehilfen der Politik. Glaubten sie 1943 noch, im Wettlauf mit Hitlers Bombenkonstrukteuren die westliche Welt als vermeintlich letzte Bastion der Vernunft zu verteidigen, so ersetzten angesichts der Erkenntnis, daß es keine deutsche Bombe geben würde, idealistische Zukunftsvisionen dieses Ziel. Oppenheimer vertraute seine Hoffnungen einem Kollegen an: »Die äußerste Gewalt unserer Waffe wird jede zukünftige Gewaltanwendung verhindern und einen universalen Frieden sichern.«

Doch im Frühjahr 1945, als sich die Bombe von einer visionären

Waffentechnologie zum realen Machtmittel mauserte, platzte dieses hehre Ideal wie eine Seifenblase. Gegen Deutschland würde die Atombombe nicht mehr eingesetzt werden, Hitlers Reich stand kurz vor dem endgültigen Zusammenbruch. Ludwigshafen und Mannheim, in einem frühen Planungsstadium als mögliche Ziele ausgewählt, blieb der nukleare Holocaust erspart.

Im Pazifik dagegen lag der Sieg über Japan noch in weiter Ferne. Der Kampf gegen die fanatischen Armeen des Tenno forderte von der amerikanischen Jugend einen hohen Blutzoll. Ein Atombombeneinsatz auf japanische Städte versprach ein schnelles Ende dieses sinnlosen Sterbens auf den Stränden pazifischer Inseln. Die meisten in Los Alamos stimmten dem zu.

Am Horizont der Weltpolitik zeichnete sich allerdings schon der Kalte Krieg ab. Die Allianz der Anti-Hitler-Koalition bröckelte, und der Einsatz der neuen Waffe mußte auf den – offiziell – nicht eingeweihten sowjetischen Alliierten wie eine Drohung wirken. Das entsprach durchaus dem Kalkül Trumans. Als er in Potsdam auf die Meldung vom »Trinity«-Test wartete, raunte er Außenminister Byrnes zu: »Wenn sie explodiert, wie ich glaube, werde ich bestimmt einen Hammer für diese Jungs haben.«

Doch als Instrument zum Säbelrasseln gegenüber dem eigenen Verbündeten wollten die Physiker von Los Alamos ihr »Baby« nicht mißbraucht sehen. Sie hofften auf den Aufbruch in ein neues Zeitalter, in die Ära der Vernunft. Der Däne Niels Bohr, eine der angesehensten Koryphäen unter den »Eggheads«, und Leo Szilard, der Mann, der sich 1939 wie kein zweiter für eine amerikanische Bombe stark gemacht hatte, verließen den Elfenbeinturm der reinen Wissenschaft und wagten sich ins Glashaus der Politik.

Unabhängig voneinander wandten sie sich an Präsident Roosevelt und Premierminister Winston Churchill. Ihr Vorschlag: Der Westen müsse so schnell wie möglich den Kreml von der Existenz des »Manhattan Project« in Kenntnis setzen. Nur so könne vermieden werden, daß der erste nukleare US-Sprengsatz »einen Wettlauf um die Produktion dieser Waffe zwischen den Vereinigten Staaten und Rußland auslösen« werde, wie Szilard ans Weiße Haus schrieb.

Diese ahnungsvollen Visionen vom atomaren Rüstungswettlauf stießen bei den westlichen Regierungen jedoch auf taube Ohren. Unter vier Augen drückte Roosevelt gegenüber Bohr zwar seine Sympathie für den Gedanken einer internationalen Atomkontrolle aus, tatsächlich waren die Gesetze der Machtpolitik stärker. Daß die Sowjets in einigen Jahren eine eigene Bombe haben würden, sagten alle Experten voraus, doch der Westen brauchte einen Trumpf jetzt, beim Feilschen um die Nachkriegsordnung in Europa und Fernost. Als Bohr persönlich bei Winston Churchill vorsprach, mußte er eine ruppige Abfuhr hinnehmen. »Wir sprechen nicht einmal dieselbe Sprache«, notierte der Wissenschaftler lakonisch.

In Los Alamos, wo trotz der militärischen Bewachung von Beginn an ein demokratisches Klima herrschte, wurden jetzt Fragen der Weltpolitik heftig diskutiert. Die Mehrheit der Atomgenies schloß sich Bohr und Szilard an. Nur Klaus Fuchs hielt sich wie immer fern von politischen Debatten. Er handelte. Daß seine Kollegen so dachten, wie er im verborgenen agierte, muß er im stillen als Bestätigung empfunden haben. Hätten Szilard und Bohr in Washington Gehör gefunden und die US-Regierung dazu bewegt, das Geheimnis der Bombe auch dem sowjetischen Verbündeten preiszugeben – der Fall Klaus Fuchs wäre wohl nie ans Tageslicht gekommen.

Oppenheimer war fest davon überzeugt, daß die Uranbombe funktionieren würde – so überzeugt, daß er auf einen Test dieses Typs verzichtete. Das eine Exemplar, das mit der mageren Produktion von Oak-Ridge bisher produziert werden konnte, sollte ungetestet über Japan abgeworfen werden. Weil jedoch nicht sicher vorhergesagt werden konnte, ob die diffizilere Plutoniumbombe gleichfalls hochgehen würde, bereiteten die Wissenschaftler in der Wüste von Alamogordo, hundert Kilometer von Los Alamos entfernt, einen Versuchssprengsatz unter dem Codenamen »Trinity« vor.

Am 16. Juli 1945, dem Tag, als der erste nukleare Feuerball in die Erdatmosphäre aufstieg und Harry S. Truman in Potsdam ungeduldig auf Nachrichten über »Trinity« wartete, lief in San Francisco der schwere US-Kreuzer »Indianapolis« im milchigen

Frühnebel unter der Golden Gate Bridge aufs offene Meer hinaus. Sein Auftrag: einen sechzig Zentimeter hohen, zylindrischen Bleibehälter neuntausend Kilometer weiter westlich wohlbehalten auf der Marianeninsel Tinian abzuliefern, dem größten Stützpunkt der amerikanischen Bomberflotte im Pazifik. Selbst der Kapitän wußte nicht, daß sich im Inneren des Bleizylinders die radioaktive Ladung Uran 235 für die Hiroshima-Bombe befand.

Um den Einsatz des ersten Sprengsatzes hatte es ein zähes Tauziehen gegeben. Im Pentagon wurden in einem von General Groves einberufenen Ausschuß verschiedene Vorschläge diskutiert. Der Nobelpreisträger James Franck plädierte für eine Demonstration auf unbewohnten Inseln. Oppenheimer schlug eine Zündung hoch über der Bucht von Tokio vor, um den Japanern den apokalyptischen Urknall der Kernspaltung vorzuführen, ohne Menschen zu töten. Die Mehrheit der Ausschußmitglieder war jedoch der Ansicht, die Bombe müsse ohne Vorwarnung auf eine japanische Großstadt fallen, nur so sei die erhoffte »maximale Schockwirkung« auf die kaiserliche Regierung zu erzielen.

Vielleicht klangen einigen von ihnen noch die Worte von Außenminister Byrnes in den Ohren, der wenige Tage zuvor gesagt hatte, die Regierung habe zwei Milliarden Dollar für das »Manhattan Project« ausgegeben, da habe der Kongreß »ein Recht darauf zu sehen, was aus dem vielen Geld geworden« sei.

Die »Indianapolis« brachte die Uranladung unbehelligt an ihren Bestimmungsort – vier Tage später wurde der Kreuzer von einem japanischen U-Boot versenkt. Nach der endgültigen Montage auf Tinian warf eine speziell umgebaute B-29-»Superfortress« am 6. August den liebevoll auf den Namen »Little Boy« getauften Sprengsatz auf Hiroshima. Drei Tage später zuckte auch am Himmel über der Hafenstadt Nagasaki ein Atomblitz auf. Der Abwurf der Plutoniumbombe »Fat Man« war schon vor Hiroshima genehmigt worden, ohne der japanischen Regierung Zeit für eine Reaktion auf die erste Bombe einzuräumen. In Hiroshima und Nagasaki starben nahezu eine Viertelmillion Menschen. Mehr als dreihunderttausend überlebten strahlenverseucht und litten oft noch Jahrzehnte unter den Folgen von »Little Boy« und »Fat Man«.

In Los Alamos wurde gefeiert: zunächst ausgelassen der Erfolg von »Manhattan Project«, in den Wochen danach dann eine Reihe von Abschiedspartys. Nach und nach kehrten die Physiker aus den Bergen New Mexicos an ihre Lehrstühle zurück – als gefeierte Helden.

Am 19. September fuhr Klaus Fuchs in seinem alten Buick nach Santa Fe, um Bier und Schnaps für eine der vielen Partys zu kaufen. Um sechs Uhr abends hielt er an einer Straßenecke am Stadtrand und öffnete einem unscheinbaren Mann im grauen Anzug die Wagentür. Es war »Raymond«. Im Licht der untergehenden Sonne fuhren sie hinauf in die Berge rund um Santa Fe und redeten miteinander, so lange und ausführlich wie noch nie zuvor. Gold berichtete später, er habe den Physiker bei allen vorausgegangenen Treffen stets als besonders kontrollierten und emotionslosen Menschen kennengelernt. Doch jetzt, nach den atomaren Verwüstungen in Hiroshima und Nagasaki, sei er nicht mehr wiederzuerkennen gewesen.

Gegenüber Gold äußerte sich Fuchs »zutiefst besorgt über die furchtbaren Zerstörungen, die die Waffe angerichtet hatte«, und räumte ein, er habe »die industrielle Kapazität der USA unterschätzt, so ein gigantisches Unternehmen zum Erfolg zu führen«. Nach dem langen Gespräch brachte er »Raymond« zu einer Bushaltestelle und gab ihm einen handschriftlichen Bericht für seinen russischen Chef.

Fuchs erlaubte sich noch eine private Bemerkung, die so ungewöhnlich für den stocknüchternen Wissenschaftler war, daß Gold sich noch fünf Jahre später daran erinnerte: »Klaus drückte die Hoffnung aus, daß wir uns irgendwann einmal in naher Zukunft als Freunde offen treffen könnten.« Doch die beiden sahen sich zum letzten Mal in ihrem Leben. Fuchs kannte noch immer nicht den richtigen Namen von »Raymond«.

Die »Eggheads« von Los Alamos genossen jetzt, da die ganze Welt den Zweck ihrer geheimen Mission erfahren hatte, das Ansehen von Kreuzrittern, die siegreich von ihrem Feldzug gegen die Barbarei zurückkehrten. An den Universitäten standen ihnen bestens dotierte Posten offen. Klaus Fuchs übernahm eine leitende Funktion am neugegründeten britischen Atomforschungszentrum in

Harwell, einer englischen Kleinstadt, achtzig Kilometer von London entfernt. Der Geist, der die Gründerzeit der britischen Nuklearforschung nach dem Krieg begleitete, war noch stark vom Schock des atomaren Urknalls über Japan geprägt und von der Vorstellung des hunderttausendfachen Atomtodes überschattet.

Robert Oppenheimer hatte seinen Mitarbeitern die Mahnung mit auf den Weg gegeben: »Unsere Waffe hat die Unmenschlichkeit und Gnadenlosigkeit des modernen Krieges unbarmherzig zugespitzt. In einer urhaften Weise, die von keiner Banalität, von keinem Humor und keiner Übertreibung ausgelöscht werden kann, haben die Physiker die Sünde kennengelernt.«

Ähnlich Zauberlehrlingen, die dem tosenden Besen Einhalt gebieten wollen, versuchten die Physiker nun wenigstens, die zerstörerische Kraft ihrer Erfindung unter Kontrolle zu halten. Ein erster Erfolg in den USA machte ihnen Mut: Die Verfügungsgewalt in Fragen der Kernenergie wurde 1946 den Militärs entzogen und einer zivilen Atomenergiekommission übertragen, als deren erster Vorsitzender Oppenheimer selbst fungierte. Für kurze Zeit durfte die Gemeinde der Atomforscher hoffen, auf den Pfeilern einer internationalen Atomaufsicht und der friedlichen Nutzung der Kernkraft könne sich ihre Erfindung doch noch zu einem Segen für die Menschheit entwickeln.

Diesen atomaren Idealismus hatte sich auch der Chef der Abteilung für theoretische Physik in Harwell, Klaus Fuchs, zu eigen gemacht. Seinem Vater, der die letzten Jahre des Krieges in schweizerischem Exil verbringen mußte, schrieb er: »Ich kann nur hoffen, daß wir uns in Zukunft auf die friedliche Nutzung dieser außergewöhnlichen Kraft konzentrieren können.«

Ein frommer Wunsch, doch das eigentliche Ziel der nuklearen Anstrengungen in Harwell blieb Fuchs nicht lange verborgen: Großbritannien steuerte auf die eigene Bombe zu, dafür waren am britischen Atomzentrum allein sieben Männer aus Los Alamos angeheuert worden.

Kurz vor seinem Tod erinnerte sich der inzwischen emeritierte Spion: »Für die Wissenschaftler, die dort arbeiteten, war es klar, daß zuerst das Atomkraftwerk gebaut wurde, um das Plutonium zu gewinnen, was dann für militärische Zwecke verwendet werden sollte.«

Nichtsdestotrotz fühlte sich der ehemalige deutsche Flüchtling schon bald sehr wohl in Harwell. Mit einem stattlichen Einkommen versehen, konnte er sich im darbenden Nachkriegsengland einen privilegierten Lebensstandard erlauben. Er bewohnte einen komfortablen Bungalow und fuhr teure Sportwagen. Nur die Isolierung der Physiker fernab von jeder Großstadt und die staatliche Aufsicht in Harwell erinnerten noch an die Zeit in Los Alamos. Auf wissenschaftlichem Gebiet galt Fuchs längst als weltweit geachtete Kapazität. Wäre seine Forscherlaufbahn nicht jäh unterbrochen worden, er hätte zu den aussichtsreichen Anwärtern auf den Physiknobelpreis gehört.

Der Forscher mit der inzwischen hohen Stirn war nicht länger ein Außenseiter der Gesellschaft, in der er lebte. Jetzt erfreute er sich einer echten Karriere und schloß enge Freundschaften. In seinem Domizil am Rande des ehemaligen Flugplatzes von Harwell feierte er mit den Kollegen und deren Ehefrauen rauschende Feste. England war nicht mehr lediglich das Land, in dem er Asyl gefunden hatte, es war nun sein Heimatland. Die kommunistische Überzeugung verblaßte allmählich, wie schon einmal beim Ausbruch des Krieges.

Sein Spionageeifer erlahmte zusehends. Je mehr die Gefühle für England und die Kollegen in Harwell gediehen, desto schwieriger wurde es, die zweite, geheime »Abteilung« in seinem Hirn zu isolieren. Außerdem war die Sowjetunion jetzt kein Verbündeter mehr. Der russische Bär hatte seine Pranke schwer auf alle Länder östlich des Eisernen Vorhangs gesenkt. Den Überzeugungstäter beschlichen Zweifel: »Ich kam an einen Punkt, an dem ich die Politik der russischen Regierung und der Kommunistischen Partei nicht billigen konnte«, so Fuchs 1950 nach seiner Verhaftung.

Dem bohrenden Loyalitätskonflikt begegnete Fuchs jetzt mit einem stetig wachsenden Quantum Alkohol. Seine Trinkfestigkeit war längst sprichwörtlich in Harwell. Für ihn selbst glich jeder Rausch einer Kraftprobe mit seinem zweiten, verborgenen Ego, dem des Spions. Doch auch im Dunst einer ganzen Flasche Whisky behielt er stets die Oberhand über die »schizophrene Situation«.

Fuchs war vorsichtig geworden. Die Aufdeckung eines sowjetischen Spionagerings in Kanada hatte einen Vorgeschmack auf die Hysterie gegeben, die er selbst bald im Westen auslösen würde.

Der britische Wissenschaftler Alan Nunn May, ein Kernphysiker, der aber nur entfernt mit dem Bau der Bombe in Berührung stand, hatte für die Russen spioniert und kleine Proben Uran 235 in die sowjetische Botschaft geschmuggelt.

Das Echo des Falles stand in keinem Verhältnis zur tatsächlichen Bedeutung. Vor allem amerikanische Zeitungen entwarfen Szenarien, nach denen Stalin das gesamte »Manhattan Project« mit einem Heer von Meisterspionen erfolgreich infiltriert habe. Bei den westlichen Geheimdiensten löste dieser erste Atomverrat allerdings hektische Aktivitäten aus. Der »echte« Atomspion war gewarnt.

Länger als ein halbes Jahr brach er jeden Kontakt zum KGB ab. Verglichen mit Los Alamos gab es in Harwell ohnehin wenig zu verraten. Die einzige bedeutende Information, die er nach der Abreise aus den Vereinigten Staaten an die Sowjetunion weitergab, war politischer Natur: Den geheimen Beschluß des britischen Kabinetts 1947 für den beschleunigten Aufbau einer eigenen Atomstreitmacht erfuhr Moskau wenige Tage später durch Klaus Fuchs. Just während seiner Abstinenz vom Spionagehandwerk legten sich britische Agentenjäger in Harwell auf die Lauer und überprüften alle leitenden Mitarbeiter des britischen Atomzentrums. Fuchs wurde wochenlang rund um die Uhr beschattet, doch die Augen des Geheimdienstes Ihrer Majestät entdeckten nichts Verdächtiges.

In der Sowjetunion lief unterdessen die Arbeit an der ersten kommunistischen Bombe auf Hochtouren. Nach der Konferenz von Potsdam, bei der Stalin einen Vorgeschmack auf amerikanische »Atomdiplomatie« erhalten hatte, bekam Igor Kurtschatow grünes Licht für ein gigantisches Programm. Mit den Informationen von Fuchs als Startkapital im Rücken machte die Konstruktion von »Joe 1«, wie die Amerikaner später die erste sowjetische Bombe nach dem Spitznamen Stalins (»Uncle Joe«) tauften, schnelle Fortschritte.

Heinz Barwich, der als deutscher Kernphysiker in Diensten des Kreml an der Herstellung waffenfähigen Urans arbeitete, gab nach seiner Flucht in den Westen 1964 an: »Wir kopierten nur.«

Nach und nach wurden die Wünsche der sowjetischen Bombenkonstrukteure an die Quelle des KGB ausgefallener. Als Fuchs wieder mit dem sowjetischen Geheimdienst Kontakt aufnahm, sah er sich immer mehr gezielten Fragestellungen der Kollegen jenseits des Eisernen Vorhangs gegenüber.

In einer dieser Anfragen wurde Fuchs gebeten, alles zusammenzufassen, was er über eine Tritiumbombe wisse. Das war zwar nicht sein Spezialgebiet, aber er ahnte, worauf die Russen hinauswollten: die Wasserstoffbombe. Kurz vor seinem Abschied aus Los Alamos hatte Fuchs an einer Konferenz über die Möglichkeit der Entwicklung einer solchen thermonuklearen Waffe teilgenommen. Ihr Wortführer in Oppenheimers Crew hieß Edward Teller. Der ungarische Physiker hatte errechnet, daß mit einer herkömmlichen Atombombe als »Streichholz« Wasserstoffatome zum Schmelzen gebracht werden konnten. Die Urkraft einer solchen Kernfusion, wie sie im Inneren der Sonne herrscht, wäre um ein vielfaches größer als bei einer Atombombe. Doch in den USA wurde die Arbeit an der »Super«, wie Physiker die H-Bombe nannten, vorerst nur auf Sparflamme gehalten. Oppenheimer, der Prometheus, der den von ihm selbst entzündeten Weltenbrand wieder eindämmen wollte, stellte sich strikt dagegen, und in der amerikanischen Regierung war ein weiteres Milliarden-Dollar-Programm kaum mit Erfolg zu vertreten.

Fuchs faßte alle theoretischen Überlegungen über die Wasserstoffbombe, die er in Los Alamos aufgeschnappt hatte, zusammen und lieferte sie an seine jetzt wechselnden sowjetischen Kontaktleute – ein folgenreicher Verrat, wie die Zukunft noch zeigen sollte.

Einige Wochen später fragten die Russen nach einem bestimmten Dossier über den Reaktor am Chalk River in Ontario, ein anderes Mal nach einem speziellen Bericht über »gemischte« Bomben, Höllenmaschinen aus Uran und Plutonium. Fuchs staunte nicht schlecht, denn das waren Dinge, von denen er noch nie etwas gehört hatte. Die Sowjets mußten also noch über weitere Quellen in der geheimen westlichen Kernforschung verfügen.

Einige dieser verborgenen Kollegen von Fuchs konnten später enttarnt werden, dennoch läßt sich über das wahre Ausmaß der sowjetischen Agententätigkeit in den westlichen Atomschmieden bis heute nur spekulieren – zumal zahlreiche »Enthüllungen« von

KGB-Veteranen nach dem Zusammenbruch des Sowjetimperiums 1989 eher der Legendenbildung dienten, als Licht ins Dunkel der Atomspionage zu bringen. Die Geschichte des hohen KGB-Offiziers Pawel Sudoplatow, der behauptete, Oppenheimer selbst sei der effizienteste Maulwurf in Los Alamos gewesen, gehört ebenso ins Reich der nuklearen Märchen wie der angebliche Fund einer zweiten, nicht detonierten Atombombe bei Nagasaki, die japanische Offiziere den Russen ausgehändigt haben sollen.

Im August 1949 schlugen die hochempfindlichen Geigerzähler an Bord eines US-Spionageflugzeugs Alarm. Die Maschine war über den Gewässern Südostasiens in eine radioaktive Wolke geraten, die nur von einem Atombombentest auf dem Gebiet der Sowjetunion stammen konnte. In Washington wirkte diese Meldung wie ein Schock. Die USA hatten ihr nukleares Monopol verloren. »Joe 1«, ein dank der geheimen Hilfe von Klaus Fuchs bis ins Detail kopiertes Plagiat der Nagasaki-Bombe »Fat Man«, hatte mit elementarem Urknall über der Steppe von Semipalatinsk das Startsignal zum Rüstungswettlauf zwischen den Supermächten gegeben.

Weltweit löste die Mitteilung, daß die Sowjetunion jetzt die zweite Atommacht war, neben Schrecken auch Erleichterung aus. Otto Hahn bemerkte weitsichtig: »Das ist eine gute Nachricht! Ich glaube, dem Frieden ist mehr gedient, wenn die Russen auch Atomwaffen haben; dann hätten beide Seiten so viel Angst voreinander, daß keiner anfangen wird.« Hahn ahnte noch nicht, daß sein junger, nach England emigrierter Kollege die Herstellung ebendieses Gleichgewichts des Schreckens nachhaltig beschleunigt hatte.

Einige Tage nach Bekanntgabe der Zündung von »Joe 1« bat Klaus Fuchs den Sicherheitsoffizier von Harwell, Henry Arnold, um ein Gespräch. Arnold und der Abteilungsleiter für theoretische Physik waren gute Freunde geworden. Fuchs mochte die ruhige, zurückhaltende Art des Luftwaffenveteranen aus zwei Weltkriegen. Doch diesmal handelte es sich um Dienstliches.

Mit sorgenvoller Miene berichtete er nicht etwa von der Last, die er seit Jahren mit sich herumtrug, sondern von seinem Vater. Emil Fuchs, der seinen Sohn in Harwell besucht hatte, lebte jetzt in Leipzig, wo er Religionswissenschaft lehrte. Sein Sohn fürchtete nun, mit einem Vater, der in der Sowjetischen Besatzungszone wohnte, erpreßbar zu sein, und fragte Arnold, ob er nicht besser Harwell verlassen solle. Einen Universitätsposten würde er ja leicht bekommen, fügte er hinzu. Arnold war Psychologe genug, um seinen Freund zu durchschauen. Fuchs handelte so, wie viele Menschen unter Angst und Streß reagieren: Er versuchte, die Aufmerksamkeit von sich auf andere zu lenken – haltet den Dieb! Arnold antwortete ausweichend. Der Verdacht, der sich gegen Fuchs richtete, hatte sich erhärtet. Sein Telefon wurde schon seit Wochen abgehört, seine Post geöffnet und er selbst auf Schritt und Tritt beschattet. Der Geheimdienst war sich seiner Sache sicher. Was fehlte, waren Beweise.

Die entscheidende Spur, die zur Enttarnung des Maulwurfs von Los Alamos führte, wurde jahrzehntelang geheimgehalten – aus gutem Grund. Im Sommer 1949 hatten US-Experten mit Computerhilfe – die erste Generation schrankgroßer Rechenmonster war gerade in Dienst gestellt worden – die geheimen Codes der Sowjetunion geknackt, mit denen sämtliche Funksprüche zwischen militärischen und diplomatischen sowjetischen Stellen verschlüsselt wurden. Ganze Archive voller abgefangener Funksprüche, die seit 1944 aufgezeichnet worden waren, warteten auf ihre Auswertung.

Unter den Bergen von abgehörten Botschaften fand sich eine von allerhöchster Bedeutung: ein Bericht über die Fortschritte des »Manhattan Project«, den das sowjetische Konsulat in New York im Herbst 1944 an die Zentrale in Moskau durchgegeben hatte. Unterschrieben war die Nachricht mit dem Namen Klaus Fuchs.

Das FBI übernahm den Fall, aber den Ermittlern waren die Hände gebunden. Fuchs mußte überführt werden, ohne auf den dechiffrierten Funkspruch des sowjetischen Konsulats in New York als Beweis zurückzugreifen. Der Erfolg der Entschlüsselungsexperten durfte nicht gefährdet werden. Solange die Sowjets nicht ahnten, daß ihr Code geknackt worden war, konnten auch weiterhin alle ihre Funksprüche entschlüsselt werden. Das erwies sich als ein strategischer Vorteil von nationaler Bedeutung, den auch ein Verfahren gegen den Atomspion Klaus Fuchs auf keinen Fall zunichte machen durfte.

Eine von allen in Frage kommenden Dienststellen des FBI eingeleitete Untersuchung ergab keine stichhaltigen Beweise. Fuchs hatte keine Spuren hinterlassen. Seine Hintermänner blieben für die Fahnder völlig im dunkeln. Anfang September wandten sich die Amerikaner an die Kollegen vom britischen Geheimdienst – ein verzweifelter Hilferuf. Die einzige Möglichkeit, den Atomspion zu überführen, ohne den Erfolg der Codeknacker in Frage zu stellen, bestand darin, ihm ein Geständnis zu entlocken.

Am 21. Dezember 1949, eine Woche vor seinem achtunddreißigsten Geburtstag, meldete sich im Büro von Klaus Fuchs Besuch von Scotland Yard an. Der Mann, den Henry Arnold an diesem Tag vorstellte, sah aus wie der Doppelgänger von Sherlock Holmes. William Skardon war groß gewachsen, trug einen gepflegten Schnurrbart, kleidete sich in der vornehmen Eleganz der britischen Oberschicht und zündete sich in jeder sich bietenden ruhigen Minute ein Pfeifchen an. Seine Karriere als Kriminalist hatte im Londoner Morddezernat begonnen. Während des Krieges war er vom MI 5, Englands Spionageabwehr, abgeworben worden. Jetzt eilte ihm der Ruf voraus, Englands Agentenjäger Nummer eins zu sein. Doch Henry Arnold hatte ihn gewarnt: Der hochintelligente Physiker würde sich bestimmt als ein schwerer Brocken erweisen.

Zu Skardons Überraschung begann der von Arnold als wortkarg geschilderte Wissenschaftler sofort wie ein Wasserfall zu erzählen – wie jemand, der lange auf diese Gelegenheit gewartet hatte. In allen Einzelheiten schilderte Fuchs kettenrauchend die Geschichte seines Lebens: die Jugend in Deutschland, die Studentenzeit in Kiel, seine Karriere als Physiker in England und in Amerika. Skardon saß in einem der Bürosessel und schwieg. Um den Redefluß seines Gegenübers nicht zu stören, verzichtete er darauf, Notizen zu machen.

Als Fuchs nach mehr als einer Stunde Monologisierung bei seiner Arbeit an der Columbia-Universität in New York angekommen war, unterbrach Skardon plötzlich: »Haben Sie nicht in New York Kontakte zu sowjetischen Stellen? Und haben Sie nicht Informationen über Ihre Arbeit an diese Leute weitergegeben?«

Fuchs erstarrte. Nach einer Pause antwortete er mit zitternder Stimme: »Nicht daß ich wüßte.«

Skardon hatte ins Schwarze getroffen. Der Gelehrte, der sich stets mit mathematischer Genauigkeit auszudrücken pflegte, war unsicher geworden. »Nicht daß ich wüßte« – ein unbewußtes Eingeständnis des eigenen Schuldgefühls. Am Abend fuhr Skardon zurück nach London und berichtete seinen Vorgesetzten, er halte Fuchs mit Sicherheit für schuldig.

In den kommenden Wochen trieb er das Katz-und-Maus-Spiel mit dem Spion weiter. Scotland Yard und MI 5 drängten auf ein Geständnis. Dreimal fuhr Skardon noch nach Harwell, sprach mit Fuchs über dessen Vater und dessen Umzug in die Sowjetische Besatzungszone, über das daraus entstehende Sicherheitsrisiko für das Atomzentrum und konfrontierte ihn immer wieder mit dem Vorwurf, Geheimnisse verraten zu haben, was Fuchs weiterhin standhaft abstritt. Zwischen den beiden Männern entstand ein eigenartiges, beinahe vertrautes Verhältnis – sie redeten sich mit den Vornamen Klaus und Jim an.

Fuchs stand am Rande des Nervenzusammenbruchs. Wenn Skardon Beweise für seinen Verrat hatte, warum verhaftete er ihn dann nicht? Offensichtlich, so folgerte der in die Enge getriebene Spion, handelte es sich bei dem Verdacht nur um eine Lappalie, die lediglich für die Akten bereinigt werden müsse. Er war schon fast dort, wo ihn Skardon haben wollte. Der Schritt zum Geständnis mußte leichtgemacht werden – notfalls mit subtilen Tricks. Skardon setzte alles daran, den weltfremden Wissenschaftler zur Beichte zu bewegen.

In seinem Geständnis wenige Tage darauf schilderte Fuchs – nun auf den Boden der Tatsachen zurückgeholt – beinahe vorwurfsvoll: »Ich wurde dann damit konfrontiert, daß es Beweise dafür gab, daß ich in New York Informationen weitergegeben hätte. Ich wurde vor die Wahl gestellt, entweder zu gestehen und in Harwell zu bleiben oder meinen Posten zu verlassen.«

Tatsächlich ahnte zwar weder Skardon noch sonst jemand im MI 5 das wahre Ausmaß des Spionagefalls Klaus Fuchs. Doch die Aussicht auf eine Fortsetzung der Arbeit in Harwell war in jedem Fall eine von Skardon sorgsam inszenierte Illusion. Daß Fuchs dies nicht durchschaute, lag nicht nur an dem immensen Druck, unter dem er stand – die weltfremde Naivität, die noch immer auf den Schwarzweißbildern der romantisch verklärten Studentenzeit fußte, machte den Physiker für die Raffinesse eines Vernehmungsprofis wie Skardon zur leichten Beute.

Am 27. Januar 1950, einem kalten, regnerischen Tag, traf Klaus Fuchs mit dem Zug – diskret von Scotland-Yard-Beamten beschattet – in Londons Bahnhof Paddington Station ein. Skardon erwartete ihn am Bahnsteig. Schweigend gingen sie ein paar Häuserblocks weiter zum ehrwürdigen Gebäude des Kriegsministeriums. In einem ruhigen Raum im Erdgeschoß setzten sich die beiden so ungleichen Männer zum Gespräch. Im angrenzenden Zimmer saß eine Frau, Mitte Dreißig, jener Typ britischer Vorzimmerdame, deren Reiz sich nicht auf den ersten Blick erschließt. Über einen kleinen Lautsprecher auf dem Anstelltischchen hörte sie das Gespräch mit und fertigte ein Stenogramm an.

Fuchs diktierte: »Ich wurde am 29. Dezember 1911 in Rüsselsheim geboren. Mein Vater war Pfarrer, und ich hatte eine sehr glückliche Kindheit...« Skardon hatte sein Ziel erreicht. Das neunseitige Geständnis des Physikers löste eine Lawine von weltweiter Tragweite aus. J. Edgar Hoover, Chef der US-Bundespolizei, bezeichnete es als »Verrat des Jahrhunderts«.

Der amerikanische Kongreß schloß sich dieser bombastischen Einschätzung an. Der in Sachen Atomverrat eigens einberufene Ausschuß brandmarkte Fuchs als »schädlichsten Spion in der Geschichte aller Nationen«. Vermutlich realistisch schätzte der Ausschuß den Zeitgewinn, den die sowjetischen Bombenbauer durch das Leck in Los Alamos erhalten hatten, auf »maximal zwei Jahre« ein. Das rückte die unsinnige Behauptung der atomaren Falken in den USA zurecht, aus eigener Kraft hätte die UdSSR »aufgrund ihrer primitiven Industrie«, wie General Groves polterte, erst in zwanzig Jahren über Atombomben verfügt.

Historische Hypothesen gehörten nicht zum Repertoire des Klaus Fuchs. Wie aber hätte die Welt ausgesehen, wenn er nicht das atomare US-Monopol um wahrscheinlich zwei Jahre verkürzt hätte? Ob Präsident Truman 1950 dem Drängen seines obersten Feldherrn MacArthur, die Atombombe gegen das kommunistische Nordkorea einzusetzen, auch ohne die Drohung eines nuklearen Gegenschlags widerstanden hätte – dies fragte sich wohl nicht nur der Atomspion im britischen Gefängnis.

Gegenüber einem Mithäftling rechtfertigte sich Fuchs beinahe triumphierend: »Indem ich auch der anderen Seite die Bombe gab, habe ich das Gleichgewicht der Kräfte wiederhergestellt. Darum ist es in jenen Jahren nicht zum Krieg gekommen.« Doch die Judastat zeitigte auch weniger hypothetische Folgen.

Während der wochenlangen Verhöre durch englische und amerikanische Vernehmer gab Fuchs zu, gleichfalls Informationen über die Wasserstoffbombe weitergeleitet zu haben. Obwohl dieses Wissen um die »Super« nur auf den rudimentären Überlegungen Tellers aus dem Jahr 1945 beruhte – die im übrigen schwerwiegende Fehler enthielten –, sickerte die Information an amerikanische Zeitungen durch und sorgte für hysterische Schlagzeilen wie: »Spion verriet H-Bombe an die Roten.« US-Präsident Truman reagierte schnell: Am 10. März 1950 gab er den Start des amerikanischen Wasserstoffbombenprogramms bekannt und eröffnete so die nächste Runde des atomaren Wettrüstens zwischen den Supermächten. Ganz Amerika fühlte sich nun bedroht – nur vor diesem Hintergrund ist auch die überhastete Entscheidung für den massiven Einsatz von US-Truppen im Koreakrieg drei Monate später zu verstehen. Diese Auswirkungen seines Verrats allerdings verschwieg Fuchs bei seinen Rechtfertigungsmonologen hinter Gittern geflissentlich.

Zwischen Amerikanern und Briten verursachte der Fall Fuchs eine schwere Vertrauenskrise. Die USA stellten die nukleare Zusammenarbeit mit dem Königreich ein, und der britische Intelligence Service, der Fuchs bei Sicherheitsüberprüfungen immer wieder Unbedenklichkeitsbescheinigungen ausgestellt hatte, mußte sich noch jahrzehntelang erbitterte Vorwürfe von den Kollegen in den USA gefallen lassen.

In diese Kerbe schlug auch General Groves, der ehemalige Boß des »Manhattan Project«: »Wenn es nach mir gegangen wäre, hätte ich keine britische Teilnahme gestattet. Ich hätte das Programm allein auf amerikanische Wissenschaftler beschränkt.«

Besonders der MI 5 geriet unter heftigen Beschuß. Genüßlich stürzten sich die Zeitungen in Europa und Amerika auf den löchrigen Schirm, den die geheimen Dienste Ihrer Majestät vor die geheimsten Angelegenheiten des Königreichs spannten. Nach

Washington zum Rapport zitiert, mußte Roger Hollis, der Chef vom MI 5, kleinlaut eingestehen, daß bei den Sicherheitschecks von Klaus Fuchs »ein ernsthafter Fehler begangen« worden sei. Besonders pikant an dieser Beichte unter Alliierten war, daß Hollis später selbst beschuldigt wurde, für die Sowjets als Maulwurf tätig gewesen zu sein. Bis heute sind die Geheimdienstakten aus dieser Zeit ein streng gehütetes Staatsgeheimnis.

Die Fachkollegen in aller Welt reagierten zunächst ungläubig und verstört: Fuchs, der leidenschaftslose, überkorrekte und arbeitsversessene Gelehrte – ein Verräter und Meisterspion? Das konnte doch nur wieder einer jener völlig absurden Behördenfehler sein! Hans Bethe, in Los Alamos wissenschaftlicher Leiter der Abteilung, in der Fuchs beschäftigt war, erklärte in einem Interview: »Wenn er ein Spion war, dann spielte er seine Rolle mit vollkommener Perfektion.«

Harwell-Chef John Cockcroft bot Fuchs jede in seiner Macht stehende Hilfe an und telegrafierte: »Natürlich glaube ich nicht an die Vorwürfe.« Fuchs kabelte lakonisch zurück: »Danke. Stop. Da gibt es nichts, was Sie tun könnten. Stop. Die Beweislage wird Sie eines Besseren belehren.«

Harry Gold, den Fuchs nur als »Raymond« kannte, verhaftete das FBI am 22. Mai 1950. Ihm wurde ein Stadtplan von Santa Fe zum Verhängnis, den ihm Fuchs vor dem letzten Treffen 1945 zur besseren Orientierung geschenkt hatte. Als FBI-Männer diese Karte in seiner Wohnung fanden, zerriß das Netz von Lügen, in das sich der Kurier der sowjetischen Auslandsspionage verstrickt hatte. Fuchs hatte seinen V-Mann vorher in britischer Haft unter Dutzenden von Fotos bereitwillig identifiziert – denunziert, wie man das in Moskau nannte.

In seinem Geständnis erwähnte Gold voller Stolz den Orden, mit dem ihn seine sowjetischen Auftraggeber geehrt hatten: die Medaille vom Roten Stern. Mit dieser Auszeichnung verbunden war eine lebenslange Freifahrkarte mit der Moskauer U-Bahn. Doch in den Genuß dieses Privilegs kam er einstweilen nicht. Ein US-Bundesgericht in Philadelphia verurteilte Harry Gold wegen Spionage zu dreißig Jahren Zuchthaus. Sechzehn davon mußte er absitzen.

»Joe 1« und die Enttarnung von Fuchs waren zugleich Fanal für einen beispiellosen antikommunistischen Taumel in den USA, der die Vertreter einer chauvinistischen Politik emportrug – wie so oft in der Geschichte, wenn stolze Träume von nationaler Allmacht zerplatzen. Jahrelang sollten die Vereinigten Staaten im Zeichen dieser neuen Inquisition stehen, die ihre Gewissensschnüffeleien per Lügendetektor betrieb.

An der Spitze der Kommunistenjäger wurde der berüchtigte Senator Joseph McCarthy zu einem der mächtigsten Männer der Vereinigten Staaten. Er vor allem war dafür verantwortlich, daß die nationale Verräterparanoia das Ansehen vieler meist ehrenwerter Amerikaner zerstörte.

Die berühmtesten Opfer dieser Hexenjagd, das Ehepaar Rosenberg, standen mit dem Fall Klaus Fuchs in direkter Verbindung. Sie hatten als Zwischenträger zweitrangige Geheimnisse weitergegeben, die von ihrem Schwager David Greenglass, Techniker in Los Alamos, gesammelt worden waren – im Vergleich zum Verrat von Klaus Fuchs ausnahmslos unwichtiges technisches Detailwissen. Daß »Raymond«, dessen wahren Namen Fuchs erst viel später erfuhr, auch einmal als Kurier für Greenglass auf Reisen ging, ließ die US-Ermittlungsbehörden an einen großangelegten Spionagering glauben – mit den Rosenbergs im Zentrum. Das bis zuletzt seine Unschuld beteuernde Ehepaar wurde zum Tode verurteilt und im New Yorker Zuchthaus Sing Sing auf dem elektrischen Stuhl hingerichtet – trotz weltweiter Proteste nicht nur aus den Ländern des Ostblocks. Gerechtigkeit spielte keine Rolle.

Der Urteilsspruch des Bundesrichters Irving Kaufman war durchdrungen vom verhängnisvollen Geist der Ära McCarthy: »Gegen Ihren Verrat, der eine diabolische Verschwörung zur Vernichtung dieser gottesfürchtigen Nation ist, muß ich ein Urteil fällen, das demonstrieren soll, daß die Sicherheit der Nation unangetastet bleiben muß.«

David Greenglass entging nur deshalb dem gleichen Schicksal, weil er als Kronzeuge gegen seine eigenen Verwandten aussagte. Er kam mit fünfzehn Jahren Freiheitsstrafe davon.

Als Klaus Fuchs vom Schicksal der Rosenbergs hörte, saß er längst hinter schwedischen Gardinen im Gefängnis von Wormwood

Scrubs im Westen Londons, derselben Haftanstalt, aus der im Jahre 1966 der Doppelagent George Blake, KGB-Spion wie Fuchs, entfloh. Wahrscheinlich war Fuchs froh, nicht in Amerika vor Gericht gestellt worden zu sein. Das Verfahren gegen ihn im Old Bailey, dem klobigen viktorianischen Gerichtspalast in London, drohte nicht gerade ein Mammutprozeß zu werden. Das Geständnis des Angeklagten lag vor, und vom Gericht waren nur drei Zeugen geladen worden: Skardon, Arnold und Michael Perrin, ein Kernforscher, der bei den Verhören assistiert hatte. Gleichwohl verfolgte ganz England den »sensationellsten Prozeß des Jahres«. Der Sitzungssaal war zum Bersten gefüllt. Die gute Gesellschaft von London, bis hin zur Herzogin von Kent, wollte sich einen Blick auf den »infamsten Verräter des Jahrhunderts« nicht entgehen lassen.

Am Morgen vor der Verhandlung besprach sich der Atomspion, nach seinem Geständnis trotz des großen Aufsehens zur alten stoischen Selbstsicherheit zurückgekehrt, noch einmal mit seinem Verteidiger, Derek Curtis-Bennett. Der Jurist warnte ihn, das Gericht könne bei der Schwere seines Vergehens eigentlich nur die Höchststrafe verhängen.

Curtis-Bennett fragte: »Wissen Sie, was das bedeutet?« – »Ja, ich weiß, die Todesstrafe«, entgegnete Fuchs ruhig.

»Nein, Sie Ahnungsloser«, platzte der Jurist heraus, »es sind vierzehn Jahre.«

Nach britischem Recht hatte Fuchs Geheimnisse nicht an den Feind, sondern an einen Verbündeten weitergeleitet. Das war kein Hochverrat und konnte deshalb nur mit Zuchthaus geahndet werden.

Die langen Jahre hinter Gefängnismauern nutzte der prominente Häftling zur Standortbestimmung. Seine äußerst kooperative und reumütige Haltung nach der Verhaftung entsprach dem gewandelten Selbstverständnis. In seinem Geständnis Skardon gegenüber hoffte er, weltfremd wie eh und je: »Alles, was ich jetzt tun kann, ist, zu versuchen, den Schaden zu reparieren, den ich angerichtet habe.«

Der feste Glaube an kommunistische Dogmen war erneut tiefen Selbstzweifeln gewichen. Henry Arnold, dem Sicherheitsoffizier aus Harwell, schrieb Fuchs: »Gib nur mir die Schuld, und wenn Du das nicht kannst, gib sie Hitler und Karl Marx und diesen Gesellen. Wie auch immer, der echte Schmerz steckt tiefer. Wie konnte ich so betrügen? Ich will nichts entschuldigen, ich versuche nur mich selbst zu verstehen, weil es mich selbst auch so verletzt hat.« Noch immer fühlte er sich vor allem schuldig, Freunde wie Arnold verraten zu haben.

Doch als die Regierung in London im Dezember 1950 beschloß, Fuchs die britische Staatsbürgerschaft wieder zu entziehen, war es auch mit der Reue vorbei. Fuchs nahm wieder seine gewohnte Haltung aus Arroganz und weltfremder Naivität ein. Vorher hatte der Wissenschaftler wohl tatsächlich noch gehofft, am Ende seiner Haftstrafe nach Harwell zurückzukehren. Jetzt aber setzte ihn England, sein neues Zuhause, vor die Tür – endgültig.

Das Pendel der politischen Überzeugung schlug abermals zugunsten des Kommunismus aus. Die Jahre der inneren Zerrissenheit – zwischen West und Ost, zwischen Spionage und Loyalität – gehörten nun endgültig der Vergangenheit an. Der Spion, der sich in Harwell wohl schon überwiegend eher als guter Untertan der englischen Krone denn als Kundschafter Moskaus gefühlt hatte, wurde im Gefängnis zum strenggläubigen Stalinisten.

Wie er sich seine Rolle in Freiheit jetzt vorstellte, verriet er dem alten Mentor Rudolf Peierls: Es sei immer sein Ziel gewesen, schrieb er, seiner Weltfremdheit treu geblieben, in einem Brief, nachdem er den Russen zur eigenen Bombe verholfen habe, »hinzufahren, und ihnen zu sagen, was in ihrem System falsch ist«.

Am 24. Juni 1959 erhielt er die Gelegenheit dazu. Wegen mustergültiger Führung vorzeitig entlassen, bestieg der nunmehr achtundvierzigjährige Atomspion unter den Augen von mehr als hundert Journalisten aus der ganzen Welt auf dem Londoner Flughafen Heathrow eine polnische Linienmaschine, die ihn nach Berlin-Schönefeld brachte. Dort warteten schon sein Neffe Klaus Kittowski und Vater Emil. Die Ankunft im Arbeiter-und-Bauern-Staat war gleichzeitig auch die endgültige Rückkehr in die Arme von Marx und Engels. Er heiratete und übernahm einen wohldotierten Posten am Rossendorfer-Institut für Atomphysik, nahe Dresden. Grete Fuchs, die er schon aus Studientagen kannte, war die erste Frau in seinem Leben, mit der er intim wurde.

Wie sein Vater, der die Protestanten in der DDR zur Unterstützung Ulbrichts aufrief, trat er als unbeirrter Verfechter des Sozialismus auf. 1961 verteidigte er den sowjetischen Bruch des weltweiten Atomtestmoratoriums als »notwendigen Schritt gegen die Kriegshetzer« im Westen. Vier Jahre später agitierte der einstige Atomspäher gegen eine angebliche Produktion waffenfähigen Plutoniums in den bundesdeutschen Kernforschungszentren Jülich und Karlsruhe. Der Wanderer zwischen den Welten schlug sich am Ende seines Weges ganz auf die Seite eines der Pole, zwischen denen er siebzehn Jahre seines Lebens gependelt war.

Noch immer auf der Suche nach Rechtfertigung, resümierte Fuchs kurz vor seinem Tod: »Mit der Erfahrung von zweiundsiebzig Jahren, wenn man zurückblickt, sieht man, daß man Fehler gemacht hat, daß man einiges anders hätte machen können. Aber daß es insgesamt gradlinig abgelaufen ist, ist doch eine Bestätigung für das Leben, das man geführt hat.«

Nach Jahren der »kontrollierten Schizophrenie« muß Fuchs die Rückkehr in den Schoß des festen marxistischen Glaubens wie eine Erlösung empfunden haben. 1979 ging der reichdekorierte und hochgeehrte »Kundschafter für den Frieden« in den Ruhestand, mit einem kleinen Makel allerdings: Die lange Reihe seiner Auszeichnungen enthielt keine einzige Ehrung von sowjetischer Seite. Dort hatte man dem habilitierten Top-Spion verübelt, daß er in seinen Verhören bereitwillig bei der Fahndung nach Harry Gold und den Rosenbergs mitgeholfen hatte.

Den Zusammenbruch seiner ideologischen Heimat erlebte Fuchs nicht mehr. 1988 wurde er mit militärischen Ehren zu Grabe getragen. Kurz vor seinem Tod gestand ihm ein junger französischer Physiker scherzhaft, er fahre mit seinem Auto schon etwas länger als von den Behörden gestattet durch die DDR. Der greise Atomspion hob mahnend den Zeigefinger und antwortete – vermutlich ohne den leisesten Anflug von Humor: »Wenn man in einem fremden Land ist, sollte man dort die Gesetze achten.«

Der Maulwurf

Ein Flug von Frankfurt nach Moskau ist keine große Sache mehr. Pünktlich startet unsere Lufthansa-Maschine, pünktlich und sicher wird sie auf Moskaus internationalem Flughafen Scheremetjewo landen. Der Kalte Krieg liegt auf dem Kehrichthaufen der Geschichte. Seine Welt ist schon Vergangenheit, die bipolare Welt der klaren Gegensätze, die das eigene für gut, das andere für schlecht erklärte. Heute erweist es sich als schwerer, Wahrheiten zu finden.

Nachdem das Flugzeug die Elbe überflogen hat, breiten sich unter uns die ersten schneebedeckten Flächen aus. Sie ziehen sich über Brandenburg und Polen bis nach Rußland – derselbe Schnee, das gleiche kalte Sonnenlicht. Wir sind auf dem Weg, eine der berühmtesten Gestalten des Kalten Krieges zu treffen – den Sowjetspion George Blake. Wir haben ihn gefragt, ob er uns Rede und Antwort stehen will. Eigentlich will er das nicht.

Wird es uns gelingen, sein Vertrauen zu gewinnen? Wie absurd ist diese Frage. Was heißt schon »Vertrauen« bei einem Spion? Einem Mann, der Menschen, die ihm selbst vertrauten, verraten hat?

Was wir über George Blake wissen, war bis vor kurzem recht wenig. Über ihn ist eine Menge hanebüchener Unsinn geschrieben worden. Erst seit dem überraschenden Erscheinen seiner Memoiren, »No other choice« (»Keine andere Wahl«), im Jahre 1990 wissen wir mehr über ihn. Das Buch verschwand auf mysteriöse Weise aus den Auslagen der Londoner Buchhandlungen; Blakes Honorar wurde von den britischen Behörden beschlagnahmt. Schweigen und Verschweigen sind Essenzen von geheimdienstlicher Macht. Ein Mann muß nicht verschwinden. Er kann totgeschwiegen werden.

Aus dem Dunkel dreißigjährigen Schweigens tritt George Blake. Siebzehn Jahre arbeitete er für den britischen Auslandsspionagedienst MI 6, die letzten neun Jahre davon stand er überdies im Dienst des KGB – ein Doppelagent. Seit 1953 verriet er seinen Freunden in Moskau sämtliche ihm anvertrauten Geheimnisse. Der Schaden, den er westlichen Geheimdiensten zugefügt hatte, war enorm. Nach seiner Enttarnung 1961 wurde ihm der Prozeß »in camera« gemacht, um jede Publizität zu unterbinden und die Blamage des MI 6 zu verschleiern. In den Annalen des britischen Geheimdienstes ist die »Blake-Katastrophe« der absolute Tiefpunkt. Danach hat die CIA nie wieder offen mit den Briten zusammengearbeitet. Das alte Vertrauen zwischen den verbündeten Diensten war für Jahrzehnte schwer belastet.

Durch Blake kannte das KGB die Identität von über vierhundert westlichen Agenten in Osteuropa. Durch Blake wurden wichtige Sowjetagenten in das westliche Geheimdienstnetz eingeschleust. Es war Blake, der den von Briten und Amerikanern gebauten Spionagetunnel in Berlin an das KGB verraten hatte. Nicht zu Unrecht wird George Blake nachgesagt, daß er der erfolgreichste Doppelagent des Kalten Krieges gewesen sei. Seine Aktionen haben Jahrzehnte westlicher Geheimdienstarbeit zunichte gemacht. Dafür wurde er im Jahre 1961 zu zweiundvierzig Jahren Zuchthaus verurteilt.

Doch so lange war Blake nicht hinter Gittern zu halten. Fünf Jahre später erfuhr die Welt von seinem sensationellen Ausbruch aus der Haftanstalt. Blakes Flucht über Belgien und Westdeutschland nach Ost-Berlin ist im Detail erst jetzt bekannt. Er lebt seit 1966 mit seiner zweiten Frau, einer Russin, in Moskau. Das Ehepaar hat einen mittlerweile erwachsenen Sohn. Obwohl Pensionär des KGB, ist Blake an einem »Thinktank« der Lomonossow-Universität als Arabist tätig. Ein Spion im Ruhestand, der auch sein zweites Leben schon gelebt hat.

Wir treffen George Blake zum Mittagessen im Hotel »Metropol«, einem luxuriösen, langweilig restaurierten Jugendstilbau der Jahrhundertwende. Blake ist untersetzt, er trägt noch immer einen Bart, wie auf den wenigen Fotos, die es von ihm gibt. Mit seiner freundlich-reservierten Art wirkt er wie ein Engländer aus einem der ehrwürdigen Londoner Klubs. Seine Stimme ist leise und melodisch, im Akzent schwingt seine holländische Herkunft hörbar mit.

George Blake wurde als Sohn des Kaufmanns Albert Behar am 11. November 1922 in Rotterdam geboren. Der Vater stammte aus einer Familie sephardischer Juden in Konstantinopel. Die Mutter kam aus einer holländischen Bürgerfamilie, die in der Tradition der reformierten Kirche verwurzelt war. Der Vater hatte im Ersten Weltkrieg auf seiten der Briten in Ägypten gekämpft und wurde als Dank zum Engländer naturalisiert. Dabei hatte er den Namen Blake gewählt.

Während des Mittagessens erzählt George Blake von seiner Kindheit, vom Tode seines Vaters, als er gerade dreizehn Jahre alt war, seiner Schulzeit in Den Haag und Kairo, dem Abitur in Rotterdam. So vielseitigen familiären und kulturellen Einflüssen ausgesetzt, entwickelte er sich schon früh zum Kosmopoliten. Blake hat Interesse an Geschichten, nicht nur seinen eigenen. Er ist ein aufmerksamer Zuhörer. Natürlich ist ihm klar, daß wir wissen wollen, wie er in die Welt der Geheimdienste geriet. Die Wurzeln dieser Entwicklung sind im Geschehen des Zweiten Weltkriegs zu suchen.

Als 1940 die deutschen Truppen in die Niederlande einmarschieren, hat Blake drei gravierende Erlebnisse: das Bombardement von Rotterdam, dem sein Elternhaus zum Opfer fällt, die Flucht seiner Mutter mit seinen beiden Schwestern nach England und die Internierung als Achtzehnjähriger durch die Nazis. Blake gelingt es auszubrechen. Ein Onkel verschafft ihm eine neue Identität. Unter dem Decknamen »Peter de Vries« arbeitet er im Landkreis Deventer für die holländische Untergrundbewegung »Vrij Nederland«.

Im Sommer 1942 fällt er der Gestapo auf. Um der Verhaftung zu entgehen, flieht er über Belgien und das besetzte Paris in den von der Vichy-Regierung verwalteten Süden Frankreichs. Hier wird er interniert, kann jedoch wiederum über die Pyrenäen nach Spanien entkommen. Auch dort gerät er in Gefangenschaft und verbringt zwei Monate im berüchtigten Lager Miranda de Ebro, bevor er nach Intervention der britischen Botschaft im Januar 1943 entlassen wird und nach Gibraltar ausreisen darf. An Bord

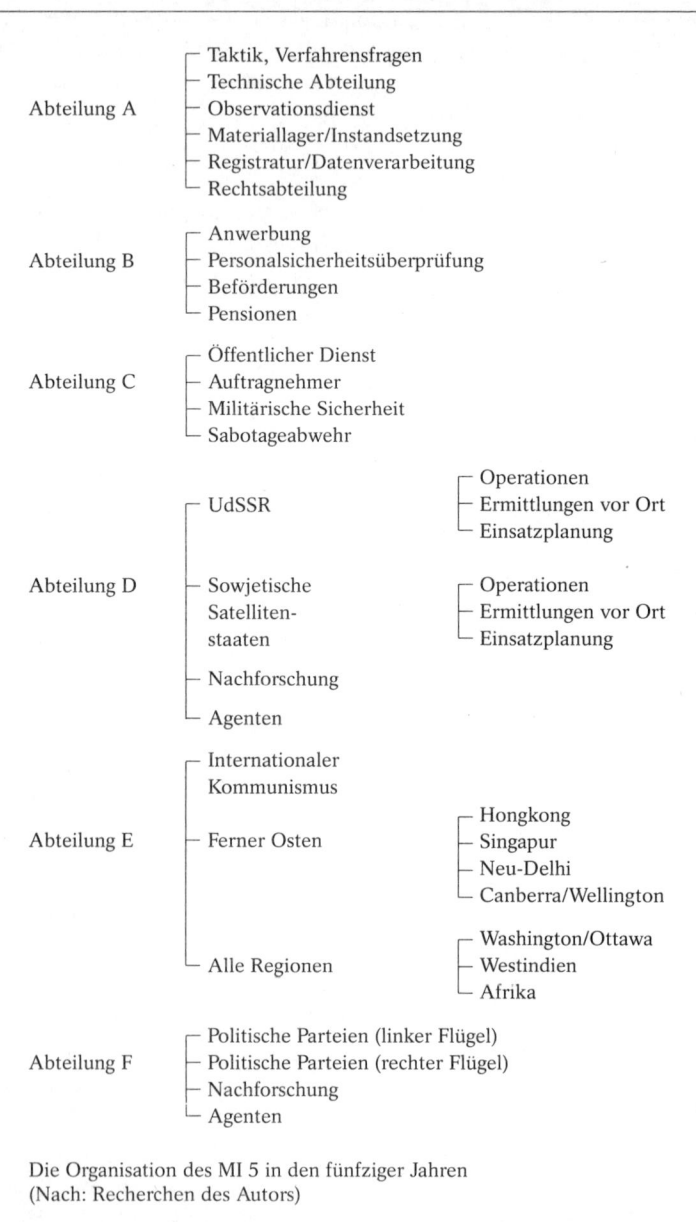

Abteilung A
- Taktik, Verfahrensfragen
- Technische Abteilung
- Observationsdienst
- Materiallager/Instandsetzung
- Registratur/Datenverarbeitung
- Rechtsabteilung

Abteilung B
- Anwerbung
- Personalsicherheitsüberprüfung
- Beförderungen
- Pensionen

Abteilung C
- Öffentlicher Dienst
- Auftragnehmer
- Militärische Sicherheit
- Sabotageabwehr

Abteilung D
- UdSSR
  - Operationen
  - Ermittlungen vor Ort
  - Einsatzplanung
- Sowjetische Satellitenstaaten
  - Operationen
  - Ermittlungen vor Ort
  - Einsatzplanung
- Nachforschung
- Agenten

Abteilung E
- Internationaler Kommunismus
- Ferner Osten
  - Hongkong
  - Singapur
  - Neu-Delhi
  - Canberra/Wellington
- Alle Regionen
  - Washington/Ottawa
  - Westindien
  - Afrika

Abteilung F
- Politische Parteien (linker Flügel)
- Politische Parteien (rechter Flügel)
- Nachforschung
- Agenten

Die Organisation des MI 5 in den fünfziger Jahren
(Nach: Recherchen des Autors)

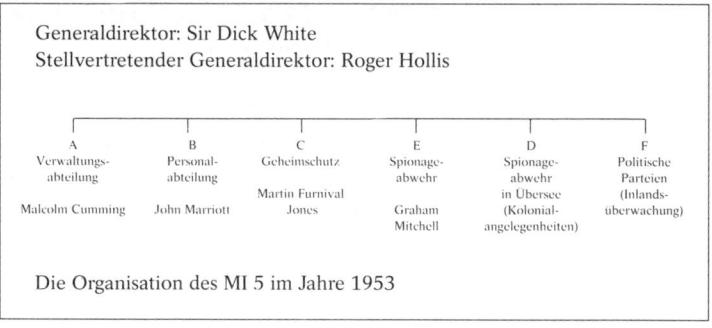

Generaldirektor: Sir Dick White
Stellvertretender Generaldirektor: Roger Hollis

A	B	C	E	D	F
Verwaltungs-abteilung	Personal-abteilung	Geheimschutz	Spionage-abwehr	Spionage-abwehr in Übersee	Politische Parteien (Inlands-überwachung)
		Martin Furnival		(Kolonial-	
Malcolm Cumming	John Marriott	Jones	Graham Mitchell	angelegenheiten)	

Die Organisation des MI 5 im Jahre 1953

der »Empress of Australia« gelangt er schließlich nach Großbritannien.

Im Oktober 1943 tritt er in die Royal Navy ein und wird an Bord des Kreuzers »Diomede« im Schnellverfahren ausgebildet. Er will als Untergrundkämpfer nach Holland zurückkehren, doch dieses Mal gut ausgerüstet, als Mitglied einer britischen Kommandotruppe. Zwar erfüllt sich dieser Traum nicht, doch sein Schicksal nimmt eine entscheidende Wendung. Dank seiner Erfahrung aus der Untergrundarbeit gegen die deutschen Besatzer in Holland und exzellenter Sprachkenntnisse – er spricht damals außer holländisch auch fließend deutsch, französisch und etwas arabisch – verpflichtet ihn der Secret Intelligence Service (auch MI 6). Blake wird Mitglied der Holland-Abteilung A 2 (später P 8) und arbeitet vorerst als Übersetzer in der Londoner Zentrale – dem Broadway Building nahe dem Saint James's Park. Er hat die holländischen Agenten zu betreuen, die hinter den deutschen Linien mit den Fallschirmkommandos des SOE (Special Operation Executive) abgesetzt werden. Das sind vor allem Radiooperateure und Saboteure.

Nach dem Abzug der Deutschen ist Blake einer der ersten, der nach Holland zurückkehrt, jetzt als SIS-Agent und Kommandeur einer Abwehreinheit der Royal Navy. Schon im Mai 1945 kommt er als Vernehmungsoffizier in die britisch besetzte Zone Deutschlands nach Hamburg. Unter den deutschen Kriegsgefangenen findet er Informanten und potentielle Agenten, mit denen er den

131

Grundstock eines Spionagenetzes in der Sowjetischen Besatzungszone aufbaut. Blake hat Menschen, die er später an die Sowjets verrät, selbst angeworben.

In Hamburg beginnt Blakes eigentliche Geheimdienstkarriere. Der dreiundzwanzigjährige Agentenführer ist ein überzeugter Antikommunist, er orientiert sich an den alliierten Zielsetzungen des beginnenden Kalten Krieges. Blakes Antikommunismus ist Ausdruck seiner christlichen Einstellung, einer fast elementaren Empörung gegen den Materialismus. Sie ist vor allem das Resultat der protestantischen Erziehung seiner Mutter. In seiner Jugend wollte er Pfarrer der holländisch-reformierten Kirche werden. Ein Renegat also?

Blake weist uns darauf hin, daß viele britische Geheimdienstleute starke Bindungen zur anglikanischen Kirche haben, ein Großteil der CIA-Agenten sich zu den Quäkern bekennt. Geheimdienstleute neigen offenkundig oft zu einem übersteigerten, kämpferisch-missionarischen Moralgefühl, das leicht in Selbstgerechtigkeit abgleiten kann, in die gefährliche Maxime: Der Zweck heiligt die Mittel.

All das erfahren wir beim Mittagessen von George Blake. Das Gespräch scheint sich gelohnt zu haben. Am nächsten Morgen hören wir, daß der Ex-Spion uns eine ganze Woche lang zur Verfügung stehen wird.

Das Archiv der Wochenschau »British Movietone News« liegt außerhalb von London in Denham auf dem Gelände der alten Korda-Studios. Wir suchen nach einer Filmaufnahme vom April 1953, einem entscheidenden Moment in Blakes Leben. Wir wühlen uns durch die Kataloge. Im Filmbunker sind Tausende von Filmbüchsen gelagert, man könnte fast die Hoffnung verlieren, in diesem babylonischen Turm irgend etwas zu finden. Doch da ist die Büchse. Der Film wird in den Projektor eingespannt, das Licht geht aus, und schon tönt die bekannte Titelmusik der Wochenschau.

Ein Flugzeug landet auf einem britischen Militärflughafen. Aus der Maschine steigen fröhlich winkend die Mitglieder der ehemaligen britischen Botschaft in Südkorea. Sie kehren nach dreijähriger Kriegsgefangenschaft zurück. Der Botschafter Vivian Holt und sein Vizekonsul, George Blake, stehen vor einem Mikrofon und beantworten die Fragen des Reporters. Andere Mitgefangene, Diplomaten, Kirchenmänner und Journalisten folgen. Alle sind sie abgemagert. Man sieht den Männern an, daß sie in der Gefangenschaft gelitten haben.

George Blake war als Antikommunist ausgezogen und kehrte als Sowjetspion zurück. Das war am 21. April 1953. Heute beschreibt er uns die Szene aus seiner Sicht:

»Plötzlich öffneten sich die Türen des Flugzeugs, und wir sahen eine unerwartet große Menschenmenge vor uns. Wir waren eine kleine Gruppe Diplomaten, Botschaftsangehörige wie der Botschafter Vivian Holt, Owen und ich. Philipp Dean vom *Observer* war da, auch der anglikanische Bischof Cooper, der Repräsentant der Heilsarmee, Commissioner Lord. Wir steckten noch immer in den Anzügen, die uns die Koreaner bei unserer Entlassung gegeben hatten. Plötzlich erklang die alte Hymne ›Nun danket alle Gott‹. Das war schon recht bewegend. Ich sah in der Menge meine Mutter. Da waren die Filmkameras. Der Unterstaatssekretär des Außenministeriums begrüßte uns. Ich kehrte zurück und wurde begrüßt wie ein Kriegsheld. Doch das ›Nun danket alle Gott‹ hatte für mich eine sonderbare Ironie. Für viele würde meine Rückkehr kein Anlaß zum Dank sein. Ich wußte: Ich war nicht mehr der, den sie erwarteten.«

Was war geschehen? Blake ist als erprobter Agent des MI 6 1947 aus Deutschland nach England zurückgekehrt und wird zum Studium der russischen Sprache an das Downing-College in Cambridge delegiert. Die Begegnung mit russischer Kultur und Literatur bringt ihn erstmals in engen Kontakt mit kommunistischem Gedankengut. Seine Lehrerin, Dr. Elisabeth Hill, stammt aus Sankt Petersburg, sie hat großen Einfluß auf den jungen Blake. Die Erinnerung an die Rolle der Sowjetunion bei der Niederkämpfung des deutschen Nazismus trägt ein übriges bei: Blake sieht Rußland und damit die Sowjetunion mit neuen Augen.

»Ich begann die russische Geschichte, die russische Kultur zu romantisieren«, erinnert sich der Ex-Spion. »Eine starke Barriere gegen alles Russische und Sowjetische war abgebaut worden. Ich sehe das jetzt als einen vorbereitenden Schritt für meine spätere Bekehrung zum Kommunismus.«

Der britische Geheimdienstexperte Philipp Knightley hat sich mit dieser Wandlung des George Blake vom Paulus zum Saulus beschäftigt. Er erklärt dieses »Damaskus-Erlebnis« vor allem mit der Lektüre des Studenten: »Die alte und neue Gedankenwelt Rußlands und der Sowjetunion hatte sich ihm geöffnet. Waren diese Leute wirklich so schlecht, wie die westliche Propaganda sie immer beschrieben hatte? Da gab es eine Broschüre über den Kommunismus, die der britische Geheimdienst zur Information seiner Rekruten herausgegeben hatte. Blake las sie und bemerkte, daß ihm das, was er da las, gefiel. Das war ein interessanter Moment. Als überzeugter Christ merkte er, daß der Dienst an der Menschheit nicht nur im Rahmen der Kirche, sondern auch auf politischer Ebene möglich war. George sagte sich: ›Die Dinge, die ich über den Marxismus lese, entsprechen meiner christlichen Hoffnung auf Gleichheit und Brüderlichkeit, niemand soll hungern und leiden, da ist doch eine praktische Möglichkeit, den Himmel auf Erden zu verwirklichen.‹«

Zu Ostern 1948 besteht Blake sein Russischexamen. Bald darauf erhält er den Auftrag, eine SIS-Basis an der britischen Botschaft in der südkoreanischen Hauptstadt Seoul zu gründen. Er wird zur Tarnung zum Vizekonsul ernannt. Blake beobachtet die ständig anwachsende Infiltration durch Agenten Rotchinas und der Sowjetunion. Er ist der erste, der von den Kriegsvorbereitungen Nordkoreas am 38. Breitengrad berichtet. Doch seine Information findet in London keine Beachtung.

Als der Koreakrieg ausbricht und nordkoreanische Truppen am 29. Juli 1950 Seoul besetzen, werden die Angehörigen der britischen Botschaft, der Gesandte Vivian Holt, der Konsul Norman Owen und Vizekonsul George Blake in einer Schule interniert. Zu ihnen stößt noch eine weitere Gruppe von Briten und Franzosen. Für sie beginnt ein dreijähriger Leidensweg durch die Lager – ständig begleitet von Hunger, Kälte, Tod. Als Kriegsgefangener erlebt George Blake die Katastrophe des Krieges auf seiten der Nordkoreaner. Er erlebt vor allem die gewaltigen Luftangriffe der US-Airforce, die an Stärke und Wirkung alles übertreffen, was er in Europa während des Krieges gesehen hat. Lange Gespräche mit Vivian Holt, mit dem er den Koran im arabischen Original studiert, und die Lektüre von Karl Marx' »Das Kapital« im Lager

Mampo bewirken eine langsame Sinnesänderung zugunsten der kommunistischen Idee. In diesem Krieg, das fühlt er mit wachsender Intensität, befindet er sich auf der falschen Seite. Er ist enttäuscht von der britischen Regierung, von der er sich im Stich gelassen sieht, und von den amerikanischen Alliierten, die in diesem Krieg, so scheint es ihm, alle Werte, für die sie im Zweiten Weltkrieg gekämpft hatten, verraten.

»Und so mußte ich mich fragen, ob ich auf der richtigen Seite stand. Ich war als Mitglied des britischen Geheimdienstes verpflichtet, das kommunistische System mit allen mir zur Verfügung stehenden Mitteln zu unterminieren. Ich konnte in dieser Situation nicht als neutraler Außenseiter dabeistehen und zusehen. Ich war auf eine Seite, die alliierte Seite, eingeschworen und mußte mir eingestehen, daß ich die falsche Seite gewählt hatte. Nach langem Zögern schrieb ich eines Tages einen kurzen Brief mit dem Inhalt, daß ich den Russen eine Sache von größter Wichtigkeit mitzuteilen hätte. Spätabends, als meine Mitgefangenen schliefen, verließ ich unsere Baracke, ging hinüber zur Wache und gab meinen Brief einem koreanischen Major. Das war im späten Herbst 1951, als wir Gefangenen einzeln zu Verhören nach Mampo gebracht wurden, zuerst Mr. Holt, dann ich, dann Mr. Owen und die anderen. Dabei traf ich erstmals meinen zukünftigen sowjetischen Kontaktmann. Die Verhöre waren also nur zur Tarnung der Kontaktaufnahme mit mir inszeniert worden.«

Wie Blake später erfährt, ist der sowjetische Kontaktmann, Anatoli Leyenko, Chef des KGB in Wladiwostok. In monatlichen Abständen folgen noch weitere als Verhöre getarnte Treffen. Diese Gespräche werden in russisch geführt und bilden die Basis für Blakes Arbeit als Doppelagent. Es dauert fast ein weiteres Jahr, bis Blake und seine Mitgefangenen entlassen werden. Um Verdächtigungen vorzubeugen, geht die Drangsalierung der Gefangenen, einschließlich Blakes, weiter. Erst Ende 1952 kommen sie frei.

In den Augen seiner internierten Kameraden hatte sich George Blake gleichermaßen durch Tapferkeit wie durch Charakterstärke ausgezeichnet. Bischof Cooper fand nach der Ankunft in England besonders lobende Worte für seinen Mitgefangenen.

»Er ist ein Mann von großer Willenskraft. Sein Mut, sein Optimismus halfen uns, am Leben zu bleiben. Blake überstand heldenhaft alle Versuche der Gehirnwäsche, und er debattierte mit den politischen Kommissaren, die auf uns angesetzt waren und uns zu bekehren versuchten. Er besuchte regelmäßig den Gottesdienst. Er ist ein guter Kamerad und ein exzellenter Diplomat.«

Der so beschriebene »gute Kamerad« kehrt nach Großbritannien mit dem festen Entschluß zurück, von nun an für die Sowjets zu arbeiten. Keiner seiner Mitgefangenen hat jemals irgendeine Veränderung an ihm feststellen können. In den Sicherheitsverhören, die der SIS mit ihm betreibt, zeigt George Blake keine Anzeichen von Gehirnwäsche, keine Spuren von Unsicherheit. Sein KGB-Kontaktmann in London wird Nikolai Borisowitsch Rodin, eine der rätselhaftesten Gestalten des sowjetischen Geheimdienstes, der die Tätigkeit der »Glorreichen Fünf« von Cambridge und später den Portland-Spionagering koordiniert. Rodin ist KGB-Resident an der sowjetischen Botschaft und führt den offiziellen Rang eines Ersten Sekretärs. Unter dem Decknamen »Korowin« ist Rodin von 1949 bis 1954 in London stationiert, dann für zwei Jahre wieder in Moskau und von 1956 bis 1961 erneut in London. Das erste Zusammentreffen zwischen Blake und »Korowin« hatte noch in Otpor stattgefunden, dem Grenzübergang zwischen China und der Sowjetunion, als die Heimkehrer aus Korea mit der Transsibirischen Eisenbahn von Peking nach Moskau reisten. Zur nächsten Begegnung, bei der die wichtigsten Angelegenheiten für die Folgezeit besprochen werden, kommt es im Juli 1953 in der holländischen Hauptstadt Den Haag. Von da an sehen sich Blake und Rodin regelmäßig, alle vier Wochen, stets um sieben Uhr abends, an verschiedenen U-Bahnhöfen der Londoner Außenbezirke Belsize Park, Hampstead und Ealing.

Blake erinnert sich heute vor allem an die professionellen Fähigkeiten seines Kontaktmanns Rodin:

»Ich kann nicht sagen, daß er ein Mann war, dem man spontan warme Gefühle entgegenbringt. Da war zuviel Härte, eiserne Faust im Samthandschuh in ihm. Doch ich bewunderte seine Geschicklichkeit. Obwohl er den westlichen Geheimdiensten als KGB-Resident bekannt war und ständig beobachtet wurde, schaffte er es immer, seine Beschatter abzuschütteln und mich zur verabredeten Zeit pünktlich zu treffen. Er erzählte mir einmal, wie er das machte. Wenn wir einen Termin um sieben Uhr hatten, verließ er sein Haus schon um elf Uhr vormittags und war den ganzen Tag in Bewegung. An so einer Operation waren mehrere Leute beteiligt, sichere Adressen und Irrfahrten mit Autos und U-Bahnen. Es war kompliziert, doch es funktionierte jedesmal, so daß ich mich mit ihm sicher fühlte.«

Ab Oktober 1953 gehört Blake einer der geheimsten Abteilungen des SIS an, der Sektion Y. Die Existenz dieser Abteilung ist selbst innerhalb des britischen Geheimdienstes ein streng gehütetes Geheimnis. Ihre Aufgabe besteht darin, mit Hilfe aller damals vorhandenen technischen Möglichkeiten diplomatische und militärisch wichtige Telefonleitungen der Sowjets in London, Genf und Wien anzuzapfen. Geheim ist auch die Adresse der Sektion Y: Carlton Gardens 2, direkt gegenüber der offiziellen Residenz des britischen Außenministers – beides elegante Prunkbauten des frühen 19. Jahrhunderts, mit Blick über den Saint James's Park und The Mall, die königliche Parademeile. Die elektronische Überwachung steht am Anfang einer durch den Kalten Krieg beschleunigten stürmischen Entwicklung, die in kompletten Frühwarnsystemen von Überwachungssatelliten gipfelt. Chef der Abteilung Y ist Peter Lunn, Eton- und Oxford-Absolvent, ein origineller, erfindungsreicher Geheimdienstmann – gewiß einer der besten, die der SIS je hervorgebracht hat. Von ihm stammt das Konzept der »Operation Lord«. Einsatzort: die Hauptstadt Österreichs.

Wien war damals, ähnlich wie Berlin, eine Viersektorenstadt – und Schauplatz einer Telefonabhöraktion von bis dahin unbekannten Ausmaßen. Vier Abhörtunnel waren in Wien von Lunns Männern angelegt worden. Die Ausbeute von der Zapfstelle direkt an der Leitung vom sowjetischen Hauptquartier im alten Hotel »Imperial« zur Moskauer Zentrale ist einfach enorm. Dieser Lauschangriff dauert drei Jahre – bis zum Verrat durch Blake. Eine Woche nachdem Blake die Informationen aus der Sektion Y seinem Kontaktmann »Korowin« gesteckt hatte, machen die Sowjets dem Treiben ein Ende.

Nicholas Elliott, einer der prominentesten Altmeister der Spionage und Mitglied des SIS-Direktoriums, erinnert sich in einem Gespräch mit uns an die »Operation Lord«:

»In den frühen fünfziger Jahren bestand die latente Gefahr eines sowjetischen Übergriffs auf Westeuropa. Österreich war damals noch besetzt und ein möglicher Krisenherd. Es war daher ein dringendes Bedürfnis des SIS, eine Art Warndienst zu etablieren. Chef der Operation war mein alter Freund Peter Lunn, wir kannten uns noch von der Schule her. Er sagte: ›Wir bekommen nicht genug Informationen durch unsere normalen Agentenverbindungen, wir müssen uns etwas Neues ausdenken.‹ Dieses Neue waren Tunnelbauten unter der Stadt Wien, mit deren Hilfe Telefonleitungen der sowjetischen Streitkräfte angezapft werden konnten. Sir Stuart Menzies, der damalige Chef des Dienstes, hatte ein gutes Gespür für Dinge, die wirklich wichtig waren. Er hat das Unternehmen autorisiert und die nötigen Gelder dafür bewilligt. Am Ende verfügten wir in Wien über vier Tunnel von verschiedener Größe und Wichtigkeit. Sie erforderten nicht nur während des Baus viele Arbeitskräfte, auch ihr Betrieb war sehr aufwendig. Der zu bewältigende Informationsstrom war enorm. Bei einem meiner Wien-Besuche bin ich in einem der Tunnel gewesen. Selten hatte ich eine solche Platzangst wie in dieser Röhre. Später, als ich Chef der SIS-Station in Wien war, begann ein amüsantes Nachspiel. Die Telefoningenieure der österreichischen Post beschwerten sich regelmäßig bei uns, wenn sie wieder einmal einen unserer alten Tunnel oder eine Zapfstelle gefunden hatten. Dann gab es bei ihnen Leitungssalat. Die Wiener Operation war der direkte Vorläufer für Lunns unglaublich mutige Aktion in Berlin.«

Nachdem die Sowjets 1955 Wien verlassen hatten, war es nur verständlich, daß es Peter Lunn nach Berlin zog. Hier witterte er ein neues, noch interessanteres Tätigkeitsfeld für seine Abhörtruppe.

Mitarbeiter der alten Reichspost und ein Überläufer aus dem DDR-Telefondienst versorgten den SIS mit technischen Zeichnungen und Verkabelungsplänen, die den genauen Verlauf von Telefonkabeln der Deutschen Post sowie deren Funktionen darstellten. Mit Hilfe dieser Unterlagen konnte Peter Lunn die Strategie seiner Abhöroperationen entwickeln. Codename: »Operation Gold«.

Mit Hilfe der in Wien gesammelten Erfahrungen wurden neue Techniken getestet. Auf einem Militärgelände in der Grafschaft Wiltshire übte sich ein Bautrupp der britischen Armee in der Konstruktion eines Tunnels aus Stahlsegmenten. Spezialisten vom Telefondienst der britischen Post testeten Relais, Verstärker und Aufnahmegeräte. Erst als er seinen Plan in England eingehend erprobt hatte, wandte sich Lunn an die amerikanischen CIA-Kollegen. Da der amerikanische Geheimdienst ohnedies durch den normalen Informationsaustausch von den Ergebnissen der Engländer profitieren würde, drängte es sich auf, daß sich die Amerikaner auch an der Finanzierung des Unternehmens beteiligten. Lunns CIA-Partner wurde Bill Harvey. Während Lunn in dieser Kombination der Intellektuelle blieb, der Meister des fein-durchdachten Details, war Harvey eher ein Mann der Tat, der energischen, notfalls brutalen Durchsetzungskraft. Erst die Fähigkeiten beider ermöglichten die »Operation Gold«.

Nach dem Sieg über Nazi-Deutschland im Mai 1945 hatten die sowjetischen Truppen überall in der von ihnen besetzten Zone die Militäranlagen der zerschlagenen Wehrmacht Hitlers übernommen, darunter auch die Kasernen und Depots des alten Hauptquartiers in Wünsdorf sowie ein Labyrinth von Bunkern im Süden Berlins, nicht weit vom Flughafen Schönefeld. Diese unterirdische Kommandozentrale der Sowjetarmee war durch eine geheime Haupttelefon- und Telegraphenleitung mit der sowjetischen Kommandantur in Karlshorst und der sowjetischen Botschaft Unter den Linden verbunden. Sämtliche Telefongespräche dieser Stellen untereinander und mit ihrer Moskauer Zentrale wurden über diese Kabel geführt. Lunn und Harvey fanden eine Stelle, wo die Leitungen etwa parallel zur Sektorengrenze an der Schönefelder Chaussee in Alt-Glienicke, im Süden Berlins, verliefen. Hier wollten sie ihren Plan in die Tat umsetzen: einen Abhörtunnel von bisher unbekannten Ausmaßen. Der Tunnel war auf eine Länge von fünfhundertdreiundachtzig Metern vorgesehen und sollte etwa sechs Meter unter der Erdoberfläche die Zonengrenze unterqueren. Die Metallröhre, die den Stollen armieren würde, sollte den Durchmesser von nahezu zwei Metern haben.

In einer Sitzung der SIS-Sektion Y im Januar 1954 wird die »Operation Gold« beschlossene Sache. Das Protokoll führt für die Amerikaner Clive Cram, für die Briten George Blake. Einige Tage später übergibt George Blake seinem neuen KGB-Führungsoffizier Sergei Kondraschow einen genauen Lageplan. Während der einjährigen Bauzeit gelangen weitere Dokumente in den Besitz des KGB. Diese Skizzen sind im Moskauer Archiv des KGB noch immer wichtige Belegstücke.

»Die Kabel«, erinnert sich heute George Blake, »verliefen verhältnismäßig nah am amerikanischen Teil der Sektorengrenze in Alt-Glienicke. Lunn erkannte sofort, daß man da nicht ohne die volle Mitarbeit der Amerikaner herankam. Die Amerikaner, die von den Resultaten der Wiener Abhöroperation ›Lord‹ sehr beeindruckt gewesen waren, machten sofort begeistert mit. Sie erklärten sich bereit, die ›Operation Gold‹ zu finanzieren. Eine Konferenz von CIA- und SIS-Offizieren wurde in London in dem Haus, in dem ich damals arbeitete, Carlton Gardens 2, einberufen. Als einer der Sekretäre hatte ich die ganze Sitzung und alle Aspekte des besprochenen Plans zu protokollieren. So war ich von Anfang an ausführlich informiert, und beim nächsten Treffen mit meinem sowjetischen Kontaktmann konnte ich ihm eine kleine Skizze von der Stelle geben, wo der Tunnel gegraben werden sollte: parallel zum Friedhof bis an die Zapfstelle. Das war, als sich noch alles im Planungsstadium befand, noch vor dem ersten Spatenstich.

Mein Kontaktmann erkannte die Wichtigkeit und Größenordnung der Operation und flog sofort mit meiner Information nach Moskau. Nach seiner Rückkehr erzählte er mir, wie beeindruckt man in Moskau gewesen sei und daß man sich entschlossen habe, die Operation vorerst ungestört anlaufen zu lassen. Von mir wurde erwartet, daß ich die Sache weiter im Auge behielt und Informationen über zukünftige Entwicklungen weitergab. Das habe ich auch getan.«

Um den Tunnelbau zu tarnen, begannen die Amerikaner unmittelbar an der Zonengrenze mit der Errichtung einer Radarstation, die offiziell für die Überwachung des Flugverkehrs in Schönefeld zuständig sein sollte. Auf diese Weise wurde der Erdaushub, der beim Tunnelbau anfiel, kaschiert. In einer großen Lagerhalle der Radarstation wurden die Stahlsegmente des Tunnels montiert und

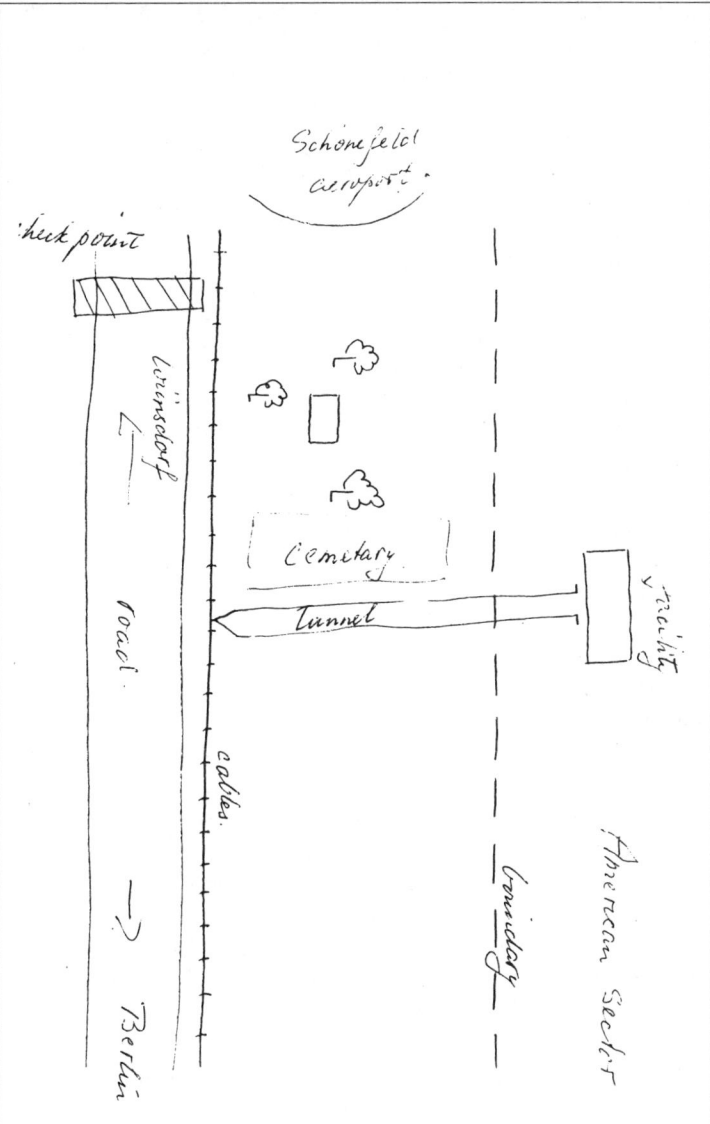

»Noch vor dem ersten Spatenstich…«
Bereits während der Planung des Berliner Spionagetunnels übergab
George Blake dem KGB diese erste Skizze.

Erdmassen, die man nicht abtransportieren konnte, in Säcken gelagert.

Tag und Nacht arbeiteten die Bautrupps von SIS und CIA. Sie durften die Radarstation nicht verlassen und wurden alle zwei Monate ausgetauscht. Besonderes Augenmerk wurde auf die Installation einer kräftigen Bewetterungsanlage gelegt, denn das Verstärkersystem strahlte eine so starke Hitze ab, daß die »Bauherren« fürchteten, im Winter würde der Schnee oberhalb des Tunnels tauen und alles verraten. Das Anzapfen der Kabel übernahmen Spezialisten der britischen Post von der Abhörzentrale Dollis Hill, die schon in Wien mit Erfolg dabeigewesen waren. Ader für Ader wurden zweihundertfünfundneunzig Leitungen isoliert, Brücken verlötet und mit der Verstärkeranlage im Tunnel verbunden. Das alles mußte mit größter Vorsicht geschehen, damit keine Spannungsabfälle oder Störungen entstanden und den Sowjets die Aktion verrieten. Endlich, am 25. Februar 1955, war der Tunnel betriebsfertig. Sein Bau kostete rund achtundzwanzig Millionen Dollar. Einer der führenden Kryptographen und Analytiker der CIA, Joe Evans, erinnert sich an seine Mitarbeit bei der »Operation Gold« noch immer mit ungebrochener Begeisterung:

»Für mich begann das Tunnelprojekt Mitte 1954, als wir uns Gedanken machten, wie wir mit der zu erwartenden Informationsflut fertig werden sollten. Man muß sich erinnern: Da waren Hunderte von Telefonleitungen mit Tausenden von Telefongesprächen, die alle analysiert werden mußten. Jedes einzelne Gespräch konnte sehr wichtige Informationen enthalten, und auch unbedeutendere Dinge mußten festgehalten werden. Die Analysen von Gesprächsserien in zehn oder Hunderten von Anrufen mußten beobachtet werden und fanden dann vielleicht ihren Niederschlag in einem kurzen Report. Wir mußten uns vorzeitig auf die Arbeit einstellen, eigene Methoden entwickeln. Zuerst mußten die Bänder abgehört und schriftlich zusammengefaßt werden, dann mußte der Inhalt diskutiert und je nach Wichtigkeit eingeordnet werden. Manche Anrufe wurden vollständig abgeschrieben, andere nur in Auszügen. Dann mußten sie übersetzt, gesammelt und geordnet werden, damit Zusammenhänge sichtbar wurden. Alles wurde genauestens mit unseren britischen Kollegen koordiniert, so daß wir, als die Kabelverbindungen einige Monate später gemacht waren, den Telefonverkehr bewältigen konnten.«

Der 10. April 1955 war ein bewegender Tag für Joe Evans und seine Kollegen.

»Dieser Moment war der Höhepunkt meiner Arbeit in London. Wir saßen in einer Konferenz, Briten und Amerikaner zusammen. Das Meeting wurde vom Direktor der Analyseabteilung des SIS geleitet, als seine Sekretärin ins Zimmer stürmte, um ihm einen Zettel zu übergeben. Er las die Notiz, nahm seine Brille ab, sah uns an und lächelte: ›Es ist geschafft! Wir haben es geschafft!‹«

Die Sowjets waren angezapft. Drei Telefonhauptleitungen und eine Telegraphenleitung mit Hunderten von Adern wurden von nun ab ständig kontrolliert und abgehört. Über hundert Tonbandmaschinen mit automatischen Schaltrelais waren ständig in Bereitschaft, jedes Gespräch aufzuzeichnen. Das waren oft eintausendzweihundert Stunden pro Tag. Riesenmengen von Bandaufnahmen und Protokollen wurden in täglichen Kurierflügen von Tempelhof nach London und Washington gebracht. Die Menge der anfallenden Materialien war so groß, daß die zwei Auffangzentren am Londoner Regent's Park und an der Washington Mall in Washington, D. C., ihre Auswertungsabteilungen ständig vergrößern mußten. Diese streng geheime Übersetzungstätigkeit versahen hauptsächlich russische Immigranten, besonders ausgebildete Linguisten und Kryptographen.

Joe Evans ist einer der wenigen, die heute die Genehmigung der CIA haben, über die Tunneloperation zu sprechen:

»Ich glaube, daß weder die britische noch die amerikanische Öffentlichkeit je die Möglichkeit hatte, die ›Operation Gold‹ richtig zu bewerten, denn es war ja eine Geheimoperation, die auch nach der Entdeckung des Tunnels geheim bleiben mußte. Generell kann man sagen: Die Briten reden noch weniger gern über ihre Spionageaktivitäten als wir. Man kann die technische Leistung und die erzielten Informationen gar nicht hoch genug einschätzen. Der Tunnel war damals, als es noch keine Frühwarnsysteme per Satellit gab, die einzige Einrichtung, die Indikatoren für eine Verschiebung des strategischen Gleichgewichts ermitteln konnte. Wir gewannen ein recht genaues Bild der sowjetischen

Schlachtordnung in Osteuropa und in der DDR: zum Beispiel Kenntnisse über die Benzin- und Schmierölreserven, den Stand des Trainings und der Einsatzbereitschaft der Truppen, deren hohe oder mangelhafte Kampfmoral. Wir hatten auch Persönlichkeitsprofile, wie etwa von dem kommandierenden General Gretschko. Wir kannten gewisse Personen sehr genau, und wir wußten, was noch aufschlußreicher war, was die Generäle voneinander dachten und wie sie in vertraulichen Gesprächen übereinander sprachen. All das gab, in einem komplizierten Mosaik vereint, Einblicke in die Arbeits- und Personalplanung und die strategischen Absichten der Roten Armee. Wir hatten uns darauf eingerichtet, daß die Tunneloperation auf mehrere Jahre hinaus erlauben würde, engsten Kontakt zur Gegenseite zu halten. Dieses Frühwarnsystem funktionierte sehr gut und war das Beste, was damals technisch und logistisch möglich war.«

SIS und CIA konnten nicht ahnen, daß das KGB über ihren Lauschposten im Berliner Tunnel durch George Blake nicht nur vorgewarnt worden war, sondern überdies laufend mit neuen Hinweisen versorgt wurde. Blake war es zu verdanken, daß vorsorgliche Maßnahmen getroffen werden konnten. Die wirklich wichtigen geheimen Telefonate wurden umgeleitet und verschlüsselt.

Die Frage, warum das KGB die Existenz des Tunnels fast ein Jahr lang duldete, hat mehrere Antworten. Der SIS-Experte Philipp Knightley faßt in einem Interview mit uns den Sachverhalt wie folgt zusammen:

»Solange die alliierten Geheimdienste mit großem Engagement am Berliner Tunnel tätig waren, konnte sie nicht anderswo eingesetzt werden; der Tunnel bedeutete eine riesige personelle und finanzielle Belastung, eine Investition, die sich zu gegebener Zeit als völliger Fehlschlag herausstellen würde. Ob die als Zufall getarnte Entdeckung, wie die Russen jetzt sagen, auch aus Erwägungen des Schutzes für ihren wertvollsten Agenten, George Blake, erst so spät stattfand, ist nur ein Teilaspekt. Für die Russen war dieser Tunnel für einige Zeit genauso wichtig wie für die Alliierten, denn hier hatten sie ein Mittel, unbemerkt mit gesteuerten Informationen die westlichen Informations- und Geheimdienste zu unterminieren.

Desinformation war von jeher die Stärke der KGB-Strategen. Ihrer Natur nach sind Spionagedienste riesige Bürokratien, Informationssammelstellen und Registraturen, in deren Index- und Computersystemen die verschiedenen Informationsgruppen und Fakten gesammelt und gespeichert werden. Die Informationen aus dem Berliner Tunnel wurden auf den verschiedensten Ebenen in dieses System eingegeben und integriert. Informationen und Desinformationen wurden zusammen auf diese Weise verteilt und sickerten in alle Bereiche des Systems, so daß man die echten und falschen Fakten nicht mehr auseinanderdividieren konnte.

Die Russen hatten ein ganzes Jahr Zeit, sich auf dieses Desinformationsspiel vorzubereiten, und konnten den normalen Strom der täglichen Telefongespräche in den ihnen wichtig erscheinenden Teilbereichen lenken. So wurden alle Daten und Informationen von CIA und SIS in jener Zeit kompromittiert.

Auch heute noch geben die Russen natürlich keine Hinweise, die erlauben würden, Desinformationen aus den Systemen zu filtern. Es ist eine Tatsache, daß das KGB es damals geschafft hat, die Alliierten durch Falschmeldungen teilweise unter seine Kontrolle zu bringen. Um es etwas übersteigert auszudrücken: In der Zeit während und auch noch nach der Tunneloperation arbeiteten CIA und SIS, in Teilbereichen zumindest, unter der effektiven Kontrolle des KGB.«

Der SIS kannte George Blake als gewissenhaften und erfolgreichen Geheimdienstoffizier. Daß er in einem einzigen Jahr, nämlich 1954, sämtliche operativen Befehle der Sektion Y und alle technischen und strukturellen Einzelheiten der »Operation Gold« nach Moskau weitergegeben hatte – davon hatte niemand in London auch nur den blassesten Schimmer.

Es mutet wie ein Gottesurteil an, daß Blake im Januar 1955 ausgerechnet nach Berlin versetzt wurde; offiziell war dies erneut ein Zeichen der Anerkennung durch seine Vorgesetzten. Das steigerte Blakes Wert für seine Freunde in Moskau. Zwar hatte er nicht mehr direkt mit der »Operation Gold« zu tun, blieb aber weiter davon unterrichtet. Seine Aufgabe war der Aufbau eines SIS-Agentennetzes in Berlin und in der DDR.

Blake zog mit seiner Frau Gillian, die er im Oktober 1954

geheiratet hatte, in ein für hohe britische Besatzungsbeamte reserviertes Wohnhaus in der Westberliner Platanenallee. Der damalige Resident des KGB in Ost-Berlin war General Jewgeni Pitovranow. Von nun an stand Blake unter seiner Verantwortung.

Jewgeni Pitovranow war erst im letzten Moment über die Existenz des SIS-Maulwurfs informiert worden: »Ich hörte kurz vor meiner Abreise aus Moskau, daß unsere Organisation einen hervorragenden Agenten in Berlin hatte. Er war bewährt, loyal und vertrauenswürdig. Keinesfalls durfte er gefährdet werden. Ich befahl einem unserer erfahrensten Agenten, den wir damals in Deutschland hatten, mit Blake Verbindung zu halten. Das geschah natürlich unter Beachtung aller nur erdenklichen Sicherheitsvorkehrungen.

Dieser Mann war Nikolai Sergejewitsch Mjakotnich. Er trug bis 1959 die große Verantwortung, den Kontakt mit George Blake zu halten. Dank der Informationen von Blake waren unsere Leute über den Bau des Spionagetunnels vorgewarnt. Da war plötzlich diese Radarstation in Alt-Glienicke entstanden, da war ein riesiger Aufwand an Leuten und Baumaterialien. Unsere Beobachtungen gaben wir ständig nach Moskau weiter.

Ich nahm Kontakt mit General Gretschko, dem Kommandeur unserer Streitkräfte in der DDR, auf und sagte ihm, daß wir über die Anlage eines Spionagetunnels Bescheid wüßten und die Hilfe seiner Nachrichtenexperten bräuchten, um herauszufinden, was die mit unseren Telefonleitungen dort machten. Gretschkow sah die Gefahr nicht.

Er sagte: ›Na, hören Sie, was sind das schon für Geheimnisse? Ein paar Telefongespräche – na und? Die reden doch meist Unsinn, einen Witz vielleicht, etwas über die Arbeit.‹

Ich sagte zu ihm: ›Andrei Antonowitsch, ich zeige Ihnen hier drei Dokumente, die unsere Agenten aus den Papierkörben der Organisation Gehlen gefischt haben. Sehen Sie doch, was der Zufall an Informationen bringen kann. Das ist nur Papier hier. Können Sie sich vorstellen, was alles unserem Telefonverkehr entnommen werden kann? Selbst die diszipliniertesten Kommandeure begehen manchmal Unvorsichtigkeiten. Das darf man nicht unterschätzen.‹

Gretschko sagte: ›Ja, was erwarten Sie von uns?‹ Ich erwiderte: ›Nicht viel. Treffen Sie Vorsorge. Gehen Sie sicher, daß Ihre Leute mit mehr Vorsicht telefonieren, und erwähnen Sie das KGB nicht.‹«

Währenddessen hatte das KGB seine Spezialisten nach Berlin gebracht. Vadim Gonscharow leitete die Untersuchungen:

»Seit Ende 1953 hatten wir regelmäßige Informationen über den Tunnelbau. Ich selbst kam Anfang 1954 nach Berlin. Wir waren ständig in Kontakt mit dem Hauptquartier der sowjetischen Armee. Wir stellten sicher, daß die Genossen uns ihre Beobachtungen über irgendwelche technischen Störungen oder Schwankungen mitteilen würden. Wir machten Mitschnitte von Telefonaten der sowjetischen Kommandanten und Einheiten untereinander und mußten dabei feststellen, daß es mit Diskretion, Geheimhaltung und Sicherheitsdenken nicht gut bestellt war. Wir spielten unsere Bandaufnahmen einer Gruppe hoher Offiziere, einschließlich General Gretschkos, in Wünsdorf vor. Radikale Gegenmaßnahmen wurden eingeleitet und Mängel behoben. Mit unseren Meßgeräten richteten wir ungefähr fünfzig Meter von der Zapfstelle entfernt eine Kontrollstation ein. So konnten wir unsere Leitungen regelmäßig überprüfen.«

SIS und CIA ahnten damals nichts von diesen Gegenaktionen. Sie ahnten nicht, daß ihr Werk, von dem sie hofften, daß es auf Jahre hinaus funktionieren würde, nur für ein Jahr existieren sollte. Das KGB bereitete in aller Stille die »Entdeckung« vor. Diese sollte um so spektakulärer werden, als niemand in der DDR-Führung oder im »befreundeten« Staatssicherheitsdienst irgend etwas davon wußte – weder von der »Operation Gold« noch von den Abwehrmaßnahmen der Sowjets.

George Blake erinnert sich an das Ende der »Operation Gold«:

»Meine Berliner Tätigkeit hatte wenig mit dem Tunnel zu tun. Ich wußte natürlich, was da vorging, und konnte mir ausrechnen, daß das Unternehmen früher oder später aufgedeckt würde. Etwa elf Monate nach der Inbetriebnahme des Tunnels wurde ich von meinem sowjetischen Kontaktmann gewarnt, daß die ›Entdeckung‹ bevorstünde. Er versicherte mir aber, alles werde so verlaufen, daß keine Gefahr für meine Sicherheit bestünde. In der Tat, einige Tage später war es soweit. Man war auf den Tunnel gestoßen. Die Nachrichten überschlugen sich. Trotz aller Versicherungen meiner Freunde war ich sehr beunruhigt. Es wurde sofort eine amerikanisch-britische Kommission einberufen, welche die Umstände, die zur Auffindung des Tunnels geführt hatten, untersuchen sollte. Diese war vom KGB so sorgfältig geplant und ausgeführt worden, daß der ganze Vorgang völlig normal aussah, wie ein Akt Gottes, ein Zufall. Das KGB hatte als Zeitpunkt für die Aktion den 22. April 1956 bestimmt.«

Der spätere Deutschland-Chef des KGB, Sergei Kondraschow, erklärt diese Terminwahl mit politischen Befürchtungen im Kreml:

»Der Zeitpunkt der ›Entdeckung‹ im April 1956 war stark von der außenpolitischen Situation beeinflußt. Am 18. April waren Chruschtschow und Bulganin zu einem zehntägigen Staatsbesuch in Großbritannien eingetroffen. Die Suezkrise zeichnete sich ab, in der Presse gab es Vermutungen, daß die Sowjetunion im Falle eines Konflikts Freiwillige nach Suez schicken würde. Die Spannungen waren enorm. Der Kalte Krieg lief Gefahr, in einen heißen Krieg umzuschlagen. Auch hatten wir Informationen über die sich verschlechternde Lage in einigen Volksdemokratien, zum Beispiel in Ungarn, wo die Situation leicht unserer Kontrolle hätte entgleiten können. Die sowjetische Regierung suchte nach Möglichkeiten für einen propagandistischen Erfolg. Und so kam es, daß die Entscheidung getroffen wurde, nun endlich dem Spiel mit dem Tunnel ein Ende zu bereiten.«

Vadim Gonscharow führte das sowjetische Kommando im Tunnel: »Die Nacht vom 21. zum 22. April war eine dunkle Nacht. Wir verfolgten die Kabel, von Schönefeld kommend, etwa dreißig bis vierzig Meter. Regenfälle in den letzten Tagen hatten den Boden aufgeweicht und zu einigen Kurzschlüssen in den Leitungen geführt. Wir kamen zu der Stelle, an der unsere Kabel angezapft worden waren, und fanden die unterirdische Kabelkammer, von der man in den Tunnel gelangte.

In einer Distanz von etwa fünf Metern vor uns war eine starke Eisentür eingebaut. Darauf stand in russischer und deutscher Schrift: ›Auf Befehl des Oberkommandierenden der sowjetischen Streitkräfte in Deutschland ist der Eintritt strengstens verboten.‹ Diese Warnung war natürlich zur Tarnung angebracht, die glauben machen sollte, daß es sich hier um eine sowjetische Installation handelte.

Wir öffneten die Tür, die in den Tunnel führte. Sie war nicht einmal verschlossen. Die amerikanischen Piraten waren sich ihrer Sache wohl sehr sicher. Wir sahen die Operateure dasitzen, mit Kopfhörern vor ihren Tonbandgeräten, alle bei der Arbeit, totales Schweigen, die Überraschung war enorm. Auch wir standen ganz still. Dann rissen sich die Amerikaner die Kopfhörer von den Ohren, ließen ihre Geräte liegen und rannten in die Tiefe des Tunnels, in den amerikanischen Sektor. Wir jagten hinter ihnen her, bis zur Grenzlinie, wo sie sich hinter Sandsäcken verbarrikadierten.

Währenddessen arbeiteten die Tonbandmaschinen in aller Stille weiter. Alles funktionierte. Das elektrische Licht blieb eingeschaltet. Man hörte die Belüftungsanlage rauschen. Selbst die Zigaretten in den Aschenbechern qualmten noch. Die elektronischen Anlagen, die wir vorfanden, waren beeindruckend, aber nicht aufsehenerregend neuartig. Da waren gute Tonbandmaschinen und automatische Relaisschaltungen, die die Geräte zu Beginn eines Telefongesprächs einschalteten. Später haben wir die Geräte mitgenommen und zu eigenen Zwecken in ähnlichen Situationen verwendet. Unsere Operationen, das möchte ich hier feststellen, sind niemals von westlichen Geheimdiensten aufgedeckt worden.«

Auch Jewgeni Pitovranow, Resident des KGB in Ost-Berlin, war Augenzeuge der Operation: »Nachdem die Vorhut fünfundvierzig Minuten nach Beginn der Aktion zurückgekehrt war, stieg auch ich in den Tunnel. Mir bot sich ein faszinierender Anblick. Alles glich einem technischen Labor, sauber und gut organisiert. Da waren die Tonbandgeräte, die Arbeitstische, eine Kaffeemaschine und gemütliche Stühle, die man auch als Liegen benutzen konnte, zum Arbeiten und Schlafen.

Ich lief etwa zweihundertfünfzig Meter bis zur Grenze nach West-Berlin. Alles war bis zur Perfektion ausgerüstet. Die Amerikaner hatten keine Anstalten unternommen, die Herkunft ihrer Geräte zu verschleiern. Überall stand ›Made in USA‹. Noch in der Nacht rief ich Mielke an. Er war damals stellvertretender Minister für Staatssicherheit der DDR. Ich sagte zu ihm: ›Melden Sie sofort

Walter Ulbricht, daß wir einen Spionagetunnel in der Nähe von Schönefeld entdeckt haben.‹«

Die DDR-Regierung erfährt erst zu diesem Zeitpunkt von dem Tunnelgeheimnis. Am Morgen des 23. April beginnt die propagandistische Ausschlachtung der »Entdeckung«. Während Ulbricht und Genossen noch einen vollen Tag brauchen, um mit der Nachricht fertig zu werden, schickt der sowjetische Stadtkommandant von Berlin, Iwan Alexandrowitsch Kozjuba, seine Sekretärin durch das Brandenburger Tor in den Westen.

Mit einem Sack Zehnpfennigstücke versehen, ruft sie von einer öffentlichen Telefonzelle aus alle in den Westsektoren ansässigen Zeitungsredaktionen und internationalen Korrespondenten an: »Kommen Sie sofort in die sowjetische Kommandantur nach Karlshorst. Wir haben einen Spionagetunnel der Amerikaner entdeckt.«

In einem Kino der sowjetischen Garnison wird die Pressekonferenz von Oberst Kozjuba eröffnet. Dann fährt ein Konvoi von Bussen, eskortiert von sowjetischer Militärpolizei, zur inzwischen provisorisch ausgeweiteten Tunnelöffnung an der Schönefelder Chaussee. Eine gut vorbereitete Propagandaaktion beginnt. Geführt von Sowjetsoldaten, kriechen Journalisten durch den Tunnel, fotografieren das Werk der westlichen Abhörtechniker. Auf westlicher Seite wird das Treiben von US-Soldaten beobachtet. Aus einem Fenster der Radarstation weht eine schwarze Piratenflagge. Chruschtschow und Bulganin, noch immer auf Staatsbesuch in Großbritannien, protestieren nach überzeugend vorgetäuschter Überraschung heftig gegen diesen »Akt amerikanischer Piraterie«.

Dagegen ist die DDR-Führung von den Ereignissen auf »ihrem« Territorium wirklich kalt erwischt worden. Erst am 24. April kommt es zu einer Diskussion im SED-Politbüro. Dort ist man wütend auf den »großen Bruder« in Moskau. Bis zum letzten Moment hatten die »Freunde« es versäumt, die DDR-Genossen einzuweihen. Eilig, in unvorbereiteter Rede, berichtet DDR-Innenminister Karl Maron von der Affäre. Unbeholfen beschließt das Politbüro, das Gelände sei abzusuchen und abzuriegeln. Überdies sei unverzüglich eine Presseerklärung zu verfassen. In dieser paßt sich die DDR-Führung der sowjetischen Version an: Die Hauptschuldigen seien die Amerikaner. Im Umgang mit den Briten ist man etwas zurückhaltender.

Tunnelveteran Joe Evans zweifelt freilich noch heute an der KGB-Version von der geplanten »Entdeckung« des Tunnels:

»Ich erinnere mich an ein Telegramm, das uns in London erreichte, daß aufgrund anhaltender Regengüsse verschiedene Berliner Telefonleitungen gestört seien. Wir mußten uns auf folgende Situation einrichten: Wenn Störungstrupps losgeschickt würden, um die Fehler zu beheben, bestand die Gefahr, daß sie die Anzapfstelle finden würden. Und so ist es dann auch gekommen. Die sind förmlich in den Tunnel gestolpert und waren völlig überrascht. Es war ein Akt der Natur, der uns geschadet hat und den Sowjets zu Hilfe kam, ein Akt Gottes. Es war nicht die Brillanz der KGB-Leute. Seit den sechziger Jahren wird gesagt, der Tunnel sei von Anfang an verraten worden. Das mag sein, doch für elf Monate half er den Westmächten, ein genaueres Bild vom Gegner zu bekommen. Was der Preis zu hoch? – Ich glaube es nicht! Wir hatten eine Zeit der Sicherheit und des Friedens gewonnen.«

Trotz des Tunnelverlustes ging die Auswertung der angesammelten Informationen bis 1958 weiter. Vor allem im kryptologischen Bereich wurden neue Einsichten gewonnen. Für die Sowjets aber war der Dienst, den George Blake geleistet hatte, von größerem Gewinn. Der Berliner Tunnel war, zumindest publizistisch, ihr Erfolg geworden.

Schlaglichthaft beleuchtet die Tunnelaffäre die Stimmung im Berlin der fünfziger Jahre. Zwischen den Besatzungsmächten in den vier Sektoren der Stadt herrschte allgemeines Mißtrauen. Noch war die Grenze zwischen dem Osten und den Westsektoren durchlässig. Es gab zwar Kontrollen, aber noch keine Mauer.

Die Amerikaner saßen in Dahlem und Zehlendorf, die Franzosen in Tegel und Reinickendorf, die Briten im Westend und am Olympiastadion. Sie hatten die Bauten der alten Hochschule für Leibesübungen in ihr militärisches Hauptquartier verwandelt. George Blake hatte dort sein Büro im zweiten Obergeschoß, direkt über dem großen Portal. Er konnte das Stadion sehen und die Auffahrt, die nach wie vor von zwei goldenen Reichsadlern beherrscht wurde. Die SIS-Station in Berlin war damals die größte der Welt. Blake schwelgt heute noch immer in der Erinnerung an die »Frontstadt« des Kalten Krieges:

»Ich hatte eine phantastische Zeit in Berlin, die Stadt begann wieder zu leben. Überall waren noch Ruinen, doch es gab schon wieder interessante Restaurants, Cafés und hübsche Läden. Das neue Berlin war eine aufregende Stadt. Sie diente als Spielplatz zahlloser ausländischer Geheimdienste und Agenten. Das waren die Amerikaner, die Briten, die Franzosen, die Russen und natürlich die deutschen Agenten: alle auf der Suche nach Informationen, Kontakten und Leuten, die sie rekrutieren konnten. Manchmal hatte man den Eindruck, daß jeder zweite Berliner für irgendeinen Geheimdienst arbeitete, vielleicht sogar für mehrere. Wenn ich morgens aus dem Fenster meines Büros schaute, sah ich eine Flotte von Volkswagen in sämtliche Richtungen abfahren. Alle mit spezifischen Instruktionen, um Kontakte herzustellen und Informationen zu sammeln.«

Das Auffliegen der Tunnelaktion wirbelte den Mikrokosmos der Berliner Geheimdienste gehörig durcheinander. Die hundertfünfzig Abhörspezialisten der britischen Sektion der »Operation Gold« wurden sämtlich abgezogen, auch Peter Lunn. Sein Nachfolger – und damit für die nächsten drei Jahre Blakes Chef – wurde Robert Dawson.

Die Aufregung legte sich jedoch erstaunlich schnell. Die Westalliierten waren nicht geneigt, den Sowjets den Erfolg als Unruhestifter zu gönnen. So konnte Blake nach einer kurzen Zeit der Verunsicherung wieder ungestört weiterarbeiten.

Sein neuer Aufgabenkreis war von der Politischen Abteilung des SIS festgelegt. Er sollte politische Informationen über die Sowjetunion sammeln oder durch Agenten sammeln lassen. Im Rahmen dieser Tätigkeit hatte er die Aufgabe, entsprechende Agenten anzuwerben. Seine Zielgruppe waren vor allem sowjetische Militärs und Zivilisten in Ost-Berlin. Für diese Aufgabe verfügte Blake über die Sondergenehmigung für Ost-Berlin, denn gewöhnlich durften SIS-Offiziere und Geheimnisträger nicht in den Osten der Stadt. Der SIS hatte ihn mit einem falschen deutschen Personalausweis ausgestattet, den er bei Grenzkontrollen vorweisen konnte. Diese Regelung, die ihm eine ungewöhnliche Bewegungsfreiheit verschaffte, half ihm dabei, sein Doppelspiel mit dem KGB noch intensiver zu betreiben.

Sein KGB-Führungsoffizier hatte den Decknamen »Dick«; wie er wirklich hieß, erfuhr Blake erst später in Moskau. Es war natürlich der von KGB-Resident Pitovranow eingesetzte Nikolai Mjakotnich.

Heute rühmt der Ex-Spion vor allem dessen »herzlichen Charakter«:

»Korowin, der mein Kontakt in London gewesen war, kam extra nach Berlin, um mich meinem neuen Führungsoffizier ›Dick‹ vorzustellen. ›Dick‹ war ein Mann in den mittleren Jahren, und ich mochte ihn von Anfang an gern. Wir hatten große Sympathie füreinander und wurden echte Freunde. Er war eine große, väterliche Gestalt, sehr ruhig, leise sprechend; er gab mir Sicherheit. Da er früh starb, habe ich ihn nicht wiedergesehen.«

George Blake ist nun Mitte Dreißig. Er ist stolz auf seine Erfolge in Berlin. Er glaubt fest daran, daß seine Arbeit als Doppelagent der Sache des Sozialismus dient. Er nimmt kein Geld für seine Dienste. Als KGB-Resident Pitovranow einmal von »Unkostenerstattung« spricht, lehnt Blake empört ab. Er ist nicht käuflich. Er ist Idealist. Auf der einen Seite erfreut er sich am neuen Westberliner Überfluß, dem Glanz der dekadenten Stadt. Auf der anderen Seite dient er dem Kommunismus, der seinem puritanisch-protestantischen Wesen zu entsprechen scheint. Da ist auch das Abenteuer, das Spiel zwischen den Welten, zwischen den Fronten, das ihn fesselt. Das wird besonders deutlich, wenn sich Blake an die Praxis der Nachrichtenübermittlung erinnert:

»Einmal im Monat, manchmal auch alle drei Wochen, fuhr ich hinüber nach Ost-Berlin, um meine sowjetischen Kollegen zu treffen. Ich nahm gewöhnlich die S-Bahn am Bahnhof Zoo und fuhr hinüber zum Alexanderplatz oder Marx-Engels-Platz. Die Gegend war noch immer ein Trümmerfeld.

Und dann begann eine Szene, die aus einem Kriminalfilm hätte stammen können. Ich lief in einer öden Gegend auf dem Bürgersteig. Eine schwarze Limousine tauchte auf, die Fenster verhängt, sie fuhr mir hinterher und hielt an. Die Tür öffnete sich, und ich stieg schnell ein. Dann fuhr der Wagen mit großer Geschwindigkeit nach Karlshorst, wo ich ›Dick‹ in einer gesicherten Wohnung vorfand. Er hatte für ein kleines Abendessen gesorgt, und wir tauschten Filme aus. Ich gab ihm die belichteten, er mir die unbelichteten Kassetten.

Das Essen verlief freundschaftlich, wir tauschten Ideen und Beobachtungen aus. Es war eine lockere, gemütliche Atmosphäre. Es gab Wein. Ich beantwortete seine Fragen, die meine letzten Informationen betrafen. Nach etwa einer Stunde wurde ich wieder in die Stadtmitte zurückgefahren und an irgendeinem U-Bahnhof abgesetzt. Von dort ging es erneut nach West-Berlin zu einem Treffpunkt, wo ich mein Auto vorfand. Niemand wunderte sich, woher ich kam. Man konnte annehmen, daß ich von einem meiner Agenten im Osten zurückkehrte.

Anfangs war ich mir der akuten Gefahr einer Entdeckung sehr bewußt, doch später gewöhnte ich mich daran. Mit meiner Minox fotografierte ich alle wichtigen Dokumente, die mir in die Hände kamen. Ich riskierte einiges. Das Gefühl für die Gefahr wird zu einer unbewußten Haltung. Das Unterbewußte lenkt einen.

In meinem Falle war das so: Ich sah nichts Unrechtes in meiner geheimen Arbeit und dachte an die Möglichkeit einer Entdeckung wie an einen Akt Gottes. Da waren Sicherheitsvorkehrungen, Kontrollmöglichkeiten, die ich sorgfältig beachtete. Aber einen Aspekt konnte ich natürlich nicht beeinflussen: die Tatsache, daß ein böser Zufall oder Verrat mich enttarnen könnte. So war ich eben vorsichtig und vertraute auf mein Geschick.«

In Berlin hatte Blake weit mehr Gelegenheit für Kontakte mit seinen KGB-Partnern, als dies zuvor in London möglich war. Zudem stellte die geteilte Stadt den idealen Tummelplatz dar, um ohne große organisatorische Vorbereitungen Informationen zu übermitteln. Berliner Spione durften auch einmal spontan sein. Allerdings erwies es sich nun als schwieriger, oft sogar als regelrecht gefährlich, mit der Minox-Kamera zu fotografieren. Blake mußte sein Büro am Olympiastadion mit anderen SIS-Kollegen teilen, die Arbeitszeiten waren unregelmäßig, selten war er allein. Das Risiko der Entdeckung war zu groß.

Doch mitunter gab es für ihn fotografische Großeinsätze. Das geschah stets dann, wenn er zwei- oder dreimal im Monat Nachtdienst hatte, sich allein im Haus aufhielt und die Ein- und Ausgänge selbst kontrollieren konnte. Er kannte die Zahlenkombinationen der Dokumentenschränke und hatte Schlüssel zu allen Räumen. In diesen nächtlichen Einsätzen lichtete er alles ab, was er in die Finger bekam. Oft handelte es sich dabei um Materialien, die sonst nie über seinen Schreibtisch gegangen wären. So arbeitete er fast vier Jahre, ohne entdeckt zu werden.

Offiziell bestand seine Hauptaufgabe in Berlin als SIS-Offizier darin, mit allen Mitteln zu versuchen, sowjetische Agenten zu finden und anzuwerben. Ziel war es, in den diplomatischen Vertretungen der Sowjetunion und anderen Ostblockstaaten in Berlin oder auch bei der Sowjetarmee in Karlshorst Personen zu rekrutieren, die auch nach ihrer Rückkehr in ihre Heimatländer das Risiko eingingen, kontinuierlich für den Westen weiterzuarbeiten. Eingeweihte wußten, daß dies ein fast unlösbares Vorhaben war. Doch ein Erfolg sollte sich bald einstellen.

Der SIS finanzierte Blake einen »Fangapparat«, der als Schwarzmarktgeschäft getarnt wurde. Luxusgüter, die es im Osten nicht gab, wurden zu geringen Preisen, oft auch als Geschenke, sowjetischen und osteuropäischen Interessenten im Austausch für Informationen angeboten. Schlepper und »Geschäftsführer« dieses in einer Mietwohnung im Bezirk Wedding etablierten Unternehmens war ein aus der DDR stammender SIS-Mann namens Horst Eitner. Seine Frau arbeitete gleichfalls als SIS-Agentin und »half mit«: Im Berliner Nachtleben ging sie auf Freierfang, nahm die Kunden mit »nach Hause« und sorgte im »Unternehmenssitz« für die entsprechende Befriedigung. Auch diese Kunden waren im Visier von George Blake:

»Ich hatte mit meinem sowjetischen Kontaktmann die Möglichkeit besprochen, wie wir einen KGB-Agenten einschleusen könnten. Das wäre für mich in den Augen des SIS ein großer Prestigegewinn gewesen. Außerdem hätte es für mich eine zusätzliche Verbindung mit dem KGB gegeben, falls mir etwas zustoßen sollte. Wir beschlossen, Eitners Geschäft als Kontaktpunkt einzurichten. Der Sowjetagent sollte nichts über mich wissen, jedoch Instruktionen erhalten, sich kooperativ zu verhalten.

Eines Tages erhielt ich die Nachricht, daß ein Russe bei Eitner sei und eine mit Fell gefütterte Windjacke suche. Ich wußte: Das war das Zeichen. Wir beschafften eine solche Jacke in einem der teuersten Läden am Kurfürstendamm. Eine Woche danach kam der Mann wieder zu Eitner und kaufte die Jacke für einen geringeren Preis. Es wurde vereinbart, zukünftig Geschäfte auch im Tausch für Kaviar zu tätigen. So lief der Kontakt für einige Zeit – dann trat ich in Aktion, als der angebliche Kunde für Kaviar.

Um die Geschichte abzukürzen: Aus diesen etwas schwerfälligen Anfängen entwickelte sich eine sehr gute und wertvolle Verbindung zu einem hochkarätigen Agenten mit dem Decknamen ›Boris‹. Er versorgte den SIS bis zu meiner Verhaftung mit Informationen aus dem Wirtschaftsbereich und sprach über seine Tätigkeit als Dolmetscher im Comecon, der zentralen Wirtschaftsorganisation des Sowjetblocks.

Ich spielte die Rolle eines Journalisten und diskreten Zuhörers und behauptete, daß ich seine Informationen als Hintergrundmaterial für meine journalistische Arbeit brauche. Meine Chefs waren mit dieser neuen Informationsquelle sehr zufrieden, denn es bestand kein Zweifel: ›Boris‹ war glänzend informiert. Er nahm an Comecon-Konferenzen auf höchster Ebene teil und kannte prominente Politiker und Wirtschaftler, die wichtige Verhandlungen führten.

Von Zeit zu Zeit erhielt ich von der Londoner Zentrale den Auftrag, ›Boris‹ spezifische Fragen von aktueller Wichtigkeit zu stellen. Meist kam er auch mit den gewünschten Antworten zurück. Später arbeitete er im Comecon-Hauptquartier in Moskau, doch der Kontakt zum SIS brach nicht ab.

Während eines Sommerurlaubs in der DDR 1985 traf ich ›Boris‹ durch Zufall in Ost-Berlin wieder. Er war inzwischen ein hoher Diplomat geworden und gerade auf Besuch in Berlin. Er erzählte mir, er habe damals nicht geahnt, daß ich selbst für den sowjetischen Geheimdienst arbeitete. Das habe er erst nach meiner Verhaftung aus den Zeitungen erfahren.«

Der SIS-Experte Philipp Knightley vertritt zum Agenten »Boris« eine besondere Theorie: »George Blake war damals der populärste Mann an der SIS-Station in Berlin. Ihm war gelungen, was keinem anderen gelungen war – er hatte einen echten russischen

Agenten rekrutiert. Seine Chefs, mehr noch die Informationsverbraucher in London und Washington, bedrängten ihn mit Fragen an diesen Mann.

Hier bekam das KGB zwei wichtige Einblicke in das Denken der westlichen Geheimdienste. Schon allein die Fragen zeigten deutlich Kenntnis oder Unkenntnis. Die Russen wußten sofort, was die andere Seite nicht wußte. Das gab ihnen die Gelegenheit, dem Westen diejenigen Informationen zuzuspielen, von denen sie den größten Erfolg und politischen Nutzen erwarten konnten. Gezielte Desinformation war die effektvollste Methode, das Denken der Gegenseite zu beeinflussen und unter Kontrolle zu bringen.

Interessant ist es, wen die Sowjets für diese Rolle ausgewählt hatten. Dies hätte ein Raketenspezialist, ein Militär oder ein Diplomat sein können. Aber sie entschieden sich für einen Wirtschaftler, einen Mann, der für das Comecon arbeitete. Warum sie diese Wahl trafen? Das wissen wir bis heute nicht. Hatte ihre Desinformation das Ziel, dem Westen vorzumachen, daß die sowjetische Wirtschaft besonders erfolgreich war? Oder wollten sie den Westen ermutigen zu glauben, daß der Osten auf wirtschaftlich schwachen Beinen stand? Wir werden es nie erfahren. Gewiß ist: Bei ›Boris‹ handelte es sich um einen Desinformationsagenten mit speziellem Auftrag.«

Der Chef der SIS-Station Berlin, Robert Dawson, war dennoch überaus beeindruckt von den Leistungen George Blakes. Als er Anfang 1959 nach London zurückbeordert wurde, bat er seinen Schützling, mit ihm zu kommen. Auch dessen reale Bilanz konnte sich sehen lassen: Die Spionagetunnel in Wien und Berlin wurden verraten, eine große Zahl von Westagenten war aufgeflogen.

Der Erfolg des Sowjetspions übertraf bei weitem den des britischen Geheimdienstoffiziers. Blake hatte allerdings noch einen anderen Grund, nun West-Berlin erleichtert zu verlassen: Ihm war von seinem KGB-Kontaktmann mitgeteilt worden, daß auch sein Geschäftspartner Horst Eitner als Doppelagent im Dienst des GRU, des sowjetischen militärischen Geheimdienstes, arbeite. Blake befürchtete nicht unbegründet, daß Eitner auch von seiner eigenen Arbeit wußte. So kam ihm die Umbesetzung gerade recht. Was er nicht wußte, war, daß Eitner nicht nur für SIS und GRU arbeitete, sondern auch für die bundesdeutsche »Organisation

Gehlen«. Das wurde bald nicht nur Eitner zum Verhängnis, sondern auch Blake.

Im Sommer 1959 zog George Blake mit seiner Frau nach London. Mrs. Blake erwartete ihr zweites Kind.

Im »Directorate of Production« der Abteilung DP 4, die von Dawson geführt wurde, fand der Heimkehrer ein neues Betätigungsfeld. Sein Büro war in einem unscheinbaren Wohnblock in der Victoria Street, den Artillery Mansions, untergebracht. Von hier aus organisierte er ein neues internes Agentennetz.

Dank Chruschtschows Tauwetterpolitik war es Ende der fünfziger Jahre für Geschäftsleute möglich, wieder nach Rußland zu reisen. Umgekehrt durften nun auch sowjetische und osteuropäische Delegationen häufiger in den Westen fahren. Diese neuen Kontaktmöglichkeiten eröffneten dem SIS ein vielversprechendes Aktionsfeld. Blake konnte sein Talent der Agentenwerbung, das er schon in Berlin unter Beweis gestellt hatte, in großem Stil anwenden. Als besonders nützlich erwies sich dabei ein eigens gegründetes Dolmetscherbüro am Leicester Square, das den Agenten eine schützende Fassade gab.

Dieses Übersetzungsbüro wurde von zwei Weißrussen mit solchem Geschick geführt, daß es nicht nur staatliche, sondern auch privatwirtschaftliche Aufträge zur Betreuung wichtiger Offizieller und Geschäftsreisender aus dem Osten erhielt. Dolmetscher und Betreuer hatten den Auftrag, nicht nur Informationen zu sammeln, sondern auch besonders freundliche Kontakte zu den sowjetischen Besuchern zu entwickeln. Blakes Aufgabe bestand darin, in erster Linie unter den Geschäftsleuten, Universitätslehrern, Wissenschaftlern und Studenten, die in direkter Verbindung zu sowjetischen Partnern standen, Agenten und Informanten anzuwerben.

Nach einer kurzen Unterbrechung nahm der Doppelagent wieder Fühlung zum KGB auf. War Blake schon in Berlin in der Lage gewesen, die Sowjets über alle SIS-Agenten im Osten Deutschlands zu informieren, so bekam er jetzt Einblick in das gesamte SIS-Agentennetz in Osteuropa. Diese Informationen gab er an zwei KGB-Kontaktmänner weiter: zuerst an Sergei Kondraschow, später an Wassili Doschdaljow. Dieser erinnert sich heute vor allem an die Risikobereitschaft Blakes:

»Geheimdienstarbeit ist wie ein Schachspiel. Sie erfordert Logik, Voraussicht, gute Nerven. Man muß in der Lage sein, mögliche Schwierigkeiten und zukünftige Entwicklungen einzukalkulieren. George Blake war ein Agent mit analytischem Intellekt, ein Meister des Schachspiels. Ich hörte zuerst in London von ihm, kurz bevor ich Kontakt mit ihm aufnahm. Mir war bis dahin nichts über ihn bekannt, denn eine strenge Regel im Geheimdienst besagt, daß niemand mehr weiß, als für seine spezielle Aufgabe nötig ist. Wir trafen uns zuerst im Januar 1959. Unsere Verbindung war eng bis zu seiner Abreise nach Beirut.

Ich kannte die Wichtigkeit dieses Agenten und spürte die große Verantwortung, die ich ihm gegenüber trug. Ich erinnere mich noch an ein Vorkommnis, das zeigte, welche Risiken George Blake für seine Überzeugung einzugehen bereit war. Eines Tages brachte er uns eine Nachricht, aus der hervorging, daß einer unserer Leute in der sowjetischen Botschaft, der demnächst in ein anderes Land versetzt werden sollte, sich anschickte, die Seiten zu wechseln. Wir besprachen die Sache gründlich, vor allem auch die Umstände, wie diese Informationen in seine Hände gelangt waren. Und wir begannen unseren Genossen zu prüfen.

Wir fanden sofort heraus, daß dieser verdiente Mann über jeden Verdacht erhaben war. Offenkundig wollte die britische Seite George auf die Probe stellen. Ich sagte zu ihm: ›Die wollen abchekken, ob du ein Spion bist.‹ Er wurde ganz still, doch zeigte er keine Spur von Furcht. Und so planten wir in aller Ruhe unsere weitere Zusammenarbeit. Ein weniger couragierter Mann hätte vorgeschlagen, die Arbeit vorerst zu unterbrechen oder aufzugeben. Doch George machte weiter – im vollen Bewußtsein der Gefahr.«

Dennoch versuchte der Spion in jener Zeit mit seinem alten Kontaktmann »Korowin« gelegentlich die Frage zu diskutieren, was zu tun sei, falls er als Doppelagent aufflöge. »Korowin« weigerte sich, darüber überhaupt ein Wort zu verlieren. Er glaubte fest daran, daß in einem perfekten System nichts der menschlichen Kontrolle entgleiten könne. Allein der Ansatz zu einer Diskussion darüber war in seinen Augen schon ein Zeichen von Schwäche. So blieb Blakes Frage unbeantwortet.

Ganz mit sich im reinen war George Blake damals nicht. Was ihm zu schaffen machte, war nicht allein sein Doppelleben als SIS-Offizier und KGB-Agent, sondern auch seine zweifache Existenz als Sowjetspion und Ehemann. Seine Frau wußte nichts von seinem Verrat. Er liebte sie sehr und verbrachte jede freie Stunde mit ihr und seinen zwei Söhnen. Doch über dieser familiären Idylle hing ein Damoklesschwert.

Im Sommer 1960 wurde Blake in die Personalabteilung des SIS gerufen, wo man ihm eröffnete, daß Ihrer Majestät Geheimdienst weitere große Pläne mit ihm habe. Er sollte in den Libanon zum Studium der arabischen Sprachen versetzt werden. In Beirut unterhielt das britische Außenministerium zusammen mit dem SIS das »Middle-East-Center for Arab Studies« (MECAS) zur Ausbildung von Diplomaten und Geheimdienstlern für den Einsatz im Mittleren Osten und in Nordafrika. Schon seit seiner Kindheit hatte Blake eine Neigung zur arabischen Welt. Dank der gemeinsamen Studien mit Vivian Holt während ihrer Gefangenschaft in Korea verfügte er über fortgeschrittene Kenntnisse des Arabischen.

Es stellte eine neue Herausforderung dar. »Korowin« riet ihm zu, seine Frau zumindest nicht ab. So entschied sich Blake, das Angebot anzunehmen.

Es war damals bereits vorauszusehen, daß der Mittlere Osten eine immer wichtigere Rolle in der Welt spielen würde. Schon die Suezkrise hatte gezeigt, daß die Konflikte des Kalten Krieges auch vor dieser Region nicht haltmachen würden. Blake konnte nach beendeter Ausbildung mit einem wichtigen Posten an einer Botschaft im Mittleren Osten rechnen. Auch seine KGB-Freunde würden davon kräftig profitieren.

Im September 1960 zog Blake mit seiner jungen Familie in die bergige Umgebung Beiruts. Seine Frau erwartete einen weiteren Sohn. Das Mittelmeerklima und die Leichtigkeit von Land und Leuten sorgten in dieser letzten Phase vor dem Sturm für eine fast ferienmäßige Stimmung. Dank seiner Begabung und Begeisterung für die arabische Sprache und Philosophie machten ihm seine intensiven Studien Freude. Ähnlich wie das halbe Jahr, das er 1948 in Cambridge zum Studium der russischen Sprache verbracht hatte, war diese Lernphase eine besonders prägende Periode. Ihr sollte er seine spätere akademische Laufbahn in Moskau verdanken.

Da in dieser Zeit aus geheimdienstlicher Sicht wenig Erwähnenswertes stattfand, beschlossen Blake und sein KGB-Kontaktmann in Beirut, nur im Falle möglicher Gefahr Verbindung miteinander aufzunehmen. Dieser Fall trat Ostern 1961 ein.

Blake erhielt die Aufforderung, nach London zu kommen. Die SIS-Direktion, so hieß es, wolle sich mit ihm über einen neuen Job unterhalten. Diese Order wurde Blake durch Nicholas Elliott, damals Chef der SIS-Station in Beirut, übermittelt.

Elliott, später einer der Direktoren des SIS, erinnert sich noch heute, wie mulmig ihm dabei war:

»Ich hatte George Blake nur ein paarmal zuvor in London gesehen, wir vermieden jeden Kontakt in Beirut, denn als Student am MECAS sollte er nicht als SIS-Offizier in Erscheinung treten. Ich erhielt die Nachricht aus London, gegen Blake bestehe der Verdacht, daß er wahrscheinlich für die Russen arbeite. Ich hatte die Aufgabe, ihn nach London zurückzulocken, ohne bei ihm das geringste Mißtrauen zu erwecken. Daher teilte ich ihm mit, daß das Personalbüro ihn nach London bitte, um mit ihm seinen nächsten Einsatz zu besprechen. Ich sei autorisiert, ihm seine Flugtickets, hin und zurück, auszuhändigen. Es sei nur eine Sache von wenigen Tagen.

Ich erinnere mich, daß ich zu ihm sagte: ›Das ist doch sehr ermutigend, daß die Personalabteilung die Neuernennung so ernst nimmt! Ein Geheimdienstoffizier, der deutsch, holländisch, russisch und arabisch spricht, ist eine große Seltenheit. Die wissen, was sie an Ihnen haben. Melden Sie sich nach Ihrer Rückkehr bei mir, und berichten Sie mir.‹

Die nächsten zwei Tage war ich sehr beunruhigt, denn ich wußte nicht, ob er meiner Story Glauben schenken würde oder nicht. Ob er in die Falle gegangen war oder nicht.«

Blake hatte gute Gründe, Elliotts »Story« keinen Glauben zu schenken. »Ich fuhr mit meinem Auto zurück über eine Bergstraße nach Hause. Es war gut, daß ich jede Kurve und Windung der Straße kannte, denn meine Gedanken beschäftigten sich pausenlos mit der Eröffnung von Nicholas Elliott. Warum sollte ich jetzt meine Studien unterbrechen? Warum diese Reise nach London, wo ich doch sowieso den Sommer in England verbringen würde? Je mehr ich darüber nachdachte, desto weniger gefiel mir die Geschichte. Elliotts Erklärung befriedigte mich ganz und gar nicht. Ich dachte an Flucht. Ich hatte ein Visum für Syrien.

Die Grenze lag nur ein paar Autostunden von Beirut entfernt. Ich könnte meine Frau und meine Kinder nach Damaskus mitnehmen, meiner Frau dann meine Situation erklären. Diesen Schmerz wollte ich ihr allerdings nur ungern zufügen. Sie hatte ja keine Ahnung von meiner Arbeit für das KGB. Sie stünde vor der Wahl, mit mir nach Moskau zu fahren oder mit den Kindern nach England zurückzukehren. Was würde ich meiner Frau sagen? Wie würde sie meine Enthüllungen aufnehmen? Schnitt ich nicht durch meine Flucht alle meine Verbindungen mit meiner Familie und meinen Freunden ab?

Ich entschloß mich, meinen sowjetischen Kontaktmann um Rat zu bitten. Der setzte sich sofort mit der Moskauer Zentrale in Verbindung. Als ich ihn am folgenden Tag wiedertraf, sagte er mir, daß man in Moskau keine Gefahr für mich sehe, ich könne in Sicherheit reisen. Diese Bestätigung hörte ich nur zu gern, enthob sie mich doch der entsetzlichen Aufgabe, meiner Frau alles zu beichten und alles, was ich geschaffen hatte, aufzugeben.«

Als die BOAC-Maschine in Heathrow landete, regnete es in Strömen. Es war Ostermontag, der 3. April 1961. Niemand empfing ihn, und das war ungewöhnlich. Zwar war sein offizieller Rapport in der SIS-Zentrale erst für den nächsten Morgen angesetzt. Doch auch in solchen Fällen holte man gewöhnlich den ankommenden Kollegen am Flughafen ab.

Auf einmal wußte Blake, daß er in eine sorgfältig gestellte Falle geraten war. Zwar konnte er sich frei bewegen – doch mit Sicherheit warteten Beobachter nur darauf, daß er sich durch überstürzte Telefonate oder Fluchtversuche verriet. Was sollte er jetzt tun? Es gab keine andere Wahl. Er konnte nur noch abwarten.

Am nächsten Morgen mußte Blake erkennen, daß ihn sein Gefühl nicht getrogen hatte. Im SIS-Gebäude empfing ihn Harry Shergold, ein Experte für sowjetische Geheimdienstfragen. Ihm sekundierten zwei Mitarbeiter der Antispionageabteilung R 5 sowie Blakes alter Freund John Quinn, den er noch aus Korea kannte. »Wir sind hier, um Sie zu verhören«, erklärte Shergold. Mehr war nicht zu sagen.

Was hatte der SIS gegen Blake in der Hand? Immerhin zwei handfeste Indizien: Eitner war inzwischen in Berlin verhaftet worden und hatte ein Geständnis abgelegt, in dem auch Blake erwähnt wurde. Außerdem – und das war der eigentliche Auslöser – hatte ein polnischer Überläufer den Amerikanern Material übergeben, das Blake belastete.

Selten genug hatten MI 5 und MI 6 Agenten in ihren Reihen durch Eigeninitiative oder Detektivarbeit entdeckt. Meist kam der Anstoß von außen: im Falle Blakes von Michael Goleniewski, einem polnischen Doppelagenten, der im Dezember 1960 aus Warschau geflohen und zur CIA übergelaufen war. Er wurde von CIA und SIS systematisch verhört und gab Unterlagen preis, die bewiesen, daß in der SIS-Station Berlin jahrelang ein »Maulwurf gewühlt« hatte.

Eines der Dokumente war ein SIS-Jahresbericht über die Aktivitäten der Briten in Polen, den das KGB an den polnischen Geheimdienst weitergereicht hatte. Dieser Bericht war nur drei Geheimnisträgern zugänglich gewesen. Und zu diesen gehörte George Blake. Diese Fakten, Eitners Geständnis, aber auch die Katastrophe der »Operation Gold« erwiesen sich als ausreichend, um Blake dem Verdacht der Doppelspionage auszusetzen.

Die Verhöre finden in einem Sitzungsraum des SIS im Carlton Gardens statt, wo Blakes Karriere zehn Jahre zuvor begonnen hatte. Er ist gefaßt und konzentriert, weist die Anschuldigungen zurück und weiß zugleich, daß Shergold überzeugende Beweise haben muß: Beweise, die belegen, daß Blake in Wahrheit ein sowjetischer Spion ist. Die Spirale dreht sich in immer enger werdenden Windungen. Am dritten Tag legt George Blake ein Geständnis ab.

Noch heute erinnert er sich nur mit innerer Bewegung an jenen verhängnisvollen Nachmittag:

»Als nach der Mittagspause mit dem Verhör fortgefahren wurde, hatten meine vier Kollegen den Ton geändert. Das war meiner Ansicht nach nicht nur ein Trick, sondern sie hatten tatsächlich ihre Meinung über mich gefestigt, so daß ihre Worte größeres Gewicht bekamen.

Shergold sagte: ›Wir wissen, Sie arbeiten für die Sowjets, aber wir verstehen auch, warum. Während Ihrer Gefangenschaft in Korea hat man Sie gefoltert und einer Gehirnwäsche unterzogen. Sie gestanden damals, daß Sie ein SIS-Offizier sind, und wurden erpreßt.‹

Als ich begriff, unter welchem Aspekt die Verhöroffiziere meine Motive einschätzten, geschah etwas, was jeder Form von Selbsterhaltungstrieb entgegenlief. Ich fühlte unvermittelt eine Welle der Empörung in mir aufsteigen. Ich wollte ihnen sagen, daß ich aus echter Überzeugung, aus eigenem Willen und aus festem Glauben an den Kommunismus gehandelt hatte. Nicht unter Druck oder aus Geldgier.

Und plötzlich, ohne darüber nachzudenken, rief ich: ›Niemand hat mich gefoltert, niemand hat mich erpreßt. Ich selbst habe mich bei den Sowjets gemeldet. Es war mein eigener Entschluß, mit ihnen zusammenzuarbeiten.‹ Das war mein Geständnis! Meine Kollegen sahen mich in schweigendem Erstaunen an.«

Die folgenden drei Tage verbringt Blake auf dem Lande im Haus von Harry Shergold. Die SIS-Offiziere suchen weiter nach seinen Motiven, einer für sie plausiblen Erklärung seiner Aktionen. Zudem warten sie auf die Entscheidung von SIS-Direktion und Regierung, was nun mit Blake geschehen sollte.

Am Morgen des dritten Tages, dem 12. April 1961, wird Blake von Special-Branch-Offizieren verhaftet. Man beschuldigt ihn, gegen Paragraph 1, Absatz 1/c des Official Secrets Act, des Gesetzes zum Schutz von Staatsgeheimnissen, verstoßen zu haben.

Superintendent Louis Gale von Scotland Yard eröffnet ihm: »George Blake, ich beschuldige Sie, zwischen dem 14. April 1955 und dem 3. April 1959, ferner zwischen Mai und Juni 1959 und zwischen Juni 1959 und September 1960 zum Schaden der Sicherheit und der Interessen des Staates anderen Personen Informationen gegeben zu haben, die direkt oder indirekt einer feindlichen Macht nützlich sein können.«

Während der gerichtlichen Voruntersuchung wird Blake im

Gefängnis von Brixton einen Monat lang gefangengehalten. Erst Anfang Mai besucht ihn seine Frau, die aus Beirut zurückgekehrt war. Dieses Wiedersehen ist für Blake der absolute Tiefpunkt:

»Meine Verhaftung und die Enthüllungen über meine Spionagetätigkeit für die Sowjets, mein Doppelspiel, waren ein schwerer Schock für meine Frau und meine Familie. Für lange Zeit konnte ich es kaum ertragen, an das Leid, das ich ihnen zugefügt hatte, zu denken. Was mich am meisten schmerzte bei alldem, was ich tat, ist, daß ich meine Familie, meine Freunde und Kollegen hintergangen habe. Doch meine Aktivitäten waren ja in keiner Weise gegen sie persönlich gerichtet gewesen.«

Öffentlichkeit und Presse wissen zu diesem Zeitpunkt wenig über Blake. Sie halten ihn für einen kleinen Staatsbeamten, der auf amateurhafte Weise einige Informationen an die Sowjets verkauft hat. Nie wird der SIS oder der MI 6 auch nur erwähnt. Der einzige, der nach Bekanntgabe der Verhaftung Blakes Hals über Kopf aus London Richtung Moskau verschwindet und nie mehr zurückkehrt, ist Blakes früherer Führungsoffizier Nikolai Rodin, genannt »Korowin«.

Am 3. Mai 1961 kommt es zur Prozeßeröffnung im Old Bailey, dem zentralen Kriminalgericht. Der größte Teil der Verhandlung wird unter Ausschluß der Öffentlichkeit abgehalten. Anhand der Akten können wir uns aber trotzdem ein gutes Bild des Prozeßverlaufs machen. Schon zu Beginn wird Blake gefragt, ob er schuldig oder nicht schuldig sei. Blake bekennt sich als schuldig im Sinne der Anklage. Er hofft noch, sein Geständnis bewirke ein mildes Urteil. Durch dieses Bekenntnis ist jede Aussicht auf einen dramatischen Prozeßverlauf geschwunden. Nun fordert Lordrichter Parker den Generalstaatsanwalt Sir Manningham-Bulle auf, sein Plädoyer zu halten:

»Die Anklagen, zu denen sich der Beschuldigte soeben schuldig bekannte, sind sehr schwerwiegend. Bevor diese Tatbestände ans Licht kamen, konnte man mit Recht behaupten, daß sich Blake eines guten Rufs erfreute.

Im Oktober 1943 meldete sich der Angeklagte, der britischer Staatsbürger ist, freiwillig zur Royal Navy, der er bis 1948 angehörte.

Von diesem Zeitpunkt an bis zu seiner Verhaftung stand er im Inland und in Übersee im Dienste der Regierung. In seinem Geständnis sagte Blake, daß er vor mehr als zehn Jahren eine Wandlung seiner allgemeinen Einstellung zum Leben und auch eine Wandlung seiner politischen Ansichten durchmachte, bis er im Herbst 1951 die feste Überzeugung gewonnen hatte, daß das kommunistische System besser sei als jedes andere und daß es den Sieg verdiene.

Um seine eigenen Worte zu zitieren: Er beschloß, sich dem Kommunismus zu verschreiben und mitzuhelfen, eine seiner Meinung nach ausgewogenere und gerechtere Gesellschaftsordnung zu errichten.

Als Blake zu diesem Entschluß gekommen war, zog er daraus nicht die einzig richtige Konsequenz, nämlich aus dem Staatsdienst zu scheiden, sondern bot sich den Russen an, um freiwillig für sie zu arbeiten. Sein Angebot wurde akzeptiert, und – ich sage es mit Blakes eigenen Worten – er versprach, im Interesse des Kommunismus dem sowjetischen Geheimdienst Informationen zugänglich zu machen, die er in seiner amtlichen Eigenschaft erhielt.

Aus seiner Aussage geht hervor, daß er im Verlauf der letzten neuneinhalb Jahre, als er im Dienst der Regierung stand und vom Staat ein Gehalt bezog, ein Spion der Russen war, der ihnen eine Unzahl von Informationen lieferte.

Kurzum, in den letzten neuneinhalb Jahren übte er ununterbrochen Verrat an seinem Land, und er hatte Zugang zu Informationen von sehr großer Wichtigkeit. Zwar verschafften ihm, obwohl er leitende Stellungen innehatte, seine Positionen glücklicherweise keinen Zugang zu irgendwelchen Dokumenten über militärische Geheimnisse oder Atomwaffen, doch bleibt die Tatsache bestehen, daß er sich sehr schwer gegen die Interessen seines Landes vergangen hat.«

Nach Beendigung des Plädoyers der Anklage ordnete der Lordrichter die Räumung des Gerichtssaals an, um dem Verteidiger, Kronanwalt Jeremy Hutchinson, die Möglichkeit zu verschaffen, mildernde Umstände geltend zu machen. Dabei kamen Dinge zur Sprache, über die aus Gründen der Staatssicherheit nur unter Ausschluß der Öffentlichkeit verhandelt werden konnte.

Hutchinsons Plädoyer dauerte eine knappe Stunde. In späteren Jahren schlossen die Spekulationen über den Inhalt dieses Plädoyers natürlich ins Kraut. Hutchinson ist heute tot, und die Geheimakten sind noch immer verschlossen. Doch Nicholas Elliott, später SIS-Direktor, gab uns sein Ehrenwort, daß eine oft geäußerte Annahme nicht zutrifft: daß Blake ein brillantes dreifaches Spiel gespielt hatte.

Damals wurde vermutet, Blake habe dem SIS schon früh offenbart, daß die Sowjets ihn angeworben hätten, und vorgeschlagen, dies zum Vorteil Großbritanniens auszunutzen. Seine Vorgesetzten hätten zugestimmt und ihn autorisiert, dem KGB sorgfältig ausgewähltes Material zu liefern, das teilweise echt war. Bei diesem gefährlichen Spiel gewinnt derjenige, der letztlich die besseren Informationen erhält. Doch auf ein solches Spiel hat Blake sich niemals eingelassen.

Tatsächlich zielte, so Elliott, Hutchinsons Plädoyer vor allem darauf ab, daß Blake nicht alle Agenten verraten habe, die er hätte preisgeben können, und daß einige von ihm sogar bewußt gedeckt worden seien. Doch da er hinter verschlossenen Türen sprach, blieb dies der Öffentlichkeit verborgen. Am Ende des Tages gab Lordrichter Parker sein Urteil bekannt:

»Ich habe mir alles angehört, was von so berufener Seite zu Ihren Gunsten angeführt wurde, und ich bin mir völlig im klaren darüber, daß Sie insofern benachteiligt sind, als viele mildernde Umstände nicht öffentlich erörtert werden können.

Aber ich will nicht verhehlen, daß ich zur Kenntnis nehme, Ihr Motiv sei nicht Gewinnsucht gewesen, sondern ein geistiger Umschwung, der zu einem echten Glauben an das kommunistische System führte. Jeder Mensch hat das Recht auf seine eigene persönliche Überzeugung, doch in Ihrem Fall ergibt sich der belastende Umstand, daß Sie Ihren Dienst nicht quittierten. Sie blieben im Amt, in Vertrauensstellungen, um Ihr Vaterland zu verraten. Sie stehen jetzt im neununddreißigsten Lebensjahr und müssen sich der Schwere der Verbrechen bewußt sein, deren Sie sich schuldig bekannten.

In vielen anderen Ländern würde Ihre Handlung zweifellos mit dem Tode bestraft werden. Nach unserem Gesetz aber habe ich keine andere Möglichkeit, als Sie zu einer Karenzstrafe zu verurteilen; und in Anbetracht Ihrer hochverräterischen Umtriebe, die sich über einen so langen Zeitraum erstreckten, muß das Urteil sehr streng ausfallen.

Für ein einziges Verbrechen dieser Art ist die Höchststrafe mit vierzehn Jahren Haftstrafe bemessen. Deshalb kann Sie das Gericht nicht zu lebenslänglichem Freiheitsentzug verurteilen, selbst wenn es das wollte.

Doch es gibt fünf Anklagepunkte, deren Sie sich schuldig bekannten. Jeder betrifft eine gesonderte Periode Ihres Lebens, während der Sie Verrat an Ihrem Vaterland übten.

Das Gericht verurteilt Sie in allen fünf Punkten der Anklage zu je vierzehn Jahren Zuchthaus. Die Strafen, die sich auf die Punkte eins, zwei und drei beziehen, werden zusammengezogen, die auf die Punkte vier und fünf bezogenen werden zu diesen hinzugefügt, so daß sich eine Gesamtstrafe von zweiundvierzig Jahren Gefängnis ergibt.«

Noch heute ist George Blake der Moment der Urteilsverkündung gegenwärtig:

»Im Gerichtssaal herrschte Schweigen. Mir stand der Atem still. Das Urteil kam mir völlig unwirklich vor. Ich spürte ein Lächeln des Nichtbegreifens in meinem Gesicht. Ich hatte mit zwölf oder vierzehn Jahren gerechnet und davor natürlich große Angst. Doch zweiundvierzig Jahre Haft überstiegen nicht nur meine Erwartungen, sondern auch mein Vorstellungsvermögen. Diese Zeitspanne war für mich ohne richtige Bedeutung. Der Richter hätte mich auch zu zweitausend Jahren verurteilen können, so absurd erschien mir alles.«

Der Londoner Prozeßberichterstatter Chapman Pincher sprach einige Jahre später mit dem Staatsanwalt Sir Reginald Manningham-Bulle:

»Sir Reginald erzählte mir von seiner Befürchtung, daß Blake plötzlich sein Geständnis widerrufen würde und daß der Prozeß in sich zusammenfallen könnte. Er hätte ja nein sagen können – ›Ja, ich habe gestanden, aber nur unter Druck, ich habe gelogen.‹ In einem solchen Fall wäre ein Verfahren unmöglich gewesen.

Daß es hinter verschlossenen Türen gehalten wurde, hatte natürlich nicht nur damit zu tun, der Öffentlichkeit nichts von diesen

Spannungen zeigen zu wollen, sondern es stand auch der begreifliche Wunsch dahinter, den Sowjets keinen Einblick über den Wissensstand des SIS zu verschaffen.

Das Urteil von zweiundvierzig Jahren war allgemein als eine Umschreibung von lebenslänglich verstanden worden.

Sonderbarerweise waren es die Leute von MI 5 und MI 6, die diese Entscheidung am meisten kritisierten. Sie sagten, das Urteil sei zu hart. Es würde andere Leute in Zukunft davon abhalten, Geständnisse abzulegen. Denn vierzehn Jahre bedeuten oft nur vier Jahre Gefängnis, dann erfolgt die vorzeitige Entlassung. Doch angesichts des Urteils von zweiundvierzig Jahren wird niemand mehr ›auspacken‹. So glaube ich, daß das Urteil die ureigene Entscheidung des Richters war, der Blake für einen Hochverräter hielt, der den vollen Preis für seine Taten bezahlen sollte.«

Der Historiker Philipp Knightley hat eine andere Erklärung für dieses harte Urteil:

»Damals wurde gemunkelt, daß die zweiundvierzig Jahre Gefängnis je ein Jahr pro einen verratenen Agenten repräsentierten. Das ist natürlich Unsinn. Zwischen der Verhaftung Blakes und den ersten Verhören bis zu dem Tag, da der Prozeß im Old Bailey eröffnet wurde, hatten die Amerikaner großen Druck auf die britische Regierung ausgeübt.

Sie sagten: ›Vierzehn Jahre sind nicht genug, dieser Mann verdient die Todesstrafe. Schade, daß Sie ihn uns nicht überlassen können. Bei uns bekäme er, was er verdient. Er muß ein hartes Urteil bekommen.‹

Und so wurde ohne Präzedenzfall, einmalig in der Geschichte des britischen Rechts, Blakes Vergehen gegen den Official Secrets Act einfach in drei Perioden zerteilt und addiert. So entstand ein Urteil von dreimal vierzehn Jahren – dreimal so lang wie die damals bekannte Höchststrafe.«

Noch am Tag seiner Verurteilung kommt George Blake nach Wormwood Scrubs, einem festungsartigen Gefängnis in West-London, in dem er die nächsten sechs Jahre verbringen wird. Er muß alle seine persönlichen Dinge abgeben, seine Unterschrift in der Registratur hinterlassen. Nun ist er nichts als ein Häftling, de facto lebenslänglich.

Da steht es schwarz auf weiß: Entlassung frühestens 1989, spätestens 2003. Es gibt keine Möglichkeit eines Austauschs mit den Sowjets, wie es in anderen Spionagefällen üblich ist. Die britische Regierung tauscht niemals Briten gegen Ausländer. Auch eine Amnestie kommt nicht in Frage. Amnestien sind im britischen Strafgesetz nicht vorgesehen.

Nach einigen Wochen der Akklimatisation denkt Blake an Flucht. Doch er weiß, das ist eine Frage der Zeit und der passenden Gelegenheit:

»Meine Zelle lag in unmittelbarer Nähe der Wache. Anfangs wurde sie Tag und Nacht kontrolliert. So war es meine vornehmliche Aufgabe, durch mein Verhalten zu signalisieren, daß ich mich in mein Schicksal ergeben und mich damit abgefunden hatte, mein Leben im Gefängnis zu verbringen.

Die zweite Aufgabe, die ich mir gestellt hatte, mußte eine gute Verfassung sein, wenn ich ausbrechen sollte. Ich organisierte mein Leben in einer Art, in der ich mir selbst Beschränkungen auferlegte, die weitaus härter waren als die vom Gefängnis geforderte Disziplin. Ich kämpfte nicht gegen das System und konnte auf diese Weise meine seelische und körperliche Gesundheit erhalten. Außerdem hatte ich mir schon seit den frühen fünfziger Jahren tägliche Yoga-Übungen angewöhnt, sie halfen mir nun in der Enge des Gefängnisses.

Ich erhielt die Genehmigung, meine arabischen Studien fortzuführen, und nahm an einem Fernstudium der Londoner Universität teil. Mein Leben begann einen ganz regelmäßigen Verlauf zu nehmen, was die Gefängnisleitung mit Beruhigung registrierte. Binnen eines Jahres war ich das, was man einen Mustergefangenen nennen könnte.«

Die günstige Gelegenheit zur Flucht bot sich rascher als gedacht:
»Es war Anfang 1962, als zwei neue Gefangene in unseren Zellenblock kamen: Pat Pottle und Michael Randle. Beide waren Atomwaffengegner und zu achtzehn Monaten verurteilt worden. Sie hatten auf einem amerikanischen Militärflughafen gegen die Stationierung von Atomraketen demonstriert und waren wie ich unter dem Official Secrets Act verurteilt worden. Ihr Verteidiger vor Gericht war Hutchinson gewesen, der auch mich verteidigt hatte.

Wir trafen uns zweimal in der Woche in einem englischen Literaturkurs und beim Musikunterricht. Zwischen mir und den jungen Atomgegnern entwickelten sich bald Sympathie und Freundschaft.«

Natürlich haben wir auch Pat Pottle aufgetrieben und zu dieser neuen Freundschaft befragt. Der frühere Atomwaffengegner und heute als Drucker in London Beschäftigte erinnert sich:

»Michael Randle und ich sahen in George einen politischen Gefangenen. Er war in unseren Augen jemand, der aus Überzeugung spioniert hatte, nicht aus Geldgier. Wenn wir uns montags in unserem Literaturkurs trafen, kam es regelmäßig zu langen politischen Diskussionen. Wir tauschten Bücher und Zeitungsartikel aus.

Zu unserer Gruppe gehörte der Ire Séan Bourke, der auch Herausgeber der Gefängniszeitung war. Séan war zu sieben Jahren verurteilt worden, weil er eine Bombe an einen Polizisten geschickt hatte. Die Bombe war nicht explodiert, aber die Sache hatte man ihm trotzdem übelgenommen.

Manchmal sprachen wir darüber, wie wir George aus dem Gefängnis befreien könnten. Als wir uns dann, nach anderthalb Jahren, von ihm verabschiedeten, sagten Michael und ich zu ihm: ›Also, wenn sich eine Möglichkeit zum Ausbruch bieten sollte, sind wir gerne bereit, dir zu helfen.‹«

Blake hatte das Gefühl, daß er sich auf die beiden in der Tat verlassen konnte:

»Als die beiden das Gefängnis verließen, wußte ich, daß sie mir helfen würden. In den kommenden Jahren stand mir Séan Bourke am nächsten. Mit ihm konnte ich alle meine Gedanken und Pläne teilen. Als ich ihm meine Ausbruchspläne entwickelte, war er begeistert dabei. Er hegte kein bißchen Respekt gegenüber der britischen Polizei und der Autorität des Staates. Dieser junge Ire brachte jene Voraussetzungen mit, die man für ein solches Unternehmen brauchte: Er war erstens mutig, intelligent und initiativ, zweitens würde auch er bald entlassen werden.«

Das war die natürliche Begabung des George Blake: Er gewann Freunde, die bereit waren, ihm zu helfen, notfalls auch auf eigene Gefahr. Pat Pottle erinnert sich an den ersten Schritt des »Unternehmens Ausbruch«:

»Kurz nach seiner Entlassung gelang es Séan Bourke, ein Walkie-talkie zu George einschmuggeln zu lassen. Das war wirklich eine originelle Idee. 1966 waren diese Dinger noch ganz neu. Auf diese Weise konnte die Flucht besprochen und koordiniert werden. George konnte von seiner Zelle aus alles mit Séan verabreden: Er hinter Gittern, Séan im hohen Gras einer benachbarten Anlage liegend. Manchmal machte er auch Bandaufnahmen dieser Gespräche, die er uns dann abends vorspielte.«

Auch Michael Randle haben wir, in der Grafschaft Yorkshire, aufgetrieben. Ihm oblag damals die Aufgabe, Geld zu beschaffen: »Der Weg, George aus dem Gefängnis zu holen, war das Resultat sorgfältiger Pläne, die George und Séan noch im Gefängnis ausgearbeitet hatten. Meine Rolle bestand darin, Geld zu organisieren. Séan Bourke kaufte zwei Walkie-talkies sowie das Fluchtauto und konstruierte eine leichte, aber stabile Strickleiter. Dafür brauchte er zweihundert Pfund. Ich borgte sie mir von einer Bekannten, die gerade geerbt hatte.«

So begann allmählich das über vier Jahre geplante, äußerst gewagte Fluchtunternehmen, dessen Einzelheiten erst 1989 in vollem Umfang bekannt wurden. Fünf Tage vor dem Fluchtdatum zog Séan Bourke in ein möbliertes Zimmer in der Highlever Road, etwa zwei Kilometer vom Gefängnis entfernt. Der Vermieterin hatte er gesagt, daß er Sigswood heiße und Journalist sei.

Er unternahm Testfahrten mit dem Fluchtauto, einem alten Humber. Die Fahrt von Wormwood Scrubs bis zu Bourkes Haus betrug etwa drei Minuten, die Ampeln mit eingerechnet. Das Gefängnis liegt neben einem großen Krankenhaus, dem Hammersmith Hospital. Bourke hatte beobachtet, daß während der Besuchszeit großer Andrang herrschte und Autos sogar unmittelbar an der Gefängnismauer geparkt waren. Niemand würde also an dem alten Humber Anstoß nehmen, besonders nicht an einem Samstagnachmittag.

Bourkes große Sorge galt der Funktionstüchtigkeit der Walkie-talkies. Hinter der Mauer befand sich in nur dreißig Meter Entfernung Block D mit Blakes Zelle. Blake und Bourke führten ihre Gespräche nachts. Jeder Dialog begann mit einigen Zeilen des englischen Dichters Lovelace. Bourke begann: »Steinerne Mauern machen keinen Kerker, Eisenstäbe keinen Käfig.« Dann fuhr Blake fort: »Unschuldige stille Geister wohnen drin, gleich wie in einer Klause. Ende.«

Am 22. Oktober, einem Samstag, war es soweit. Die Gefangenen saßen gerade bei einer Filmvorführung, Blake hatte sich davongeschlichen und wartete in seiner Zelle auf das verabredete Funksignal. Währenddessen hatte Bourke, der die Gefängnisroutine gut kannte, den Wagen an der Mauer geparkt.

Nachdem er das Funksignal erhalten hatte, stieg Blake durch ein von Mitgefangenen vorgesägtes Loch im großen gotischen Fenster des zweiten Stocks auf ein darunterliegendes Dach.

Von dort sprang er in den Hof, wo er sich in einer dunklen Ecke verborgen hielt. Die Verbindung mit Bourke war nach einem kurzen Funkruf abgebrochen. Bourke hatte im Humber gesessen, das Walkie-talkie in einem Strauß Chrysanthemen versteckt. Dreimal, als er schon ansetzte, die Strickleiter über die Mauer zu werfen, wurde er gestört: zuerst von einer Polizeipatrouille, dann von einem Liebespaar, das ausgerechnet an der Fluchtstelle parken wollte, und schließlich von Besuchern des Krankenhauses.

Blake hatte die ganze Zeit warten müssen – fünfundvierzig lange, quälende Minuten, ehe er endlich Bourkes Stimme wieder hörte.

Kurz vor sieben Uhr abends war es dann soweit. Bourke sprang aus dem Auto und warf die Strickleiter über die Mauer. Er hatte sie durch eingezogene starke Stricknadeln in den Sprossen versteift. Sofort wurde auf der anderen Seite an der Leiter gezogen. Momente später erschien Blakes Gestalt auf der sechs Meter hohen Mauer. Er setzte zum Sprung an, verlor aber dabei die Balance. Aus dem Sprung wurde ein schwerer Fall. Blake schlug mit dem Kopf auf und brach sich die rechte Hand.

Bourke half dem völlig benommenen Flüchtling in das Auto, warf eine Decke über ihn und gab Gas. Noch bevor jemand die Flucht entdecken konnte, waren Bourke und Blake schon in ihrem Versteck in der Highlever Road.

Rundfunk und Fernsehen berichteten sofort über den Ausbruch aus Wormwood Scrubs. Polizei und Marinesoldaten kontrollierten Flughäfen und Docks. Doch Blake blieb unentdeckt, nur zwei

173

Kilometer vom Gefängnis entfernt. In den nächsten Tagen wurde die Vermutung laut, das KGB habe die Flucht organisiert und Blake sei schon im Ausland.

Pat Pottle und Michael Randle übernahmen am nächsten Tag das Management. Sie holten einen befreundeten Arzt, der die verletzte Hand mit einem Gipsverband versah. Nach ein paar hektischen Tagen brachten sie Blake und Bourke in die Wohnung Pottles in Hampstead.

Dort bereiteten sie die Flucht aus England vor. Der Fluchtplan hatte, wie sich George Blake erinnert, vor allem eine Hürde – die britische Grenze:

»Es ist eine schwierige Sache, aus einem Gefängnis auszubrechen, doch dürfte es ebenso schwer fallen, aus England unerkannt herauszukommen. Wir faßten gemeinsam den Entschluß, daß ich nach Berlin gebracht werden sollte. Ich kannte die Stadt und die dortigen Geheimdienstkanäle.

Michael und Pat hatten keine Sympathien für den Kommunismus und noch weniger für Geheimdienste. Deshalb mußte alles so organisiert werden, daß sie mir helfen konnten, ohne sich selbst dabei zu kompromittieren.

Es war Michael Randles Idee, mit Hilfe eines Campingwagens zu fliehen. Seine Frau Ann, die von Anfang an mit dabei war, stimmte zu. Michael würde den Wagen fahren, sie würde hinten mit den Kindern sitzen. Die Abreise wurde für die Woche vor Weihnachten geplant. Mitten in der Touristensaison, so hofften wir, waren die Kontrollen durch die Zollbeamten weniger streng und unsere Chancen am besten.«

Michael Randle erinnert sich an die Vorbereitungen und den Verlauf der Flucht:

»Das Campingauto hatten wir mit geborgtem Geld gekauft und in aller Schnelle umgebaut. An der Stelle der einstigen Küchenschränke befand sich jetzt ein großes Klappbett mit Schubladen darunter. Unter diesen verborgen hatten wir einen Zwischenraum gelassen, in dem George zwar eng, aber bequem liegen konnte. Das darüberliegende Bett, in dem die Kinder während der Fahrt schlafen und spielen würden, schien uns der beste Schutz gegen Durchsuchungen an den Grenzen zu sein.

Wir kamen ohne Zwischenfall nach Dover. Ann beschäftigte sich mit ihrem Make-up, die Kinder schliefen hinten. Niemand an der Grenze dachte daran, gründlich nachzusehen. Dann fuhren wir durch Belgien und Westdeutschland. Es regnete in Strömen. An der Grenze verließen wir nicht mal den Wagen. Wir zeigten unsere Pässe vor und fuhren weiter.

Die einzige Kontrolle fand am Grenzübergang zwischen der Bundesrepublik und der DDR in Helmstedt statt. Hier bekamen wir etwas Angst, als wir die Grenzbefestigungen mit Stacheldrahtzäunen, Maschinengewehren und Scheinwerfern sahen. Wir mußten den Wagen öffnen, doch die Durchsuchung fiel nur oberflächlich aus. Dann ging es weiter in Richtung Berlin. Etwa dreihundert Meter vor dem Checkpoint Drewitz hielten wir an. Man konnte schon die Lichter an der Grenze sehen.

George stieg aus. Er dankte uns für unsere Hilfe und sagte, er hoffe, daß wir uns alle einmal wiedersehen und die gelungene Flucht in Moskau feiern könnten. Das letzte, was wir von ihm zu sehen bekamen, war jener Moment, als er sich noch einmal umdrehte, in seinem viel zu großen Mantel. Wir winkten einander ein letztes Mal zu. Dann verschwand er in der Nacht. Wir ahnten nicht, daß unser Wiedersehen erst 1990 stattfinden würde.«

Und Ann Randle ergänzt:

»Wir waren alle erschöpft. Die Fahrt bis dahin hatte an die zwanzig Stunden gedauert. Wir überließen George der Dunkelheit, mitten in einer Waldgegend. Wir fühlten uns traurig und erleichtert zugleich. Ich dachte an die Kinder und war froh, daß wir alles gut überstanden hatten.«

»Das geschah um zwei Uhr morgens«, erinnert sich George Blake: »Ich drehte mich noch einmal um und sah meine Freunde in Richtung Berlin weiterfahren. Langsam ging ich auf die Lichter des Grenzübergangs zu. Ich meldete mich bei einem DDR-Wachtposten und sagte zu ihm: ›Ich bin Engländer, ich möchte mit einem sowjetischen Offizier sprechen.‹«

In jener Nacht beginnt das zweite Leben des George Blake. Am nächsten Morgen wird er von seinem früheren KGB-Kontaktmann Sergei Kondraschow identifiziert. Nach ein paar Tagen Aufenthalt in Berlin fliegen sie gemeinsam nach Moskau.

Mit Hilfe des KGB beginnt sich Blake in seiner neuen Umgebung zu etablieren. Zwar wird er nicht mehr vom sowjetischen Geheimdienst beschäftigt, doch durch die Vermittlung seines Freundes Donald MacLean, einer der »Glorreichen Fünf«, erhält er einen Posten in der Abteilung für arabische Sprachen der Lomonossow-Universität.

Groß ist die Wertschätzung, die Blake entgegengebracht wird: Ihm wird die höchste Auszeichnung der Sowjetunion, der Lenin-Orden, verliehen. Nur ein anderer KGB-Spion hatte diesen Orden vor ihm erhalten: Richard Sorge, der Stalin 1941 vor dem deutschen Überfall gewarnt hatte. War es wirklich nur der Verrat des Berliner Spionagetunnels, der die Sowjets zu dieser Ehrung veranlaßte? Nein, viel wichtiger für Moskau waren die preisgegebenen SIS-Agenten.

Eine Autostunde von Moskau entfernt versteckt sich in einer abgelegenen Waldgegend eine Siedlung kleiner Wochenendhäuser. Frisch gefallener Schnee liegt fast einen Meter hoch; kein Wunder, daß wir Schwierigkeiten haben, Blakes Datscha zu finden: ein kleines grünes Holzhaus, umringt von hohen Kiefern. George Blake und seine Frau Ida sind gerade vom morgendlichen Skilanglauf zurückgekehrt. Es gibt Tee und Sandwiches.

Die Datscha ist sein Lieblingsort. Hier verbringt er stille Wochen, wenn er an einer Übersetzung arbeitet, und fröhliche Wochenenden mit der Familie und Freunden. Es ist jetzt Anfang Siebzig. Die Zeit als Doppelagent liegt über dreißig Jahre zurück, Glasnost und Perestroika kamen und gingen, die Sowjetunion, der Fels, auf den seine Generation gebaut hatte, ist auseinandergebrochen. Ist er enttäuscht?

Natürlich hat er diese Frage erwartet. »Ich glaube noch immer daran«, sagt Blake, »daß die beste und perfekteste Gesellschaft, welche die Menschheit anzustreben fähig ist, nur eine kommunistische Gesellschaft sein kann. Daran wollte ich mitarbeiten.

Doch am Ende des 20. Jahrhunderts müssen wir erkennen, daß wir nicht in der Lage gewesen sind, eine solche Gesellschaft zu schaffen. Die Menschheit ist noch nicht soweit, denn der Kommunismus braucht, um erfolgreich zu sein, Menschen mit einem hohen moralischen Standard. Es hat sich als Fehler herausgestellt

Der Doppelagent: »Ich hatte immer noch Angst.« Getarnt mit Kinnbart und Perücke, stellt Oleg Gordiewski 1990 sein Enthüllungsbuch über das KGB vor.

»Er hat mich benutzt.« Michail Ljubimow war Gordiewskis einziger »Freund« im KGB.

Ein Dokument vergangener Zeiten: Gordiewskis KGB-Ausweis.

»Die Fotografen warteten auf Tränen – doch ich habe nicht geweint.« Nach sechs Jahren Geiselnahme durch das KGB darf Leila Gordiewski mit ihren Töchtern 1991 endlich ausreisen.

»Ich habe ihn durchschaut.« Viktor Gruschko, Ex-Vize des KGB, ließ Gordiewski unter Drogen setzen.

»Er ist ein Verräter.« Wladimir Krjutschkow, Ex-Chef des KGB, haßt den Überläufer immer noch.

Die erste Atombombe der Menschheit. Noch vor ihrer Zündung verriet Klaus Fuchs ihr Geheimnis an die Russen.

Klaus Fuchs, Spion aus Überzeugung: »Indem ich auch der anderen Seite die Bombe gab, habe ich das Gleichgewicht der Kräfte wiederhergestellt. Darum ist es nicht zum Krieg gekommen.«

Die Gralsburg der Kernphysik. In Los Alamos wurde die Bombe entwickelt.

»Little Boy« in Aktion. Die Bombe von Hiroshima kostete über 200 000 Menschen das Leben.

Volk's Café: Treffpunkt der Atomspione mitten in Manhattan.

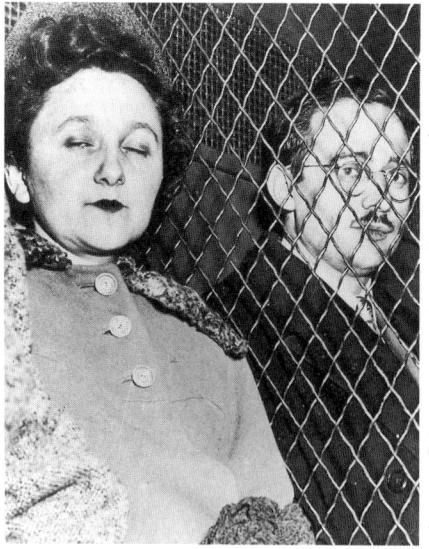

»Eine diabolische Verschwörung.« Todesurteil für das Ehepaar Julius und Ethel Rosenberg.

»Er war ein Einzelgänger.« Victor Weisskopf arbeitete mit Fuchs an der amerikanischen Atombombe.

»Fuchs war nicht der erste Atomspion.« Ex-KGB-Mann Pawel Sudoplatow.

Die Heimkehr des Maulwurfs. Als George Blake (links) 1953 aus koreanischer Gefangenschaft nach London zurückkehrt, steht er schon im Dienst des KGB.

»Ein Akt amerikanischer Piraterie.« Sowjetoffiziere zeigen Westjournalisten den Berliner Spionagetunnel.

»Die Elektronik war beeindruckend.« Die Sowjets nutzten sie später für eigene Zwecke.

»Ein Anschlag auf die Souveränität der DDR.« Die SED-Propaganda schlachtet die Tunnel-»Entdeckung« weidlich aus.

»Steinerne Mauern machen keinen Kerker.« Fünf Jahre nach dem Urteil floh George Blake aus Wormwood Scrubs.

»So schmuggelten wir George raus.« Ann und Michael Randle in ihrem Fluchtauto von damals.

»Er war mein bester Mann in Deutschland.« Sergei Kondraschow rühmt seinen Top-Spion im Ruhestand.

»Ich lockte Blake nach London.« Sir Nicholas Elliott war damals SIS-Chef in Beirut.

»Ich habe den Spionagetunnel ausgehoben.« Vadim Gonscharow war damals KGB-Mann in Berlin.

»Er war ein Adjutant, mehr nicht.« Der Kanzlerspion Guillaume tarnt sich als Kofferträger.

»Ich habe ihn oft hinausgeworfen.« Kanzlerreferent Wilke fand den Kollegen Günter G. »zu neugierig«.

»Ich war entschlossen, meine Sternstunde zu nutzen.« Kanzlerspion Günter Guillaume (Bildmitte) hatte im Norwegenurlaub von Rut und Willy Brandt Zugang zu allen Geheimdokumenten.

»Nichts anmerken lassen.« Verfassungsschützer Günther Nollau (links) nahm den Kanzler als Köder.

»Der Kanzler ist einverstanden.« Innenminister Genscher deckte die Observation.

»Wir waren professioneller.« Ex-HVA-Chef Markus Wolf kritisiert die westdeutschen Dienste.

»Es bleibt ein gewisses Risiko.« Egon Bahr warnte vor der Einstellung Guillaumes im Kanzleramt.

»Das war wirklich reiner Zufall.« Herbert Ehrenberg holte den Spion ins Kanzleramt.

»Ich war ein Partisan des Friedens.« Günter Guillaume 1993 als Zeuge im Wolf-Prozeß.

»Wir wußten genau, wo sie waren.« Dank Walker war das KGB über den Standort der US-Atom-U-Boote immer informiert.

»Auf frischer Tat ertappt.« KGB-Spion John Walker am Ende seines achtzehnjährigen Deals.

»Eine Million Dollar für eine Million Geheimdokumente – ein gutes Geschäft.« Walkers Führungsoffizier Boris Solomatin.

»Ich wollte ihn auf keinen Fall erschießen.« FBI-Agent Bob Hunter nahm John Walker fest.

»Ein komplexer Plan.« Detaillierte Anweisungen des KGB für den Austausch Ware gegen Geld.

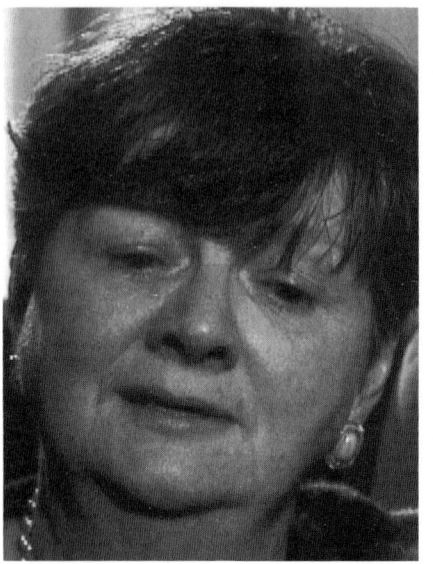

»Sie war eine potentielle Gefahr.« Walkers Ex-Frau Barbara verriet ihren Mann an das FBI – und damit unwissentlich auch ihren Sohn.

»Es gibt noch eine Kleinigkeit zu regeln.« John Walker (zweimal lebenslänglich) hofft auf Freilassung und Resthonorar vom KGB.

»Nur für Angehörige der Deutschen Reichsbahn.« Durch die Agentenschleuse am Bahnhof Friedrichstraße (rechte Tür) setzte sich Überläufer Werner Stiller in den Westen ab.

»Der Kandidat ist entwicklungsfähig.« Werner Stiller 1972 als Leutnant der HVA.

»Es war Liebe auf den ersten Blick.« Stillers zweite Ehefrau Erzsebet 1970 als VEB-Model.

»Stilvoller Treffpunkt mit Agenten aus dem Westen«: Das Hotel »Panorama« im thüringischen Oberhof, wo Stiller seine Fluchthelferin Helga Michnowski kennenlernte.

»Was tut man nicht alles aus Liebe?« Stillers Komplizin Helga Michnowski heute.

»Die Stasi in so einem Loch?« Die »Burg«, Stillers konspirative Ostberliner Wohnung.

»Der Spion war einfach weg.« DDR-Abwehrchef Günther Kratsch erinnert sich nur ungern an die Pleite.

»Ein Traum ist wahr geworden: Mielke sitzt in Plötzensee, und ich an seinem Schreibtisch« (O-Ton Peter Fischer alias Werner Stiller).

zu glauben, wenn man die Eigentums- und Produktionsverhält-
nisse verändert, dann verändert man auch die Gesellschaft.

Man muß aus der Geschichte lernen. Die wichtigste Lektion
lautet, daß es unmöglich ist, die ideale Gesellschaft mit Gewalt
durchzusetzen. Die Menschen der Zukunft werden eine kommunistische Gesellschaft schaffen, weil sie eine wollen, nicht weil sie
dazu gezwungen werden.«

Wir sind verblüfft: Ist es ein »hoher moralischer Standard«,
Menschen zu verraten? Menschen, die man selbst angeworben
hat? Damals, 1945, in den Internierungslagern der geschlagenen
deutschen Wehrmacht?

Der Ex-Spion verteidigt sich: »Ich habe mir ausbedungen, daß
keiner der von mir Verratenen hingerichtet werden darf. Der
Vorwurf, ich sei am Tode einer Reihe von Agenten schuldig, ist
eine Erfindung der Presse. Hätte das gestimmt, dann wäre es in
meinem Prozeß gegen mich vorgebracht worden. Das war aber
nicht der Fall.«

Doch schon in seinem Prozeß hatte Blake gestanden, daß er
zumindest vierzig SIS-Agenten den Sowjets ausgeliefert hat.
Heute gibt er zu, daß es tatsächlich über vierhundert gewesen
sind: Agenten, die in der Sowjetunion, der DDR, in Polen und der
Tschechoslowakei für den Westen gearbeitet haben. Viele von
ihnen sind einfach spurlos verschwunden. Manche mußten lang-
jährige Gefängnisstrafen verbüßen, andere Haftzeiten in Arbeits-
lagern; wieder andere sind umgedreht worden und mußten für
das KGB spionieren. Es gibt gute Gründe für die These, daß die
»schwersten Fälle«, also die besten Agenten, zum Tode verurteilt
und hingerichtet worden sind.

Taten ihm die Opfer seines Verrats leid?

»Nein, denn sie wußten um ihr Risiko. Wir waren Soldaten im
Kalten Krieg...«

Das ist eine gängige Entschuldigung. Sie wird auf beiden Seiten
des gefallenen Eisernen Vorhangs immer wieder vorgebracht, von
Veteranen der CIA, des SIS, des KGB: daß der Kalte Krieg ein
wirklicher Krieg gewesen sei mit einem klaren Frontverlauf und
klaren Feindbildern, ein Krieg der Geheimdienste, dessen Teilnehmer die Gefahren kannten und wußten, worauf sie sich einließen. Sie sahen sich gerne als Soldaten an der unsichtbaren Front:

»Und das aus gutem Grund. Ich war ja ein Soldat, der den gleichen Gefahren ausgesetzt war wie während einer militärischen Konfrontation!« George Blake bekräftigt seine Selbstdarstellung und erklärt auch, daß er sich aus diesem Grund zur Schnellheirat mit seiner ersten Frau entschloß – just zur gleichen Zeit, als er sich für das KGB entschied:

»Viele Soldaten im Zweiten Weltkrieg haben geheiratet, bevor sie an die Front gingen. So etwa empfand ich auch. Ich hatte mich als Agent verpflichtet und fühlte mich durch meinen Eid gebunden. Das beruhigte mein Gewissen. Aber wenn ich heute zurückdenke, dann glaube ich, daß ich nicht hätte heiraten, keine Kinder in die Welt setzen sollen.«

Blake macht eine Pause, sieht uns an und sagt entschlossen: »Wenn ich wirklich Schuld auf mich geladen habe, so war es die Schuld meiner Familie gegenüber. Ich habe sie in mein Schicksal mit hineingerissen.«

Dieses Eingeständnis ehrt den Ex-Spion. Doch es kann nicht von der eigentlichen, größeren Schuld ablenken, deren Ausmaß letzten Endes nur er selbst kennt. Dagegen wehrt er sich. Und davor schützt er sich. »Ich war Soldat im Kalten Krieg ... Ich wollte, daß den von mir verratenen Agenten nichts geschieht ...«

Dies ist die Lebenslüge des George Blake. Er hat sich nie darum gekümmert, ob das eingehalten wurde. Er wollte sich auch gar nicht darum kümmern. Denn er hatte Angst davor, die Wahrheit zu erfahren.

Der Referent

Nervös marschierte der Bundesminister für Post und Verkehr, Georg Leber, auf und ab. Horst Ehmkes Anfrage schob ihm den Schwarzen Peter zu:

»Lieber Georg«, las er, »kannst du trotz der Sicherheitsbedenken für Guillaume gutstehen?«

Aber ja doch. Georg Leber stand zu seinem Schützling. Günter Guillaume war absolut zuverlässig. Und loyal. Die Antwort des Ministers war eindeutig.

»Sehr geehrter Herr Ehmke«, diktierte Leber förmlich, obwohl er seinen Adressaten schon seit Jahren duzte. »Wie ich weiß, bewirbt sich Herr Günter Guillaume um die Übernahme einer Aufgabe im Bundeskanzleramt. Ich kenne Herrn Guillaume seit längerer Zeit aus der politischen Zusammenarbeit in Frankfurt/ Main. Er hat sich dabei stets durch Fleiß und Hingabe in der Erfüllung seiner Aufgabe bewährt und sie mit Geschick, Erfahrung und Intelligenz bewältigt.

Das, was ich an ihm immer besonders geschätzt habe, sind seine Zuverlässigkeit und sein verantwortungsbewußtes Geradestehen für die freiheitliche Lebensart und Demokratie. Er hat mir in vielen schwierigen Situationen seine uneingeschränkte Vertrauenswürdigkeit bewiesen. Dieses gilt auch für seine Frau Christel, die seit langen Jahren Mitarbeiterin von Herrn Staatssekretär Birkelbach und gegenwärtig in der Staatskanzlei der Landesregierung Hessen in Wiesbaden tätig ist. Mit freundlichen Grüßen – Georg Leber.«

Mit diesem Brief, datiert vom 22. Januar 1970, erhielt ein DDR-Spion die Eintrittskarte in das Machtzentrum der Bundesrepublik – das Kanzleramt. Es hatte gute Gründe für den Brief gegeben. Georg Lebers Schützling war vor Wochen in die Mühlen der geheimdienstlichen Observation geraten.

Begonnen hatte die heiße Phase des Falles Guillaume nach dem Wahlsieg der sozialliberalen Koalition im Oktober 1969. Willy Brandt war mit hauchdünner Mehrheit Kanzler geworden: der erste sozialdemokratische Regierungschef in Deutschland seit Reichskanzler Hermann Müller im Jahre 1930. Jetzt wollten die Sozialdemokraten nicht nur die Verantwortung in den Spitzenämtern, sondern auch auf der Ebene darunter – bei den Referenten.

Georg Leber hatte allen Grund, sich gegenüber Günter Guillaume dankbar zu zeigen. Dem Frankfurter Genossen war es gelungen, den Bundestagswahlkampf Lebers exzellent zu organisieren. Dieser zählte zum rechten Flügel der Sozialdemokratie und hatte es im traditionell linken Unterbezirk Hessen-Süd besonders schwer. Mit großem Einsatz schaffte es sein Wahlkreissprecher und Wahlkampfmanager Guillaume, ihm im Wahlkreis 140 zu einem satten Erststimmenanteil zu verhelfen. Noch im Prozeß gegen Guillaume rühmte Leber 1975 dessen Organisationstalent:

»Ja, es ist äußerst angenehm, einen Wahlkreissprecher zur Seite zu haben, der mit den politischen Auffassungen seines Abgeordneten völlig übereinstimmt – schon von dieser Voraussetzung her war er ein guter Mitarbeiter. Herr Guillaume steckte in keinem zeitraubenden Privatberuf, konnte sich seiner Aufgabe voll widmen. Er war arbeitswillig, hilfsbereit, immer da, wenn er gefordert wurde, sehr reaktionsfähig, kein praxisferner Mann, ein guter Organisator.«

Arbeitswillig, praxisnah – Tugenden, die Günter Guillaume in beiden Berufen beweist: als Funktionär und als Spion. Das Engagement des so Gelobten war nicht ganz ohne Eigennutz. Schon als Frankfurter Parteisekretär hatte er sich Aufstiegschancen ausgerechnet – immer scharf am rechten Flügel. »Julio«, wie ihn die Genossen nannten, wetterte so vehement gegen die »Roten«, daß er sich bald den Ruf eines »Juso-Fressers« einhandelte. Da kam ihm der gestandene Kandidat im Wahlkreis 140 gerade recht. Georg Leber schätzte den kontaktfreudigen Mann und brachte ihm bald ausgesprochene Sympathie entgegen. Man hatte, so schien es, die gleichen Grundsätze: Recht und Ordnung, Treue, Loyalität.

Deshalb setzte sich Leber auch für seinen Wahlkampfhelfer ein, als der nicht lange nach dem erneuten Wahlsieg seines Mentors den Wunsch äußerte, nach Bonn wechseln zu wollen: Ein rechtschaffener Mitarbeiter verdiente schließlich gerechte Belohnung. Im übrigen: Daß sich ein SED-Genosse wie Guillaume auf die Seite des rechten SPD-Flügels schlug, ist nur auf den ersten Blick verwirrend. Der spontane Aktionismus vieler SPD-Linker war den Parteigenossen Ulbrichts, Honeckers und »Mischa« Wolfs noch mehr ein Greuel als den rechts postierten Kameraden in der eigenen Partei.

Wäre er länger in Frankfurt geblieben, hätte Guillaume ohnedies Schwierigkeiten bekommen. Für die Jusos war er damals ein, sagen wir, rosa Tuch: »Julio«, Wadenbeißer aller Linken, galt als ein getreuer Knappe des Parteivorstands. Keiner war so antikommunistisch wie der gutgetarnte Kommunist.

Doch sein Pate ließ ihn nicht verkommen. Leber fragte den Genossen Herbert Ehrenberg, damals Leiter der Abteilung Wirtschaft im Bundeskanzleramt, ob sich nicht »irgend etwas« für den treuen »Julio« finden lasse. Tatsächlich suchte Ehrenberg gerade einen Hilfsreferenten. Keinen akademischen Schnösel, sondern einen Mann für die Basisarbeit, willig, wendig, organisationsbegabt – eben einen Mann wie »Julio«.

Ehrenberg hält das noch heute für den Faktor PSI im Fall Guillaume: »Es war wirklich purer Zufall, daß ich genau um die gleiche Zeit, in der Guillaume den Absprung Richtung Bonn gesucht hat, einen Mann mit seinen Fähigkeiten suchte. Das war wirklich Zufall.«

Leber rief Guillaume an, um ihm die freudige Nachricht persönlich mitzuteilen: »Günter, den Druck unserer Frankfurter Linken bist du los! Du kommst nach Bonn. Eine schöne Aufgabe! Herbert Ehrenberg im Bundeskanzleramt wartet auf dich!«

Noch beim ersten Bonner Termin war es recht zwanglos zugegangen – in jenem Stil, der die ersten Monate der Regierung Brandt kennzeichnete. Schließlich wollte man ja das moderne Deutschland schaffen. Ehrenberg machte seinen Kandidaten am 11. November 1969 in der Lobby des Bundeshauses mit dem Kanzleramtschef Ehmke bekannt. Im Beratungszimmer der SPD-Fraktion wurden nur wenige Worte gewechselt. Ehmke musterte Guillaume flüchtig: »Wir müssen Schwung in den Laden bringen.

Präsident Stellvertreter   90 A Leitungsstab   90 B Büroleitung
90 C Verbindungsstelle Bonn   90 P Personalrat   90 D Personalärztlicher und
                                                                   sozialer Dienst
90 E Vorprüfungsstelle   91 Schule des BND   92 Inspekteur des BND

Abteilung 1: Operative Aufklärung   Abteilung 2: Technische Aufklärung

11   Zentrale Aufgaben und überregio-   **20 A   Führungsunterstützung**
**   nale operative Aufklärung**   **22   Technische Aufklärung 1, Funküber-**
11 A   Nachrichtendienstliche Planung   **   wachung**
11 B   Überregionale Aufklärung Wirt-   22 A   Nachrichtengewinnung Militär,
       schaft, Technik, Wissenschaft   Politik, Wirtschaft
11 C   Unterstützung der Nachrichten-   22 B   Zentrale Nachrichtenbearbeitung
       beschaffung   22 C   Betriebsverfahren und -unterstützung
11 D   Maritime Aufklärung Handelsschiff-   **23   Technische Aufklärung 2, Funküber-**
       fahrt, Seestreitkräfte   **   wachung**
11 E   Internationaler Kommunismus   23 A   Nachrichtengewinnung Politik, Wirt-
11 F   Sonderaufgaben   schaft, Technik, Wissenschaft
12   Sowjetblock   23 B   Zentrale Nachrichtenbearbeitung
12 X   Stellvertr. Unterabteilungsleiter   23 C   Betriebsverfahren und -unterstützung
12 A   Auftragssteuerung, Meldungsbear-   **24   Unterstützung Nachrichtentechnik**
       beitung Warschauer Pakt, Jugo-   24 A   Steuerung und Projektbearbeitung
       slawien, Albanien   24 B   Nachrichtentechnik
12 B   DDR-Politik, Wirtschaft,   24 E   Technische Versorgung
       Technik und Wissenschaft   24 F   Technische Datenverarbeitungsunter-
12 C   DDR-Süd Streitkräfte   stützung
12 D   DDR-Nord Streitkräfte   24 G   Fernmelde-, Verbindungsdienst
12 E   UdSSR, Comecon
12 F   Polen
12 G   Ungarn, Tschechoslowakei   Abteilung 3: Auswertung
12 H   Bulgarien, Rumänien, Jugoslawien,
       Albanien   **31   Zentrale Aufgaben der Auswertung,**
12 L   Auswertung Gegenspionage kommu-   **   Stab**
       nistischer Machtbereich und abhän-   31 A   Führungsunterstützung
       gige Staaten   31 B   Aktuelle Lage und Berichterstattung
12 LX Sonderaufgaben Gegenspionage   31 C   Gesamtlage und Auftrag
12 L   Koordinator Gegenspionage   **32   Auswertung Politik**
13   Westliche und übrige Welt   32 A   Lage und Berichterstattung
13 A   Nordamerika, Großbritannien,   32 B   UdSSR
       Skandinavien   32 C   DDR
13 B   Frankreich, Benelux, Schweiz   32 D   Kommunistisch regierte europäische
13 E   Asien, Australien   Staaten (ohne UdSSR und DDR)
13 F   Afrika   32 F   Nah-, Mittelost, Nordafrika
13 G   Lateinamerika   32 G   Ost-, Südost-, Südasien, Australien,
14   Rezeptive Aufklärung, Post- und   Ozeanien
**   Fernmeldekontrolle, Befragungs-**   32 H   Lateinamerika, Antarktis
**   wesen**   32 I   Afrika (ohne Nordafrika)
14 A   Grenzmeldegesetz   **33   Auswertung Militär**
14 B   Post- und Fernmeldekontrolle   33 A   Grundsatzfragen
14 C   Befragungswesen   33 B   Militärische Gesamtlage, Lage- und
16   Mittelmeerraum   Indikationszentrum
16 A   Nah-, Mittelost, Nordafrika
16 B   Südeuropa
16 C   Internationaler Terrorismus

Die Gliederung des Bundesnachrichtendienstes (BND)
(Nach: Schmidt-Eenboom [1993] und Recherchen des Autors)

33 D Militär- und Rüstungskontrollpolitik, Militärstrategie, Sicherheitslage des Warschauer Pakts
33 E Atlantischer und pazifischer Raum
33 F Nah-, Mittelost, Afrika, Indien, PLO
33 G Gesamtstreitkräfte Warschauer Pakt, Zivilverteidigung, Transport und Verkehr, ABC-Waffen
33 H Landstreitkräfte Warschauer Pakt, Mongolei, Jugoslawien, Albanien
33 J Landstreitkräfte Warschauer Pakt, Mongolei, Jugoslawien, Albanien
34 Auswertung Wirtschaft
34 A Energiewirtschaft
34 B Landwirtschaft und Industrie
34 C Kommunistisch regierte europäische und asiatische Staaten (ohne DDR)
34 D DDR
34 E Westliche und neutrale Industriestaaten, Antarktis, internationale Fragen
34 F Entwicklungsländer
35 Auswertung Technik und Wissenschaft
35 A Wissenschaftspotential, Technologietransfer
35 B Kernenergie, Physik, Raumfahrt, Geowissenschaft
35 C Medizin, Biologie, Chemie, Werkstoffe, Umweltschutz
35 D Wehrtechnik, Elektronik

Abteilung 4: Verwaltung

41 Organisation
41 A Planung, Grundsatz, EDV-Koordination
41 B Dienstpostenbewertung, Stellenbewirtschaftung, Sachmittelausstattung
41 C Haushalts-, Kassen- und Rechnungswesen
41 D Verteidigungsvorbereitungen
42 Personal- und Sozialwesen
42 A Personaleinsatz, Personalgewinnung, Aus- und Fortbildung
42 B Grundsatzangelegenheiten Personal
42 C Statusreferat Beamte
42 D Statusreferat Soldaten
42 E Statusreferat Angestellte, Lohnempfänger
42 F Gebührnisse, Reisekosten
43 Verwaltung und Recht
43 A Kfz-Angelegenheiten
43 B Maßnahmen für den Krisen- und Verteidigungsfall

43 C Rechtsangelegenheiten
43 D Vergabewesen, Geräte- und Materialverwaltung
43 E Unterkunft, Wohnungsfürsorge
43 F Bauwesen

Abteilung 5: Sicherheit und Abwehrlage

51 Grundsatz- und zentrale Angelegenheiten
51 A Grundsatz- und zentrale Angelegenheiten
51 B Abwehrlage, Sicherheitsanalysen, Dokumentation
51 C Zentrales Personenauskunftswesen, Personaldokumentation
52 Personelle, materielle, operative Sicherheit, Geheimschutzbeauftragter
52 A Personelle und materielle Sicherheitsangelegenheiten
52 B Operative Sicherheitsangelegenheiten
52 C Sicherheitsüberprüfung
53 Überprüfung von Mitarbeitern, technische Sicherheit
53 A Besondere Sicherheitsangelegenheiten, Betreuung
53 B Technische Sicherheit
53 C Sicherheitsangelegenheiten anderer Behörden

Abteilung 6: Zentrale Aufgaben

60 A Sonderaufgaben
60 B AKN
61 Datenverarbeitung und Dokumentation
61 A Datenverarbeitung
61 B EDV-Dokumentation
61 C EDV-Organisation
61 D Programmierung
61 E Zentralbibliothek
62 Zentralstelle für das Chiffrierwesen Bonn-Bad Godesberg
62 A Allgemeine kryptologische und zentrale Aufgaben
62 B Mathematik
62 C Kryptotechnik
62 D Dechiffrierung A
62 E Dechiffrierung B
63 Nachrichtendienstliche Technik und technische Unterstützung
63 A Nachrichtendienstliche Technik, Einsatzsteuerung
63 B Geheimverfahren
63 C Technische Physik

Darüber mußt du dir im klaren sein.« Dann meinte er, schon wieder im Weggehen, zu Ehrenberg: »Wenn du den Mann haben willst – bitte! Aber fangt mit der Arbeit bald an!«

Doch davor standen noch zwei Hürden: die Zustimmung des Personalrats im Kanzleramt und die obligate Sicherheitsüberprüfung. Fast wäre der Spion an der Schwelle zum Palais Schaumburg über seine fehlende akademische Qualifikation gestolpert. Der Personalrat lehnte am 10. Dezember 1969 die Einstellung des Bewerbers mit der Begründung ab, er verfüge nicht über die fachlich notwendigen Voraussetzungen für die angestrebte Position. Es bestehe der Verdacht, daß ein nicht geeigneter Bewerber wegen seiner politischen Betätigung bevorzugt werde.

Gewöhnt an zwanzig Jahre CDU-Herrschaft, rümpften die gestandenen Berufsbeamten nur die Nase angesichts der Vita dieses Aspiranten ohne Abitur und entsprechende Bewährung im höheren Dienst. In ihrem Argwohn hätten sie fast Schlimmeres verhindert, wenngleich nur aus Versehen. Doch das war lediglich der Nebenkriegsschauplatz.

Die routinemäßige Sicherheitsüberprüfung Guillaumes ging mit bundesdeutscher Gründlichkeit vonstatten. Regierungsdirektor Hollenbach von der Sicherungsgruppe Bonn des Bundeskriminalamts schöpfte keinerlei Verdacht angesichts der offenkundigen Unstimmigkeiten, die sich aus dem Vergleich zweier Lebenslaufversionen Guillaumes ergaben.

So hatte der Bewerber in einem früheren Lebenslauf zu Protokoll gegeben, er sei 1946 bis 1949 als Fotograf bei zwei Berliner Firmen angestellt gewesen. In seiner Sicherheitserklärung behauptete er jedoch, von 1946 bis 1950 »freiberuflich« tätig gewesen zu sein. Dann hatte er zunächst angegeben, von 1953 bis 1955 als Bildredakteur beim DDR-Verlag »Volk und Wissen« gearbeitet zu haben. Später behauptete er, von 1950 bis 1955 dort tätig gewesen zu sein. In der Sicherheitserklärung findet sich eine dritte Version – ihr zufolge war er von 1951 bis 1955 als »technischer Redakteur« beim Verlag »Volk und Wissen«. »Erinnerungsfehler«, diagnostizierte Hollenbach und schloß die Akte.

Immerhin holte das Bundeskanzleramt auch bei den Polizeipräsidenten in Berlin und Frankfurt Informationen über das Ehepaar Guillaume ein. Die Frankfurter Polizei berichtete nur über Guillaumes Funktion in der SPD. Doch aus Berlin kam am 10. Dezember die Meldung: »Der ›Untersuchungsausschuß freiheitlicher Juristen‹ teilte am 22. November 1955 mit, daß ein Günter Guillaume, wohnhaft in Birkenwerder (SBZ), beschäftigt als Fotograf beim Ostberliner Verlag ›Volk und Wissen‹, der Agententätigkeit in West-Berlin und der Bundesrepublik verdächtigt wird. Im Juli 1956 soll Günter Guillaume in die Bundesrepublik geflüchtet sein. Personengleichheit kann vermutet werden.«

Der »Untersuchungsausschuß freiheitlicher Juristen« galt in SPD-Kreisen Ende der sechziger Jahre allerdings als reaktionäres Relikt des Kalten Krieges. Die Genossen mißtrauten dieser Organisation, ihre Meldungen wurden mit der spitzen Zange angefaßt. Ignorieren durfte man sie freilich nicht.

Dingfester jedoch war eine andere Information, die das Kanzleramt vom Bundesnachrichtendienst in München-Pullach erhielt: »Nach einer auf ihren Wahrheitsgehalt nicht mehr überprüfbaren Karteinotierung vom April 1954 soll Günter G., geb. 1. 2. 1927 in Berlin, im Auftrag des Verlages ›Volk und Wissen‹ die BRD mit dem Zweck bereist haben, um Verbindungen zu Verlagen, Druckereien und Personen herzustellen und diese dann östlich zu infiltrieren. Keine weiteren Erkenntnisse.«

Keine weiteren Erkenntnisse. Vielleicht wäre es dem zuständigen Beamten leichter gefallen, mehr von diesen zu gewinnen, wenn er noch intensiver in seinen Karteikarten gestöbert hätte. Sie enthielten nämlich durchaus anderes Material: Notizen vom 5. März und vom 30. Mai 1951 sowie vom 7. April 1954, die sich auf eine Person namens »Guiome«, später »Guillaume« bezogen, eine Person, von der berichtet wurde, sie sei »in auffälligem Maße im Interesse des DDR-Systems aktiv«; Notizen, die besagten, daß vom Verlag »Volk und Wissen« schon häufig nachrichtendienstliche Aktivitäten ausgegangen waren.

Überdies war der BND auch im Besitz einer Meldung eines Gewährsmannes des »Untersuchungsausschusses freiheitlicher Juristen« vom 14. November 1955. Hätte diese Meldung im Wortlaut – und nicht verkürzt – vorgelegen, wäre Guillaume zweifellos erheblich schnell unter Verdacht geraten. Da hieß es nämlich: »In der letzten Zeit wurde Günter Guillaume häufig nach Westdeutschland geschickt. Vor etwa vier Wochen nun ist er aus dem

Verlag völlig ausgeschieden, offenbar, um ganz für die Westarbeit freigemacht zu werden. Gewährsmann vermutet in diesem Zusammenhang, daß G. die Zonengrenze künftig recht häufig überschreiten wird und daß es sicher nützlich wäre, sich diesen Mann genauer anzusehen.«

Es waren also durchaus handfeste Informationen vorhanden. Allein die Widersprüche in den Lebensdaten Guillaumes zu Beginn der Sicherheitsüberprüfung hätten schon die Alarmglocken schrillen lassen müssen. Nicht zum ersten Mal wiesen unpräzise und nicht deckungsgleiche Angaben über Lebenslauf und beruflichen Werdegang auf eine Agentenlegende hin.

Doch der Bundesnachrichtendienst in Pullach hatte sich ganz offensichtlich von der falschen Schreibweise »Guiome« in der Karteinotierung von 1951 verwirren lassen. Niemand kam auf die Idee, daß es sich drei Jahre später bei »Guillaume« und »Guiome« um ein und dieselbe Person handeln könnte. Immerhin regte sich nun beim Sicherheitsbeauftragten des Kanzleramts so viel Mißtrauen, daß er Professor Ehmke informierte. Der setzte sich prompt mit BND-Chef Gerhard Wessel in Verbindung.

Die doppelten Verdachtsmomente aus Pullach und Berlin wurden von der BND-Zentrale noch einmal bestätigt. Die Quelle, hieß es, sei absolut zuverlässig. Im Bundeskanzleramt wurde eine Lagebesprechung anberaumt – Thema: »Hintergrundwissen und Näheres über die Quelle«. Auch BND-Chef Wessel hätte daran teilnehmen sollen. Doch der Präsident erkrankte und tickerte per Fernschreiben seine Empfehlung nach Bonn: G. solle noch einmal gezielt auf den Verdacht angesprochen werden. Vielleicht verrate er sich durch seine Reaktion. Die BND-Meldung gebe keinen ausreichenden Anlaß für etwaige Benachteiligungen, zwinge aber zur eingehenden Überprüfung durch den Verfassungsschutz. Und: »Schlage Prüfung der Verwendung in einer anderen Behörde vor.«

Kanzleramtschef Horst Ehmke gab das Papier an Egon Bahr weiter. Der ging noch weiter als Wessel. Bahr bekundete sein Mißtrauen in einem nahezu historischen Vermerk: »Selbst wenn Sie einen positiven Eindruck haben, bleibt ein gewisses Sicherheitsrisiko, gerade hier.« Noch heute freut sich Bahr, daß er damals recht behalten hatte. Hätte man doch auf ihn gehört! Immerhin veranlaßte Ehmke nun ein hochnotpeinliches Verhör des Aspiranten – die von Wessel vorgeschlagene »gezielte Befragung«.

Am 7. Januar 1970 saßen sich Minister und Spion im Bundeskanzleramt gegenüber. Der Amtschef hatte neben Guillaumes künftigem Abteilungsleiter Ehrenberg noch einen vierten Mann geladen: den Sicherheitsbeauftragten des Bundeskanzleramts, Ministerialdirigent Schlichter. Was nun folgte, war ein wahres Glanzstück deutscher Aufklärung: Der Laie Ehmke, im nachrichtendienstlichen Metier ebensowenig bewandert wie Brandt oder Ehrenberg, unterzog den im konspirativen Verhalten ausgebildeten Fachmann Guillaume einem intensiven Verhör. So gut im Verstellen kann eigentlich gar keiner sein, davon war Ehmke nach der Befragung überzeugt. Fazit: Der sagt die Wahrheit. Daß er, Ehmke, dem Spion selbst die letzte Sicherheit gab, indem er beiläufig erwähnte, die Quelle des BND sei inzwischen leider gestorben – das wurde ihm erst Jahre später klar.

Ehrenberg, ein knorriger Ostpreuße, der den Geheimdiensten ohnehin nicht sonderlich gewogen war, meint dazu heute: »Guillaumes Antworten waren nicht so überzeugend, daß es wiederum verdächtig gewesen wäre. Sie waren so normal, so simpel, daß sich eigentlich allein aus der Art dieser Antworten, für mich jedenfalls, der Eindruck ergab, daß das alles Tinnef ist, was die Dienste da behaupten.«

Guillaume selbst war von der hochnotpeinlichen Befragung überrascht, gab sich jedoch gelassen. Aber: »Diese zwei Stunden gehören zu den schwierigsten meiner Laufbahn«, bekennt er später. Seine Chuzpe half ihm. Er erklärte sich sogar zur angedrohten Gegenüberstellung mit dem ominösen BND-Informanten bereit. Doch der war ja schon tot, wie Ehmke selbst zugab. Sicherheitshalber informierte Guillaume nach dem Gespräch sogleich die Zentrale des Ministeriums für Staatssicherheit (MfS) in Ost-Berlin. »Mischa« Wolf sorgte persönlich dafür, daß die Verbindungen zu seinem Mann in Bonn erst einmal auf Eis gelegt wurden.

Der genervte Ehmke trug dem Kandidaten auf, seinen »Werdegang ab 1945« noch einmal schriftlich zu erläutern. Erstmals räumte Guillaume (clever, wie er war) dabei ein, als Mitglied des Freien Deutschen Gewerkschaftsbundes (FDGB) »Vorsitzender

der Abteilungsgewerkschaftsleitung der Hauptabteilung Berufsausbildung des Verlages ›Volk und Wissen‹« gewesen zu sein. Im Rahmen dieser Betriebsarbeit sei er gezwungen gewesen, an »Solidaritätseinsätzen« in West-Berlin teilzunehmen.

Guillaumes Angaben konnten mangels Zeugen weder bewiesen noch widerlegt werden. Das Bundesamt für Verfassungsschutz, von Ehmke zur Eile gedrängt, nahm es mit seinen Recherchen nun nicht mehr so genau. Die Verpflichtung von FDGB-Leuten zur »Westarbeit« entspreche den hiesigen Kenntnissen, wurde berichtet. Auch charakterliche Sicherheitsrisiken seien nicht aufgetaucht.

Am 20. Januar erhielt der Verfassungsschutz vom Gesamtdeutschen Institut zwar noch einmal die Meldung, ein Gewährsmann des »Untersuchungsausschusses freiheitlicher Juristen« habe im Juli 1956 berichtet, »daß G. vor drei bis vier Wochen geflüchtet« sei. Dessenungeachtet gab Johann Gottlieb Hermenau, Leiter der Geheimschutzabteilung V des Verfassungsschutzes, am 26. Januar 1970 grünes Licht für Guillaumes Einstellung: »Die umfassende Karteiüberprüfung und die Sicherheitsermittlungen sind abgeschlossen. Sie haben keine Erkenntnisse erbracht, die einer Ermächtigung zum Umgang mit Verschlußsachen bis ›geheim‹ entgegenstehen.«

Der Grund für diese Eile beruhte auf dem Geist der neuen Zeit. Den Beamten war es peinlich, gerade jetzt den Eindruck zu erwekken, sie schützten Sicherheitsbedenken vor, um ein Kind des Volkes von den Weihen des höheren Dienstes fernzuhalten.

Ehmke gibt heute vor allem dem Verfassungsschutz die Schuld an der Misere: »Wir haben dem Verfassungsschutz gesagt: ›Jetzt dreht ihn durch die Mühle.‹ Und das haben die dann leider nicht getan. Sie haben nur eine Routineüberprüfung vorgenommen. Sie haben den Zentralcomputer, der damals ja noch nicht sehr entwikkelt war, abgefragt, während das ganze Material, das es bereits über Guillaume gab, im Verfassungsschutz lag – nur nicht in der Abteilung, die für die Geheimdienstprüfung zuständig war, sondern in der Spionageabwehrabteilung. Im Nebenzimmer sozusagen.«

Damals behauptete Ehmke allerdings Bahr gegenüber: »Der ist durch die Mühlen gedreht worden wie keiner vor ihm und wahrscheinlich keiner nach ihm. Ich konnte nun gar nicht anders als ihn einstellen.«

Zu diesem Zeitpunkt hielt Ehmke bereits das von Leber verfaßte Leumundszeugnis in Händen. Der ehemalige Gewerkschafter hatte in seinem Antwortbrief keinen Zweifel an Guillaumes Loyalität gelassen.

Die Sicherheitsbedenken gegen seinen Schützling riefen bei Leber ebensowenig Erstaunen hervor wie bei Ehrenberg. »So was« kam schließlich öfter vor. Bei näherer Betrachtung stellte sich ja meist heraus, daß nichts dahintersteckte.

Leber meint heute dazu: »Guillaume war für mich genauso geheuer wie Herr Genscher, wie Herr Mischnick und wie tausend andere Leute, die auch aus dem Osten kamen und denen wir vertraut haben. Er hat uns auch nie Anlaß für Verdacht gegeben. Im Gegenteil, wenn ich aus seinem Verhalten Verdacht hätte schöpfen wollen, dann hätte ich eher vermutet, er sei ein ganz Rechter.«

So konnte es geschehen, daß es einem langjährigen Mitarbeiter der Hauptverwaltung Aufklärung (HVA), Mitglied der SED, Spion im Dienste des MfS, gelang, sich mit Hilfe einflußreicher Genossen und unfähiger Dienste ins Bundeskanzleramt zu mogeln.

Am 26. Januar 1970 wurden die Sicherheitsermittlungen sangund klanglos abgeschlossen. Am 28. wies Ehmke auch die Vorbehalte des Personalrats gegen Guillaumes Anstellung zurück.

Noch am selben Tag erhielt Guillaume rückwirkend zum 1. Januar einen Vertrag als Hilfsreferent im Bundeskanzleramt für den Tätigkeitsbereich »Verbindung zu Gewerkschaften und Arbeiterverbänden«.

Nun, da Guillaume die Schwelle des Staatsapparats überschritten hatte, war er vor weiteren Recherchen erst einmal geschützt. Die Bundesrepublik erwies sich als joviale und großzügige Demokratie. Es entsteht der Eindruck, diese lockere Handhabung sei schon ein Symbol der neuen Zeit. Von der rigiden Staatsführung der Ära Adenauer wollte man sich ja nach Kräften distanzieren. Ehrenberg selbst sprach, ganz im Geiste des Neubeginns, von einer »Öffnung des öffentlichen Dienstes« und von verbesserter »personeller Mobilität«. Mit dem alten Mief sollte es ein Ende haben – auch und gerade im administrativen Bereich.

Hatte dieser frischgebackene Maulwurf nun also eine »Gesellenprüfung« bestanden, auf die er fünfzehn Jahre lang hinarbeiten mußte? Oder war sein Aufstieg purer Zufall? Guillaumes Auftrag habe nicht darin bestanden, sich an irgendeinen Kanzler heranzumachen, meint dazu heute sein Ex-Chef Markus Wolf:

»Niemand konnte sich vorstellen oder gar planen, daß ein Mann, der noch vor dem Mauerbau unter seinem richtigen Namen in die BRD übergesiedelt war, von dem sogar bekannt war, daß er SED-Mitglied gewesen war, es schaffen könnte, in das Heiligtum des Bundeskanzleramts vorzudringen. Für mich war er damals nichts Besonderes, nur einer unter vielen.«

Seine Verbindung zu Leber – Zufall. Der Aufstieg ins Bundeskanzleramt – eine Folge seiner Kontaktfreudigkeit. Hier wurde keine Strategie verfolgt – im Gegenteil: Die HVA war über den unerwarteten Coup höchst überrascht und auch besorgt, denn nun mußte mit intensiven Hintergrundüberprüfungen gerechnet werden.

Doch der Verfassungsschutz spielte seine Rolle als Hilfssheriff der HVA perfekt. Bald konnte Ost-Berlin Entwarnung melden: Jede Gefahr war gebannt.

Warum und wie Günter Guillaume überhaupt zum MfS gekommen war – darüber wurde lange spekuliert. Er sei wegen seiner Mitgliedschaft in der NSDAP erpreßt worden, heißt es oft. Dieser Partei trat er 1944 als Siebzehnjähriger bei. Oder wurde er (»Da ging es mir wie Genscher«, sagt er) tatsächlich »automatisch« aufgenommen? Wir lassen das dahingestellt. Als Erpressungsgrund für die Staatssicherheit hat dieser Umstand längst nicht ausgereicht. Als Zeuge im Prozeß gegen seinen ehemaligen Vorgesetzten Markus Wolf begründete Guillaume seine Entscheidung, die Agentenlaufbahn einzuschlagen, rein ideell: »Es hat mir Spaß gemacht. Ich war motiviert. Es sollte Wiedergutmachung für meine Teilnahme am Zweiten Weltkrieg sein.«

Tatsächlich wurde Günter Guillaume ganz einfach selbst angeworben – von einem Mann, der sein Leben entscheidend beeinflußt hat: Paul Laufer. Der HVA-Mann der ersten Generation diente dem jungen Guillaume als Vaterfigur. Dessen eigener Vater hatte sich 1948 mit einem Sprung aus dem Fenster das Leben genommen, weil er nach der Heimkehr aus britischer Kriegsgefangenschaft einen anderen Mann an der Seite seiner Frau vorfand. Zeit seines Lebens war Günter Guillaume auf der Suche nach einem Vaterersatz – zunächst übernahm Laufer, später wohl Willy Brandt für ihn die Rolle eines Übervaters.

Laufer machte aus Günter, dem feurigen Gewerkschafter, Guillaume, den Agenten, den Tschekisten. War er dafür nicht wie geboren? Schmeckte nicht schon sein hugenottischer Name bereits verwirrend nach Konspiration? In zwölf Jahren Zusammenarbeit entwickelte sich zwischen den beiden Männern tatsächlich eine Vater-Sohn-Beziehung.

Laufer war es auch, der zum ersten Mal von einer Übersiedlung in den Westen sprach. Dann könne, so der HVA-Mann, Guillaume als »Gleicher unter Gleichen« wesentlich unauffälliger arbeiten. »Gesetz des geringsten Risikos« nannte er das. »Gefährliche Reisezwischenfälle« seien dann nicht mehr zu befürchten.

Das »Unternehmen Übersiedlung« nahm immer konkretere Formen an. 1956 stand fest: Günter Guillaume und seine Frau Christel (seit fünf Jahren mit ihm verheiratet und ebenfalls auf der MfS-Liste) werden als Flüchtlinge in den Westen geschleust. Äußerst hilfsbereit war dabei Christels Mutter Erna Boom, die als niederländische Staatsbürgerin problemlos aus der DDR ausreisen konnte. Sie mußte nicht lange davon überzeugt werden, daß anständige Deutsche gegen die »Remilitarisierung der Bundesrepublik« und gegen die »alten Nazis«, die sich dort »wieder breitmachen«, zu kämpfen hatten.

Erna Boom meldete einen Wohnsitz in Frankfurt an. Auf diese Weise konnten die Guillaumes elegant die Kontrollen des Notaufnahmelagers umgehen. Spionagechef Wolf ließ sich die Sache zehntausend D-Mark kosten, Laufer übernahm die Organisation des Spionagetransfers, aus dem dank Ernas Trick eine harmlose Familienzusammenführung geworden war. Der Auftrag stand fest: Guillaume sollte Bundesbürger werden und sich einleben. Dann würde man schon weitersehen.

Die beiden Perspektivagenten begannen sich in Frankfurt eine kleinbürgerliche Existenz aufzubauen. Namens seiner Schwiegermutter betrieb Guillaume einen Kaffee- und Tabakladen – »Boom am Dom«. Nach der Geburt des Sohnes Pierre übernahm Schwiegermutter Erna den Haushalt, und Christel suchte sich eine Stelle als Sekretärin. 1957 trat das Ehepaar Guillaume auf Weisung der Ostberliner Zentrale in die SPD ein.

Auf einer der zahlreichen Parteiveranstaltungen, welche die Guillaumes besuchten, lernte Christel die hauptamtliche Geschäftsführerin des SPD-Bezirks Hessen-Süd kennen, die sie bald als Sekretärin ins Parteibüro des Bezirks vermittelte. Damit war Christel gleichzeitig zur Hilfskraft für Wilhelm Birkelbach geworden, der nicht nur SPD-Vorstandsmitglied, sondern auch Bundestagsabgeordneter und Vorsitzender der sozialistischen Fraktion des Europarats in Straßburg war. Sie erwies sich, wie in einem Zeugnis schwarz auf weiß zu lesen ist, als »zuverlässige Mitarbeiterin mit politischem Gespür«. Birkelbach faßte bald Vertrauen zu ihr.

Auch Christel hatte in Ost-Berlin eine nachrichtendienstliche Ausbildung durchlaufen. Als Birkelbach die nächste Sprosse seiner Karriereleiter erklomm, nahm er sie mit. Im Vorzimmer der hessischen Staatskanzlei, als deren Chef Birkelbach nun amtierte, gingen Kabinettsprotokolle, Vorschläge für Personalentscheidungen und Papiere zu Landbeschaffung für die alliierten Streitkräfte durch ihre Hände.

Im Grunde verdankte Günter Guillaume die eigene Parteikarriere seiner Frau: Sie hatte in Frankfurt die entscheidenden Kontakte für ihn geknüpft. Bei ihrer Arbeit machte sie nicht nur die Bekanntschaft führender Parteifunktionäre, sondern lernte auch Mitarbeiter der Pressestelle des Bezirks Hessen-Süd kennen, die das Parteiorgan *Der Sozialdemokrat* herausgaben.

Christel warb für ihren Mann. Er sei ausgebildeter Pressefotograf – was fast der Wahrheit entsprach –, und er wolle gerne wieder in seinem erlernten Beruf arbeiten. Ihr Antichambrieren hatte Erfolg: 1962 faßte Guillaume festen Fuß bei der Parteizeitung. 1963 meldete er sein Einzelhandelsgeschäft ab. Er hatte seine Tätigkeit als Reporter so weit ausgebaut, daß er die Kaffeestube nicht mehr zur Vortäuschung einer bürgerlichen Existenz benötigte.

1964 begann Guillaumes erste politische Karriere: Auf Fürspra-che von Funktionären wurde er Geschäftsführer des SPD-Unter-bezirks Frankfurt. Im Herbst 1968 zog er als Stadtverordneter in den Frankfurter Römer ein. 1969 organisierte er Georg Lebers Wahlkampagne – sein Sprungbrett nach Bonn.

Während er tagsüber an seinem Aufstieg feilte und den vielfälti-gen Verpflichtungen eines SPD-Funktionärs nachkam, fertigte Guillaume nachts die Berichte für Ost-Berlin an – beileibe nicht nur Nachrichten aus der Provinz. Darunter waren etwa von Chri-stel besorgte Informationen aus Birkelbachs Staatskanzlei, Sit-zungsprotokolle, Notizen über Personalentscheidungen, die Guil-laume zunächst noch nachbereitete, bis Christel vom MfS die Weisung bekam, direkt zu berichten. Während ihrer Vorzimmer-zeit flatterten acht Geheimdokumente auf Birkelbachs Schreib-tisch – darunter Nato-Erfahrungsberichte über die Manöver »Fallex 64« und »Fallex 66«. Guillaumes eigene Berichterstattung erschöpfte sich damals noch vor allem in sozialdemokratischem Parteiklatsch.

Als Fotojournalist kam er freilich auch mit Korrespondenten ausländischer Blätter ins Gespräch. Auf der Jagd nach Neuigkei-ten gaben sie am Biertisch oft selbst »exklusive Nachrichten« zum besten. So hatte der Ostagent schon in den fünfziger Jahren von der Direktive des US-Außenministers Dulles erfahren: »Not an inch!« Kein Zentimeter Boden sollte gegenüber der Sowjetunion preisgegeben werden. Natürlich freute sich das MfS auch über solche Nachrichten – vorausgesetzt, Paul Laufer hatte davon noch nichts in der Zeitung gelesen. Denn meist vermeldete die Presse solche Neuigkeiten, kurz nachdem Guillaume sie streng geheim-dienstlich gefunkt hatte.

In Frankfurt arbeitete er noch mit den klassischen Übermitt-lungsmethoden: Abfotografieren von Dokumenten, Übergabe bei konspirativen Treffs, chiffrierte Funksprüche. Über Funk erhielt er seine Anweisungen, die der Funküberwachung des Verfas-sungsschutzes so manche Rätsel aufgaben.

Auch die Dechiffrierung der Codes 1956 brachte keine Klä-rung: »F. nicht mit Telefon anrufen.« – Wer war F.? – »Senden Sie im August Kaffee.« Manche Order erschien auf den ersten Blick eindeutiger: »Beachte John-Prozeß, Probleme der Fraktion, am wichtigsten jetzt Reise des Club-Vorsitzenden, erwarten dringend Bericht über Lage in erster Mannschaft.« Der »Club-Vorsitzende« war die Person des Vorsitzenden des SPD-Parteipräsidiums, während er sich bei der »ersten Mannschaft« um den Parteivorstand handelte.

Und manchmal – zur größten Freude seines Ziehsohnes – meldete sich der große Paul Laufer per Funk. Er teilte seine Freude darüber mit, daß Guillaume Arbeit gefunden hatte. Er mahnte zur Disziplin, er gratulierte Christel und Mutter Erna zum »nationalen Frauentag«. Jahre später sollten seine Geburtstagsglückwünsche den Guillaumes zum Verhängnis weerden.

Doch zunächst war keinerlei Gefahr im Verzug. Das MfS änderte 1960 seinen Code, und nun war die Funküberwachung erneut ziemlich ratlos. Es gelang der Spionageabwehr nicht, den Sendekopf 37 mit dem Decknamen »Georg« zu lokalisieren und zu identifizieren. »Georg« war Guillaume.

Für die Aufnahme von Dokumenten benutzte »Georg« zunächst eine Exacta-Kleinbildkamera, die er aus der DDR mitgebracht hatte. Bald ersetzte er sie durch die beliebte Kleinstbildkamera der Agenten, die Minox. Sie hätte ihn einmal fast verraten. Einer seiner Reporterkollegen beim *Sozialdemokrat* entdeckte Guillaume auf einem Foto, das ihn inmitten einer vieltausendköpfigen Menge vor dem Frankfurter Römer zeigte. Mit der Minox in der Hand, nur durch die Lupe erkennbar, visierte Guillaume John F. Kennedy an, der tags zuvor noch in Berlin sein berühmtes »Ich bin ein Berliner!« in die Mikrofone gerufen hatte.

»Seit wann fotografierst du mit einer Minox?« fragte ihn der Kollege mißtrauisch. Guillaume verschlug es den Atem. Damals konnte er sich herausreden. Er habe den besten Platz gehabt. Die Leute hätten ihm von hinten ihre Kameras durchgereicht, damit er Aufnahmen damit mache. Was solle er wohl mit einer Minox? Das sei ja völlig idiotisch. Aber mulmig war ihm trotzdem. Was hatte wohl den Redakteur dazu veranlaßt, das Agenturfoto mit einer Lupe in Augenschein zu nehmen?

Als das abzulichtende Material überhandnahm, besorgte sich Guillaume eine Beaulieu-Filmkamera, mit der sich nach einer vom MfS gelieferten, als »Filmtitel« bezeichneten Arbeitsanweisung

Schriftstücke gleich serienweise ablichten ließen – pro Meter Spezialfilm zweihundertsechsunddreißig Aufnahmen.

Die technischen Hilfsmittel, die Guillaume zur Verfügung standen, entsprachen der Ausrüstung eines Agenten von Format. Er war in der Lage, Dokumente mit Hilfe einer Spezialkamera auch fotografisch zu verkleinern. Ein DIN-A4-Bogen konnte damit auf die Größe eines Punktes geschrumpft werden und, unter eine Briefmarke geklebt, mit der normalen Post nach Osten gehen. Was aber nutzt die beste Hardware, wenn die Software Kleckerkram beschreibt?

Christel überbrachte das belichtete Material. Die konspirativen Treffen mit Kurieren fanden in der Regel einmal im Monat in Frankfurt oder Wiesbaden statt, meist in gutbesuchten Gaststätten. In Frankfurt waren das in der Regel Cafés wie das »Kranzler« oder das »Café am Opernplatz«. Christel nutzte auch Besuche in West-Berlin dazu, MfS-Kuriere zu treffen. Während eines betont unverfänglichen Gesprächs wurde das Geheimmaterial in althergebrachter Agentenmanier, eingepackt in Zeitschriften, Büchern oder Geschenkpäckchen, ausgetauscht. Die Empfänger trugen Decknamen wie »Kurt«, »Fritz«, »Grete«, »Heinz« oder »Karl«.

Guillaume arbeitete dabei so diszipliniert, daß er auch seiner Frau Ort und Zeit der Übergabe erst kurz vorher mitteilte, was den konspirativen Charakter der Treffs um so mehr unterstrich.

Aber diese Arbeitsweise war jetzt endgültig passé. Jetzt war er in der Bundeshauptstadt, mitten in der Machtzentrale. Jetzt spielte er die erste Geige. Berichte über den Frankfurter Parteiklatsch wurden nun von Nachrichten über die parteiinterne Großwetterlage abgelöst. Guillaume, der passionierte Fotograf, schwor der Kamera ab. Er gab seinen MfS-Kontaktleuten »Arno« und »Nora Kretschmann« alias »Tondera«, die er bis zum bitteren Ende in Bonn, Köln und Holland in Kneipen, Hotels oder Autos traf, kaum Papiere oder Fotonegative mit. Lieber berichtete er mündlich.

Die Guillaumes hatten zu dem Agentenpärchen, dessen Identität bis heute nicht aufgedeckt ist, ein überaus herzliches Verhältnis. Die beiden waren Anfang der sechziger Jahre nach Westdeutschland gekommen. Jeder baute für sich eine neue Identität auf. »Franz Tondera« zog 1968 nach München, »Sieglinde Fichte«

1969 nach Ulm. Einen Skiurlaub nutzten die beiden, um sich unverfänglich »kennenzulernen«. Die Teilnehmer der Skigruppe waren von der angeblichen »Liebe auf den ersten Blick« entzückt. Unter dem Beifall der ahnungslosen Reiseteilnehmer gipfelte die raffiniert eingefädelte Romanze in einem Heiratsversprechen, und im Februar 1970 gaben sich »Arno« und »Nora« ein zweites Mal das Jawort. Alles sollte echt aussehen – deutsche Gründlichkeit auch hier.

Zu Beginn der siebziger Jahre konzentrierte sich die westdeutsche Spionageabwehr verstärkt auf Lotsenoperationen gegnerischer Nachrichtendienste. Das MfS war nun gezwungen, in die Bundesrepublik eingeschleuste Agenten wieder abzuziehen. Auch »Arno« und »Nora« mußten sich »abmelden«. 1972 gaben sie vor, nach London umzusiedeln, kehrten aber in Wirklichkeit geradewegs in die DDR zurück. »Nora«, die sich inzwischen »Ursula Behr« nannte, hielt jedoch weiterhin Kontakt zu den Guillaumes. Die konspirative Zusammenarbeit zwischen den Paaren war immer harmonisch gewesen. Auch die Frauen verstanden sich gut. Mal traf man sich zu zweit, mal zu viert.

Wenn die Zeit knapp war, kamen die »Tonderas« und die Guillaumes sogar in bekannten Bonner Restaurants zusammen, weil sie in der »Höhle des Löwen« nach Guillaumes Meinung am sichersten seien. Er belieferte »Arno« und »Nora« mit Informationen über politische Trends, SPD-interne Machtkämpfe und das Klima am Hofe Brandt. Hatte er nicht, einmal in den Dunstkreis des Kanzlers geraten, auch die Gelegenheit zu Tonbandaufnahmen?

Sein Arbeitszimmer im Palais Schaumburg, das ihm immer ein wenig suspekt blieb – er sah die schwarzen »Schleier der Vergangenheit« zwischen Erker- und Türmchenarchitektur –, lag direkt über den Räumen des Kanzlers. Bei diesen räumlichen Gegebenheiten war es für Guillaume im Grunde leicht, Brandts Gespräche zu verfolgen – und aufzunehmen. Brandt muß die Schritte des Spions gespürt haben, wenn der über ihm auf und ab ging – vorbei an Adenauers altem Sofa, das noch in seinem Zimmer stand: ein Umstand, der dem Ostspion fast körperliches Unbehagen bereitete. Das Charisma des alten Herrn war offenkundig wirkungsvoll – auch über seinen Tod hinaus.

Im Bundeskanzleramt machte Günter Guillaume rasch alle Sicherheitsbedenken vergessen, die seine Einstellung verzögert hatten. Bald haftete ihm der Ruf des »Faktotums« an; er machte sich unentbehrlich, war immer da, wenn er gebraucht wurde, kümmerte sich um alles, organisierte, plante, ohne im geringsten aufzufallen. Er agierte als Mann im Hintergrund, den niemand so richtig zur Kenntnis nahm. Klaus Harpprecht, damals Redenschreiber Willy Brandts und Zimmernachbar des Spions, faßt heute zusammen, was viele Amtskollegen diesem Mann gegenüber empfanden: »Ich hatte keine besondere Abneigung gegen ihn, ich hatte aber auch weiß Gott keine Zuneigung für ihn. Er interessierte mich nicht. Der war per se langweilig.«

Die Ironie der Stunde war natürlich da: Während sich der DDR-Spion im Bundeskanzleramt einnistete, reiste der Kanzler gen Osten. Als Auftakt der neuen deutsch-deutschen Politik besuchte er Erfurt. Die begeisterte Bevölkerung empfing ihn mit »Willy-Willy«-Rufen – sie setzte große Erwartungen in diesen Mann, der versprochen hatte, sozusagen allem neue Impulse zu geben.

Der Agent im Haus des Hoffnungsträgers Brandt saß indessen kaum ein halbes Jahr auf seinem neuen Posten, da wurde er schon ermächtigt, als »geheim« bezeichnete Dokumente zu bearbeiten. Am 8. September bekam Guillaume sogar Zugang zu »streng geheimen« Schriftstücken. Doch solcher Formalitäten hätte es gar nicht bedurft. Man schien ihm ohnehin bedenkenlos zu trauen.

Peter Reuschenbach aus dem Büro des Bundeskanzlers bewarb sich um ein Bundestagsmandat und wurde für den Wahlkampf freigestellt. Er selbst setzte sich dafür ein, daß Guillaume seine Aufgabe zunächst kommissarisch übernahm. Bald darauf löste dieser Reuschenbach offiziell ab. Nun war er zuständig für die »Verbindung zu Partei und Fraktion, soweit der Bundeskanzler als Parteichef und Abgeordneter des Bundestages betroffen ist«.

Und wiederum bewährte sich der mittlerweile schon leicht dickliche kleine Mann. (»Er sah aus wie eine wohlgenährte Maus«, erinnerte sich eine Sekretärin.)

Guillaume war nun einer von Brandts drei persönlichen Referenten. Kollege Wilke, Primus inter pares, kümmerte sich damals um die Innenpolitik, Schilling um die Außenpolitik; Guillaume, der dritte Mann, um die Partei. Und abermals wurde er vor allem seinem Ruf als »Faktotum« gerecht. Er war fleißig, oft der erste in der Frühe, ohne Scheu vor Nachtarbeit, umsichtig, geschickt und einfallsreich. Morgens holte er dem Kanzler die warmen Croissants aus der Bäckerei, er kochte ihm Kaffee, wischte auch mal die Küche aus, wenn's sein mußte, stellte seinem Chef die Garderobe zusammen und brachte ihm im Hotel die Pantoffeln ans Bett. Ohne ihn lief nichts mehr.

Aber Brandt mochte ihn nicht besonders. Guillaumes servile Kumpelhaftigkeit ging dem Kanzler auf die Nerven. Für den Intellektuellen Brandt verkörperte dieser Sekretär zwar jemanden, mit dem er zur Not auch stundenlang, vor allem schweigend, spazierengehen konnte, aber ganz gewiß nicht den Mann für geistreiche Gespräche und politische Debatten, wie der frühere Journalist sie schätzte. Er war ein guter Adjutant – mehr nicht. Doch eine bessere Tarnung konnte es nicht geben.

Die von dem Staatsrechtler Theodor Eschenburg geleitete Untersuchungskommission, die sich 1975 im Auftrag des Bundestags mit dem Fall Guillaume befaßte, hielt fest: »Er galt als clever und fix, ständig in Bereitschaft, keine Arbeit scheuend. Dabei war er umgänglich gegenüber Kollegen und Nachgeordneten. Daß er neugierig war, daß ihn alles interessierte, was um ihn herum an Diskretem geschah, fiel nicht allzusehr auf. So waren auch andere Bedienstete.«

Neugierig war er zweifellos. Keiner riß sich so sehr darum, Briefe und Fernschreiben persönlich zu überbringen, wie er. Kollege Reinhard Wilke meint noch heute dazu: »Ich habe meine Autorität eingesetzt, um ihn von Dingen fernzuhalten. Er versuchte nämlich, in jedes Gespräch mit hineinzugehen, auch wenn es ihn gar nicht betraf. Ich habe ihn bei manchen Gelegenheiten einfach hinausgeworfen und gesagt: ›Da gehörst du nicht hin. Bleib du bei deinen Dingen.‹«

Nicht immer war es Guillaume, der seine Nase in Dinge steckte, die ihn nichts angingen. Manches wurde ihm einfach zugetragen. Bei den späteren Untersuchungen im Fall Guillaume machten die Kripobeamten einen pikanten Fund: Zwischen Guillaumes Unterlagen wurde das Protokoll eines Gesprächs gefunden, das CDU-Chef Rainer Barzel und DGB-Vorstand Heinz Oskar Vetter miteinander geführt hatten.

Die Annahme, Guillaume habe hier die Beziehungen zwischen Opposition und Gewerkschaftsbund ausspioniert, liegt nahe, ist aber falsch. In Wirklichkeit hatte das Vorzimmer des DGB-Vorsitzenden Vetter das als »vertraulich« bezeichnete Schriftstück selbst an Guillaume weitergegeben – zur Unterrichtung des Bundeskanzlers. Es handelte sich hier also nicht um Spionage, sondern um einen massiven Vertrauensbruch.

Solche und ähnliche Beispiele machen plausibel, warum es im Büro des Kanzlerreferenten eine Akte gab, die mit einem grünen Kreuz versehen war. Die sogenannte »Akte Grünkreuz« sollte im Falle eines christdemokratischen Wahlsieges sofort vernichtet werden. Reuschenbach weihte seinen Nachfolger mit den Worten ein: »Die Akte sollte Barzel nicht in die Hände fallen.«

In seinem dreizehn Quadratmeter großen Arbeitszimmer im Palais Schaumburg kredenzte Guillaume häufig Pernod. Seine Wände schmückte er mit SPD-Wahlplakaten. Wie die wohl über Adenauers Sofa wirkten? Auffällig war, daß er immer einen glatten, sauberen Schreibtisch hatte – als ob er möglichst wenig Spuren hinterlassen wollte.

Den alteingesessenen Beamten war Guillaume von vornherein verdächtig. (Unser Lorbeer für ihr Mißtrauen kommt spät, jedoch er kommt.) Eine Agententheorie wurde kolportiert: Man hielt Guillaume für »eingeschleust«, was ja den Tatsachen entsprach. Nur bei der Frage nach den Auftraggebern fehlte es dann den Beamten doch noch an finaler Phantasie. Sie mutmaßten eine »Verschwörung der Gewerkschaften«. Guillaume solle wohl SPD-Kader organisieren und den Personalrat des Hauses stürzen, der dem Kanzleramtsminister Ehmke so viele Sorgen bereitete.

Ganz abwegig war diese Vermutung nicht. Denn offenkundig unterhielt der neue Mann zu den Gewerkschaften die besten Beziehungen. Guillaume kannte sich aus, er war mit der Sprache der Gewerkschafter und ihrer Mentalität vertraut. Er trank Schnaps mit ihnen und war genausowenig Akademiker wie die Bosse an der Spitze. Ehrenberg hatte mit der Einstellung Guillaumes aus dieser Sicht die richtige Entscheidung getroffen: Ein Karrierebeamter wäre für die Aufgabe nicht geeignet gewesen.

Als frischgebackener Kanzlerreferent nutzte Guillaume nun seine Position, um sich die Betriebsgruppe der Gewerkschaft ÖTV als Seilschaft aufzubauen. Er übernahm den Vorsitz, und die Sitzungen fanden fürderhin, auch aus Prestigegründen, im Kabinettssaal des Palais Schaumburg statt. Der Genosse Vorsitzende, Kanzleramtsspion Günter Guillaume, thronte dabei auf des Kanzlers Stuhl.

Später hieß es häufig, Guillaume sei von seinen Auftraggebern »abgestellt« worden, als er ins Bundeskanzleramt kam. Markus Wolf beschreibt die Reaktion der HVA auf Guillaumes letzten Karriereschub jedoch genauer: »Ab Januar 1973, als Guillaume Kanzlerreferent war, haben wir erst einmal jede Möglichkeit der Enttarnung, die ja durch Verbindungen immer besteht, fast auf Null reduziert – als Sicherheitsmaßnahme. Wir wollten erst einmal abwarten, was passiert. Aber wir konnten davon ausgehen, daß es keine relevanten Faktoren gibt, die die Stellung Guillaumes gefährden würden. Die Nähe zu Brandt war ja geradezu eine Garantie dafür, daß zu ihm volles Vertrauen auch seitens der Sicherheitsbehörden bestand.«

Guillaume hatte damals viele Kumpel, aber keine echten Freunde. Es hieß, er könne sich Freunde am besten unter Feinden machen. Bei alkoholträchtigen Feiern schloß er ungezählte Duzfreundschaften:

»In welcher Partei bist du denn, du Arschloch?« fragte er einmal sein Gegenüber.

»Ich bin in der CDU, du Arschloch.«

Darauf Guillaume: »Daran ist wohl nichts mehr zu ändern. Komm, dann duzen wir uns wenigstens.«

Kumpel Günter mit der Berliner Schnauze biederte sich an. Und dennoch fühlte er sich einsam. Dem Personalratsvorsitzenden Klaus Seemann jammerte er im Klubhaus vor, er finde keinen gesellschaftlichen Kontakt zu den Kollegen. Erst ein einziges Mal sei er privat eingeladen worden. Doch auch Seemann wollte ihm nicht aus der Misere helfen. Er konnte schließlich selbst nichts mit dem »kleinen Spießer« anfangen: »Es fehlte für jedes gesellschaftliche Gespräch mit ihm einfach der Gesprächsstoff. Dazu hatte er zuwenig Substanz. Er hatte das geistige Niveau eines Bataillonsadjutanten.«

Nicht nur die Kollegen blieben auf Distanz – auch seine Frau. Aus der Ehe war inzwischen eine Zweckgemeinschaft geworden – zusammengehalten allenfalls durch kameradschaftliche Konspiration. Aber hier ließ sich leichter Abhilfe schaffen. Als junger Mann hatte er vor einer neuen Flamme geprahlt, schon dreiundfünfzig Freundinnen gehabt zu haben.

»Er war ein charmanter Jüngling und hatte sehr viel Ausstrahlung«, erinnert sich seine damalige Angebetete Susanne, »er klapperte mit den Augen, und die Mädchen waren hin.«

Zwanzig Jahre später bediente er sich erneut dieser wirkungsvollen Strategie – und hatte Erfolg. Unter denen, die, so hieß es damals, seinem Augenaufschlag unterlagen, war Marie-Luise Müller, Sekretärin Egon Bahrs im Kanzleramt. Hat er bei diesem Techtelmechtel en passant mitunter Einblicke in Vermerke ihres Chefs genommen? »Es wäre sträflich gewesen, dies nicht zu nutzen. Aber eigentlich war Fräulein Müller nicht mein Zielobjekt. Es ergab sich eben so.«

Tatsache ist allerdings, daß das SED-Politbüro schon vor den Verhandlungen zum Grundlagenvertrag das Konzept und den Verhandlungsspielraum des Bonner Unterhändlers Egon Bahr kannte und sich entsprechend darauf einstellen konnte. Egon Bahr sieht dabei heute freilich keinen näheren Zusammenhang mit dem Fall Guillaume: »Ich war erleichtert, als ich feststellte, daß der Mann erst dann zu Willy Brandt kam, als die operative Phase der Deutschlandpolitik im November 1972 zu Ende war.« Tatsache ist, daß der Agent seit Sommer 1972 in der Nähe Brandts war. »Auf den Wahlreisen bekam ich erstmals richtige Kanzlerakten zu Gesicht«, sagt er heute.

Bahr ist überdies der Meinung, daß nachrichtendienstlich relevante Information nicht unbedingt aus Akten stammen muß: »Zu wissen, wie der Kanzler zum Beispiel den amerikanischen Präsidenten beurteilt, wäre für mich viel wichtiger, als etwas aus den Akten zu erfahren, was morgen schon veraltet sein kann.«

Guillaume kann das heute nur bekräftigen: »Man darf die Geschwätzigkeit der Leute nicht unterschätzen. Die wenigen Sozialdemokraten bildeten eine verschworene Gemeinschaft. Man traf sich auch abends und schüttete sein Herz aus. Das war ein toller Nährboden für mich.«

Guillaume war nun auf dem Zenit seiner Karriere angelangt. Er konnte aus mannigfachen Quellen schöpfen. So nahm er auch an den Sitzungen des SPD-Gewerkschaftsrats teil, dem alle sozialdemokratischen Gewerkschaftsführer angehören. Ein besonders inniges Verhältnis unterhielt er zur Düsseldorfer DGB-Zentrale. Brandt ließ durch ihn Grüße bestellen, »Willys Schatten« nannten ihn inzwischen die Alteingesessenen des Bundeskanzleramts. Dem Mann, der sich als Brandts intimer Sancho Pansa aufführte, waren viele Beamte eilig zu Diensten. Seine Bitten um Unterlagen und Sachstandsvermerke wurden in der Regel prompt erfüllt.

Bald war der Referent im MfS-Dienst nicht mehr auf Zulieferungen angewiesen. Als Mann des Kanzlers fand er in der zweiten Amtsperiode Brandts Zugang zur allmorgendlichen »kleinen Lage«, in der Staatssekretär Grabert mit den Abteilungsleitern durchsprach, was anlag. Er nahm an Fraktions- und Vorstandssitzungen teil, er hockte mit gespitzten Ohren dabei, wenn abends die Leibwächter der Sicherungsgruppe Bonn zusammensaßen und nach einigen Gläsern Wein die Zungen lockerer wurden. Da er ständig mit Akten unterwegs war, schaute er auch neugierig in diese hinein, was manchen korrekten Kollegen entsetzte.

Über die »große Lage« informierte sich Guillaume aus erster Hand. Er folgte dem Kanzler auf Schritt und Tritt, nicht nur während der Dienstzeit. Auch privat half er aus, beteiligte sich an Spaziergängen der Familie. Aber was konnte Guillaume dem großen Paul nach Ost-Berlin eigentlich Wichtiges berichten? Beteiligte wie Außenstehende sind bis heute der Meinung, daß Guillaumes Meldungen an die HVA, mit wenigen Ausnahmen, nicht von staatsgefährdender Brisanz gewesen seien. Und doch erfuhr Ost-Berlin von seinem Top-Spion all das, was es über den Friedenskanzler und seine Ostpolitik wissen mußte.

Markus Wolf meint heute zu Guillaumes Auftrag von damals: »Als Guillaume 1973 in die unmittelbare Nähe von Willy Brandt kam, begann gerade diese neue Phase der Politik, die von großem außenpolitischen Interesse war. Und sie verlief nicht so eindeutig und geradlinig, daß man sagen könnte, jetzt ist der große Frieden ausgebrochen, alles geht in Richtung Normalisierung und die Konfrontation ist beendet. Die Ostpolitik hatte ja, vor allem in den Augen der politischen Führung der DDR, auch die Komponente der Unterminierung der DDR. Und zu wissen, was tatsächlich dahintersteckte, war natürlich eine wichtige Aufgabe. Guillaume hatte nicht den Auftrag, laufend Informationen zu schicken mit allen nachrichtendienstlichen Mitteln und Methoden. Es waren hier eindeutig Prioritäten gesetzt, über die er berichten sollte.«

Was Guillaume von Brandt und dessen Ostpolitik berichtete, muß die Auftraggeber aus dem Osten eigentlich von der Aufrichtigkeit des Kanzlers überzeugt haben. Spionage als vertrauensbildende Maßnahme? Guillaume selbst sieht sich als Friedensbringer und -bewahrer:

»Brandt war ja auch schon als Regierender Bürgermeister in Berlin-West ein − wie er sich selbst auch bezeichnet hat − Freundstaatpolitiker. Will man's der anderen Seite übelnehmen, daß sie nicht unglücklich darüber war, wenn sie ihm ein bißchen in die Karten gucken konnte, und daß ich im Küchenkabinett als stiller Beobachter gelegentlich dabeisein konnte, um ihn und seine Mitarbeiter ein wenig auf die Glaubwürdigkeit abzuklopfen? In aller Bescheidenheit glaube ich, daß ich einen kleinen Beitrag dazu geleistet habe, daß es in den letzten Jahrzehnten in Europa nicht mehr zum Krieg gekommen ist, daß aus dem Kalten Krieg kein heißer Krieg wurde, daß wir bei allen Schwierigkeiten doch in Frieden leben konnten und nicht aufeinander geschossen haben.«

Dieses Fazit zählt zum tragikomischen Kapitel »Selbstrechtfertigungen«. Ex-Spione wollen ihrem Spionagedasein eben gerne einen tieferen Sinn verleihen.

Trotz Brandts Reserviertheit gegenüber seinem Referenten entwickelte sich zwischen den beiden so unterschiedlichen Männern zwar keine Freundschaft, aber doch eine gewisse Vertrautheit, die einfach durch die permanente Nähe entstand. Und vielleicht hat Brandt diesen immer fröhlichen, jovialen, umgänglichen Berliner bei aller inneren Distanz doch auch ein wenig beneidet: Fehlte ihm, dem schweigsamen und distanzierten Norddeutschen, doch genau das, was Guillaume auszeichnete – die Kontaktfreudigkeit.

Der treue Hofhund Guillaume hat in perfekter Schizophrenie seinen verehrten Herrn und Ersatzvater gegen alle Kritiker und Lästerer immer bis aufs Blut verteidigt. Und er hat mit Brandt gelitten, wenn die anderen ihm den Rücken zuwandten.

Jahre später beschreibt der Ostagent eine Episode: Auf dem Rückflug von einem Israelbesuch geriet der Hubschrauber des Kanzlers in eine Windbö und wäre um Haaresbreite an den Rand eines Abgrunds getrieben. Niemand auf dem Flughafen oder im Amt hatte Brandt daraufhin angesprochen, niemand zeigte seine Freude über den glücklichen Ausgang der Geschichte. Guillaume jedoch begleitete seinen Kanzler im Wagen und gab ihm die Gelegenheit, sich die Sache von der Seele zu reden. Günter Guillaume, Stasi-Spion und Kanzleradjutant für den Rundumservice, seelische Betreuung inklusive.

Sooft es möglich war, wollte Guillaume dem Kanzler »Gelegenheit zum Auftanken« verschaffen. Und das gelang ihm, wie er später festhielt, am besten als Reisemarschall. Reisen wirkten auf Willy Brandt wie Medizin. Unterwegs wurde der kühle Hanseate gesprächig und locker, selbst die Amtsgeschäfte gingen ihm leichter von der Hand. Und so war es mit Sicherheit kein Zufall, daß Brandt seinen Wahlkampf 1972 von der Eisenbahn aus betrieb.

Seine Wahlkampf- und »Informations«-Reisen führten den alten und neuen Kandidaten Brandt durch die ganze Bundesrepublik. Die Routen waren gut gewählt und trefflich organisiert. Auch hier war wieder einmal Verlaß auf Günter Guillaume, den perfekten Maître de voyage. Brandt hielt Reden, gab Interviews, mischte sich unter das Volk. Eine Veranstaltung schloß nahtlos an die vorherige an. Vormittags eine Krankenhauseinweihung, in der nächsten Stadt hundert Kilometer weiter Mittagessen mit den örtlichen Honoratioren, dann Kaffeepause in einem Seniorenheim, abends schließlich eine große Wahlkundgebung. Die Termine waren minuziös abgestimmt, denn der Sonderfahrplan des Kanzlerzuges mußte präzise in den allgemeinen Fahrplan der Bundesbahn eingepaßt werden.

Auch die Journalistin Wibke Bruhns, der ein Techtelmechtel mit Brandt angedichtet wurde, reiste zuweilen mit: »Diese Reisen waren ein großer Erfolg für Brandt«, erinnert sie sich heute, »und das war Guillaumes Verdienst. Der hat alles organisiert. Er sorgte immer dafür, daß das richtige Publikum wartete und daß die Anstrengung nicht verpuffte. Es war eine hervorragende Logistik.«

Hunderte von Journalisten fuhren mit im Troß des Kanzlers. Oft gesellte der sich abends nach getaner Arbeit zu ihnen, um zu plaudern. Meist wurden Witze erzählt. Brandt liebte diese Stunden der fröhlichen Ausgelassenheit unter Gleichgesinnten.

Doch bei diesen fröhlichen Stunden soll es nicht geblieben sein. Angeblich diente das Sonderabteil des Kanzlers auch als Séparée für vergnügte Stunden mit dem weiblichen Geschlecht. Und Guillaume soll es gewesen sein, der dem unersättlichen Regierungschef die Damen »zugeführt« habe.

Das Bundeskriminalamt (BKA) befürchtete sogar zunächst, der Spion habe Tonbänder der Liebesnächte des Kanzlers nach Ost-Berlin geschickt. Man unterstellte Brandt, er habe in seinem Salonwagen oft attraktive Journalistinnen empfangen, die denselben erst wieder im Morgengrauen verließen. An seinem Bett wurde angeblich das Collier einer Reporterin gefunden.

Klaus Harpprecht meint heute dazu: »Das ist eine fabelhafte Legendenbildung, von der eine einschlägige deutsche Presse bis heute gelegentlich lebt und kleine Auflagensteigerungen erfährt. Ich habe selbst einmal spottend zu Willy Brandt gesagt, als wir darüber sprachen: ›Ich wünsch' dir nur, daß auch nur ein Viertel wahr wäre.‹ Er wäre sicher ein entspannterer, fröhlicherer Mensch gewesen, und das trifft auch für manch anderen in Bonn zu. Daß Brandt ein dem Leben Zugewandter war und auf Frauen einen liebenswürdigen Eindruck machen konnte, daß er auch diesen oder jenen Flirt hatte, wurde in einer Weise hochgegeigt – da spiegelten sich zum einen die Komplexe der Spießer, zum anderen der Graumäuse, die die Regierungsbänke bis heute bevölkern und den Bundestag beherrschen. Bonn ist eine Zuchtanstalt für seelische Impotenz!«

Willy Brandt war sicherlich nicht das, was man einen braven Ehemann nennt. Er sagte es ja von sich selbst: »Ein Säulenheiliger bin ich nie gewesen, und ich habe auch nie behauptet, frei von menschlichen Schwächen zu sein.«

Aber hatte es der attraktive Macht-Mann nötig, daß man ihm Frauen »zuführte«?

Herbert Ehrenberg erinnert sich heute: »›Zugeführt‹ – dieser Begriff stammte aus der Ganovensprache, und manches in der Handlungsweise der Nachrichtendienste hatte ja auch Ähnlichkeit mit den bewährten Ganovenmustern. Willy Brandt war für die Mehrzahl aller Frauen ein so faszinierender Mann, dem brauchte keine zugeführt zu werden, die kamen von ganz alleine.«

Niemand hat ein besseres Gespür für solche »Petitessen« als die eigene Ehefrau. Die noble, feinsinnige Rut Brandt wird es später so beschreiben: »Willys Neigung in diese Richtung war mir nicht unbekannt.«

Egon Bahr bescheinigt seinem Chef im Rückblick: »Daß der Mann kein Kind von Traurigkeit war, wußten wir. Das war seine Sache. Und er hat sich dadurch nie in seinen Pflichten beeinträchtigen lassen. Das war für mich die Hauptsache. Alles andere war nicht so wichtig.«

Tatsache ist, daß die Sicherheitsbeamten bei der späteren Untersuchung im Fall Guillaume dem Liebesleben des Kanzlers wesentlich mehr Aufmerksamkeit schenkten als der Spionagetätigkeit des DDR-Agenten. Man befürchtete, Brandt sei erpreßbar geworden.

Es ging in diesem Kontext freilich nicht nur um die glühenden Verehrerinnen Willy Brandts, die ihm journalistische Elogen schrieben, sondern um ganz andere Damen, die der Referent, will man den Berichten aus dem Bundeskriminalamt Glauben schenken, auf den Bahnhöfen bei nächtlichen Passagen aufgelesen haben soll.

Dies dementiert Guillaume: »Wir hatten das nicht nötig. Die Frauen kamen auch so. Meist mußte ich sie Brandt vom Leibe halten. Manchmal wollte er das gar nicht. Brandt ging es wie mir – wir flohen beide von zu Hause, fuhren halt durch die Provinz und ließen uns feiern – auch von Frauen. Doch wir hatten nie die gleichen Freundinnen.« Noch Fragen?

Die Befürchtungen des Verfassungsschutzes schienen freilich übertrieben, denn in Ost-Berlin, erinnert sich Markus Wolf heute, scherte man sich offenbar recht wenig um die Frauengeschichten des Bundeskanzlers: »Ich war immer der Meinung, daß ein Politiker nicht erpreßbar ist, wenn er sich nicht erpressen läßt, schon gar nicht mit seinem Intimleben. Es war ja im Grunde hinreichend bekannt, daß Willy Brandt, was Frauen betrifft, kein Kostverächter war. Ich hielt das damals für völlig irrelevant. Was anschließend geschah, was im Zusammenhang mit der Situation, in der sich Brandt damals befand, eine ausschlaggebende Rolle spielte – das war eine Intrige.«

Doch bis dahin sollten noch einige Monate vergehen – Monate, in denen Guillaume seinen Pflichten als Kanzlerreferent ebenso nachkam wie seinen Aufgaben als DDR-Spion. Er bot keinen Anlaß zu Beschwerden.

Trotzdem fühlte sich Brandt in seiner Gegenwart nicht wohl. Ende Mai 1973 sagte er zu Kanzleramtschef Grabert: »Weißt du, ich würde doch gerne den Guillaume auswechseln. Der wird lästig. Sieh doch mal zu, daß du ihn irgendwo anders unterbringst.« Darüber dachte auch ein Beamter in Köln schon seit Monaten nach. Er war der Mann, der den Fall Guillaume ins Rollen bringen sollte.

Am 27. Februar 1973 brütete der Oberamtsrat Heinrich Schoregge im sogenannten »Dachsbau« des Kölner Bundesamts für Verfassungsschutz (BfV) über drei Spionagefällen. In allen dreien tauchte der Name Günter Guillaume auf. Schoregge, Sachbearbeiter in der Abteilung Spionageabwehr, war ein penibler Beamter: Wenn er die Sache allein bearbeitet hätte, wäre der Fall Guillaume so rasch noch nicht zum Fall geworden. Doch Schoregge erzählte sein Problem einem Kollegen. Und jetzt half Kollege Zufall: Es war just der Beamte, der die alten HVA-Funksprüche aus den fünfziger Jahren bearbeitet hatte: Oberregierungsrat Helmut Bergmann vom Referat IV/A 1, zuständig für Auswertung.

Zur Erinnerung: Mitte der fünfziger Jahre hatte der Verfassungsschutz auf Kurzwelle Funksprüche aufgefangen, in denen die Ostberliner Spionagezentrale Glückwünsche an ein Agentenpaar richtete: Der HVA-Code war dem BfV bekannt. Anfang Februar 1956 gratulierte Vater Laufer »Georg« zum Geburtstag; Anfang Oktober 1956 »Chr.«; Mitte April 1957 kam ein Glückwunsch »zum zweiten Mann«.

In der Regel ist Geheimdienstarbeit langwieriger Tüftelkram, etwa das Vergleichen von Fakten und Daten. So war es auch hier. Die Beamten verglichen routinemäßig Guillaumes Daten mit den vorliegenden HVA-Funksprüchen – und siehe da: Es paßte zusammen. Günter Guillaume hat am 1. Februar Geburtstag und damit an dem Tag, an dem aus der Normannenstraße Glückwünsche an »Georg« gefunkt worden waren. Christel Guillaume erblickte am 6. Oktober das Licht der Welt. Am 8. April 1957 wurde Guillaume-Sohn Pierre geboren – der »zweite Mann«?

Man hatte von Anfang an gewußt, daß diese Funksprüche einem Agentenehepaar galten, das von der Hauptverwaltung Aufklärung in die Bundesrepublik gesandt worden war, um Nachrichten aus der SPD zu gewinnen. Jahrelang hatten die Verfassungsschützer mit Unterstützung des SPD-Parteivorstands nach Personen mit diesen Merkmalen in der SPD gesucht. Es war ihnen nicht gelungen, die Agenten zu enttarnen. Sollte sich jetzt ein Erfolg einstellen? Sollten die Guillaumes das langgesuchte Agentenehepaar sein? Die Übereinstimmung der Daten war jedenfalls frappierend.

Zuständig für den Fall war nun das Referat IV/A 1 – Auswertung in der Abteilung Spionageabwehr.

Kollege Zufall ließ sich Zeit. Erst am 11. Mai diktierte Oberregierungsrat Helmut Bergmann den abschließenden Bericht an seinen Gruppenleiter, Regierungsdirektor Watschounek, über die Verdachtsmomente gegen das Ehepaar. Der Urheber war jedoch der Meinung, das bislang vorliegende Beweismaterial reiche noch nicht aus, um die Verdächtigen vor Gericht zu überführen. »Wir dürfen uns nicht darauf verlassen, erst durch Zugriff belastendes Material zu finden. Vorsichtige Observation der Eheleute wird geraten.«

Der Bericht enthielt einen schwerwiegenden Fehler: Er ging davon aus, daß Guillaume noch immer lediglich als Hilfsreferent für Sozialpolitik und Gewerkschaftsfragen im Kanzleramt arbeitete. Über Guillaumes neue Stellung wußten die Verfassungsschützer nichts.

Dies markierte schon den Auftakt für ein Possenspiel von Vorwürfen und Gegenvorwürfen, das im Jahr darauf von den Verantwortlichen für das Leck im Kanzleramt inszeniert wurde. Beamtenrechtlich konnte sich ja der Verfassungsschutz stets auf die

Tatsache zurückziehen, daß er vom Bundeskanzleramt über die neue Stellung Guillaumes dicht an des Kanzlers Seite gar nicht informiert worden sei. Doch was für eine Spionageabwehr ist das, die sich solche Mitteilungen zukommen lassen muß?

Aber davon war noch nicht die Rede, als die Abteilung Spionageabwehr Mitte Mai den abschließenden Bericht in Sachen Guillaume an den Präsidenten des Verfassungsschutzes, Günter Nollau, schickte.

Der nahm die Sache durchaus ernst. Er bat seine Mitarbeiter zu einer Lagebesprechung. Am 28. Mai kamen die Herren Bardenhewer, Rausch und Watschounek zusammen, um Entschlüsse zu fassen. Nollau ließ sich den Wortlaut der seit langem entschlüsselten Geburtstagsfunksprüche aus dem MfS noch einmal vortragen. Die politische Tragweite dieser Angelegenheit war ihm bewußt. Wenn hier wirklich ein Spion im Kanzleramt saß, mußte sofort der Innenminister davon unterrichtet werden.

Noch am selben Tag rief Nollau den Leiter des Ministerbüros, Klaus Kinkel, an. Am 29. Mai um halb elf vormittags stand er vor Kinkel und Innenminister Genscher, um über den Fall zu referieren. Auf seiner Aktentasche holte der Präsident des Verfassungsschutzes ein neunzehnseitiges Dossier über dreißig Verdachtsmomente gegen einen möglichen Spion Guillaume. Er hatte sich gründlich vorbereitet, die gravierendsten Verdachtsmomente kurz zusammengefaßt. Nollau berichtete von den Funksprüchen, die das Ehepaar Guillaume als Agentenpaar identifizierten. Genscher kannte die Entschlüsselungsmethode und wußte, daß auf diese Weise schon zahlreiche Agenten enttarnt worden waren.

»Natürlich habe ich den Bericht nicht im Wortlaut verlesen. Das tut niemand, der einen vielbeschäftigten Minister nicht langweilen, sondern überzeugen will«, schreibt Nollau in seinen Memoiren. Ihm zufolge sei Genscher »elektrisiert« gewesen. Erregt habe er erklärt: »Das muß der Kanzler wissen!«

Nach eigenem Bekunden hatte Genscher hingegen nicht den Eindruck, daß das »eine völlig klare Sache« sei. Nollau war zunächst dagegen, den Bundeskanzler einzuweihen, zumal er ja nicht wußte, daß Guillaume inzwischen Brandts »Faktotum« war. Er schlug Genscher vor, zunächst nur Christel Guillaume in Frankfurt beschatten zu lassen. Aus Furcht vor Entdeckung durch redselige Beamte und undichte Stellen im Einwohnermeldeamt hatte der Verfassungsschutz seine Nachforschungen in Frankfurt eingestellt und wußte tagelang nicht einmal, daß Christel Guillaume samt Sohn Pierre schon seit einiger Zeit bei ihrem Mann in Bonn wohnte.

Genscher aber bestand auf seinem Vorschlag, den Kanzler sofort zu informieren. Nollau erklärte sich schließlich einverstanden und bat den Minister, die Zustimmung des Bundeskanzlers zu den beabsichtigten Observationen einzuholen und ihn zu bitten, an der Position Guillaumes bis auf weiteres nichts zu verändern. Von dieser Maßnahme versprach er sich die Möglichkeit, weiter verdeckt ermitteln und Beweismaterial erbringen zu können.

Aber der Bericht des obersten Verfassungsschützers hatte offensichtlich nicht die gewünschte Reaktion beim Innenminister ausgelöst. Genscher informierte Brandt zwar, war dabei jedoch in seiner Wortwahl so zurückhaltend, daß der Kanzler kaum alarmiert sein konnte. Am 29. Mai, am Rande des wöchentlichen Mittagessens der Koalitionäre, sprach Genscher den Kanzler an und sagte eher beiläufig: »Da ist etwas aufgetaucht, was sich beziehen soll auf einen Mitarbeiter mit französisch klingendem Namen.« Brandt wußte sofort, wer gemeint war. Es bestehe die Befürchtung, fuhr Genscher fort, dieser Mitarbeiter könne für die DDR arbeiten. Ob Brandt etwas dagegen habe, wenn der Betreffende observiert werde.

Brandt hatte nichts dagegen, meinte allerdings, der Verdacht sei unbegründet: »Ich halte das für ganz unwahrscheinlich.« Dieser »geistig eingeschränkte Mensch« sollte ein DDR-Spion sein? Oft schon war Willy Brandt mit Fällen konfrontiert worden, bei denen sich am Schluß herausstellte, daß es sich um völlig harmlose Angelegenheiten handelte. Er erinnerte sich an seine Zeit als Regierender Bürgermeister von Berlin. Da waren immer wieder Verdachtsmomente gegen DDR-Flüchtlinge vorgebracht worden, die sich in der Regel als haltlos erwiesen.

Hätte Genscher seine Anfrage mit mehr Nachdruck versehen, wäre Brandt vielleicht eher mißtrauisch geworden. Doch Genscher war von Nollau nicht vollends überzeugt worden, erklärte er später. Wäre er's gewesen, hätte er »die Weisung gegeben, die Sache an den Generalbundesanwalt weiterzugeben«.

Der damalige Leiter der Abteilung Öffentliche Sicherheit im Innenministerium, Werner Smoydzin, schiebt alle Schuld an der Affäre Nollau zu: »Nollau hat Genscher nur sehr allgemein, wenn auch punktuell informiert. Genscher, der ein sehr empfindliches Sicherheitsgefühl hatte, wäre elektrisiert gewesen, wenn er auch nur die Idee gehabt hätte, daß er es mit einem aktiven Spion im Bundeskanzleramt zu tun hatte. Obwohl die Annahme, es sei ein aktiver, noch tätiger Spion in dieser Funktion, aus der Lebenserfahrung heraus eigentlich mehr als nahelag.«

Mit der vagen Frage nach einem Mitarbeiter mit »französisch klingendem Namen« ließ Genscher allerdings zunächst den Eindruck entstehen, er kenne nicht einmal den genauen Namen des Verdächtigen. Von den Funksprüchen erfuhr Brandt nichts.

Genscher hatte ihm geraten, sich Guillaume gegenüber ganz wie immer zu verhalten und an seiner Position nichts zu verändern.

Doch Brandt äußerte einen Einwand: Es war vorgesehen, daß Guillaume ihn in sein Ferienhaus bei Hamar in Norwegen begleiten sollte. Dies war in den Jahren zuvor die Aufgabe des Referenten Wilke gewesen, seine Betreuung hatte sich bewährt. Doch in diesem Sommer 1973 verfolgte der Familienvater Wilke andere Pläne. Er wollte endlich einmal wieder mit Frau und Kindern Urlaub machen, fern von Amt und Verantwortung. Brandt hatte sich diesem Anliegen nicht widersetzt. Schließlich hatte Wilke jahrelang zugunsten der Staatsgeschäfte darauf verzichtet. Außerdem bot sich ein kompetenter Vertreter an: Günter Guillaume wurde eingeteilt. Auch Frau Christel sollte an der Reise teilnehmen. Sie nahm sogar Privatunterricht, um ihr Englisch aufzufrischen.

Aber konnte Guillaume wirklich nach Norwegen mitfahren, wenn ein solch schwerer Verdacht auf ihm lastete? Brandt überließ die Entscheidung Genscher. Dieser gab nach freilich nicht bestätigter Rücksprache mit Nollau dem Kanzler zu verstehen, daß Guillaume wie geplant die Reise antreten solle. Es handle sich eher um eine Befürchtung als um einen Verdacht.

Vor dem Untersuchungsausschuß stand Genschers Aussage gegen die Nollaus. Der behauptete, die Rücksprache habe gar nicht stattgefunden. Genscher habe ihm die Entscheidung des Kanzlers überhaupt nicht mitgeteilt. Erst Anfang Juli sei er von Genscher, eher beiläufig, in Kenntnis gesetzt worden: »Übrigens, die wollen den Spion mit nach Norwegen nehmen.«

Da war Guillaume schon längst am Feriensitz der Brandts zugange.

Genscher hielt es seinerseits zunächst nicht unbedingt für nötig, den BND-Präsidenten über das Ergebnis seines Gesprächs mit Brandt am 29. Mai sofort zu informieren. Nollau rief ihn tags darauf selbst an und erkundigte sich, wie in der Sache entschieden worden sei. Der Innenminister habe, so Nollau, erklärt: »Ach ja, ich wollte Sie schon anrufen, der Kanzler ist einverstanden.« Das hieß: Die Observation konnte beginnen.

Im Kanzleramt ging indessen alle Welt wie gewohnt der täglichen Beschäftigung nach. Guillaume war ahnungslos. Bis auf Grabert und Wilke, die von Brandt informiert worden waren, wußte niemand von dem schweren Verdacht, der auf dem emsigen Kollegen lastete.

Wenn Guillaume morgens die Arbeitsräume des Kanzlers betrat, sagte er wie immer: »Guten Morgen.« Willy Brandt sah kurz auf und erwiderte den Gruß. »Lassen Sie sich nichts anmerken«, hatte ihm Genscher geraten. Der Kanzler tat sein Bestes. Aber er vergrößerte unmerklich die Distanz zu seinem eilfertigen Adjutanten. Brandt ließ Vorsicht walten. Er entwickelte seine eigene Spionageabwehr, eine der vielen Absurditäten des Falles Guillaume. Der Bundeskanzler versuchte, Überwachungsaufgaben zu übernehmen, für die es eigens ausgebildete Fachleute gab. Doch die durften nicht tätig werden.

Klaus Harpprecht erinnert sich heute kopfschüttelnd daran, daß Brandt allen Ernstes bemüht war, dem Spion im eigenen Büro selbst auf die Spur zu kommen: »Er hat in rührender Weise abends Akten in einer bestimmten Ordnung auf seinem Schreibtisch zurückgelassen, von denen er wußte, daß Guillaume sie irgendwann sehen würde. Wenn er zurückkam, kontrollierte er, ob sich die Stellung der Akten verändert hatte. Wahrscheinlich hat er das als Junge in Romanen gelesen: Er hat Fädchen hingelegt und geschaut, ob sie sich irgendwie veränderten. Er hat einen Bleistift in eine gewisse Richtung gelegt, um später zu kontrollieren, ob er umgelegt wurde. Hinter dieser Absurdität verbirgt sich der ganze Ernst der Angelegenheit: Es ist völlig unerfindlich, warum Guillaume den Kanzler ohne Überwachung nach Norwegen begleiten konnte – mit der Erlaubnis der Sicherheitsdienste!«

Der Kanzler diente als Agent provocateur, als Lockvogel, um einen feindlichen Spion zu überführen: Für den obersten Verfassungsschützer war das normal. Tatsächlich war die Situation absurd.

Als Nollau Brandt riet, nichts in seinem Verhalten Guillaume gegenüber zu ändern, wußte er angeblich nicht, wie nahe der Verdächtige dem Kanzler bereits war. Er wähnte ihn noch immer in der Wirtschaftsabteilung des Kanzleramts. Der letzte Karrieresprung des Agenten war dem Verfassungswächter entgangen.

Brandt entrüstet sich zu Recht in seinen Memoiren: »Dabei hätte es keiner geheimen Recherche, sondern eines Telefonanrufes bedurft, um herauszufinden, daß G. durch Hausanordnung vom 30. November 1972 dem Büro des Bundeskanzlers zugeteilt worden war – für die zuvor von Reuschenbach wahrgenommenen Aufgaben.«

Verfassungsschutz und Innenministerium gingen in der Tat davon aus, daß Guillaume in seinem Aufgabengebiet weit entfernt von Geheimakten saß und mit Haupt- und Staatsaktionen der Regierung in keiner Weise befaßt war.

Daß der mutmaßliche Ostagent den Kanzler nach Norwegen begleiten sollte, will Nollau nicht gewußt haben. Als Grabert, auf Brandts Geheiß, am 5. Juni noch einmal bei Genscher wegen des Norwegenurlaubs nachfragte, lautete die Antwort: »Nichts ändern!«

Große Aktivität entwickelte Nollau allerdings auf einem anderen Terrain. Er war der Meinung, der Fraktionsvorsitzende der SPD müsse über all das unterrichtet werden. Es ist geradezu erstaunlich, mit welcher Selbstverständlichkeit er davon ausging, daß Herbert Wehner Anspruch auf Information besaß. Weil »Onkel Herbert« seinem Dresdner Landsmann Nollau mehr als nur ein väterlicher Freund war, vergaß der oberste Verfassungsschützer das Prinzip des »Need to know«, nach dem alle Nachrichtendienste der Welt arbeiten: Eine Person wird nur dann eingeweiht, wenn es absolut notwendig ist. Wehner in Kenntnis zu setzen, war für die Aufklärung des Falles Guillaume nicht notwendig.

Nollau versuchte mehrmals, Wehner telefonisch zu erreichen. Doch »Onkel Herbert« war nicht zu Hause. Er war in Ost-Berlin bei Erich Honecker.

Ob Nollau Wehner noch vor dessen Abreise zum Treffen mit dem DDR-Staatsoberhaupt informieren konnte, bleibt im dunkeln. Er selbst bestreitet dies. Eine Verschwörung? HVA-Chef Markus Wolf, der von sich behauptet, Wehner zu kennen wie kein anderer, versichert heute, Honecker sei nicht eingeweiht gewesen: »Ich zweifle daran, daß die politische Führung eines Landes, in dem sich der oberste Repräsentant nicht direkt und unmittelbar mit dem Nachrichtendienst befaßt, über eine solche Quelle informiert wäre. Ich kann das, was Erich Honecker anläßlich eines Treffens in Helsinki sagte, nur bestätigen. Er hat nichts von Guillaumes Tätigkeit im Bundeskanzleramt gewußt.«

Doch was will Wolf schon anderes sagen? Brandt meinte später, er habe »in sich hineingelacht«, als Honecker ihm noch Anfang der achtziger Jahre »mit feierlicher Miene« erklärte, er selbst habe vom Fall Guillaume erst aus den Zeitungen erfahren.

Damals zeichnete sich bereits das Ende des Burgfriedens zwischen den beiden SPD-Größen ab. Wehner unterstellte Brandt Unfähigkeit (»Der Herr badet gern lau«), Brandt hielt Wehner für intrigant. Im nachhinein wurde Wehner für seinen Abstecher nach Ost-Berlin vom SPD-Parteivorstand gerügt. Brandt schwieg zu den Vorwürfen. Der Kanzler war schon angeschlagen. Die Zeit seit dem grandiosen Wahlsieg 1972 war schwierig für ihn – politisch, persönlich und gesundheitlich. Ölkrise, Fluglotsenstreik, Streit mit der ÖTV, Einbrüche der heimischen Konjunktur machten Brandt das Leben schwer. Von Wehner konnte er keine Rückendeckung erwarten – im Gegenteil: »Onkel Herbert« kamen Nollaus Neuigkeiten gerade recht. Er wollte Brandt zu »harter Arbeit« zwingen – oder einen neuen Kanzler.

Unbestritten ist, daß Nollau seinen väterlichen Gönner am 4. Juni 1973 in dessen Wohnung aufsuchte. Er hatte sich telefonisch angemeldet, und sein Tonfall ließ an der Dringlichkeit der Sache keinen Zweifel. Wehners Tochter führte den Besucher ins Kamin-zimmer, bald erschien auch Wehner selbst.

»Wir haben ihn jetzt«, sagte Nollau, »den lange Gesuchten, er heißt Guillaume und sitzt im Bundeskanzleramt.« Wehner zeigte sich wenig beeindruckt und enthielt sich eines Kommentars. Der Kanzler sei informiert, fuhr Nollau fort, die Observation sei in vollem Gange.

So ganz entsprach das nicht den Tatsachen. Denn von Beginn an hatten Nollau und seine Mitarbeiter festgelegt, daß Guillaume nur observiert werden sollte, wenn »dazu ein besonderer Anlaß« bestehe. Also lediglich dann, wenn Guillaume sich in einer Weise verhalte, die den Verdacht aufkommen lassen könnte, er werde sich nachrichtendienstlich betätigen. Von einer Telefonüberwa-chung sahen die Verfassungsschützer ab, da sie die Geheimhal-tung der Angelegenheit gefährde.

Nollau sprach sich auch gegen die Überwachung Guillaumes während des Norwegenurlaubs aus: »Ein Observationsteam hätte auffallen können.«

Nach Ehmkes heutiger Meinung war das ein Fall von skandalö-ser Profilsucht: »Diese Idee, den Mann auf Urlaub zu schicken und den Sicherheitsbeamten kein Wort zu sagen, das ist unbegreiflich und wohl nur aus Nollaus Ehrgeiz zu verstehen, allein der große Agentenjäger zu sein.«

Doch der oberste Verfassungsschützer sah sich für die Sicher-heit des Kanzlers ohnehin nicht zuständig. In einer zwar korrek-ten, aber – durch sein Pochen auf äußerste Geheimhaltung – engstirnigen und kurzsichtigen Kompetenzbeschränkung küm-merte er sich in keiner Weise um den Sicherheitsbereich. Nollau berief sich darauf, daß in technischer Hinsicht der BND für den offenen und geheimen Fernschreibverkehr des im Urlaub befindli-chen Kanzlers zu sorgen habe. Für die Sicherheit des Bundeskanz-lers sei die Sicherungsgruppe des Bundeskriminalamts verant-wortlich, der Schutz vertraulicher Unterlagen oblag Nollau zu-folge ausschließlich dem Kanzleramtschef Grabert.

Doch weder Grabert noch die Sicherheitsabteilung waren über Nollaus Intentionen informiert. Nollau konnte also gar nicht da-von ausgehen, daß die entsprechenden Stellen in erhöhte Alarm-bereitschaft versetzt worden waren.

Brandt war seinerseits der Meinung, die nötigen Schritte seien unternommen worden. Vor dem parlamentarischen Untersuchungsausschuß, welcher auf Antrag der CDU/CSU-Fraktion am 6. Juni 1974 eingesetzt wurde, erklärte Brandt: »Ich bin, wie es selbstverständlich war, davon ausgegangen, daß die entsprechenden Stellen das tun würden, was sie zu tun hatten, und daß sie das Risiko, das damit verbunden war, den Mann in meiner Nähe zu belassen, so gering wie möglich halten würden.«

Ein Bundeskanzler hat schließlich anderes zu tun. Es erschien ihm vor dem Ausschuß immer noch plausibel, daß er dem Vorschlag der Spionageabwehr, nichts zu ändern, zugestimmt hatte: Durch eine Versetzung wäre Guillaume eventuell gewarnt worden.

Doch bald erkannte Brandt, daß er sich besser auf sich selbst verlassen hätte. »Ich Rindvieh hätte mich auf diesen Rat eines anderen Rindviehs nie einlassen dürfen!« Wir überlassen es dem Leser herauszufinden, wer dieses »andere Rindvieh« war.

Im nachhinein, zu spät, fand Brandt eine noch bessere Lösung: »Man hätte Guillaume an eine andere, noch wichtigere Stelle setzen können, ohne ihn damit zu warnen. Die Fachleute kamen nicht auf diese Idee. Auch meine engen Mitarbeiter kamen nicht auf diese Idee. Ich hätte selber darauf kommen und bestehen müssen!«

Der Mann, um den es damals ging, spielt heute selber den Entrüsteten: »Ich konnte mir nicht vorstellen, daß die Dienste der BRD den eigenen Regierungschef als Lockvogel benutzten. Man hätte doch Brandt warnen und schützen müssen, das heißt den Spion irgendwo von seiner Seite wegbekommen. Man hätte mich ja auf irgendeine andere Position wegloben können! Aber mich dort zu belassen, um noch Beweise zu bekommen, und damit dann letztendlich den Kanzler mit hineinzuziehen, das war doch ungeheuerlich.«

In seinen »Notizen«, von der Witwe Brigitte Seebacher-Brandt Anfang 1994 in die Schlagzeilen der *Frankfurter Allgemeinen* gebracht, übt Willy Brandt heftige Selbstkritik. Er habe damals, als er Ende Mai Grabert und Wilke von dem Verdacht unterrichtete, »mehr als einen zusätzlichen Fehler« begangen:

»Ich hätte Nollau bzw. Genscher bitten sollen, alle sich aus ihrem Hinweis ergebenden Fragen direkt mit Grabert als Behördenchef zu besprechen. Dann wäre vielleicht auch jemand darauf gekommen, den Sicherheitsbeauftragten des Kanzleramts mit einzuschalten.«

Brandt bedauerte später überdies, Egon Bahr nichts von der »Warnung« erzählt zu haben. »Er würde sich daran erinnert und mir mitgeteilt haben, daß er – wie ein Zettel in der Sicherheitsakte ausweist – seinerzeit Ehmke vorgeschlagen hatte, wegen der gegebenen Hinweise von der Einstellung G.s abzusehen.«

Letztendlich verließ sich einer auf den anderen, was die Eschenburg-Kommission so zusammenfaßte: »Die Beamten des Bundesamtes gingen davon aus, daß bei den Sicherheitsvorkehrungen gegen Guillaume im Bundeskanzleramt das Notwendige getan würde. Der Bundeskanzler hingegen hielt es, ohne das ausdrücklich zu sagen, für selbstverständlich, daß die mit solchen Dingen befaßten Stellen das Notwendige tun.« Keiner habe die erforderlichen Schritte unternommen. »Man könnte geradezu von einem unsichtbaren negativen Kompetenzkonflikt reden.«

Und so packte die Familie Guillaume Ende Juni ihre Koffer, um Rut und Willy Brandt in die Stille Norwegens zu folgen. Für den Spion war dieser »Urlaub« eindeutig die Krönung des Agentenlebens – seine »Sternstunde«, wie er später festhielt: »Ich war entschlossen, meine Sternstunde zu nutzen.« Und das tat er.

Brandt flog mit Frau Rut und dem jüngsten Sohn Matthias nach Oslo, der Kanzlertroß samt Sicherheitsbeamten hatte sich schon vorher in Marsch gesetzt. Der Spion, Frau Christel und Sohn Pierre fuhren mit dem Privatwagen nach. Doch sie wählten einen anderen Reiseweg. Auf dem Weg ins norwegische Urlaubsdomizil machten sie im schwedischen Städtchen Halmståd, südlich von Göteborg, Station.

Beim Abendessen im »Hallandiahotel« kam dem »Kundschafter des Friedens« eine glänzende Idee, die für das spätere Gelingen seiner Pläne von entscheidender Bedeutung werden sollte: Er buchte beim Hotelempfang ein Nachtquartier auch für die Rückfahrt.

Ein paar Tage später warf er, schon in Norwegen, eine Postkarte ein – ein getarnter Urlaubsgruß von »Gudrun« an »Peter«: »Lieber

Schatz, Deine Gudrun erwartet Dich sehnsüchtig am 31. Juli um 21 Uhr im Hallandiahotel in Halmståd. Sie kann es gar nicht erwarten.«

Das Städtchen Hamar mitten in der ostnorwegischen Seenlandschaft ist von malerischem Reiz. Später sollte sein Name zum Reizwort werden – Synonym für die Verkettung von Versäumnissen, die den bundesdeutschen Sicherheitsbehörden unterliefen. Dabei war der eigentliche Tat- und Urlaubsort nicht Hamar, sondern der benachbarte kleine Winkel Vangåsen – ein idyllischer Platz, zu schön fast für ein Spionagenest.

Vor allem war Vangåsen abgelegen. Zwar nicht so fernab, wie es Günter Nollau, ohne Ortskenntnis, noch unterstellt hatte (»im einsamen norwegischen Gebirge«), aber doch so ruhig, daß ein Besucher, der FDP-Vorsitzende und Außenminister Walter Scheel, scherzhaft bemerkte: »Ich muß schon sagen, lieber Herr Brandt, sich im Urlaub in eine solche Einsamkeit zurückzuziehen, das kann sich nur der Vorsitzende einer so großen Partei wie der Ihren gestatten. An meinem Ferienort in Hinterzarten führen Wanderwege vorbei, und wenn ich da mit meiner Mildred auf der Terrasse sitze, bin ich froh, den Wanderern zuwinken und so auch noch im Urlaub mich und meine kleine Partei dem Wahlvolk in Erinnerung bringen zu können.«

Mit einem Wort: Vangåsen war das Paradies für einen eifrigen Spion, der überdies sein Handwerk ungestört und unbeobachtet ausüben konnte!

Das Agentenehepaar bezog mit der Wirtschafterin des Kanzlers ein Ferienhaus etwas abseits vom Landhaus des Kanzlers. Dieses Haus, so urteilte zwei Jahre später das Düsseldorfer Oberlandesgericht, habe den Guillaumes »Gelegenheit zur ungestörten Ausübung ihrer nachrichtendienstlichen Tätigkeit« geboten.

Die »Tätigkeit« vollzog sich vor den Augen der Sicherheitsbeamten des Bundeskriminalamts und des BND, die etwa zweihundert Meter entfernt in einer Jugendherberge Quartier bezogen hatten. Weder die einen noch die anderen waren über den Verdacht gegen Günter Guillaume informiert worden.

Und so übergaben sie ihm mehrfach täglich die entschlüsselten Fernschreiben aus Bonn – in zweifacher Ausfertigung und, bei

»geheimen« und »streng geheimen« Dokumenten, gegen Quittung.

Guillaume überbrachte die Originale dem Kanzler. Die Kopien sammelte er in seiner eigenen Registratur, die in einem Wäschefach seines Kleiderschranks untergebracht war. Hatte Brandt die Originale durchgearbeitet (oder auch nur quergelesen), legte er sie, wie in Bonn, auf einer Ecke seines Schreibtischs ab.

Guillaume sammelte sie wieder ein und verfuhr entsprechend den vermerkten Weisungen: Was als »erl.« oder »z. d. A.« bezeichnet war, wanderte sofort in seine Wäschefachregistratur. Wurden Antwortschreiben Brandts nach Bonn abgeschickt, erhielt er für die eigene Ablage von Fernschreiben eine Kopie.

Nie zuvor hat ein Spion des Kalten Krieges seine Dokumente so offen auf dem Silbertablett serviert bekommen wie Guillaume. Selbst Secret- und Top-secret-Dokumente konnte er in aller Ruhe ablichten.

Da war zum Beispiel ein Schreiben des amerikanischen Präsidenten an den Bundeskanzler, von Richard Nixon selbst als »geheim« und »persönlich« gekennzeichnet. Darin informierte Nixon Brandt über ein Gespräch, das er Ende Juni 1973 mit dem französischen Außenminister Jobert geführt hatte. Es ging um den Entwurf einer neuen Atlantischen Charta zur Bekräftigung des Nato-Bündnisses und um die Frage, wie man die Franzosen, die ja aus dem militärischen Verband des Nordatlantischen Verteidigungsbündnisses ausgeschieden waren, in diese Charta einbeziehen könne.

Auch viele andere Fernschreiben, etwa vom Bonner Botschafter in Washington, Guido Brunner, beschäftigten sich mit diesem Problem. Es waren wichtige Papiere – aber eigentlich nichts Weltbewegendes, zumindest nichts, was den empfindlichen Bereich der militärischen Sicherheit berührt hätte. Das Düsseldorfer Oberlandesgericht urteilte später zwar, die Fernschreiben hätten deutlich gemacht, wie tiefgreifend die Meinungsverschiedenheiten zwischen den USA und Frankreich gewesen seien, wie ablehnend die französische Regierung den US-Vorschlägen gegenübergestanden und wie starr und wenig konziliant sie an ihrer Haltung festgehalten habe. Insgesamt sei dadurch ein Bild zerstrittener Bündnispartner vermittelt worden, deren gegenseitiges Vertrauen auf ein Minimum reduziert gewesen sei. Damit seien Risse im westlichen Verteidigungsbündnis offenbart worden.

Um das zu erfahren, hätten DDR und UdSSR allerdings nicht das Material Guillaumes benötigt. Ein Blick in Zeitungen wie die *Washington Post* oder *Le Monde* hätte genügt. Insofern war für das Gericht das von Guillaume abgelichtete Geheimmaterial nur aus formalen Gründen wichtig, weil es die Tatsache des Landesverrats dokumentierte.

Doch waren andere Papiere, wie etwa ein Vermerk Scheels über ein vertrauliches Gespräch mit dem polnischen Außenminister Olszowski und ein Protokoll über Besuchsbeschränkungen während der Weltjugendfestspiele 1973 in Ost-Berlin, brisanter. Hier gelangte die DDR für die kommenden Monate in den Besitz eines Herrschaftswissens, das sie in die Lage versetzte, die Toleranzgrenze der Bundesrepublik zu testen. Doch auch dieser Vorteil währte nicht lange.

Am allerschwersten wog die Tatsache, daß Guillaume in Hamar auch geheime Verfassungsschutzakten in die Hände fielen – darunter Auswertungsberichte von V-Leuten in der von Ost-Berlin gelenkten und weitgehend auch finanzierten Deutschen Kommunistischen Partei.

Das MfS konnte die Informanten des Verfassungsschutzes enttarnen. Dennoch wurde die Bundesrepublik trotz solcher Informationen nicht in ihren Grundfesten erschüttert.

Die heiße operative Phase der Bonner Ostpolitik war längst vorbei, der Grundlagenvertrag unterzeichnet. Überdies hatte nicht nur die DDR einen Top-Spion in der Bonner Regierung plaziert – auch der BND verfügte über einen hochkarätigen Agenten im Politbüro der SED.

Walentin Falin, damals Botschafter der Sowjetunion in Bonn, erzählt uns, daß ihm dies von Willy Brandt im Jahre 1973 selbst berichtet worden war: »Einmal zeigte mir Brandt sogar einen Bericht des BND über interne Geschehnisse in der höchsten DDR-Führung und sagte: ›Sie können davon ausgehen, daß wir auf das genaueste informiert sind, was in der höchsten Institution der DDR vor sich geht. Das ist nur eine Frage weniger Stunden, Tage oder Wochen. Deshalb lohnt sich der Versuch nicht, uns zu überlisten oder gar zu übergehen.‹ Er gehe davon aus, so fuhr Brandt fort, daß die DDR-Führung ebenso darüber informiert sei, was sich in den höheren Instanzen der Bundesrepublik tue. Beide deutsche Staaten, die Bundesrepublik und die DDR, seien wie ein Glashaus. Alles sei höchst durchsichtig.«

Brandt mußte dem Sowjetbotschafter Falin außerordentliches Vertrauen geschenkt haben – denn wie konnte er sich sonst dessen sicher sein, daß Falin diese Informationen nicht an die Verbündeten im Ostberliner MfS weiterreichen würde? Noch hatte das KGB seine Verbindungsoffiziere in der Normannenstraße sitzen.

Wer der geheimnisvolle BND-Agent in Ost-Berlin war, ist noch immer nicht geklärt. Wäre er aufgeflogen, hätte ihm das gleiche Schicksal gedroht wie jener armen Sekretärin im Vorzimmer von DDR-Ministerpräsident Otto Grotewohl, die dem BND das Neueste aus der DDR-Regierung übermittelte. Sie wurde erschossen.

Guillaume hatte den Vorteil, in einem liberalen Rechtsstaat Spionage zu betreiben.

Vielleicht war Willy Brandt auch deshalb so gelassen angesichts des Ostspions an seiner Seite, weil er die Glashaustheorie verinnerlicht hatte. Denn selbstverständlich hatte er auch in Norwegen nicht vergessen, wer dieser Referent möglicherweise war.

Die Journalistin Wibke Bruhns, eine publizistische Verehrerin des Kanzlers, hatte sich in einer Ferienhütte in der Nähe eingemietet, die ihr von Rut Brandt besorgt worden war. Sie erinnert sich an eine persönliche Einladung: »Ich habe mal die Brandts zum Essen eingeladen und wollte die Guillaumes nicht ausschließen. Das war ein Fehler. Nun wußte ich natürlich noch nicht, was die Brandts schon wußten: daß Guillaume vielleicht ein Spion war. Doch da war eine Aversion schon deutlich spürbar. Das merkte ich sowohl an der Reaktion von Rut Brandt als auch an der Reaktion von Willy Brandt.«

Doch im Gegensatz zu ihrem Mann war Rut Brandt in Norwegen noch nicht über den Verdacht gegen das Ehepaar Guillaume informiert. Beide hatte sie erst in Vangåsen etwas näher kennengelernt. Beide waren ihr höchst unsympathisch. Das große Wort habe Christel Guillaume geführt, der Mann sei ruhiger gewesen, erinnert sie sich. Ihre Haushälterin Inge, die im Häuschen der

Guillaumes wohnte, erzählte Rut Brandt, daß das Ehepaar sie deutlich habe spüren lassen, wie wenig es sich darüber begeisterte, noch einen Gast im Haus beherbergen zu müssen.

Gegen Ende dieses denkwürdigen Urlaubs sprach Guillaume Brandts Leibwächter Ulrich Bauhaus an: »Uli, du fliegst doch direkt mit dem Chef nach Bonn zurück. Kannst du nicht für mich einen Aktenkoffer mit ins Flugzeug nehmen?«

Es seien wichtige Papiere drin, fuhr der Referent fort, alles, was in Hamar angefallen sei, das wolle er bei der Rückfahrt nicht im Privatauto haben. »Tu mir den Gefallen! Gib zu Hause im Büro den Koffer Fräulein Boeselt, die schließt ihn für mich weg. Ich mach' noch ein paar Tage Nachurlaub!«

Kriminalhauptkommissar Bauhaus tat Guillaume den Gefallen. Er konnte ja nicht wissen, daß dieser Koffer keine Geheimpapiere, sondern nur Touristennippes enthielt – Souvenirs aus Norwegen.

Das wirklich interessante Geheimmaterial barg ein Aktenkoffer, der dem anderen zum Verwechseln ähnlich sah. Dieser Koffer lag im Auto von Guillaume, auf dem Weg nach Schweden.

Am Abend des 31. Juli 1973 traf die Familie Guillaume wieder im Hotel »Hallandia« in Halmståd ein. Nach dem Abendessen spielte die Hotelband, Pierre Guillaume tanzte mit seiner Mutter Foxtrott, Günter Guillaume ging nach oben aufs Zimmer, holte den Aktenkoffer aus dem Schrank und sortierte jene Dokumente aus, die sofort nach Ost-Berlin abgehen mußten. Auf dem Hotelbett breitete Guillaume die geheimen Fernschreiben an den Bundeskanzler aus. Dann machte er sich auf den Weg hinunter zur Hotelbar, wo ein einsamer Gast vor einem Glas Pernod saß: »Peter«, »Gudruns« Freund. Nur wenige Worte wurden gewechselt, dann verschwand der Fremde mit dem Zimmerschlüssel der Guillaumes.

Nach einer Weile ging der DDR-Spion hinaus auf den Parkplatz. »Gudruns« Freund hatte seine Arbeit getan: Die Dokumente waren fotografiert. Durchs Wagenfenster reichte er Guillaume den Zimmerschlüssel. Dann fuhr er ab – Richtung Trelleborg, zur Fähre nach Rostock.

Am ersten Arbeitstag im Bonner Kanzleramt schloß Guillaumes Sekretärin Fräulein Boeselt gleich den Panzerschrank auf, wo der Zwillingskoffer wartete: »Ihre Akten, Herr Guillaume. Schönen Gruß von Herrn Bauhaus.«

Laut Order von Nollau sollten die Guillaumes nur dann beobachtet werden, wenn »dazu ein besonderer Anlaß bestehe«, etwa wenn der Kanzlerreferent eine Reise unternehme oder sich sonst in einer Weise verhalte, die den Verdacht der Konspiration aufkommen lasse. Diesem höchst schwammigen Observationsauftrag war es zu verdanken, daß das Agentenehepaar in den gut dreihundertzwanzig Tagen von Ende Mai 1973, als sich der Verdacht erhärtete, bis zum bitteren Ende im April 1974 nur ganze vierzehn Tage lang beschattet wurde. Eine ständige Beobachtung habe schon wegen des Personalmangels nicht erfolgen können, rechtfertigte sich BfV-Abteilungsleiter Albrecht Rausch später.

Die Guillaumes machten es den Verfassungsschützern dennoch nicht leicht. Nollau hatte gehofft, Christel etwa als Kurier bei einer ihrer Zusammenkünfte in flagranti erwischen zu können. Die aber traf sich in Bonn nur noch selten mit MfS-Kurieren, und eine andere Möglichkeit stand den Beobachtern nicht zur Verfügung, um das Agentenpaar zu entlarven. Ein Hinweis nach dem anderen erwies sich als Fehlschlag. Die BfV-Beamten verhielten sich so auffällig, daß Christel Guillaume bald Verdacht schöpfte.

So traf sie sich beispielsweise am 13. August 1973 mit einer Frau im Bonner Gartenrestaurant »Casselsruhe«. Beobachtungsposten Wurm mutmaßte sofort eine konspirative Begegnung und frohlockte: Endlich habe man etwas in der Hand! Das Ergebnis seiner Observation blieb freilich mager. Die beiden Frauen unterhielten sich, zahlten schließlich und stiegen in Christels Auto. Wurm hielt alles, was ihm verdächtig erschien, mit der Kamera fest, jede Handbewegung, jeden Augenaufschlag. In der Bonner City trennten sich die beiden, und die Unbekannte setzte ihren Weg mit wechselnden öffentlichen Verkehrsmitteln fort. Wurm folgte ihr bis nach Köln. Nach einer fast vierstündigen Verfolgungsjagd kreuz und quer durch die Stadt war sie ihm entwischt.

Wurms verzweifeltes Bemühen um Beweismaterial aber hatte Christel Guillaume gewarnt. Im »Casselsruhe« blieb der geheimnisvollen Unbekannten der Profi-Observant nicht verborgen.

Guillaume nennt sie in seinen Memoiren – zur Tarnung? – eine »harmlose Urlaubsfreundin« Christels, mit der sie Eheprobleme diskutierte: »Ich werd' verrückt, ich glaub', ich bin eben fotografiert worden, jetzt schickt mir mein Mann auch noch einen Privatdetektiv hinterher!«

Christels Mutmaßung, observiert zu werden, erhärtete sich. Schon vorher hatte sie sich in einem Kaufhaus einmal beobachtet gefühlt und aus diesem Grund sogar ein Treffen platzen lassen. Guillaume selbst blieb zunächst arglos.

»Vielleicht hast du eine Eroberung gemacht, und dir stellt ein Galan nach«, scherzte er, als Christel ihm von ihren Befürchtungen erzählte. Er vermutete eine Panikreaktion.

»Hinter mir ist nicht ein Kerl her, es sind mindestens drei junge Kerle!« entgegnete Christel. Sie ließ sich nicht mehr von ihrem Verdacht abbringen.

Markus Wolf meint heute über den Geheimdienst des damals feindlichen Lagers und dessen Observationsmethoden: »Daß Guillaume die Stelle im Kanzleramt bekam und daß die vagen Hinweise beim Verfassungsschutz und beim Bundesnachrichtendienst nicht beachtet wurden, ist verständlich bei dem großen Strom von Flüchtlingen aus der DDR! Das war gar nicht der Punkt. Aber die Observation wurde so unprofessionell durchgeführt, daß die beiden Frauen auf den ersten Blick Bescheid wußten. Ein Beobachter war schon äußerlich so auffällig. Die Frauen sahen aus einer Aktentasche ein Objektiv herauslugen. In der DDR hatten wir da ganz andere Möglichkeiten für konspirative Aufnahmen. Ich glaube, unser Vorgehen war wesentlich professioneller als das des Bundesnachrichtendienstes.«

Guillaume wähnte sich indessen noch immer in Sicherheit. Im Bonner Sommerloch regte sich wenig. Die Sauregurkenzeit war angebrochen, und der Kanzlerspion ging in aller Ruhe seiner Arbeit nach. Bislang war die Angst, entdeckt zu werden, immer unbegründet gewesen. Warum sollte es jetzt anders sein? Schon häufig waren Dinge dieser Art passiert:

In Maastricht hatten sich Günter und Christel wieder einmal mit »Arno« und »Nora« in einem Restaurant getroffen. Die beiden waren in dieser Zeit die einzigen, denen sich Guillaume und seine

Frau vorbehaltlos anvertrauen konnte. Der Abend verlief heiter, bis »Nora« plötzlich sagte: »Wenn der es ernst meint, haben sie uns alle zusammen auf der Platte.«

Am Nachbartisch hantierte einer der Gäste an einer Kamera herum. Er zielte genau auf die zwei Agentenpaare. Guillaume, der Fotograf, stellte bald mit geübtem Blick fest: »Der benutzt einen extremen Weitwinkel! Wir bleiben im Hintergrundnebel.« Nur nicht die Nerven verlieren, hieß die Devise. Die vier lächelten den Tischnachbarn freundlich zu.

Doch diesmal sah die Sache anders aus. Bei der Heimfahrt vom Kanzleramt in die Ubierstraße fühlte sich der DDR-Spion von einem fremden Auto verfolgt. Er beschloß, eingedenk Christels Wahrnehmungen, eine Probe aufs Exempel zu machen, und griff zu einer bewährten Taktik: Er änderte die Geschwindigkeit, wechselte abrupt die Fahrbahn – der Verfolger ließ sich nicht abschütteln! Als dieser jedoch zu erkennen schien, daß Günter und nicht Christel Guillaume hinter dem Steuer saß, ließ er sich zurückfallen. Wurde nur Christel beobachtet? Guillaume wußte sich keinen rechten Reim darauf zu machen. Es schien freilich eine Erklärung zu geben: Christel hatte sich beim Verteidigungsministerium beworben. War die Beobachtung also lediglich eine Routinemaßnahme im Zusammenhang mit Christels Einstellung? Doch was auch immer hinter dieser Operation steckte – nun war auch Guillaume selbst auf der Hut. Die laienhafte Observation durch den Verfassungsschutz hatte den Spion zur Vorsicht gemahnt.

Unterdessen plante der Kanzler eine Reise nach Südfrankreich. Sein Ziel war La Croix-Valmer an der Côte d'Azur. Brandt wollte sich dort ein wenig entspannen und im Haus der Harpprechts »deren Gegenwart genießen«, wie er später schrieb. Er schätzte seinen Ghostwriter Harpprecht als geistreichen Gesprächspartner.

Wilke, der damit beauftragt war, Brandts Begleiter auszuwählen, teilte Guillaume diesmal bewußt nicht als Reisemarschall ein. Wilke mochte Guillaume ohnehin nicht, überdies hatte ihm Brandt zu verstehen gegeben, daß er Guillaume nicht unbedingt dabeihaben wollte. Doch der eifrige Referent ließ sich nicht so einfach abwimmeln. Er nahm seinen Resturlaub und fuhr auf eigene Faust dem »Chef« voraus an dessen Urlaubsort. Zusammen mit BND-Beamten bildete Guillaume das »Vorkommando«, dem die Vorbereitung des Urlaubs oblag.

Guillaume wohnte zusammen mit dem Sicherheitspersonal in einem bescheidenen Hotel, der »Rotonde«. Eines feuchtfröhlichen Abends schlief Guillaume, schon ziemlich alkoholisiert, auf seinem Bett ein. Als ihm sein Notizbuch aus der Tasche fiel, bückte sich einer der Sicherheitsbeamten, hob es auf und steckte es wieder zurück. Guillaume kam kurz zu sich, blinzelte die Männer an und lallte: »Ihr Schweine, mich kriegt ihr doch nicht.«

Die BND-Beamten machten über den Vorfall keine Meldung. Auch Brandt erfuhr erst viel später von dieser Episode, die sich nahtlos in die Reihe der zahlreichen verpaßten Chancen dieses Falles einfügt.

Da er nun schon einmal da war, spielte Guillaume wie gewohnt Brandts Haushofmeister. Harpprecht erinnert sich heute: »Er traf schon ein, ehe wir ankamen. Er schleppte brav Einkaufstüten. Es mußte ja ein Vorrat angelegt werden, damit der Bundeskanzler und sein Gefolge bekocht werden konnten. Und das machte Guillaume als ordentliches deutsches Faktotum brav und ohne Widerrede und sogar mit seinem etwas asphaltträchtigen Berliner Humor.

Ich fand jedoch, daß er hier sehr unsicher war. Einmal hat er sich ungeheuer betrunken und torkelte in Saint-Tropez am Hafen vor einem Denkmal herum. Er versuchte, sich nützlich zu machen, versuchte stets, in der Nähe zu sein.

Eines Nachmittags saßen wir bei einem zwanglosen Gespräch zusammen. Die Rede kam auf Veränderungen, die sich im Bereich des sowjetischen Imperiums vollzogen. Guillaume lief immer mit dem Fotoapparat um uns herum. Brandt sagte, das seien doch alles atmosphärische Veränderungen. Ich wandte ein – und aus irgendeinem Grund schaute ich Guillaume dabei an –, daß meiner Ansicht nach das System im Osten auf Furcht, auf Angst basiere. Bei diesem Stichwort zuckte Guillaume zusammen. Das ist mir aufgefallen, ich fand es sehr merkwürdig.«

An den Nachmittagen fuhr Guillaume oft mit dem Dienstwagen spazieren, um zu testen, ob er überwacht wurde. Bei einer seiner Spritztouren besuchte er das Picasso-Museum in Vallauris. Hier will er einem »hohen Mann« aus der Ost-Berliner Zentrale begegnet sein, der ihm die Flucht nahegelegt haben soll. Vor seiner Abreise nach Südfrankreich habe er mit »Arno« gesprochen, behauptete Guillaume später. Dieser habe angedeutet, irgend jemand in der Zentrale sei daran interessiert, mit ihm direkt zusammenzutreffen. Dies sei dann geschehen.

Ob diese ominöse Zusammenkunft wirklich stattgefunden hat, darüber wurde lange spekuliert. Wir wissen heute von keinem Geringeren als dem Spion selbst, daß er den »hohen Mann«, von dem man annahm, daß es Markus Wolf gewesen sei, erfunden hat. Markus Wolf beeidet heute überdies, nichts von Guillaumes Observation gewußt zu haben. Die Verbindungen seien sicherheitshalber fast vollständig eingefroren worden. Guillaume selbst habe dem MfS keine Mitteilung über die Observation gemacht. Eine gesonderte Aufforderung zu Fluchtmaßnahmen sei ohnehin nicht notwendig gewesen; für den Fall der Fälle gab es eine Weisung für Günter und Christel Guillaume, die lautete: Beim geringsten Anzeichen von Observation ist unverzüglich der Rückzug einzuleiten.

Der Ex-HVA-Chef meint heute dazu: »Nach der Feststellung der Observation gab es eine eindeutige Orientierung für Guillaume. Er sollte beim ersten Anzeichen, daß es keine Routineüberprüfung war, die seiner Frau galt – sie hatte sich ja damals als Sekretärin bei Verteidigungsminister Leber beworben, was natürlich auch nicht ganz uninteressant für uns gewesen wäre –, sofort die Zelte abbrechen. Der Ex-Agent widerspricht dem heute vehement: »Ein solcher Befehl existierte nicht. Ich konnte doch die Flinte nicht ins Korn werfen. Ich mußte aushalten – bis zum Schluß.«

Guillaume wurde beschattet. Doch der Verfassungsschutz blieb nach wie vor ohne Beweismaterial. Es habe keine Telefonüberwachung gegeben, erklärte der zuständige Leiter der Observationsgruppe vor Gericht. Bei der Observation fiel den Beamten nichts übermäßig Bedeutungsvolles auf. Guillaume sei durch sein konspiratives Verhalten aufgefallen, sagte ein Zeuge später im Prozeß gegen den Kanzlerspion aus. Auf die Frage nach einem Beispiel fügte er hinzu, Guillaume sei im Auto manchmal sehr langsam gefahren und ab und zu sei er umgekehrt und habe denselben Weg nochmals genommen.

Doch niemand hat jemals Guillaume bei einem konspirativen Treffen beobachtet oder gesehen, wie er ein Schriftstück weiterreichte. Die gesamte Überwachung blieb ohne Ergebnis. Ohne Verdachtsmomente konnte es auch keine Anklage geben. Generalbundesanwalt Buback sah sich außerstande, etwas zu unternehmen.

Im Kanzleramt blieb alles beim alten. Guillaume hatte nach wie vor Zugang zu allen Sitzungen und Dokumenten. Man ließ ihn auch während der kritischen Phase der Observation einfach gewähren.

Dennoch war er sich indessen völlig sicher, daß er beobachtet wurde. Auf dem Weg nach Frankreich fanden es die deutschen Kollegen von James Bond noch nicht einmal der Mühe wert, ihr Kölner Autokennzeichen zu tarnen. Nollau hatte sich persönlich mit dem Chef der französischen Spionageabwehr in Verbindung gesetzt. An einem ausgemachten Treffpunkt in der Nähe der Grenze sollten die Franzosen Guillaumes Beobachtung übernehmen. Nollau wurde berichtet, die Überwachung sei lückenlos gewesen. Man habe jedoch keinen Hinweis auf nachrichtendienstliche Tätigkeit erhalten.

Nach der Rückkehr der Guillaumes aus Frankreich fiel dem Agentenpaar noch etwas anderes auf: In der Ubierstraße, direkt gegenüber ihrer Wohnung, richtete sich ein Beamter in einem Wohnmobil ein. Günter und Christel Guillaume konnten von ihrem Fenster aus tagtäglich die Wachablösung der Observanten verfolgen.

Warum nutzte Guillaume nicht die Gelegenheit, um sich aus dem Staub zu machen? Warum folgte er nicht der Weisung aus Ost-Berlin?

Alles war schon organisiert, seine Flucht längst ausgetüftelt. Dennoch harrte er in der »Höhle des Löwen« aus. Markus Wolf rätselt heute über die Entscheidung seines prominent gewordenen Mitarbeiters: »Ich kann nur versuchen, es psychologisch zu erklären. Ansonsten muß ich seine eigene Darstellung akzeptieren. Er hat den Ernst der Lage nicht richtig eingeschätzt, da war also eine gewisse Leichtsinnigkeit, die sich manchmal mit der Zeit einstellt, wenn alles gutgeht. Außerdem wollte er Frau und Kind nicht so einfach ohne Absprache im Stich lassen.«

Hat er sich tatsächlich ein falsches Bild von seiner Situation gemacht? Er war ganz sicher, observiert zu werden. Und er mußte zumindest schon ahnen, daß man ihm bald auf die Schliche kommen würde. War es Leichtsinn? Ja, im Sinne seines Auftraggebers war Günter Guillaume möglicherweise leichtsinnig, als er sich zum Bleiben entschloß. Aber wer kann in die Psyche eines Menschen schauen? Welche Veränderungen erfährt das Bewußtsein eines Mannes, der fast achtzehn Jahre lang in der einen Welt lebt, aber insgeheim der anderen dient?

1956 verließ Günter Guillaume die DDR und kam in eine freie Gesellschaft. Sohn Pierre ist ein Kind des Westens und der sechziger Jahre. Er verehrte Brandt, klebte Plakate für dessen Wahlkampf, demonstrierte für den Frieden, versah das Kofferradio seines Vaters, das dieser für seine Kontakte nach Ost-Berlin verwendete, mit Antikriegsstickern. Mit dem Vater diskutierte er stundenlang über Politik, dem Juso gefiel die konservative Grundeinstellung des Kanzlerreferenten nicht. Pierre war auf der Suche nach Idealen. Sein Weltbild war westlich geprägt.

Doch auch Vater Günter wurzelte inzwischen schon in dieser Welt. Seit fast zwei Jahrzehnten war er der Wirklichkeit des DDR-Alltags entronnen. Konnte das andere Deutschland für ihn überhaupt noch mehr sein als ein erinnerungsbeladenes Phantom, eine vage Vorstellung?

Heute gibt er das ganz unumwunden zu: »In den Jahren, in denen ich draußen war, hatte ich ein Idealbild von der Heimat. Als ich nach Hause kam, habe ich die Wirklichkeit dort erst kennengelernt.«

Guillaume liebte das Reisen und hatte eine Schwäche für exotisches Essen. Im Restaurant schätzte er gepflegte Atmosphäre und aufmerksame Kellner. Er schwärmte von »Bummeltouren entlang der malerischen Mittelmeerküste« und träumte von einem Urlaub in Griechenland.

Die aufmerksame Wibke Bruhns entwickelte damals einen Verdacht: »Ich hatte das Gefühl, daß Guillaume abspringen wollte. Er fühlte sich gejagt. Und er hatte eine ganz starke Bewunderung für Willy Brandt. Die war nicht gespielt. Das war deutlich zu spüren. Es paßte ihm sicher nicht, nun plötzlich als der Judas dazustehen. Wie sehr er seine DDR noch liebte, kann ich nicht sagen. Aber er liebte die westliche Lebensart, er aß zum Beispiel für sein Leben gern Froschschenkel. Das muß man sich mal vorstellen! Die hat er in der DDR bestimmt nicht gekriegt. Auch sonst war er an unseren Lebensstil gewöhnt. Ich hatte damals das Gefühl: Der wollte gar kein Spion mehr sein.«

Die DDR, Markus Wolf und seinen Auftrag vergessen, ein neues Leben anfangen – spielte Guillaume mit diesem Gedanken? Heute muß sich der Agent im Ruhestand von solchen Mutmaßungen selbstverständlich distanzieren. Schließlich will man ja nicht gerne als gescheitert dastehen.

Wibke Bruhns meint dazu: »Wenn der Mann jetzt mit sich selbst im reinen sein will, muß er sich doch heute als den großen Kerl darstellen. Diese Dinge wird er verdrängt haben. Trotzdem hatte ich das Gefühl, daß er einen Ausweg gesucht hat. Er hat es mir gegenüber sogar einmal zugegeben: Er wollte ›aussteigen‹, ein neues Leben anfangen, den Strand entlanglaufen, frei sein.«

Über viele Jahre hinweg diente Guillaume zwei Herren. »Es gibt zwei Männer in meinem Leben, denen ich versucht habe, ehrlich zu dienen – so widersprüchlich das klingen mag –, das waren Willy Brandt und Markus Wolf«, erklärte er später. Versuchte Guillaume, die Schizophrenie seiner doppelten Existenz dadurch wegzurationalisieren, daß er sie in den Dienst einer nebulösen »großen Sache« stellte? Guillaume, der Friedensengel, der Patriot, der Weltverbesserer?

Als Brandt den Friedensnobelpreis erhielt, freute sich sein Referent und ehrlicher Bewunderer nach eigenem Bekunden sehr. Man kämpfte, seiner Auffassung nach, für dieselbe Sache: »Ich war an seiner Seite ein Partisan des Friedens. Wir zogen am selben Strang.«

Im nachhinein erklärte sich Guillaume wieder zum wahren Patrioten, der fast zwanzig Jahre konspirativen Schaffens auf sich nahm – im Land des Klassenfeindes, welch ein Opfer! Nur der Auftrag habe ihn vor der Persönlichkeitsspaltung geschützt, der Auftrag »im Interesse der besten Sache der Welt«. Denn: »Das Entscheidende ist, daß man nicht vergißt, wer man wirklich ist: ein Kundschafter im Dienste von Frieden und Sozialismus.«

Und doch schien er bisweilen zu vergessen, wer er war. Wibke Bruhns hat dafür eine plausible Erklärung: »Seine Unauffälligkeit

war ein Teil seines Covers. Wenn jemand so lange in Westdeutschland wohnt, sich in unsere Lebensart eingelebt hat, kann er sich
nicht nur verstellen. Das kann ich mir nicht vorstellen. Ein Spion
läuft bestimmt nicht täglich herum und denkt: ›Ich bin ein Spion,
ich muß mich unauffällig verhalten.‹«

Seine Rolle als ergebener Referent war mehr als nur ein reines
Täuschungsmanöver. Seine Bewunderung für Brandt war echt.
Guillaume agierte nicht nur als Schauspieler, der sich perfekt mit
seinem Part identifiziert. Er verkörperte nicht nur den Anpas-
sungskünstler, dem man eine »natürliche Begabung für nachrichtendienstliche Tätigkeit« nachsagte. Sein Engagement für die SPD
und Willy Brandt war Ausdruck einer zweiten »Loyalität«. Erwies
sich diese Loyalität am Ende vielleicht als stärker als die Bindung
an seine ursprünglichen Auftraggeber?

Ein Lob von Willy Brandt war für ihn stets das größte. Noch
heute schwingt Bedauern in seiner Stimme, wenn er über seine
SPD-Chefs sagt: »Sie waren mir ja alle sehr sympathisch. Ich habe
gerne in der Partei gearbeitet, habe mich krummgelegt, nicht nur
für Willy Brandt, sondern auch für Georg Leber und andere. Das
hat mir Spaß gemacht.«

Es mag ein wenig Vogel-Strauß-Taktik gewesen sein, als Guillaume Mitte April 1974 noch einmal eine Spritztour nach Frankreich unternahm – Flucht vor der Wirklichkeit und vor sich selbst,
nach der Devise: Sie erwischen mich vielleicht ja doch nicht.

Im Morgengrauen brach der Kanzlerspion auf. Schon bald mutmaßte er, daß ihm Verfolger auf den Fersen waren. Wieder prüfte
Guillaume mit Brems- und Beschleunigungsmanövern seine Observanten. Tatsächlich, sie hingen an ihm dran. Das Ausmaß dieser
Beschattung machte endgültig klar, daß es sich nicht um eine bloße
Routinemaßnahme handelte. An der Grenze lösten die Franzosen
wieder ihre deutschen Kollegen ab. Guillaume fuhr nach Saint-
Maxime an die Côte d'Azur. Ein paar Tage genoß er das mediter-
rane Ambiente, das er so liebte. Auf dem Heimweg entschlüpfte er
seinen Bewachern, nachts auf der Fahrt durch Belgien.

Noch einmal hatte Guillaume die Freiheit der Entscheidung.
Zum letzten Mal bot sich ihm die Chance zu verschwinden.
Warum nahm er sie nicht wahr? Der »große Patriot« will damals

die Flucht aus moralischen Gründen nicht angetreten haben. Er habe die Seinen nicht im Stich lassen wollen. Hätte er sie nicht schlicht mitnehmen können? »Das ging doch gar nicht«, sagt er. Oder wollte er das nicht?

Am späten Abend des 23. April 1974 erreichte Guillaume erschöpft seine Godesberger Wohnung. Bei einem Bier in der Küche sinnierte er über die Zukunft. Die Observation würde wohl weitergehen, man hatte ihn in Südfrankreich bei keinem Agententreff beobachten können. Noch immer gab es keine schlagkräftigen Beweise für seine nachrichtendienstliche Tätigkeit. Er konnte eigentlich ruhig schlafen gehen.

Doch der Spion hatte nicht mit dem Generalbundesanwalt gerechnet. Buback wollte endlich zur Tat schreiten, so oder so. Zwar gab es noch keine Beweise – doch endlich immerhin einen richterlichen Durchsuchungsbefehl.

6 Uhr 32 zeigte die Uhr am nächsten Morgen, als die Türklingel Guillaume aus bleiernem Schlaf riß. Er zog sich einen Morgenmantel über den Pyjama und ging barfuß zur Tür. Er öffnete, auf dem Flur standen ein paar Männer und eine Frau.

»Sind Sie Herr Günter Guillaume?«

Guillaume wußte sofort, was sie wollten.

»Ja, bitte?« fragte er leise.

»Wir haben einen Haftbefehl des Generalbundesanwalts.«

Mit diesen Worten drängten ihn die BKA-Leute in den Wohnungsflur zurück.

Guillaume fand sich in seinem Bademantel irgendwie nicht angemessen bekleidet. Er sah seinen Sohn mit großen Augen im Türspalt seines Zimmers stehen. Sein nächster Satz war auch für ihn bestimmt. »Ich bitte Sie«, rief er, »ich bin Bürger der DDR und ihr Offizier – respektieren Sie das!«

Wie ein Befreiungsschlag, erinnert er sich später, wirkten die Worte auf Günter Guillaume selbst, den OibE, den »Offizier im besonderen Einsatz«. Als er sich der Entdeckung nicht länger entziehen konnte, bekannte er sich – notgedrungen – auch zu seiner ersten, ursprünglichen Identität. Konnte er nicht auch nur so vor seinem Sohn bestehen, indem er ihm bewies, daß er kein Feigling war? •

Sein großes Vorbild Paul Laufer hatte ihm einst eingebleut, nicht aufzugeben, »wenn es einmal schiefgeht. Wir dürfen uns nicht feige wegdrücken, auch wenn wir geschnappt werden, haben wir noch eine Aufgabe zu erfüllen – als Beispiel für die nachrückenden Genossen.«

Doch Guillaumes Bekenntnis entsprang keineswegs nur lupenrein heroischen Motiven. Dahinter steckte auch eine Mischung aus unbewußter Chuzpe und blitzschnell formuliertem Kalkül. Spekulierte er darauf, daß sich seine sensationelle Äußerung in Windeseile verbreiten würde? Über die Deutsche Presse-Agentur ginge sie vielleicht noch rechtzeitig genug hinaus, um »Nora« und »Arno« zu warnen.

Guillaumes »Rechnung« ging auf. »Arno« saß im Zug nach Köln, als der Rückruf aus der Ostberliner Zentrale erfolgte. »Nora« hatte sich just an diesem 24. April in Berlin-Neukölln als »Ursula Behr« angemeldet. Sie setzte sich sofort nach Ost-Berlin ab. Mit seinem Ausruf war es Guillaume, bewußt oder nicht, gelungen, nicht nur seine Verbindungsagenten vor der Enttarnung zu retten, sondern damit auch die beiden einzigen Freunde, die ihm über die Jahre geblieben waren.

In der Tradition des 1942 in Paris verhafteten Grand Chef der »Roten Kapelle«, Leopold Trepper, hatte Guillaume bei der Verhaftung auf seine Offiziersehre gepocht. Und doch war dieser Satz mehr als nur ein Bekenntnis: Er war ein Geständnis. Denn bis zu diesem Zeitpunkt verfügte der Generalbundesanwalt über keinen einzigen stichhaltigen Beweis für Guillaumes doppelte Existenz. Was wäre wohl geschehen, wenn er geschwiegen hätte?

Der gesamte Prozeß gegen das Agentenehepaar Guillaume sollte sich fast ausschließlich auf Indizien stützen. Einzig der spontane Ausruf Guillaumes und die in seiner Wohnung gefundene Spionagekamera dienten dem Gericht als Beweise.

Der oberste Verfassungsschützer Nollau bekam von alledem nichts mit. Am 24. April war er in Brüssel. Erst am Abend erfuhr er telefonisch von einem Mitarbeiter der Sicherungsgruppe Bonn, wie »es« gelaufen war.

»Wissen Sie's noch nicht?« fragte ihn der Beamte. »Guillaume hat gestanden.«

Nollau hörte die Nachricht mit Erleichterung. Die Beweisführung ließ sich damit leichter handhaben, und er war seine größte Sorge los. Den Prozeß vorzubereiten hatten die Bundesanwaltschaft und die Sicherungsgruppe. Nollaus Arbeit schien jetzt abgeschlossen. Wofür er zuständig war und wofür nicht, wußte der oberste Verfassungsschützer immer ganz genau.

Als ihn jedoch wenig später BKA-Präsident Horst Herold mit einer pikanten Neuigkeit aufsuchte, wurde Nollau noch einmal aktiv – und brachte so den Stein ins Rollen, über den Brandt wenige Tage später stolpern sollte. Herold berichtete ihm von den Verhören der Sicherheitsbeamten Brandts. Ulrich Bauhaus, dem Guillaume in Norwegen das Kofferdouble mit den Reisesouvenirs anvertraut hatte, hatte sich ausführlich über Brandts angeblich exzessives Liebesleben ausgelassen. Man habe ihm Beugehaft angedroht, schrieb Bauhaus später an Brandt, er und seine Kollegen seien zu Aussagen gezwungen worden, deren Sinn sie bis heute nicht begriffen hätten.

Nollau schaltete wieder einmal Wehner ein und teilte ihm seine jäh erwachten Befürchtungen mit, die er auch schon Herold gegenüber geäußert hatte: »Wenn Guillaume diese pikanten Details in der Hauptverhandlung auftischt, sind Bundesregierung und Bundesrepublik blamiert bis auf die Knochen.«

Andernfalls habe die DDR, die nach Nollaus Überzeugung natürlich von Guillaume informiert worden war, ein Mittel, jedes Kabinett Brandt und die SPD zu demütigen.

Wehner war beeindruckt von Nollaus Bericht. »Ich sehe ihn morgen in Münstereifel«, bemerkte er so sibyllinisch, wie es nur ein Wehner konnte.

Nach Münstereifel hatte Brandt SPD-Spitzen und Gewerkschaftsführer zu einem lockeren Meinungsaustausch über die Zukunft von Land und Partei eingeladen. Hier setzte Wehner in aller Abgeschiedenheit dem Kanzler das Messer auf die Brust: Er legte ihm den Rücktritt nicht gerade nahe, gab jedoch zu verstehen, daß er sich ihm auch nicht widersetzen würde.

Für den sensiblen Brandt war das schon fast ein Dolchstoß. Er hatte von Guillaumes Verhaftung am Flughafen erfahren, als er von einem Staatsbesuch in Ägypten zurückkehrte. Genscher und Grabert hatten ihn mit Leichenbittermienen empfangen.

»Da schwante mir schon Böses«, erinnerte er sich später. Die Hiobsbotschaft traf ihn in einem Moment der Schwäche. Er war körperlich angeschlagen, hatte Zahnweh und litt unter einer Darmgrippe, die er sich am Nil geholt hatte.

Die Nacht von Münstereifel brachte die Entscheidung. Brandt trat, nach einigem Zögern, zurück. Die Guillaume-Affäre war nicht der eigentliche Grund, sondern lediglich der Auslöser. Doch sie hatte die Büchse der Pandora geöffnet. Deren üble Düfte verleideten dem matten Brandt den letzten Rest von Lust am Amt des Kanzlers.

Der Kanzlerspion zuckt heute mit den Schultern, wenn er sagt: »Die Sozialdemokraten waren mir natürlich alle mit Recht böse. Die sehen auch heute nur noch diesen Mai 1974, als der Kanzler wegen der Spionageaffäre zurücktrat. Das tut mir leid, aber ich kann's nicht ändern.«

Es tut ihm um den Mann leid, dessen Vertrauen er mißbraucht hat: Willy Brandt.

Im übrigen zeigt Guillaume heute weder Reue noch Selbstkritik. Er hat sich seine Geschichte ganz genau zurechtgelegt. Er sieht sich noch immer als Friedensbewahrer, als Kämpfer für die gute Sache. Schade sei nur, so bedauert er heute, daß die Regierenden nicht immer auf die Geheimdienstler hören. Dabei verweist er auf sein großes Vorbild Richard Sorge: »Der hat von Japan aus vor dem Einmarsch der deutschen Armee in die Sowjetunion gewarnt. Stalin schlug die Warnung in den Wind.« Wovor hätte Guillaume seine Regierung warnen können? Davor, daß Brandt es mit der Ostpolitik wirklich ernst meinte?

Nicht der Hauch eines Zweifels wird spürbar, wenn Guillaume über seine nachrichtendienstliche Vergangenheit spricht. Nur an einem Punkt ist er sich doch nicht so ganz sicher: Hat er sich seinem Sohn gegenüber richtig verhalten? Er hing an Pierre, er liebte ihn und hätte ihm gerne mehr bieten wollen als das einstürzende Weltbild, das seine Verhaftung bei dem damals Siebzehnjährigen auslöste. In seinen Memoiren schwelgt Vater Guillaume in Erinnerungen. Von Sauftouren und Wochenendfahrten mit dem Halbwüchsigen berichtet er und von der ersten Liebe Pierres in Bad Godesberg.

Als der Vater verhaftet wurde, war Sohn Pierre fassungslos. Guillaume versuchte, ihm in aller Kürze noch ein paar Ratschläge fürs Leben zu geben: »Hab Vertrauen!« – »Laß dir nichts einreden, was du selbst nicht weißt!« – »Kopf hoch, du hörst von uns!«

Im Gefängnis wurde Guillaume klar, wie paradox diese Worte waren. In den schlaflosen Nächten seiner Haft grübelte er nach, wie der Junge wohl mit der neuen Lage fertig werden würde.

Und seine Ehefrau? Mit Christel war er fertig. Seit Jahren gab es allenfalls noch eine kameradschaftliche Bindung. Sie war ihm zu herrisch, zu grell. Mitunter floh er regelrecht – allein meist, manchmal auch mit Pierre. Dann machten Vater und Sohn zu zweit irgendwo ein paar Tage Männerurlaub. Der Vater beobachtete stolz, wie der Sohn zu einem feschen jungen Mann heranwuchs. Noch in der Haft erkundigte er sich später besorgt bei Oma Boom, die mit ihrem Enkel später in die DDR zurückkehrte, wie es denn mit Pierres Hautausschlag stehe und ob der seit kurzem sprießende Bart da nichts verschlimmern könnte.

Über Christel sprach Guillaume schon damals selten und tut es auch heute noch nicht gern. Während des Prozesses trug das Paar noch medienwirksam freundschaftliches Einverständnis zur Schau. Nach der Rückkehr in die DDR trennten sie sich bald. Mit dem Ende der Konspiration gab es keinen Grund mehr zusammenzuhalten.

Guillaume wurde 1981 aus der Haft entlassen und in der DDR nicht nur mit vaterländischen Verdienstorden, sondern auch mit einer Villa am See bedacht.

Die deutsche Einheit machte ihn erneut, diesmal legal, zum Bundesbürger. Hat Guillaume in den sieben Jahren seiner Haft neue Einsichten gewonnen? Nach außen hin natürlich nicht. Noch immer sieht er seine Spionagetätigkeit bei Brandt als »Meisterstück«. Die Geschichte seines Doppellebens schildert er als schillernden Roman, als Abenteuer mit dem einen und einsamen Helden – Günter Guillaume, dem »Kundschafter des Friedens«, dessen Wahlspruch lautet: Nur dem Tapferen hilft das Glück.

So sollte ihn sein Sohn sehen. Dennoch hat er ihn verloren. Pierre hat sich vom Vater losgesagt und trägt den Mädchennamen seiner Mutter: Pierre Boom hält heute ganz und gar zu Christel, die verbittert auf die Jahre mit dem Top-Spion zurückblickt: »Verlorene Zeit, verlorenes Leben.«

Damit meint sie nicht die Spionagearbeit. Dazu steht sie. Vielmehr meint sie die zahlreichen Amouren des Filous G. G. Wie ungeniert er sie gerade in der Bonner Zeit betrogen hat, erfuhr sie erst bei den Vernehmungen. Lange hat der Ex-Spion geschwiegen. Heute sagt er offen: »Christel hätte mich am besten gar nicht erst geheiratet. Ich kann nicht treu sein.« Solche Selbstkritik überkam den Ex-Spion erst in den letzten Jahren.

Er hat sich seinen Lebensweg zurechtgelegt. Da ist alles klar und logisch. Alles paßt zusammen. Zweifel, ob es sich gelohnt hat? Aber nein doch! Und so findet er es nachgerade »schön, daß die deutsche Einheit jetzt erreicht ist«. Die Erklärung ist bequem: »Als ich im Ausland war, hatte ich ja nur Idealvorstellungen von der Heimat. Aus heutiger Sicht, in voller Kenntnis der Situation in der DDR, weine ich ihr keine Träne nach.«

Hatten wir erwartet, daß Guillaume sich immer noch in Treue fest zur DDR bekennen würde? Vielleicht hätte er dem SED-Staat schon im Jahre 1974 keine Träne nachgeweint, wenn er damals nur den Hauch einer Chance gehabt hätte, in der Bundesrepublik bei seinem Übervater Brandt zu bleiben. Er hätte weiterhin im Dienst der Bonner Republik sein organisatorisches Talent aufblitzen lassen. Seinem Sohn hätte er ein aufmerksamer, liebevoller Vater sein können. Und ab und zu wäre er nach Südfrankreich gefahren, um die Seele baumeln zu lassen. Froschschenkel haben ihren eigenen Reiz.

Dieses Leben hat ihm nicht nur der Verfassungsschutz vermasselt, sondern auch die DDR.

Der Dealer

Montag, 20. Mai 1985, halb vier Uhr morgens:

Im Zimmer mit der Nummer 763 des Hotels »Ramada Inn« an der Montgomery Avenue in Rockville, Maryland, klingelt das Telefon.

John Walker zuckt zusammen. Er ist hellwach. Trotz der frühen Morgenstunde hat er die ganze Nacht kein Auge zugetan. Zu viele Gedanken kreisen in seinem Kopf – zuviel ist während der vergangenen Stunden schiefgegangen!

Er hebt nach kurzem Zögern ab: »Was ist?«

»Mister Johnson?« fragt eine aufgeregte Stimme zurück.

»Ja, was wollen Sie?«

»Sir, gehört Ihnen ein blau-weißer Ford AstroVan?«

»Ja.«

»Es tut mir leid, Sir – aber ein Betrunkener hat Ihren Wagen auf unserem Hotelparkplatz gerammt. Ich muß Sie bitten, sofort in die Lobby zu kommen, damit der Unfall aufgenommen werden kann.«

»Okay«, erwidert John Walker scheinbar gelassen, »ich bin sofort unten.«

Doch er ist ganz und gar nicht ruhig. »Ob das der alte Trick ist?« überlegt er, während er nach seiner Hose greift und langsam zum Fenster geht. Vorsichtig schiebt er den Vorhang ein kleines Stück beiseite. Alles ruhig, zumindest draußen. Kein FBI, kein Polizeiwagen zu sehen. »Zu dumm«, denkt er, »ich hätte den Transporter in Sichtweite abstellen sollen.«

Die Ereignisse der letzten Stunden laufen noch einmal wie im Zeitraffer ab, als sich John Walker die Schnürsenkel seiner Springerstiefel bindet.

Vor fünfzehn Stunden hat er sein Haus in Norfolk, Virginia, verlassen, ist entlang der Interstate 64 bis Richmond gefahren und dann auf die Interstate 95 in Richtung Washington, D. C., abgebogen. Nach vier Stunden Langeweile hat er endlich den Capital Beltway erreicht, der, über den Potomac River hinweg, direkt nach Maryland führt. Von dort sind es noch gute zehn Minuten auf der Interstate 270 Richtung Frederick, dann »local exit five Rockville«. An der ersten Kreuzung nach der Abfahrt links, dann noch ein Kilometer Landstraße – kurz vor fünf Uhr nachmittags hat John A. Walker alias John A. Johnson sein Hotelanmeldeformular ausgefüllt und den Schlüssel für das Zimmer mit der Nummer 763 in Empfang genommen.

Wie immer, wenn er sich im »Ramada Inn« in Rockville einquartiert, um dem KGB geheimes Material zu liefern, hat John auch an jenem Maisonntag drei Stunden eingeplant, um sich vor dem abendlichen »dead drop« ausruhen, ohne Zeitdruck ein Abendessen (Steak mit Salat und gebackener Kartoffel) einnehmen und sorgfältig die Routenbeschreibung zum toten Briefkasten der Sowjets studieren zu können.

Gegen acht Uhr abends hat er sich auf den Weg gemacht – streng nach KGB-Anweisung. Jede Ampel, jede Abbiegung, alle Besonderheiten auf der Wegstrecke, genaue Distanzangaben, ja sogar ausgeklügelte Manöver, mit denen John eventuelle Verfolger abschütteln soll, sind auf dem KGB-Papier vermerkt, das ihm sein sowjetischer Führungsoffizier beim letzten Treffen im Januar in Wien in die Hand gedrückt hat. Die Paranoia der Russen ist nicht unberechtigt: Sämtliche Fahrzeuge der Sowjetbotschaft in den USA sind für das FBI sofort am Nummernschild erkennbar. Hinzu kommt, daß der Aktionsradius für russische Diplomaten äußerst begrenzt ist: vierzig Kilometer um die Hauptstadt. Damit der Tausch von Spionageware gegen »cash« mit dem geringsten Risiko für beide Seiten abläuft, hat das KGB jeden Schritt, den John Walker machen muß, zuvor genauestens ausgetüftelt.

Wie üblich hat er zunächst einen vorher definierten Elektrizitätsmasten in Montgomery County angesteuert, an dem eine »Seven-up«-Limonadendose lehnt – Zeichen dafür, daß der sowjetische Kontaktmann bereit ist für den Austausch. Danach hat Walker seinerseits eine Dose derselben Marke an einem anderen vorab ausgewählten Elektrizitätsmast abgelegt – Signal für das KGB, daß auch der Spion bereit ist. Anschließend Weiterfahrt in schier endlosem Zickzack zum toten Briefkasten – einer dicken, knorrigen Eiche, hinter der er seine dunkle Plastiktüte mit der heißen Ware deponiert. Parallel dazu würde der KGB-Mann aus der Washingtoner Sowjetbotschaft seine Plastiktüte mit mehreren tausend Dollar in kleinen Scheinen an anderer Stelle, etwa fünf Kilometer weit entfernt, hinterlassen. Die Strecke und das Timing für den Rückweg sind vom KGB so arrangiert worden, daß John sein Geld und der Russe sein Material – wiederum gleichzeitig – an den beiden Depots abholen können.

Aber genau dieser Punkt des Verfahrens ist am Abend des 19. Mai 1985, für Walker aus völlig unerfindlichen Gründen, gescheitert. Mehr noch: Nachdem er nicht, wie erhofft, um zehn Uhr abends eine Plastiktüte mit zweihunderttausend US-Dollar in Scheinen vorfindet, macht Walker auf der Stelle kehrt und fährt zurück an jenen Ort, an dem er seine Ware abgelegt hat. Die böse Überraschung: Alles weg!

»In diesem Moment war ich mir sicher: Das Spiel ist aus. Jeden Augenblick habe ich damit gerechnet, daß FBI-Agenten aus den Büschen stürmen würden, ihre Kanonen im Anschlag, und mich festnehmen. Aber es geschah nichts«, erinnert sich Walker später.

»Vielleicht ist das alles nur ein Mißverständnis mit den Russen, ist die Geschichte mit dem Unfall doch wahr«, beruhigt er sich. Fünf Minuten nach dem ominösen Telefonanruf um halb vier Uhr nachts schickt er sich an, sein Hotelzimmer zu verlassen.

Plötzlich schießt ihm durch den Kopf: »Wohin mit den schriftlichen Anweisungen und Fotos des KGB für die Austauschaktion vom vergangenen Abend?« Wenn nun doch FBI-Leute im Hotel herumschleichen, ihn festnehmen und das verräterische Briefkuvert finden würden, so stünden seine Chancen schlecht, ist sich der nach achtzehn Jahren Spionagetätigkeit für die Sowjetunion hartgesottene John Walker sicher. Er beschließt, erst einmal die Lage auf dem Korridor zu sondieren und nach einem sicheren Versteck zu suchen.

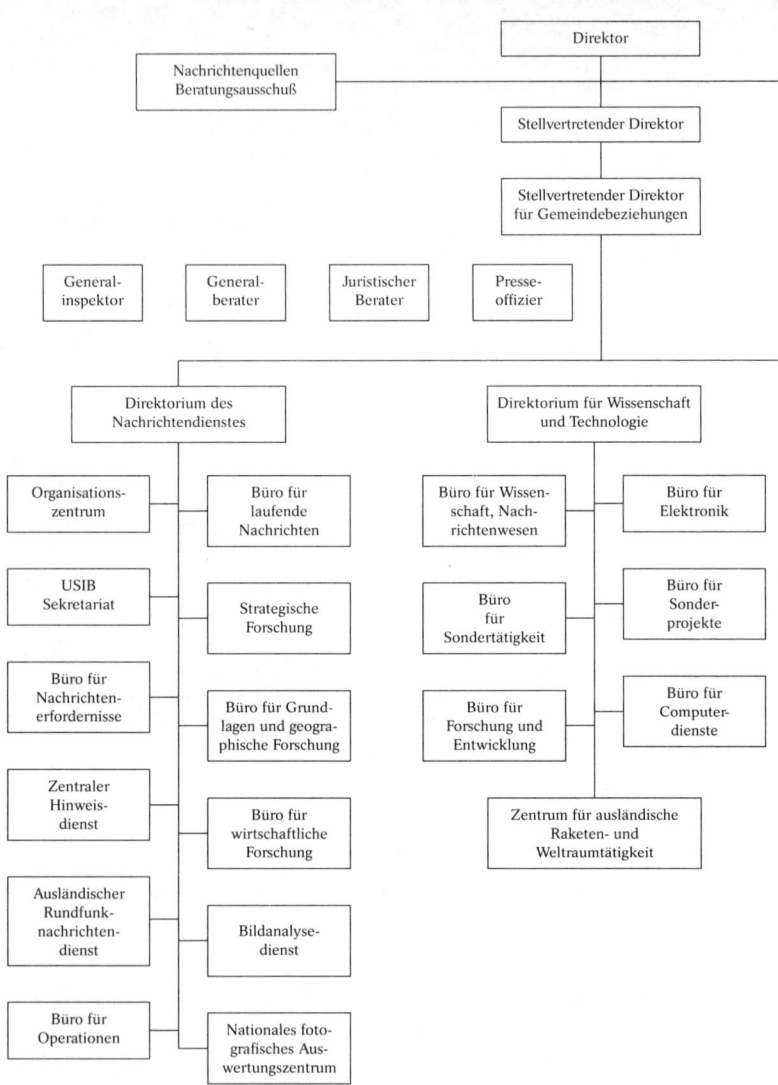

Die Organisation der CIA
(Nach: Maschetti/Marks [1974] und Recherchen des Autors)

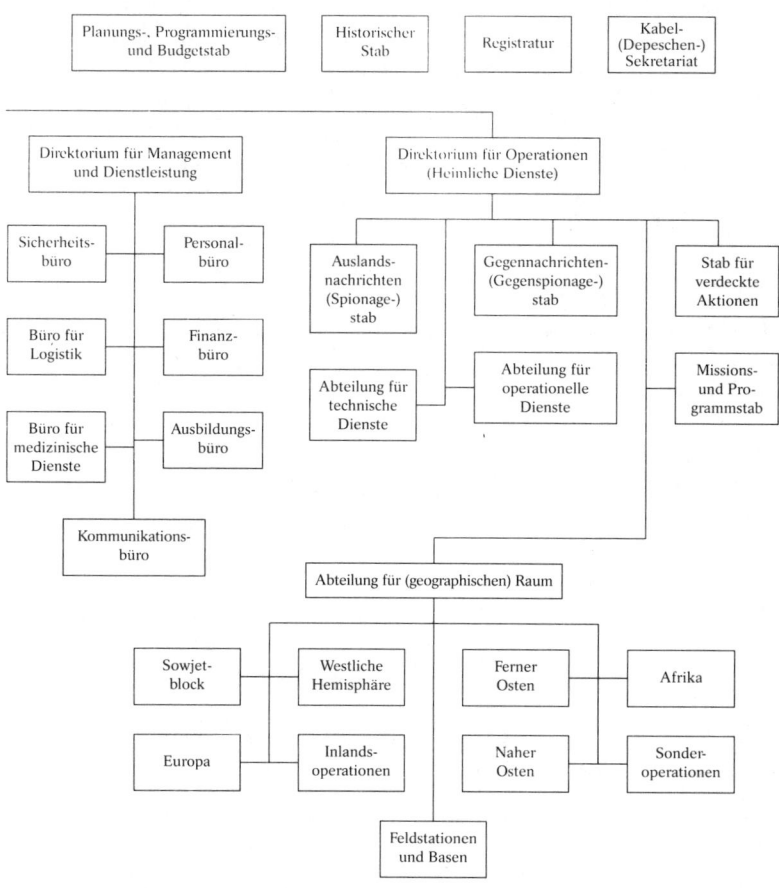

Nationaler
Nachrichtenoffizier

Planungs-, Programmierungs-
und Budgetstab

Historischer
Stab

Registratur

Kabel-
(Depeschen-)
Sekretariat

Direktorium für Management
und Dienstleistung

Direktorium für Operationen
(Heimliche Dienste)

Sicherheits-
büro

Personal-
büro

Büro für
Logistik

Finanz-
büro

Büro für
medizinische
Dienste

Ausbildungs-
büro

Kommunikations-
büro

Auslands-
nachrichten
(Spionage-)
stab

Gegennachrichten-
(Gegenspionage-)
stab

Stab für
verdeckte
Aktionen

Abteilung für
technische
Dienste

Abteilung für
operationelle
Dienste

Missions-
und Pro-
grammstab

Abteilung für (geographischen) Raum

Sowjet-
block

Westliche
Hemisphäre

Ferner
Osten

Afrika

Europa

Inlands-
operationen

Naher
Osten

Sonder-
operationen

Feldstationen
und Basen

243

Ganz langsam und vorsichtig, sein linkes Ohr an die Zimmertür gepreßt, betätigt Walker den Türdrücker. Mit gezogenem Revolver reißt er die Tür auf. Blitzschnell suchen seine Augen den Gang ab: keine Menschenseele zu sehen. Leise bewegt er sich in Richtung Notausgang. An der Feuertür bleibt er stehen und horcht. Keine verdächtigen Geräusche. Ein Blick hinter die Tür: Leere. Walker wagt sich zurück in sein Zimmer, um den Briefumschlag zu holen. »Ich weiß nicht, was mich geritten hat, aber danach bin ich von meinem Zimmer aus in genau die andere Richtung gelaufen, zu den Aufzügen. Da gab's einen Cola-Automaten, hinter dem ich den verräterischen Umschlag verschwinden lassen wollte. Ich bog um die Ecke, dann brüllte jemand hinter mir: ›Stehenbleiben, FBI!‹ Ich drehte mich um. Zwei von denen standen vor mir, ihre Waffen waren direkt auf mich gerichtet. Sofort habe ich meinen Revolver fallen lassen.«

Bob Hunter und James Kolouch, die beiden für die Verhaftung verantwortlichen »Special Agents« des FBI, erinnern sich an andere Details:

»Wir haben in einem Korridor gewartet, der für John von seinem Zimmer aus nicht einsehbar war«, erklärt Bob Hunter. »Punkt halb vier hörten wir das Telefon läuten. Kurz danach ging die Tür auf. Wenn ich sage, ich bin in diesem Moment aufgeregt gewesen, so ist das glatt untertrieben. Mir raste das Herz. Jedenfalls wollten wir ihn uns am Aufzug schnappen. Also warteten wir, bis er um die Ecke biegen würde. Schritte? Ja, aber sie entfernten sich von uns. Jimmy schaute mich fragend an – ich zuckte mit den Schultern. Keiner von uns begriff, was Walker vorhatte. Dann wieder leises Türklicken – aber immer noch kein Spion in Sicht. Es war nervenzerfetzend, die Spannung unerträglich: ›Was um alles in der Welt treibt der Kerl?‹ Unter Hochspannung zu stehen, weil man den berüchtigtsten Spion in der Geschichte unseres Landes fassen soll, und dann fünfzehn Minuten warten zu müssen? Das ist eine Ewigkeit!

Um Viertel vor vier jedenfalls bewegte sich endlich wieder etwas. Dann ging alles ganz schnell: John bog um die Ecke, wollte gerade die Ruftaste für den Aufzug drücken, als Jimmy und ich aus der Deckung traten. Uns verblieb keine Chance, etwas zu sagen.

John hatte sich blitzschnell herumgedreht und seinen Revolver genau auf mich gerichtet. Das war ein gefährlicher Augenblick! Ich stand nur da und dachte: ›Der drückt ab!‹ Die Patronen in seiner Revolvertrommel konnte ich, silbrig schimmernd, deutlich erkennen. Alle Bewegungen liefen ab, als seien sie in Zeitlupe gefilmt worden. Ein paar Sekunden lang schauten wir uns gegenseitig in die Augen, mit gezogenen Waffen. Ich wollte ihn auf keinen Fall erschießen.

Mein Partner beendete das Drama. ›Kanone runter!‹ schrie er Walker an. Der reagierte wie in Trance. Dann haben wir uns auf John gestürzt und ihn gegen die Wand gedrückt, um ihn durchsuchen zu können. Dabei fiel mir ein Umschlag, ein sehr wichtiger, wie sich bald herausstellen sollte, vor die Füße. Die Verhaftung im siebten Stock bekam zum Schluß sogar noch eine komische Wendung: John griff, scheinbar gedankenversunken, mit der linken Hand an seine Stirn; im nächsten Moment gab's ein schmatzendes Geräusch; dann hielt er uns triumphierend sein Toupet entgegen. ›Ein teures Stück‹, murmelte er, ›es wäre zu schade...‹«

Unmittelbar nach der erfolgreichen Festnahme durch Hunter und Kolouch wird John Walker ins Hotelzimmer mit der Nummer 771 abgeführt, das dem FBI als operative Basis dient. »Sie haben das Recht zu schweigen. Alles, was Sie von nun an sagen, kann vor Gericht gegen Sie verwendet werden.« Die Verlesung seiner Rechte, vorgetragen von einem der plötzlich um ihn versammelten vollen Dutzend FBI-Agenten, klingt für Walker wie Worte aus einer fernen, fremden Welt. Es dauert einige Minuten, bis sich der Top-Spion in Handschellen einigermaßen gefangen hat.

»Ohne meinen Anwalt sage ich kein Wort!« schreit er der Mannschaft durchtrainierter Bundespolizisten entgegen. »Okay«, erwidert Einsatzleiter Hunter, »fahren wir erst einmal nach Baltimore in die Einsatzzentrale.«

»Ich hatte allen jenen unserer Männer, die John, ohne daß es von ihm bemerkt worden war, den ganzen Nachmittag und Abend des 19. Mai lautlos beschattet hatten, nach dessen Rückkehr ins Hotel für ihren Einsatz gedankt und sie in ihren verdienten Feierabend entlassen. Das war so gegen elf Uhr abends. Erst fünfeinhalb Stunden später, um halb fünf, kamen wir mit dem Gefangenen herunter und wollten das Hotel verlassen. Die Szene, die sich dann abspielte, wird mir unvergeßlich bleiben. Sämtliche fünfzig an der Jagd beteiligten Polizisten standen versammelt vor der Eingangstür, sagten keinen Ton, wollten nur eines: dem erfolgreichsten Meisterspion der Russen auf amerikanischem Boden für einen Moment sozusagen ›live‹ gegenüberstehen. In dieser Situation entfuhr es dem vorher alles andere als gesprächigen John: ›Mein Gott, ich hatte ja keine Ahnung... all diese Menschen... alles wegen mir!‹

Mein Partner Jimmy Kolouch vollführte eine Geste, die seinen ganzen Stolz verriet; dann fuhr die Polizeilimousine vor. Wir stiegen hinten ein, nahmen Walker in die Mitte und rasten los. Im Auto wurde während der ganzen Fahrt, fast eine Stunde lang, nichts, absolut nichts gesprochen.«

In Baltimore angekommen, offenbart Special Agent Bob Hunter seinem »Schützling«, welch wertvollen Fund das FBI neben einer alten Eiche an der Partnership Road, zweihundert Meter hinter der Abzweigung von der Whites Ferry Road in Montgomery County, gemacht hat: hundertneunundzwanzig Secret- und Top-secret-Dokumente vom US-Flugzeugträger »Nimitz«, nichtentwickelte Filme und – besonders fatal für John – einen von ihm selbst geschriebenen Brief an das KGB, in dem er auf Zahlung von einer Million US-Dollar als Prämie für fast zwei Jahrzehnte erfolgreich geleisteter Spionagetätigkeit im Dienst des Geheimimperiums drängt.

»Das war ein harter Schlag«, sagt Walker später, »ich hatte meinen Absprung, meinen definitiven Ausstieg aus dem Geschäft, genau geplant. Alles war vorbereitet. Ich wollte meine Spuren verwischen, weit weg gehen, mich sozusagen unsichtbar machen. Das Land meiner Wahl stand fest. Keine Auslieferung. Ich werde Ihnen nicht auf die Nase binden, wohin ich mich absetzen wollte. Sollte ich jemals aus dem Knast kommen, wäre das alte Ziel auch heute noch attraktiv für mich... Eine Million, meinetwegen auch die Hälfte, hätte ich noch gebraucht. Ich hatte absolut keine Angst davor, von den Russen aufgespürt zu werden.

Das Geschäft war in guten Händen. Michael, mein Sohn, war ein Spitzenmann. Er konnte mich problemlos ersetzen. So hab' ich das damals gesehen: Das Familienunternehmen erhält einfach einen neuen Manager.

Ich war mir absolut sicher: Wenn nicht zufälligerweise während einer Fahrt zum toten Briefkasten ein Baum auf Michaels Auto fallen oder sonst etwas Absurdes geschehen würde, bestand keinerlei Risiko für ihn, entdeckt zu werden. Wie, bitte schön, hätte das FBI dahinterkommen sollen? Zugegeben: Barbara, meine Ex-Frau, war ein Risiko – aber ihren eigenen, geliebten Sohn den Wölfen ausliefern?«

Als sie mich 1985 verriet, hatte sie allerdings keinen blassen Schimmer, daß Michael schon jahrelang mit von der Partie war... Dummerweise erlaubte meine letzte Lieferung dem FBI aber nicht nur zweifelsfreie Rückschlüsse auf die Herkunft des Materials [Michaels Marinestationierungsort], sondern enthielt auch noch Hinweise, die eine Identifizierung anderer mehr oder weniger aktiver Mitglieder meines Spionagerings erlaubten: Jerry Whitworth und mein Bruder, Arthur Walker... Ja doch, es waren viel zu viele Interna, die dem FBI in die Hände fielen – aber wer hätte ernsthaft daran gedacht, in jenem Augenblick aufzufliegen? Und überhaupt: Die Sowjets wollten immer haarklein wissen, was jeder einzelne machte, ob er Probleme hatte, wie verläßlich die betreffende Person war. Da verstanden die keinen Spaß; und ich wußte, daß ich in diesem Punkt immer ehrlich bleiben mußte...«

Tatsächlich kommt durch den Inhalt von Walkers letzter Lieferung vorläufig nur die Spitze des Eisbergs an Geheiminformationen zum Vorschein, den er im Kalten Krieg seit 1968 aufgetürmt hat. »Wir erwarben«, erklärt Johns ehemaliger KGB-Führungsoffizier und damals stellvertretender Leiter des sowjetischen Aufklärungsdienstes, Generalmajor Boris Alexandrowitsch Solomatin, »rund eine Million geheimster US-amerikanischer, vorwiegend Marinedokumente, die wichtigste strategische Informationen enthielten. Wenn man bedenkt, daß Mister Walker während der über siebzehn Jahre, die er mit uns zusammenarbeitete, rund eine Million US-Dollar Honorar erhalten hat, so haben wir etwa einen Dollar pro streng geheimem Dokument bezahlt.« So gesehen war John Walker für das KGB ein billiger Agent.

Erst nach und nach erschließt sich den US-Untersuchungsbehörden der vollständige Schadensumfang, den John Walker und sein Spionagering angerichtet haben. Der ehemalige US-Marineminister unter Ronald Reagan, John F. Lehmann, zieht ein vorläufiges Resümee: »Es handelt sich ohne jeden Zweifel um den größten, folgenschwersten und längsten Verrat an der nationalen Sicherheit der Vereinigten Staaten, Friedens- und Kriegszeiten gleichermaßen berücksichtigt! Durch die kontinuierliche Versorgung des KGB mit streng geheimen Übermittlungscodes der USA hat Walker die Sowjetunion in die Lage versetzt, nahezu im täglichen Rhythmus unsere Geheimnachrichten zu entschlüsseln, die Aufschluß über strategische Planungen des Westens, den technologischen Stand der Rüstung, operative Einsatzpläne, etwa in Vietnam, gaben oder sogar detaillierte Fakten über Schwächen des Gegners, zum Beispiel das Geräuschproblem russischer U-Boote, offenbarten.

Der direkte Schaden für den amerikanischen Steuerzahler läßt sich heute auf mindestens fünfzig Milliarden Dollar beziffern. Der indirekte Schaden dürfte in Geld gar nicht zu bemessen sein. Ich bin fest davon überzeugt, daß Walkers Informationen den Zusammenbruch des kommunistischen Systems um Jahre verzögert haben, weil der enorme strategische Vorteil, den Moskau aus der Fähigkeit mitzulesen zog, die starrsinnigen sowjetischen Militärs zur Illusion verleitet hat anzunehmen, sie könnten die Verschiebung der militärischen Machtbalance zugunsten des Westens, seit Beginn der Ära Reagan, doch noch rückgängig machen.«

Als John Walker am 20. Mai 1985 um neun Uhr morgens dem Haftrichter vorgeführt wird, ist er guter Dinge: »Keinen Augenblick habe ich daran gezweifelt«, bemerkt er neun Jahre später in unserem Gespräch, »daß eine offizielle Anklage und Verurteilung wegen Spionage überhaupt nicht zur Debatte standen. Es war für mich nur eine Frage von Stunden, schlimmstenfalls wenigen Tagen, bis die CIA meine Zellentür öffnen würde. Als Doppelagent war ich für unsere eigenen Jungs doch viel zu wertvoll.«

Das war falsch gedacht. Als eine halbe Stunde später der Termin beim Haftrichter beendet ist, hat sich auch Johns schöner Traum verflüchtigt. Er will es noch nicht wahrhaben, aber es dämmert ihm die folgenschwere Erkenntnis: »Diese Bastarde – sie wollen mich tatsächlich kreuzigen.«

An einem warmen Herbsttag im November 1993 brechen wir von unserem Hotel in Downtown Atlanta zum zehn Kilometer entfernt liegenden »Federal Penitentiary« auf, dem größten Hochsicherheitsgefängnis im US-Bundesstaat Georgia. »Level 6« ist die höchste Kategorie – angeblich – ausbruchsicherer Strafanstalten in den USA; John A. Walkers gegenwärtige Adresse gehört zur Kategorie »Level 5« – »ein ›Gladiatorenknast‹ für immer noch als brandgefährlich eingestufte Schwerstverbrecher: Mörder, Drogendealer, Bandenchefs – und einen Top-Spion«, wie Kathy Tukker, die freundliche, aber »toughe« Assistentin des Chefaufsehers gleich nach der Begrüßung erklärt.

Was uns an dem Häftling Walker interessiere, will Kathy wissen.

Er sei wie ein diffiziles Kreuzworträtsel – mit vielen Fragen aus der Gegenwelt von Geheimniskrämerei und Hochverrat, antworten wir. Was treibt diesen Mann dazu, seine Seele zu verkaufen, gewissenlos die eigene Ehefrau, Familie, Freunde auszunutzen, letzten Endes alles Erforderliche zu tun, um nicht nur die amerikanische Nation, sondern auch die gesamte freie Welt einer tödlichen Bedrohung auszuliefern, weil der potentielle Gegner die geheimsten eigenen Geheimnisse längst kennt?

Der Kalte Krieg und die Konfrontation der Supermächte ist vorbei. Das beruhigt. Was aber wissen wir vom Wesen des Geheimkriegs, der hinter den Kulissen tobte? Was ist schon bekannt über den Aufwand und Ertrag jener wenigen hochkarätigen Dunkelmänner, deren lautlos-spektakuläre Aktionen zu gravierenden Verschiebungen in der Machtbalance der Blocksysteme führten?

John Walker verkörpert einen Einzel-, aber auch einen Paradefall. Und er gilt nach wie vor als eine historische Unperson in seinem Land. Amerika verzeiht nicht dem, der es verrät. Sein früherer Arbeitgeber, die US Navy, reagiert auf seinen Namen immer noch beinahe neurotisch: »John Walker? We don't wonna hear about it. No comment, no cooperation!« – »Wir wollen davon nichts hören, kein Kommentar dazu, keine Zusammenarbeit!«

Das amerikanische System arbeitet auf seltsame Weise gegensätzlich: Wenn, wie in diesem Fall, der Weg über die »Opfer« verbaut ist, funktioniert der Zugang über die Schiene der Täter.

»Sobald Walker schriftlich gegenüber der Gefängnisleitung seine Bereitschaft erklärt, Sie zu empfangen, können Sie, nach Zustimmung durch die oberste US-Gefängnisbehörde in Washington, innerhalb von zweiundsiebzig Stunden zu ihm«, erläutert Kathy das Prozedere.

Unserer Visite in Atlanta ist ein längerer Briefwechsel mit John Walker vorausgegangen. Unter drei Bedingungen wolle er sich bereit erklären, ein Interview zu geben:
1. ausführliche Vorgespräche über die Themenkomplexe;
2. keine für ihn erniedrigende Präsentation, also Handschellen oder dergleichen;
3. keine Wiederholung der »endlosen Haßtiraden der US-Regierung« gegen ihn.

»Also gut«, meint Kathy und drückt uns ein sieben Seiten starkes Formular in die Hand. »Lesen Sie sich die Einverständniserklärung durch, und unterschreiben Sie. Hier ist meine Durchwahl im Gefängnis. Rufen Sie übermorgen an.«

Es dauert doch noch einige Tage, bis der Termin für das erste Treffen mit John Walker steht: ein Donnerstag. Im Morgendunst tauchen bedrohlich die Umrisse des wuchtigen Zentralbaus aus mächtigen Quadersteinen und einer riesigen vergitterten Fensterfront auf. Minuten später betätigt der diensthabende Wachmann den Kippschalter, der die schwere stählerne Eingangspforte in Bewegung bringt. Langsam und rasselnd öffnet sich die Gittertür. Eine Deckenkamera zeichnet alles auf. Zehn Meter entfernt versperrt uns das nächste elektrisch gesteuerte Gefängnistor den Weg. Wir werden erst durchgelassen, nachdem wir unsere Pässe abgegeben haben und offiziell registriert sind. Dann wird uns ein UV-lesbarer Stempel auf die Handrücken gedrückt. Ohne den kommt hier keiner raus.

Krachend fällt die zweite Gittertür hinter uns ins Schloß. Noch ein Tor, das dritte. Wieder ein behäbiges »Klong«, als der Stahlverschluß einrastet. Wir stehen im Hauptgang des Gefängnisses, umgeben von finster dreinblickenden Gestalten, Lebenslänglichen, wie Kathy uns erklärt. Ein seltsamer Geruch, ein ebenso merkwürdiges Gefühl. »Kommen Sie, hier links durch die Tür. Da liegt der Besucherraum.«

Ein Summer entriegelt das Schloß. Wir sind überrascht von der Welle lauter Geräusche, die uns entgegenbrandet. Verhältnismäßig locker geht es zu: Kinder laufen herum, Familienmitglieder sitzen dicht gedrängt und unterhalten sich; ein muskulöser Schwarzer sagt gar nichts, hält nur seine zierliche Freundin eng umschlungen. Ständig werden aus drei Verkaufsautomaten Süßigkeiten, heißer Kaffee oder Cola gezogen – für die Insassen eine willkommene Abwechslung vom sonst üblichen Versorgungsstandard. Es ist streng verboten, ihnen etwas zuzustecken, aber jeder Besucher bringt ausreichend Münzen für die kleinen Freuden im Knast mit.

Wir werden angewiesen, in einer der drei Minikabinen zu warten, die normalerweise nur Anwälten und deren Mandanten vorbehalten sind. Ein echtes Privileg: Mehr Privatsphäre darf von einem »Level-5«-Gefängnis nicht erwartet werden.

Die Luft in dem kaum mehr als sechs Quadratmeter großen Raum ist unerträglich, der Sauerstoffgehalt gleich Null. Nach zwanzig Minuten kommt Walker herein: Er trägt einen zweiteiligen, khakifarbenen Gefängnisdreß, Brille und Halbglatze. Im Gefängnis gibt es kein Toupet. Seine Augen blitzen. Er wirkt voll konzentriert. Zugegeben: Diese Person zweifelhaften Rufs, ehemaliger KGB-Spion und Privatdetektiv, Insasse Nummer 22449037 des »Atlanta Federal Penitentiary« mit zweimal lebenslangem Hafturteil, erscheint auf den ersten Blick sympathisch, auf den zweiten gewöhnlich: ein korrekter Buchhaltertyp.

John ist zurückhaltend, aber nicht scheu. Er kommt rasch zur Sache. »Nennen Sie mir einen triftigen Grund, warum ich mein Leben vor Ihnen ausbreiten sollte«, fordert er ruhig, mit bestimmtem Ton. Auf diesen Einwand sind wir vorbereitet: »In allen Artikeln werden Sie als Angeber, notorischer Lügner, als durch und durch schlechter Mensch charakterisiert. Ist das wahr? In Europa gibt es keine Rachegelüste gegenüber einem John Walker, der seine Nation verraten hat. Der Kalte Krieg ist vorbei. Wir wollen wissen, wie der Geheimkrieg dahinter funktionierte, authentisch, aus berufenem Munde.«

Er unterbricht: »Ich bin kein Verräter! Mein Vergehen lautet auf Spionage. Das sind zwei völlig separate Dinge.« Wie er denn meine, Patriotismus und Loyalität zu seinem Land und Spionage voneinander trennen zu können. »Diesem Amerika schulde ich keine Loyalität. Über die vielen Jahre, in denen ich Zugang zu geheimstem Material hatte, wurde mir eines immer klarer: Was uns unsere Regierung über die Sowjetmacht und die ›Bedrohung des Weltfriedens durch den Kommunismus‹ eingebleut hat, war blanke Fiktion. Die USA, der Westen, lagen immer vorn, ein wirklich ausgewogenes strategisches Gleichgewicht hat es nie gegeben. Im Gegenteil: Unter Ronald Reagan wurde unser Vorsprung noch massiv ausgebaut, mit dem Resultat, daß sogar der Erfolg eines präventiven Erstschlags der Vereinigten Staaten gegen die Sowjetunion in den Bereich des Möglichen rückte. Und in dieser Situation wird uns weiterhin vorgegaukelt, daß es eigentlich die Russen sind, die nur auf den passenden Zeitpunkt warten, um durch das ›Fulda Gap‹ [die Fuldasenke] an den Rhein vorzustoßen. Völliger Blödsinn! Während meiner Zeit als Informationslieferant der Sowjets bestand niemals eine ernste Gefahr. Ich war fest davon überzeugt: Die Supermächte brauchten den Kalten Krieg aus anderen Gründen – um vielfältige und komplizierte, nicht zuletzt innenpolitische Strömungen unter Kontrolle halten zu können. Aber der ›Große Krieg‹? Der würde nicht kommen, das wußte ich. Auf jeden Fall so lange nicht, wie die Sowjets immer genau darüber im Bilde waren, was auf der anderen Seite vor sich ging. Ich denke, daß Sie dank meiner Hilfe etwas ruhiger schlafen konnten.«

So rückt man sich die Welt und seine eigene Vergangenheit zurecht, wenn man die Zeit dazu hat. Und John Walker hat viel Zeit. Doch er faßt Vertrauen, und das ist gut.

Auch wir müssen ihm vertrauen, nicht nur aus professionellen Gründen. Viel gegenseitiges Mißtrauen bleibt. John Walker ist kein Altruist, sondern berechnend. Doch er hat ein ureigenes Interesse, zu reden. Daß dieses Interesse sich immer nur um ihn, um seine Wahrnehmung von Wirklichkeit, um seinen Vorteil drehen darf, wird langsam klar.

Ausschließlich John A. Walker zählt. Sonst nichts. Er will uns gebrauchen. Aber wozu? Um an Geld zu kommen? Geld, von dem wir bald begreifen, welche zentrale Rolle es, selbst in seiner gegenwärtigen Lage, spielt? »Geld löst alle Probleme, Geld hat mir für

Jahre ein hervorragendes Leben ermöglicht. Wenn ich hier jemals herauskomme: Mein früherer Arbeitgeber schuldet mir noch eine Kleinigkeit«, räsoniert John Walker.

Der Ball rollt. Die Frage ist jetzt nur noch: Nach welchen Regeln spielen wir? Daß es sie geben müsse, macht John Walker während unseres zweiten Treffens unmißverständlich klar. Und wer sie formulieren würde, auch: er, nur er.

»Wenn ich schon rede, dann will ich auch, daß die Wahrheit gesagt wird«, leitet Walker das Gespräch über den entscheidenden Punkt ein. Welche Wahrheit er denn meine, fragen wir. »Meine Wahrheit«, gibt er lapidar zur Antwort.

Er ist schlagfertig und artikuliert. Jetzt wirkt er nicht mehr wie ein jovialer Buchhalter, eher wie ein eiskalter Geschäftsmann. »Und was ist mit der historischen Wahrheit?« fragen wir. Walker gefällt es nicht, daß sein Beitrag zwar im Zentrum der Geschichte stehen soll, diese aber noch weiterer Zeitzeugenaussagen und Quellenzitate bedarf, um den historischen Vorgängen mehr Objektivität zu verleihen.

An diesem Punkt droht das ganze Vorhaben zu platzen. Er wolle keine Konterkarierungen seiner Erzählungen und Reflexionen durch »irgendwelche dahergelaufenen Hurensöhne, die sich zu verdammten Experten aufspielen«.

Seine plötzliche Profanität überrascht. Wann immer wir von Wahrnehmungen und Einsichten sprechen, die seinen Zorn erregen, ist die sorgsame Wortwahl, die auf besten Eindruck bedachte Haltung Walkers dahin. Man muß kein Psychologe sein, um sofort zu erkennen, welche Eigenschaft dahintersteckt: Charakterlosigkeit.

Irgendwann nennt Walker seinen Preis dafür, sich mit der Einbeziehung von Ex-Frau Barbara, Ex-Freund Jerry Whitworth, Ex-Marineminister John Lehmann und all den anderen »Schwächlingen« in die Geschichte seines Lebens abzufinden: Geld sei das eine, sagt er. Noch wichtiger jedoch sei ihm, von seinen ehemaligen Arbeitgebern zu erfahren, wie sie zu ihm und seiner Sache stünden.

Hinter diesem Ansinnen steckt System: Weder das KGB noch seine Nachfolgeorganisation, noch die politische oder militärische Führung Rußlands haben sich bis dato zum Fall Walker offiziell geäußert, geschweige denn zugegeben, daß eine Person dieses Namens jemals auf einer ihrer Gehaltslisten gestanden hat. Walker spekuliert darauf, von der Annäherung zwischen Rußland und dem Westen zu profitieren.

Wenn sogar die notorischen Geheimniskrämer des KGB mittlerweile seinen Fall entspannter sehen, als dies heute noch, neun Jahre später, FBI und US Navy tun, dann sei nicht nur die »Paranoia Amerikas« entlarvt, sondern längerfristig auch eine echte Chance gegeben, nach dem Ende des Kalten Krieges angesichts der neuen politischen Koordinaten zwischen Washington und Moskau eine völlige Neubewertung des Falles Walker zu erreichen. Schließlich wolle er, so Walker, »nicht bis ans Ende meiner Tage hier im Knast veröden«. Er rechnet sich Möglichkeiten aus. Er will einen Antrag auf Berufung stellen.

Dazu also braucht er uns!

Es ist alles ganz einfach: kein Schwarz, kein Weiß, kein Recht oder Unrecht, kein sittliches oder unsittliches Verhalten. Was John Walker will, ist »Gesetz«. Auf seine Weise wirkt er dabei sogar überzeugend. Liegt darin seine vermeintliche Stärke? Scheinbar ganz genau zu wissen, was er will? Eine Stärke, die ihm soviel unheilvollen Einfluß auf Dritte gegeben und ihn zum Virtuosen in der Manipulation von Menschen gemacht hat? John Walker ist ein Verwandlungskünstler: Wenn er seinen Vorteil sieht, schlüpft er in die Verkleidung, die er braucht, um zu bekommen, was er haben möchte. Er ist jetzt wieder ganz der besonnene, kooperative, lächelnde Buchhalter.

Natürlich hat er keine Ahnung, daß wir mit dem KGB und seinen Nachfolgern längst in Kontakt sind; wir lassen uns auf seinen »Deal« ein: Erst wenn Walkers ehemaliger Führungsoffizier uns gegenüber ausgesagt und Walkers Anwalt darüber den Nachweis geführt hat, werde auch er »auspacken«. Ein klares Geschäft: Do, ut des (Ich gebe, damit du gibst). Eine Hand wäscht die andere.

Am Ende sagt John Walker: »Erst kommt der Zynismus; dann die Gier nach Geld, die auf dem Zynismus aufbaut; von dort ist es nur noch ein kleiner Schritt zur illegalen Tat. Wer weiß, wenn ich in einer Bank gearbeitet hätte, ob ich sie dann nicht auch ausgeraubt hätte...«

Wir sind beruhigt: Es wird zu dem Gespräch mit Walker kommen. Denn seinen früheren Führungsoffizier haben wir längst interviewt.

Die Geschichte des Sowjetspions John Walker beginnt im Jahre 1967 – wenige Tage vor Weihnachten.

Der 19. Dezember 1967 ist ein trüber, naßkalter Regentag in Washington, D. C. Auf der ganzen Fahrt von Norfolk, Virginia, bis zum District of Columbia hat Walker sich gefragt, wie er am elegantesten Kontakt mit den Sowjets aufnimmt. John Walker will sein Land für Geld verraten. Doch wie stellt man das an? Gegen fünf Uhr nachmittags hält er an einer Telefonzelle. Das Telefonbuch fehlt. Walker wählt die Nummer der Auskunft.

»Die Adresse der Botschaft der UdSSR, bitte.«

»Es tut mir leid, Sir, aber wir geben nur Telefonnummern weiter.«

»Die Botschaft liegt irgendwo an der Sechzehnten Straße, Lady – ich habe nur die Hausnummer vergessen.«

»Elfhundert«, antwortet die Frau knapp und hängt ein.

Sein Auto stellt Walker auf dem nächstgelegenen öffentlichen Parkplatz ab; von dort setzt er seinen Weg per Taxi fort. In einer Straße nördlich der Sowjetbotschaft läßt er den Fahrer halten, bezahlt und läuft im Schutz der Dämmerung in der Gegenrichtung weiter.

Er ist jetzt nur noch hundert Meter von dem eindrucksvollen Gebäude aus der Jahrhundertwende entfernt. Kurz vor dem Ziel bleibt der US-Marineoffizier John Walker plötzlich stehen und dreht sich zur Seite. Unsicher fixiert er den schlichten Bürobau auf der gegenüberliegenden Straßenseite: Was ist, wenn das FBI ihn schon beobachtet? Nicht etwa, weil er schon in seinem früheren Leben irgendwelche Anzeichen erkennen ließ, daß er sein Land einmal verraten würde. Nein, das FBI registrierte alle, welche die Sowjetbotschaft betraten oder verließen.

Entschlossen eilt er auf den massiven schmiedeeisernen Zaun zu. Der Spion in spe hat Glück: Soeben verläßt ein Botschaftsfahrzeug das Gelände. Das große Schwingtor ist offen. Der russische Wachmann schaut etwas verdattert drein, als ein unbekannter Mann an ihm vorbei rasch der Eingangstür entgegenstrebt. Sie ist nur angelehnt. Hastig wendet Walker sich an die Empfangsdame, die im Korridor der Botschaft hinter einem einfachen Holzschreibtisch sitzt. »Wer ist hier der Sicherheitschef?« stößt er hervor. »Ich will ihn sofort sprechen.«

»Am einfachsten wäre es natürlich gewesen, den Unbekannten sofort hinauszuwerfen«, sagt uns in Moskau der Pensionär Boris Solomatin, damals ranghöchster KGB-Offizier der Botschaft, »denn wie sollte man verläßlich beurteilen können, ob dieser Mensch nicht in Wirklichkeit ein Strohmann der Central Intelligence Agency war, eingeschleust, um im Endeffekt als Doppelagent zu arbeiten? Oder ob er aus einem anderen Grund Kontakt herstellen wollte, der sowohl ihm als auch uns nützlich sein konnte? Keiner hätte mir in der Moskauer Zentrale einen Vorwurf gemacht, wenn von mir aus das Risiko in jenem Augenblick als zu hoch eingeschätzt worden wäre.«

Aber Solomatin, ein in unzähligen Aktionen gestählter Auslandsspionageprofi, nimmt die Herausforderung an. »Mehr sehen, mehr hören, mehr wissen«: Nach dieser Maxime, ergänzt durch »flexible Anpassung der Methoden« – das heißt ohne Skrupel und nach eigenen Normen –, entschließt sich der ursprünglich für eine Karriere als Völkerrechtsjurist ausgebildete Sachwalter der KGB-Interessen in den USA, John Walker auf Herz und Nieren zu prüfen.

Welche Methoden wendet er dabei an? Erst einmal behutsame. Boris Solomatin weiß, daß der von John Walker angegebene Name »James Harper« falsch sein muß. Der Russe mimt den Unbeeindruckten: »Ich zwang ihn, seinen Dienstausweis vorzulegen. Walker war hochgradig nervös, auch wenn er es zu verbergen versuchte. Es ging ihm alles viel zu schleppend voran.«

»Ich stellte mir vor, daß die Sowjets an allem interessiert wären, was ich ihnen aus der Welt geheimer Chiffrier- und Dechiffriercodes unserer Marine liefern konnte. Ich sagte ihnen, wozu ich Zugang hatte, und als Beispiel trug ich ein Top-secret-Dokument der National Security Agency (NSA) bei mir. Das sollte die Russen überzeugen und gleichzeitig meine Eintrittskarte sein. Im Gegenzug für regelmäßige Belieferung wollte ich ein festes Monatsgehalt. Mir war nur nicht klar, ob mein Gegenüber genug von der Materie verstand, um den brisanten Wert des Materials korrekt einschätzen zu können«, erinnert sich Walker an seinen ersten KGB-Kontakt.

Was Walker nicht wissen kann: Solomatins Speerspitze nachrichtendienstlicher »Aufklärungsarbeit« richtet sich genau gegen das Militär, besonders aber gegen die US Navy. Auf diesem Gebiet verfügt Boris Alexandrowitsch über Spezialkenntnisse. Und mit diesen legt er Walker »auf den Grill«; er verstärkt, ganz nach Belieben, in einem mehrstündigen Gespräch stufenlos die Hitze, um dem Möchtegernspion das zu entlocken, was John als »zuverlässige Person«, im Geheimdienstjargon feinfühlig »menschliche Zuträger« genannt, qualifizieren könnte.

Heute konzediert der Ex-Spion den Sowjets dieses Mißtrauen: »Zugegeben – darin lag das Risiko. Wer sagte denen, ob ich nicht ein Wichtigtuer oder ein Agent des Gegners sei? Die konnten sich an jenem Abend gar nicht sicher sein, auf wen sie sich da eigentlich einließen – bis zu dem Zeitpunkt, an dem das Material wirklich ›zu fließen‹ begann und sie merkten, daß alles Hand und Fuß hatte.«

Solomatin sieht das anders: »Ich habe Walkers Kenntnisse über die US-Marine eingehend überprüft. Für einen sowjetischen Agenten wußte ich damals ziemlich gut Bescheid und wurde ja deshalb auch schon 1968 von Juri Andropow zum stellvertretenden Chef des Auslandsaufklärungsdienstes befördert. Meine fachliche und psychologische Analyse John Walkers führte mich zu der eindeutigen Schlußfolgerung: Kein Aufklärungsdienst würde es wagen, einen Profichiffrierer wie Walker als Strohmann einzusetzen. Schon beim ersten ›Auf-den-Zahn-Fühlen‹ konnte er – bei entsprechend großem Wissensstand der Gegenseite – problemlos enttarnt werden.«

Der Erfolg gab Solomatin letzten Endes recht.

Er hätte mit der Rekrutierung Walkers fallen können. Statt dessen tat er das Richtige – und zog seinen Nutzen daraus. Der Fall Walker wurde so zum Karriereglücksfall eines Mannes, dem das Profitieren von den Schwächen anderer genauso wichtig war wie seinem Spionagezögling. Begriffe wie »Loyalität«, »Zuverlässigkeit« und »Ehre« werden durch das Gewerbe der Verräter fortwährend pervertiert – ob sich der eine aus idellen, der andere aus materiellen Gründen erniedrigt, ist einerlei. Beide stehen sich ganz nahe.

Am Ende der abendlichen Unterhaltung drückte Boris Solomatin seinem neuen »Mitarbeiter« einen Umschlag in die Hand. »›One Grand‹, ein Tausender – das war mein erstes Honorar«, frohlockt John heute noch und fügt hinzu: »Ich verfuhr nach einem Grundsatz, der sich auch in meiner nun folgenden Laufbahn als Spion bestens bewähren sollte: K.I.S.S. [keep it simple stupid] – einfach, geradeaus. Nur kein Aufsehen erregen. Genauso verschwand ich auch wieder aus dem Gebäude.«

Ganz so unkompliziert war es nicht. Solomatin schleust ihn in einem Botschaftsfahrzeug heraus. Jeden Abend, zu genau festgelegten Zeiten, verlassen Botschaftsangehörige, scheinbar regulär, das Gebäude. Durch die Regelmäßigkeit des Vorgangs ist die Wachsamkeit der FBI-Späher auf der gegenüberliegenden Straßenseite eingeschränkt. In jener Nacht muß ein Genosse auf einem Notlager übernachten, um das Soll des abziehenden Botschaftspersonals nicht zu überschreiten. So kommt Walker unerkannt heraus.

Genau zwei Wochen nach dieser erfolgreichen Kontaktaufnahme mit dem KGB findet vor einem Supermarkt in Alexandria, Virginia, das erste und einzige Geheimtreffen zwischen Spion und Führungsoffizier auf amerikanischem Boden statt.

»Das Arrangement für diese Zusammenkunft war denkbar einfach: Zeit und Ort waren noch in jener Nacht in der Botschaft ausgemacht worden. Als Erkennungsmerkmal sollte ich mir einfach die neueste Ausgabe des *Time Magazine* unter den Arm klemmen und pünktlich ab zwei Uhr nachmittags in der Nähe des Supermarkteingangs auf und ab laufen. Der Russe ließ mich keine Minute warten. Wie aus dem Nichts tauchte er hinter mir auf, sprach mich in leisem Tonfall an und forderte mich auf, ohne mich umzudrehen, in Richtung einer weniger belebten Ecke des Einkaufszentrums weiterzugehen. Dann wollte er wissen, ob mir auf der Fahrt von Norfolk zum Treffpunkt etwas Ungewöhnliches aufgefallen sei. Ich verneinte. Nach etwa fünf Minuten kam er zur Sache. Dieser Mann wußte ganz genau, was er wollte: allem voran die Schlüssellisten und technischen Handbücher für unsere Chiffriermaschinen vom Typ KL 47, KY 8, KWR 37, KG 14, KWS 37 und KW 7. Außerdem sollte ich die Augen offenhalten, wenn geheime strategische oder operative Pläne über meinen Schreibtisch gingen. Bei regelmäßiger, das heißt halbjährlicher Lieferung seien mir viertausend US-Dollar monatlich sicher. Für die Übergabe des Materials sei ab sofort ein sehr detaillierter, äußerst komplexer Plan zu befolgen. Es ging um den toten Briefkasten. Nehmen wir an, ein Routinetreffen fand im Monat Juli statt – dann war klar: Das nächste Treffen war für den darauffolgenden Januar vorgesehen. Das genaue Datum konnte aber nur selten so langfristig festgelegt werden. Trotzdem hat es immer geklappt, nichts ging jemals schief.

Es funktionierte folgendermaßen: An immer derselben Straßenkreuzung, hinter einem Haltezeichen oder am Mast einer Straßenlaterne, würde ich einen vereinbarten Buchstaben, ein großes ›R‹ zum Beispiel, mit Kreide schreiben, um anzuzeigen, daß ich bereit sei. Damit wurde ein System aktiviert, das den Austausch innerhalb von vierundzwanzig Stunden sicherstellte. Ich nehme an, daß ein Botschaftsangehöriger der Sowjets jeden Tag denselben Weg zur Arbeit nahm und ihm auf diese Weise gegebenenfalls die Markierung auffiel. Und auch wenn ich meinen Führungsoffizier dringend persönlich sprechen mußte, verfuhren wir nach ähnlichem Muster: In x Tagen trafen wir uns dann irgendwo auf der Welt, nur niemals mehr in den Vereinigten Staaten. Darauf war absolut Verlaß. Das klappte – garantiert.«

Die Wunschliste des KGB verrät eine gründliche Kenntnis amerikanischer Chiffriersysteme, allesamt Entwicklungen der National Security Agency in Fort Meade, Maryland. Hier laufen auch sämtliche Fäden für den Einsatz und die Kontrolle über das US-Krypto- (= Code-)Material zusammen.

Ende der sechziger Jahre ist besonders die Maschine vom Typ KW 7 außerordentlich häufig im Gebrauch – bei der Marine, der Armee, der Luftwaffe und sogar bei der CIA. Im Gespräch mit Walker wird deutlich, daß er die weitreichenden Konsequenzen, die sein Verrat von Dechiffrierlisten und Handbüchern der KW 7 damals hat, entweder leugnet oder bewußt herunterspielt: »Niemals«, so behauptet er, »habe ich den Russen Einzelunterlagen oder derart kombinierbares Material geliefert, daß sie in der Lage gewesen wären, direkt und unmittelbar amerikanische Geheiminformationen mitzulesen oder gar zukünftige Vorhaben der Navy zu erfassen.«

Im Fachjargon der Kryptoanalytiker heißt das: »Real-Time-Intelligence«. Johns Argumentation: »Der Anteil des von mir gelieferten heißen Materials bezog sich immer nur auf den Übergabemonat. Um bei unserem Beispiel zu bleiben: Wenn ich im Januar den toten Briefkasten bediente, so enthielt er alle Informationen, die während der *vergangenen* sechs Monate angefallen waren. Nur die Dechiffrierlisten vom Januar mochten den Sowjets aktuell noch etwas nutzen. Im wesentlichen aber konnten sie nur ›rückwärts‹ lesen. Völlig ausgeschlossen ist, daß sie sich *nach* dem Liefermonat Januar ›Real-Time‹ in die US-Marinekommunikation einklinken konnten. Hypothetisches Beispiel: Wenn wir eine Invasion der Sowjetunion für den Monat Februar geplant hätten, wäre das Moskau erst im toten Briefkasten vom kommenden Juni mitgeteilt worden, viel zu spät also. Folglich hatte mein Material keinerlei strategische, eher operative beziehungsweise psychologische Bedeutung.«

Boris Solomatin ist hier völlig gegenteiliger Meinung. Seine Worte deuten überdies auch an, wie sehr er seinen Schützling von einst heute verachtet: »Walkers Aussage verwundert mich nicht; sie ist für solche Leute typisch. Er will seine Schuld minimieren. In Wirklichkeit waren wir sehr wohl in der Lage, den Nachrichtenverkehr, der über die gebräuchlichsten kryptographischen Maschinen lief, genauestens mitzuverfolgen. Nehmen Sie die U-Boote, die vielleicht nuklearstrategisch wichtigste Waffe der USA: Dank Walkers Informationen wußten wir nicht nur um deren Wirkungsweise; fast zwei Jahrzehnte lang verfügten wir über exakte Kenntnisse, wo sie sich aufhielten, wo sie im Ernstfall zuerst angreifen würden, welche strategische Planung dahinterstand. Kurz gesagt: Unsere Augen waren offen, wenn Sie verstehen. Walkers Informationen erwiesen sich noch in anderer Hinsicht als nützlich. Durch ihn erfuhren wir, daß unsere eigenen Unterseeboote zu laut waren und es dem Gegner nicht schwerfiel, jederzeit ihren Standort zu bestimmen – im Kriegsfall ein tödliches Handicap. Die technische Beseitigung dieser Schwachstelle erhielt daraufhin höchste Priorität. Wissenschaftler, Spezialisten, Ingenieure haben Tag und Nacht geschuftet, um dieses ›tracking-problem‹ zu beseitigen. Erfolgreich übrigens. Ich könnte noch etliche andere Beispiele anführen...«

Was zählt mehr: Walkers Aussage oder die seines Führungsoffiziers? Zwei Ansätze helfen, den Umfang der Bedrohung, die durch den Einbruch der Sowjetunion in Amerikas Codesysteme entstanden ist, zu ermitteln:
1. die Darstellung der Funktionsweise eines Chiffriersystems;
2. das Aufzeigen historischer Analogien über den tödlichen Effekt von Wissen, das durch die Entschlüsselung von gegnerischen Codes gewonnen wurde.

Der Funktionsmechanismus einer Chiffriermaschine beruht auf einer einfachen Grundidee: Ihr Benutzer tippt, wie auf einer Schreibmaschine, Klartext ein, der mittels interner Logik sofort in ein wildes Konglomerat unzusammenhängender Zeichen umgesetzt wird. Dies geschieht mit Hilfe sogenannter Rotoren, kleiner Rädchen, die sich unabhängig voneinander bewegen, wann immer die Typentaste betätigt wird. Jeder einzelne der – je nach Maschine – bis zu zwölf Rotoren enthält das komplette Alphabet nebst Zahlen. In der Ausgangssprache häufig vorkommende Vokale oder Konsonanten tauchen im verschlüsselten Text niemals in der gleichen Buchstaben- oder Zahlenanordnung auf. Dafür sorgt das elektronische Leitungsnetz des Chiffriersystems. Auf diese Weise entstehen millionenfache Varianten der Kodierung, die ohne »Schlüssel« nicht zu knacken sind. Schlüssel können Buchstaben-/Zahlenlisten, Lochstreifen oder Lochkarten sein, die der Nachrichtenempfänger benötigt, um die Ureinstellung der Chiffriermaschine nachvollziehen zu können, ohne die wiederum keine Dechiffrierung möglich ist. Die Schlüssellisten gelten für gewöhnlich vierundzwanzig Stunden. Folglich arbeitet das System tagtäglich mit neuen Codes.

Was benötigen die Sowjets, um amerikanische Nachrichten lückenlos dekodieren zu können? Unproblematisch wird es für das KGB, wenn Walker ihm jeweils die aktuellen Schlüssellisten liefern kann, also immer nur im Liefermonat von Johns heißer Ware. Außerhalb der Leerungszeiten des toten Briefkastens ist es für die Sowjets etwas komplizierter. Dann brauchen sie a) die von den Amerikanern zur Nachrichtenverschlüsselung eingesetzte Kodiermaschine (den genauen Typ) und b) die Schaltfolge der Rotoren.

Beides hat John Walker – mittelbar – dem KGB nach und nach für fast ein Dutzend Chiffriersysteme verraten. Indem er die technischen Handbücher weitergibt, können die Sowjets die »Hardware« nachbauen. Aber erst die »Software«, die das Erkennen der internen Logik ermöglicht, führt zum Erfolg.

Dank einer KGB-Eigenkonstruktion, des sogenannten Rotorenlesers, den Boris Solomatin seinem Schutzbefohlenen schon beim nächsten Treffen in die Hand drückt, kann Walker Schaltfolgen aufzeichnen, die Moskauer Krypto-Experten im Laufe der Zeit zu vollständigen Schaltdiagrammen zusammensetzen. Wenn Hardware und Software komplett verfügbar sind, bedarf es keiner Schlüssel mehr, um Geheimes mitlesen zu können. Dann präsentiert sich das Verteidigungskonzept der USA wie ein offenes Buch.

Fast zeitgleich mit John Walkers Eintritt in den »Spionagedienst« ereignet sich Ende Januar 1968 ein wahrer Glücksfall für das KGB: Nordkorea bringt, angeblich in seinen Hoheitsgewässern, das US-Spionageschiff »Pueblo« auf. Es ist vollgestopft mit modernster Elektronik. Unter anderem fällt den Nordkoreanern dabei ein funktionsfähiges Exemplar der damals gebräuchlichen militärischen Kodiermaschine vom Typ KW7 in die Hände, die hochherzig an den »großen Bruder« weitergereicht wird.

Zusammen mit Walkers frühzeitig einsetzenden und regelmäßigen Lieferungen von KW7-Schlüssellisten ist der »Kryptodeal« Solomatins mit Walker von Anfang an ein voller Erfolg. Er markiert den Einstieg der Sowjets in die Entschlüsselung von mehr als einer Million Top-secret-Informationen im Laufe von achtzehn Jahren: Es scheint, als hätten die USA einen Filialbetrieb direkt an der Lubjanka eröffnet!

Welche Konsequenzen können aus der Fähigkeit des potentiellen Gegners erwachsen, das eigene Chiffriersystem zu brechen, wenn der Kalte Krieg plötzlich zum »heißen Krieg« gerät?

Tödliches Exempel ist der Einfluß von »Ultra« auf Verlauf und Ausgang des Zweiten Weltkriegs in Europa. »Ultra« bezeichnet den Decknamen für die massenweise Dekodierung (vorwiegend) deutscher Verschlüsselungssysteme wie »Enigma« und »Geheimschreiber« durch englische Krypto-Experten in Bletchley Park bei London.

Wir haben den letzten Überlebenden befragt. Sir Harry Hinsley, führender Kopf der Dekodierer, faßt den Erfolg von »Ultra« wie folgt zusammen: »Alle entscheidenden U-Boot-Schlachten im Atlantik wurden dank ›Ultra‹ von den Alliierten gewonnen. Weitere kriegsentscheidende Wendepunkte waren: Rommels Niederlage in Nordafrika, Hitlers Luftschlacht um England, vor allem aber ›Operation Overlord‹, die Landung in der Normandie. Jedesmal wenn die Wehrmacht, Kriegsmarine oder Luftwaffe verschlüsselte Informationen sendete, lasen wir mit – in der Spitze etwa achtzig Zeichen pro Stunde. Die Zeit zwischen dem Auffangen einer deutschen Meldung, ihrer Entschlüsselung, Übersetzung und der Weiterleitung an unsere Generäle und Admirale betrug ab Mitte 1944 nur noch zweiunddreißig Minuten. Eine derartige Effizienz in der Dechiffrierung feindlicher Codes verschaffte den Alliierten kaum kalkulierbare strategische Vorteile. Das mindeste im Endergebnis war, daß wir nicht nur den Krieg gewonnen haben, sondern auch seine Gesamtdauer – meiner konservativen Schätzung nach – um mindestens drei Jahre verkürzt wurde.«

Mit Blick auf den Kalten Krieg stellt Sir Harry fest: »Die Analogien sind unverkennbar! Die spezifischen Bedingungen, unter denen Amerika und Rußland ihren Kalten Krieg austrugen, entsprachen, obwohl nominell Friede herrschte, an der Kryptographenfront durchaus Verhältnissen, die gemeinhin nur im akuten Kriegsfall gelten. Messen wir also den ›Erfolg‹ von John Walkers Spionage für das KGB mit dieser Elle, so gilt: Die Konsequenzen für das strategische Gleichgewicht waren immens, der Vorteil für die Russen unverkennbar – eine im Ernstfall tödliche Lektion!«

Seit Mitte 1968 rollt der Dollar im Hause Walker. John ist die Umgebung, in der er lebt, auf einmal nicht mehr gut genug. Obschon ihn sein KGB-Führungsoffizier immer wieder dazu anhält, das Geld nicht mit vollen Händen auszugeben, kann John nicht widerstehen.

Zuerst einmal zieht Familie Walker um: ins noble und teure

»Algonquin House« von Norfolk – Wohnort von Ärzten, Rechtsanwälten, Bankern und dem Bürgermeister. Das ist die Welt, in der die Träume Walkers in Erfüllung gehen sollen. Dazu kommt noch ein schickes neues Segelboot, zu dem sich, wie in einer Seifenoper, bald die junge Geliebte gesellt. Walkers Monatsgehalt als wachhabender Fernmeldeoffizier im Stab des Oberkommandierenden der US-Atlantikflotte beträgt achthundert US-Dollar. Seine Extraeinkünfte als KGB-Spion belaufen sich auf viertausend US-Dollar monatlich.

Ehefrau Barbara macht sich Gedanken, worauf der plötzliche verschwenderische Lebenswandel ihres Mannes gründet. John lügt sie an: Er habe einen zweiten Job, sagt er. Barbara gibt sich – vorläufig – mit dieser Erklärung zufrieden. Schließlich ist auch sie nicht böse, daß die ewige Knauserei mit dem Geld ein Ende hat.

»Offen gesagt, ich habe es zunächst genossen. John war großzügig, und das Mehr an Geld ermöglichte es mir, der Familie ein angenehmes Heim zu schaffen. Endlich mal keine finanziellen Sorgen! Dazu ein stilvolles Familienleben. Unser gemeinsames Abendessen mit den Kindern dauerte häufig zwei Stunden und länger – na ja, Sie wissen schon; mit allem, was eben so dazugehört: Popcorn, Brandy, leckere Pralinen...«, schwärmt Ex-Frau Barbara im Interview noch heute von den guten Tagen des gemeinsamen Familienlebens. Doch die vermeintliche Idylle endet rasch.

Während John, wieder einmal ohne Frau und Kinder, wohl aber mit Arbeitskollegen, reichlich Alkohol und jungen Mädchen auf einem ausgedehnten Törn ist, entdeckt Barbara Walker in einer Schublade im Arbeitszimmer ihres Mannes eine ihr unbekannte, unverschlossene Metallschatulle.

»Ich kramte in seltsamen Papieren, Fotografien von Landstraßen und Bäumen, die mit handgeschriebenem Text und säuberlich gezeichneten Pfeilen versehen waren; dabei lagen eine Karte, zweitausend US-Dollar in bar und über allem ein Brief, auf dem in großen Buchstaben gedruckt stand: ›Bitte vernichten!‹ Ich dachte damals: ›Barbara, du hast die vergangenen zehn Jahre als Ehefrau eines Marineoffiziers verbracht, dessen Aufgabe nicht der Verkauf, sondern der Schutz seines Landes ist. Und dieser Mann spioniert!‹ Da gab es für mich gar keinen Zweifel. Mir wurde schlagartig klar, wo all das schöne Geld herkam. Trotzdem dauerte es noch ein paar Tage, bis ich John damit konfrontieren konnte. Es passierte während eines Streits, den er übrigens immer häufiger vom Zaun brach. Ich saß auf der Wohnzimmercouch, er stand im Flur, und da sagte ich auf einmal: ›John, ich weiß genau, was du treibst. Du bist ein Verräter, der unser Land verhökert!‹ Wissen Sie, wie er reagierte? Er schlug zu! Der Abend endete für mich mit zwei ›Veilchen‹ am Auge.«

»Ja«, gibt John Walker sechsundzwanzig Jahre später zu, »im wesentlichen war es so. Aber ich hielt es damals für völlig ausgeschlossen, daß sie Schwierigkeiten machen könnte. Schließlich waren da noch die Kinder...«

»Die Kinder und mein Mann: Um sie drehte sich mein ganzes Leben! Das war das Wichtigste überhaupt für mich! Und«, ergänzt Barbara, »um nicht alles auseinanderfallen zu lassen, war ich sogar zeitweilig bereit, Johns Komplizin zu werden. Ich wollte sein Vertrauen, und er sollte meines spüren. Also schlug ich vor, ihn auf einem Trip zum toten Briefkasten nach Washington zu begleiten.«

Ende Juli 1968 ist es soweit: Barbara chauffiert ihren Ehemann und KGB-Spion höchstpersönlich zum nächsten »dead drop« in Montgomery County: Hotel »Ramada Inn« in Rockville, Abfahren der Route, Aufstellen der »Seven-up«-Dose, Füllen des toten Briefkastens mit einer vollgestopften Plastiktüte, Abholen des Geldes – Barbara verinnerlicht das Austauschverfahren so gut, alles verläuft so reibungslos, daß John sie auch beim nächsten »dead drop« sechs Monate später wieder mitnimmt.

»Damit saß sie in genau demselben Boot wie ich. Sie war nicht besser und nicht schlechter als ihr spionierender Ehemann«, kommentiert Walker heute. Sein Ziel war, Barbara zur Kriminellen zu machen, um im Notfall ein probates Druckmittel gegen sie in der Hand zu haben!

Einstweilen jedoch ist Barbara viel zu enttäuscht und psychisch angeschlagen, um ernsthaft etwas gegen Johns Landesverrat zu unternehmen: Mrs. Walker gibt sich dem Alkohol hin – exzessiv. John Walker bemerkt dazu lapidar: »Ich hatte kein Problem damit. Schon gar nicht emotional. Die Ehe war ohnehin auf dem

Nullpunkt – kaputt. Ich sah das nüchtern: Solange Barbara nicht arbeiten mußte, versorgt war, das Haus für sie geputzt wurde und sie weitersaufen konnte, bestand keinerlei Gefahr für mich. Hatte sie Grund, sich über mich zu beklagen? Sicher nicht. Bei jeder beruflichen Versetzung habe ich die Familie mitgeschleift. Solange Geld genug da war...«

Geld, Familie: Immer wieder kehren Barbara und John, jeder auf seine unnachahmliche Art und Weise, im Gespräch zu jenem Dreh- und Angelpunkt ihrer ruinierten Existenz zurück. Das Fazit ziehen beide gleich: »Geld korrumpiert.« Natürlich jeweils den anderen.

Auch 1969 läuft Walkers Ein-Mann-Spionagebetrieb höchst erfolgreich weiter. An die Möglichkeit, eines Tages in flagranti erwischt zu werden, verschwendet er keinen Gedanken. Er behauptet: »Ich sage Ihnen: Ein Supermarkt bewacht seine Zahnpasta besser als die US-Marine ihre Geheimnisse. Tatsache ist«, fährt er fort, »daß es ein Kinderspiel war, an die sensible Ware heranzukommen. K.I.S.S.: ›keep it simple stupid‹. Außer ganz normalen marineeigenen Kopiermaschinen benötigte ich nicht einmal spezielle Hilfsmittel – lediglich eine deutsche Minox-Kleinbildkamera und den vom KGB konstruierten Rotorenleser. Ich war zynisch, ja blasiert. Anstatt mich nachts unter irgendeinem Vorwand an meinen Arbeitsplatz zurückzuschleichen und heimlich das Material zu stehlen, tat ich es offen, vor jedermanns Augen. Manchmal nahm ich Top-secret-Dokumente einfach mit nach Hause, um sie in aller Ruhe abzulichten. Niemand durchsuchte mich, keiner kümmerte sich um mich. Mit dem Handwerk der Spionage verbindet die Öffentlichkeit zumeist James-Bond-ähnliche Vorstellungen: Füllfederhalter, mit denen man schießen kann; Miniatursender, die in Bleistifte eingebaut sind oder ähnlichen Unsinn. So läuft das nicht. Da war nichts dergleichen. Je einfacher und geradliniger, desto sicherer. So lautete die goldene Regel, auch bei den Russen.«

Ende 1969 wird John Walker als Ausbildungsleiter an die Marinefernmeldeschule nach San Diego in Kalifornien versetzt. Viel zu entwenden gibt es dort nicht. Prompt setzt das KGB Johns Monatsgehalt um fünfzig Prozent herab. Zweitausend US-Dollar weniger im Monat – das bedeutet für Walker einen herben Rückschlag. Das »Dolce vita« ist kostspielig, wie seine damals zwanzigjährige Freundin Jenny Thomas bestätigt: »John hat mich immer nur in die feinsten Restaurants geführt, teuerste Anzüge getragen, für unsere ausgedehnten Wochenendtrips grundsätzlich Erste-Klasse-Flugtickets gebucht und war überhaupt in allem äußerst spendabel. Der Mann hatte eine ungeheure Ausdauer. Er konnte problemlos bis vier Uhr morgens fit bleiben, tanzen, trinken, sich unterhalten – auch mit anderen.

Und etwas ist mir in besonderer Erinnerung geblieben: seine Fähigkeit, Menschen dazu zu bringen, Dinge zu tun, die er von ihnen verlangte. Einmal fragte ich John. ›Woher nimmst du eigentlich all das Geld?‹ Seine Antwort verblüffte mich: Er sei Mitglied der Mafia, sagte er. Was ich als junges Mädchen außer der Freiheit, tun und lassen zu können, wonach mir der Sinn stand, noch an ihm mochte: John wußte, was er wollte. Seine Perspektive im Leben schien so klar und deutlich. Er war sicher im Urteil. Und das beeindruckte fraglos auch die jungen Offiziere, die des öfteren mit uns auf seinem Segelboot unterwegs waren. Sie blickten auf zu John als ihrem Mentor – und das gefiel ihm.«

Auf Dauer mag John die Rückstufung seines Extraeinkommens nicht hinnehmen. Zum ersten Mal erwägt er die Aufnahme eines Partners in sein Spionagegeschäft.

Wie schon in Norfolk, so lädt Walker auch in San Diego Kollegen zu Segeltörns mit seinem Boot, der »Dirty Old Man«, ein, die ihn bewundern und die er manipulieren kann. Ganz besonders bemüht sich John 1970 um einen zwei Jahre jüngeren Instrukteur aus seiner Truppe: Jerry A. Whitworth.

Jerry und John sind zwei in ihrer Persönlichkeit diametral entgegengesetzte Charaktere. Das ist unser erster Eindruck, als wir Whitworth nach endlosen Voranmeldungen im März 1994 im Hochsicherheitsgefängnis von Leavenworth, Kansas, gegenübersitzen. Jerry versteht sich als Intellektueller, der sich strikt von Walkers Profanität distanziert.

Whitworth wirkt ausgeglichen, selbstsicher. Trotzdem wird in unserem Gespräch alsbald ein Wesenszug deutlich, der dem Meistermanipulator Walker vor vierundzwanzig Jahren wie ein gefundenes Fressen vorgekommen sein muß: Whitworth braucht Freundschaft!

Die Intimität vieler seiner Aussagen berührt fast schon peinlich. Deshalb also hat es so lange gedauert, zu ihm vorzudringen; deshalb hat er bislang zu keinem anderen über die historischen Ereignisse sprechen wollen: Er muß echtes Vertrauen spüren, bevor er sich öffnen kann. Dann überwindet er auch seine Angst davor, ehrlich zu sein. Er ist kompliziert vor allem in der Art und Weise, sich mitzuteilen. Er wirkt introvertiert, ehrlich und ist schnell verwundbar. Ein skrupelloser Charakter wie Walker konnte diesen verletzlichen und anlehnungsbedürftigen Menschen ohne weiteres ausnutzen.

»Ganz ehrlich«, erinnert sich Whitworth, »als ich Walker [niemals nennt er ihn beim Vornamen!] zum ersten Mal traf, dachte ich: ›Ein richtiges Arschloch!‹ Er spielte sich gegenüber den anderen zu sehr auf. Aber wir teilten ein gemeinsames Hobby: Segeln. Schon nach kurzer Zeit bot er mir an, ständiges Crewmitglied auf seiner Jacht zu werden. Wir unterhielten uns oft und lange auf den Törns – über alles mögliche, tauschten Ideen aus. Walker lernte mich so immer besser kennen, und rückblickend betrachtet denke ich, daß er unsere Freundschaft bewußt gefördert hat und mich schon damals als möglichen Anwärter für seine Spionageoperationen im Auge hatte. Denn irgendwann einmal fragte er mich, ganz aus heiterem Himmel: ›Jerry, würdest du, wenn es sich lohnen würde, etwas Illegales tun, wofür du auch eingesperrt werden könntest?‹

Ich hatte keinen Schimmer, worauf er hinauswollte. Dann brachte er das Beispiel von ›Easy Rider‹, dem Kultfilm mit Peter Fonda und Dennis Hopper. Da ging es, wie Sie sich erinnern werden, um das große Abenteuer, die Freiheit auf der Harley Davidson, einen lockeren Lebensstil und eben den einmaligen Marihuanacoup, mit dem sich die beiden alle finanziellen Sorgen vom Hals schaffen konnten. Walker versuchte, meine ›kriminelle Energie‹ auszuloten. Ich sagte: ›Eine irre Sache‹ oder so ähnlich – aber was ich meinte, bezog sich auf den ›lifestyle‹; der war etwas ganz anderes als Muldrow, Oklahoma, wo ich herkomme.«

Walkers Bereitschaft, heute über seine Freundschaft mit Jerry Whitworth zu reflektieren, hält sich in Grenzen. Er kommentiert nur soviel: »Ich wußte, was ich wissen wollte.«

Im Sommer 1971 beschließt John Walker, sich an einen »produktiveren« Arbeitsplatz versetzen zu lassen. Die Gründe dafür sind Ehefrau Barbara und das liebe Geld.

»Ich hatte keinerlei Bedenken, daß meine Ex-Frau mich verraten könnte – solange das Geld reichte, um sie zu unterstützen. Wenn das Geschäft lief, war das kein Problem. Aber ich drohte damals ›auszutrocknen‹. Darin lag eine potentielle Gefahr, weil Barbara damit zum unkontrollierbaren Risiko für mich wurde. Außerdem wollte ich weg, weit weg von der Familie.«

Walkers Versetzungsgesuch zur »USS Niagara Falls« in Oakland bei San Francisco wird im Herbst 1971 von der Navy genehmigt. Während der nächsten neun Monate, die das Schiff vor seinem Einsatz in Vietnam noch im Heimathafen umgerüstet werden muß, schwindet auch der letzte noch vorhandene Rest des Walkerschen Haussegens dahin.

Im Gespräch mit Tochter Laura kommt heraus: »Mir und meinen Geschwistern konnte er doch nichts vorspielen. Das wollte er auch nicht. Aber ich bin der Meinung, daß es nicht Aufgabe der Kinder sein, zu ihren Eltern eine Beziehung zu entwickeln. Der Anstoß dazu muß von den Eltern ausgehen. Die Kinder lernen dann schon, ihr richtiges Verhalten zu entwickeln. Aber solche Vorgaben oder irgendwelche Impulse kamen von meinem Vater nie. Ich kümmerte ihn nicht und meine Geschwister auch nicht. Wir wünschten uns den liebevollen, anteilnehmenden Familienvater. Und auch wenn meine Mutter heute behauptet, daß die frühen Jahre glücklich gewesen seien – ich kann nichts Gutes daran sehen. Für mich war er immer ein schlechter Mensch. Nicht weil ich ihn hasse, sage ich das. Aber ich weiß, daß ich in meinem Innersten niemals aufhören werde, mir zu wünschen, daß er für mich den Typus Vater verkörperte, wie ich ihn damals schon so sehr herbeisehnte. Es gibt Augenblicke, in denen ich hoffe, er wäre für mich da. Aber das war nicht und wird nie der Fall sein. Anders als im Falle eines Kindes, das seinen Vater durch Tod verloren hat, lebt John Walker ja. Aber trotzdem ist es, als sei er gestorben. Damit nicht genug: Meine Kinder, das heißt seine Enkel, hatten nie und werden niemals einen Großvater haben. Das ist alles schrecklich. Das zerreißt mich.«

Im Oktober 1971 sticht die »Niagara Falls« in See. Ihr Ziel ist Südostasien, ihr Einsatzgebiet die Küste vor Vietnam, ihre Aufgabe die Versorgung der amerikanischen Kriegsschiffe auf hoher See, John ist als »Classified Material System Custodian« verantwortlich für alle kryptographischen Maschinen und Schlüssellisten an Bord – und davon hat die »Niagara Falls« jede Menge; genug, um fast ein volles Jahr fern ihres Heimathafens operieren zu können. Ein Traumjob für einen KGB-Spion!

Johns regelmäßige Belieferung der Sowjets mit Dechiffriercodes für den amerikanischen Vietnamkrieg führt nicht nur binnen kurzer Zeit zur Anhebung von Walkers Honorar aufs alte Niveau, sondern ermöglicht es Moskau vor allem, operative Einsatzpläne für Bombenangriffe und Truppenbewegungen der USA auf dem Kriegsschauplatz frühzeitig zu entschlüsseln. Die Frage ist: Wie viele Informationen gelangen auf die Schreibtische der nordvietnamesischen Generalität?

John F. Lehmann, der damalige US-Marineminister, ist überzeugt: »Walkers Verrat hat unzweifelhaft amerikanische Piloten das Leben gekostet, weil die Sowjets Hanoi über Zeit und Angriffsziel bevorstehender Bombardierungen vorab informieren konnten. Der Vietcong brachte daraufhin in aller Ruhe seine Flugabwehrraketen gegen uns in Stellung...«

Walkers Führungsoffizier Boris Solomatin bestreit Lehmanns Argument. Nur wegen kurzfristiger militärisch-taktischer Erfolge eines zweitrangigen Verbündeten habe man in Moskau zu keiner Zeit riskiert, Informationen aus dem Walker-Fundus weiterzugeben. Zu leicht hätten die Amerikaner die »undichte Stelle« aufspüren und aus dem Verkehr ziehen können, wäre Walkers Nutzen für Moskau über Nacht wertlos geworden.

Wäre Hanoi Erkenntnisse des »großen Bruders« zu nutzen imstande gewesen, auch ohne daß das KGB riskieren mußte, auf diese Weise seine Quelle preiszugeben?

Sir Harry Hinsley, der britische Top-Spezialist im Code-Brechen während des Zweiten Weltkriegs, hält das für möglich: »Wenn man mit einem Verbündeten Informationen über den Feind teilt, die Quelle der Erkenntnis aber schützen will, so gibt es dafür Methoden der Tarnung. Die Russen konnten zum Beispiel sagen: ›Wir haben Bomberstarts von amerikanischen Flugzeugträgern beobachtet, die wir beschatten‹ – oder ähnliches. Im Zweiten Weltkrieg war das ebenso: Hätten wir die deutschen U-Boote damals einfach so angegriffen, wie wir die ›Enigma‹-Nachrichten entschlüsseln konnten, wäre unser Schatz bald begraben worden. Also ließen wir einzelne ›Spitfires‹ aufsteigen, die ›zufällig‹ in die richtige Richtung flogen, zwangsläufig den Feind entdecken muß-ten, beidrehten und kurze Zeit später in Angriffsstärke wiederka-men. Damit vermochten nicht nur die Deutschen, sondern auch unsere Verbündeten ›logisch‹ nachzuvollziehen, warum wir wie-der einmal erfolgreich gewesen waren: Wir hatten eben eine gute Aufklärung!«

Nach ebenjenem Muster verfahren die Sowjets im konkreten Fall des Vietnamkriegs: Russische Spionageschiffe, getarnt als Fischerboote, folgen den US-Flugzeugträgern in den internationa-len Gewässern vor Vietnam auf Schritt und Tritt – so können sie die Einsätze der US-Marine mitverfolgen. Wie Moskau seine In-formationen für Hanoi gewonnen hat, scheint somit auf der Hand zu liegen. Die Tarnung bleibt in jedem Fall gewahrt!

Das KGB ist mit den Leistungen seines Top-Spions hoch zufrie-den. John findet bei seinen Vorgesetzten stets einen Vorwand, um hinter der Front, in Bangkok oder Hongkong, pünktlich seinem Führungsoffizier die heiße Ware abzuliefern. Nach Rückkehr der »Niagara Falls« am 13. April 1973 in ihren Heimathafen Oakland zeigt sich die Moskauer Zentrale erkenntlich: Fünfundzwan-zigtausend US-Dollar Bonuszahlung helfen, John bei Laune zu halten. Längst schon ist Walker unersetzlich für das KGB gewor-den.

Trotz seiner erfolgreichen Spionage nach dem Motto »keep it simple stupid« ist Johns Nebentätigkeit in der zweiten Jahres-hälfte 1973 gefährdet. Ihm steht die routinemäßige, alle fünf Jahre wiederkehrende FBI-Sicherheitsüberprüfung ins Haus. Für John Walker gibt es nur eine Chance: sie im vorhinein zu fälschen.

Dabei beweist er unglaubliche Chuzpe: »Es war fast zu einfach, als daß man es beschreiben sollte: Man füllt ein normales rosafar-benes Formblatt aus und schickt es mit dem Stempelaufdruck ›unbedenklich‹ des FBI an die eigene Militärdienststelle. Der Trick erschöpft sich darin, erstens das Formblatt zu ergattern und zweitens in einem Laden für Büroartikel den Stempel nachfertigen zu lassen. Das war keinesfalls verdächtig, da beim Militär für Zivilisten ohnedies nur unverständliche Kürzel wie BI für ›background investigation‹, ›successful/unseccessful‹ benutzt werden. Ich habe den Stempelaufdruck im genauen Maßstab nachgezeichnet und einem kleinen Geschäft in Oakland den Auftrag erteilt, ihn anzufertigen. Das hat vierundzwanzig Stunden gedauert, dann habe ich das rosa Formblatt abgestempelt, einen Haken bei ›successfull‹ gemacht und den Zettel in meine Personalakte gelegt. Die Gesamtkosten der Aktion: ein Dollar neunundzwanzig Cents.«

Im Sommer 1974 wird John von der Pazifikflotte wieder zurück nach Norfolk versetzt. Sein Job beim Stab der Atlantikflotte taugt jedoch nicht für Verrat. Die fetten Jahre sind vorbei. Barbara Walker konfrontiert ihren Ehemann mit einem weiteren Problem: Sie hat die Scheidung eingereicht. John denkt an Rückzug aus der Navy, nicht aber an die Aufgabe seiner lukrativen Geschäftsverbindung mit dem KGB. Wie jedoch weitermachen?

Dealen anstatt selbst zu spionieren, setzt sich Walker fortan als sein neues Ziel!

Dazu muß er einen Mitarbeiter rekrutieren – intelligent genug und doch manipulierbar: einen wie Jerry A. Whitworth. John investiert sechshundert Dollar in einen Erste-Klasse-Flug nach San Diego, um die »alte Freundschaft« wiederzubeleben. Treffpunkt ist »Boom Trenchard's«, eine Kneipe direkt am Lindbergh Airfield. Das Reden überläßt John erst einmal Jerry – übers Segeln, die hohe Politik und Whitworth' neuestes Interessengebiet: Israel.

Nach mehreren Kaffees und lockerem Gedankenaustausch kommt John schließlich ganz gezielt zur Sache: »Walker hat nicht groß auf den Busch geklopft«, beschreibt Whitworth die Situation aus seiner Sicht:

»›Jerry, ich möchte dir ein Angebot machen.‹ Walker tat geheimnisvoll: Er gehe jetzt ein großes Risiko ein, er baue auf unsere Freundschaft, er müsse mir vertrauen – und dann sagte er auf einmal: ›Ich arbeite für Israel, und ich biete dir an mitzumachen.‹ Ich sagte spontan zu, weil es mir attraktiv erschien. Hätte er gesagt, daß die Russen seine Auftraggeber waren, hätte ich dem Deal gewiß nicht zugestimmt, den wir damals in der Bar noch am selben Nachmittag abgeschlossen haben: höchstens sechs Jahre Zuträger für den Mossad, via Walker. Mehr nicht. Von meiner Warte aus gesehen, hatte dies nichts mit Landesverrat zu tun. Daß es schließlich und endlich doch darauf hinausgelaufen ist, bedaure ich heute zutiefst. Aber vor zwanzig Jahren war mir das ganz und gar nicht klar. Das müssen Sie mir glauben.«

Auf Jerry Whitworth' Rekrutierung angesprochen, kann John ein süffisantes Grinsen nicht unterdrücken: »Ja«, bestätigt er, »ich mußte es ihm ja irgendwie schmackhaft machen. Israel interessierte Jerry. Das wußte ich.«

Schon im nächsten Atemzug brüstet sich der Dealer: »Ich verrate Ihnen etwas... Die härteste Sache für einen Spion ist nicht das Handwerk der Spionage selbst, sondern die Rekrutierung eines neuen Anwärters – ein äußerst gefährliches Unterfangen, der schwierigste Job der Welt. Und warum? Weil man nicht sicher sein kann, was die angesprochene Person tun wird. Alles ist drin: Man kann dir eine Falle stellen, man wird verhaftet oder unter Druck gesetzt, künftig als Doppelagent weiterzumachen. Die Risiken sind komplex. Deshalb sind die Sowjets auch ausgerastet, als ich sie von meiner Anwerbung Whitworth' informiert habe. Das war in den Augen des KGB unverzeihlich. Die erste Phase, das sogenannte ›spotting‹, oder auch noch die zweite Phase, das ›assessing‹, hätte ich wohl begleiten dürfen. Selbständig rekrutieren aber – das ging meinem Führungsoffizier entschieden zu weit. Der wurde ja schon bei jeder meiner beruflichen Versetzungen nervös, weil er dachte, das wäre von der CIA inszeniert, die mich zwischenzeitlich überführt und ›umgedreht‹ hätte. Erst als danach das Material wieder normal einlief und alle ›dead drops‹ glatt über die Bühne gingen, stellte sich beim KGB eine gewisse Beruhigung ein.«

Boris Solomatin faßt Walkers Eigenmächtigkeiten trocken so zusammen: »Ich muß zugeben, daß es problematisch war, den Agenten Walker zu kontrollieren. Uns verblieben im Grunde nur sehr wenige Möglichkeiten, direkten Einfluß auf ihn auszuüben. Das führte oft zu Schwierigkeiten, die sich zeitweise in der völligen Unlenkbarkeit des Mannes unsererseits äußerten. Bei unseren persönlichen Treffen verstand er es immer, den Eindruck zu er-

wecken, als sei alles in bester Ordnung. Erst während der Gerichts-
verhandlung gegen Walker kamen Dinge zutage, von denen wir
keinen blassen Schimmer hatten. Wir wußten in der Tat nur sehr
wenig von dem, was in ihm und um ihn herum vor sich ging.«

Das ist zunächst ein erstaunliches Geständnis. Denn es beweist,
daß das vermeintlich so allwissende KGB auch nur mit Wasser
kochen kann. John Walker war natürlich auch ein ganz besonders
raffinierter Dealer – und das zeigt sich vor allem bei der Rekrutierung seines neuen Partners Jerry Whitworth.

Am Ende der gemütlichen Kaffeestunde bei »Boom Trenchard's«
lenkt Walker die Unterhaltung auf das, was ihn außer der eigentlichen Rekrutierung Jerrys noch interessiert: welchen Zugang sein
künftiger Partner zu Geheimmaterial habe, das sich die gemeinsamen Freunde in Israel angeblich am meisten wünschen –
Krypto. John weiß zwar, daß Jerry Spezialist für Radiokommuni-
kation bei der US Navy ist, kann sich aber nicht genau vorstellen,
welche Rolle dabei den verschiedenen Chiffriersystemen der National Security Agency zukommt.

Damit gibt Walker das Stichwort für einen technischen Vortrag
Jerrys, bei dem er alle Mühe hat, inhaltlich mitzukommen. Soviel
jedenfalls entnimmt er aus Jerrys Ausführungen: Whitworth hält
eine Schlüsselposition bei der umfassendsten Änderung militärischer Nachrichtensysteme besetzt, die das Pentagon jemals in
seiner Geschichte angeordnet hat; Zauberwort: digitale Satelli-
tenübertragung.

Sämtliche vorhandenen Chiffriersysteme würden dazu modifi-
ziert. Sinn der Maßnahme sei, dem Gegner die Möglichkeit zu
nehmen, Hochfrequenzsignale aufzufangen und gleichzeitig fest-
zustellen, von wo aus sie gesendet werden. Dies bedeutet im
Konfliktfall einen nicht hoch genug einzuschätzenden Vorteil,
weil damit das Ortungsproblem gelöst scheint – es sei denn, daß
die Spezifikationen der neuentwickelten Technologie dem potentiellen Feind in die Hände fallen.

Walker atmet tief durch. Ihm wird schlagartig bewußt, welche
Goldader er in der Person von Jerry Whitworth angeschürft hat.
Der gute alte Freund würde Garant für viele Jahre hochkarätiger
Lieferungen an die Sowjets sein – und erstklassiger Bezahlung,

freut sich John. Er verspricht Jerry ein »Einstiegshonorar« von tausend Dollar monatlich – mit Aussicht auf substantielle Steigerung bei erfolgreicher »Tauchexpedition«.

Dieses Codewort solle Jerry benutzen, wann immer er Chiffriermaterial habe; für den Fall, daß Whitworth Walker dringend sprechen müsse, wird »Mara« als Codewort vereinbart. »Mara« ist der Name einer gemeinsamen Bekannten aus den frühen siebziger Jahren in San Diego. Jerry würde John aus einer Telefonzelle anrufen und fragen: »Hast du kürzlich etwas von ›Mara‹ gehört?« John würde dies bejahen und sich die Nummer von Jerrys Münzfernsprecher geben lassen, um ihn einige Minuten später, aus Sicherheitsgründen, seinerseits von einem öffentlichen Telefon aus zurückzurufen. Auf diese Weise ließen sich gefahrlos Übergabeorte und -termine für Jerrys heiße Ware in jedem gewünschten Winkel der Erde arrangieren. Jerry wundert sich im übrigen nicht darüber, daß die Israelis solches Geheimmaterial gebrauchen können. Zu dem Zeitpunkt steht Israel mit dem Rücken zur Wand, ein Pfahl im Fleisch der arabischen Welt. Der Sechstagekrieg hat erst vor sieben Jahren stattgefunden; der Jom-Kippur-Krieg im vorigen Herbst. Der Staat der Juden hatte nur dann Überlebenschancen, wenn er seinen technologischen Vorsprung behalten konnte. War es nicht ein Akt der Humanität, dem kleinen und bedürftigen Israel nach Kräften beizustehen? Noch dazu ein gutbezahlter Akt?

Die Pazifikinsel Diego Garcia wird zum Testfall für Jerrys Begabung als Spion. Hier hat die US Navy ihre modernste Schaltstelle in der weltweiten Kette militärisch genutzter Satellitenkommunikation aufgebaut – ausgerüstet mit allen Neuentwicklungen amerikanischer Kryptotechnik.

Nach nur drei Monaten im Dienst »Israels« erhält John unerwartet einen Brief von Jerry. In leichter Abwandlung der Codevereinbarung liest Walker: »John, das Tauchen hier ist wunderbar!«

Während seiner einjährigen Dienstzeit auf Diego Garcia ist Whitworth äußerst erfolgreich. Die Fülle hochkarätiger Geheiminformationen über Schaltpläne, Handbücher und Schlüssellisten von Kodiermaschinen reißt auch nicht ab, als er im Juni 1976 zum Dienst auf den Flugzeugträger »USS Constellation« versetzt wird. Jerry schafft weitere zwei Jahre massenweise Top-secret-Material

heran, welches das KGB wiederholt zu Belobigungen für die »aus-
gezeichnete Arbeit« Johns veranlaßt.

Ende der siebziger Jahre teilt Boris Alexandrowitsch Solomatin
seinem Schützling Walker mit, daß er in der Sowjetunion in den
Rang eines Flottenadmirals erhoben werden soll. Damit kann
John zwar nichts anfangen; es beweist ihm aber, wie unersetzlich
er nach über einem Jahrzehnt im Dienst des Geheimimperiums für
das KGB geworden ist. Prompt verlangt er höhere Bonuszahlun-
gen, von denen John zwar den überwiegenden Teil an seinen
»Privatagenten« Whitworth abführt, stets aber – neben der Hälfte
von Jerrys viertausend US-Dollar KGB-Monatsgehalt – mindestens ein Drittel für sich einbehält: meist zwischen drei- und
fünftausend Dollar.

Schon kurz nach Jerrys ersten »Taucherfolgen« kann es sich
Walker leisten, seinen Abschied von der Navy einzureichen. Der
Dealer legt sich eine fast perfekte Tarnung zu: Er wird Privatde-
tektiv. Seine neue Firma tauft er zynisch »Counter-Spy«.

Nur gelegentlich unterbricht er seine Tätigkeit als verdeckter
Ermittler oder »Wanzensucher« in Vorstandsetagen bekannter
Unternehmen Norfolks, um in Hongkong, Bangkok oder sonstwo
auf der Welt Material aus Whitworth' »Tauchaktionen« in Empfang zu nehmen oder mit seinem KGB-Führungsoffizier beim
rituellen halbjährlichen Meeting zu verhandeln, wobei es um direkte Instruktionen durch den sowjetischen Arbeitgeber geht.

Aus Sicherheitsgründen verlegt das KGB ab 1978 alle persönlichen Kontakte mit Walker in Österreichs Hauptstadt Wien. John
wird angewiesen, nach Italien zu fliegen und von Mailand mit dem
Zug nach Wien zu fahren. Dort eingetroffen, muß sich Walker für
seine Kontaktaufnahme mit dem KGB genau an die Anweisungen
nach dem minuziös ausgetüftelten »Wiener Verfahren« halten:

»Kommen Sie um 18.15 Uhr zum Fachgeschäft ›KOMET KÜ-
CHEN‹ Ecke Schönbrunner Straße/Rückergasse. Damit Sie leicht
identifiziert werden können, tragen Sie Ihre Kameratasche über
der rechten Schulter und eine Papiertüte in der linken Hand.
Halten Sie sich zwischen 18.15 Uhr und 18.17 Uhr etwa zwei
Minuten lang in der Nähe des Schaufensters auf, indem Sie langsam auf und ab gehen. Dann begeben Sie sich in die Rückergasse

zurück, gehen an den Säulen der Firma ›Fernseh-Kratky‹ vorbei; am letzten Schaufenster bleiben Sie stehen...«

Während der nun folgenden fünfunddreißig Minuten zu Fuß führt die detaillierte Routenbeschreibung des KGB Walker in schier endlosem Zickzack durch die Straßen und Gassen des zwölften Wiener Bezirks. Endlich steht der amerikanische Spion dort, wo er seinen sowjetischen Führungsoffizier treffen soll:

»Interessieren Sie sich zwischen 18.55 Uhr und 18.58 Uhr für die Schaufensterauslagen des Herrenmodegeschäfts ›BAZALA Internationale Kleidung‹ an der Ecke Meidunger Hauptstraße/ Füchselhofgasse. Sie werden entweder dort oder irgendwo entlang des Weges angesprochen.«

John haßt das »Wiener Verfahren« – besonders im Winter. Während des sechzig bis neunzig Minuten langen Spaziergangs mit seinem Führungsoffizier werden stets dieselben Themen zur Sprache gebracht: Zuerst versucht der KGB-Mann, John (obschon er weiß, daß es zwecklos ist) zu »indoktrinieren« und ihn von der Überlegenheit des kommunistischen Gesellschaftssystems zu überzeugen; ein »Blödsinn und Scheißschwindel«, kommentiert John heute und schüttelt sich beim Gedanken an die »Affenkälte, in der ich mit dem Kerl durch die Gegend gezogen bin«.

Nach Preisung der Vorzüge des Sozialismus kommt der russische Führungsoffizier auf den Punkt: Er will alles über die aktuellen Lebensumstände von John und Jerry erfahren, etwaige finanzielle oder familiäre Schwierigkeiten, Zugangsmöglichkeiten zu ganz bestimmtem Geheimmaterial, für das der KGB-Mann immer eine aktuelle »Einkaufsliste« parat hat. John Walker geht es bei diesen Treffen immer nur um eines: Geld. Wieviel? Wann? Wofür? Bei ausweichenden Antworten Solomatins wird Walker regelmäßig sauer:

»Ich habe dafür gesorgt, daß der Laden ordentlich weiterlief, also wollte ich auch gutes Geld sehen – kontinuierlich, bitteschön. Schließlich hatte das KGB bei der ganzen Sache nichts, absolut nichts zu verlieren, geschweige denn irgendein Risiko zu übernehmen.«

1979 hat Walker den Zenit seiner Agententätigkeit erreicht. Dank seines »Angestellten« Jerry Whitworth werden Johns Lieferungen an das KGB immer umfangreicher – wie auch die Zahlungen an das Verräterteam: Im Juli 1979 liegen zweihunderttausend US-Dollar im toten Briefkasten.

Doch die guten Zeiten währen niemals lang genug: Nach seiner Versetzung zum Marineausrüstungszentrum in Oakland, Kalifornien, kündigt Jerry Whitworth an, er nehme bald seinen Abschied von der Navy. »Ohne viel Lärm wollte ich mich langsam zurückziehen. Meine ›Rahmenvereinbarung‹ mit Walker sah ohnedies nur eine Zusammenarbeit für maximal sechs Jahre vor«, kommentiert Whitworth heute seine Entscheidung und fügt hinzu: »Ich hatte Probleme in der Ehe. Deshalb wollte ich die Navy verlassen, um mehr Zeit für meine Frau zu haben. Allein der Gedanke an Scheidung war traumatisierend. Dann aber tauchte die Frage auf: Wovon leben? Welcher Job? Schließlich habe ich mein Austrittsgesuch wieder zurückgezogen.«

Gewiß, die Ehe ist Jerry »heilig« – hinter seiner Entscheidung, den Dienst in der Navy doch nicht zu quittieren, steht aber noch ein anderer, gewichtigerer Grund: John Walker öffnet Jerry in jenen Tagen die Augen darüber, für wen er letzten Endes wirklich spioniert hat: nämlich für die Sowjetunion. Gleichzeitig übt er massiven psychischen Druck auf Whitworth aus:

»Verdammt noch mal, du ›Dummy‹ – denkst du wirklich, die lassen so einfach mit sich umspringen? Die haben dich genauso in der Hand wie mich. Denk doch nur mal an den einen Typ in England, den das KGB mit einem Regenschirm ausgeschaltet hat...«

Was Walker meint und damit sagen will, wird Jerry schlagartig klar: »Die Bulgaren hatten einen Doppelagenten aus ihren Reihen mit einem tödlichen Gift umgebracht, weil er für den britischen Geheimdienst arbeitete. Walker benutzte derartige Beispiele, um mir das Unheil zu verdeutlichen, das ich angeblich über unser beider Existenz und die unserer Familien heraufbeschwor. Eine Zeitlang hat mich das beeindruckt. Und immer, wenn ich wieder schwankend wurde, versuchte er, mich durch subtilen Druck bei der Stange zu halten. Dann schlug er eine gröbere Gangart ein. Bei unserer letzten gemeinsamen Begegnung 1984 war er schon alles andere als subtil – Walker hat mir offen gedroht!«

Wie immer, wenn es ums Geld geht, verliert John seine guten Manieren – nicht jedoch den sicheren Instinkt für die notwendigen Maßnahmen in einer Krisensituation. Walker sieht nur einen Ausweg aus dem Dilemma mit seinem Zuträger Jerry Whitworth: John muß den lukrativen Nebenerwerbszweig personell aufstokken.

»Ganz plötzlich war er unerhört interessiert an allem, was in meinem Leben vor sich ging, insbesondere an meiner Absicht, der Armee beizutreten«, erinnert sich Johns Tochter Laura. »Ich begriff erst nicht, warum. Ich dachte: ›Endlich bedeutest du deinem Vater etwas.‹ Aber bei John Walker läuft nichts ohne einen Hintergedanken! Und bald danach rückte er mit seiner wahren Absicht heraus: ›Du kannst zu Geld kommen, wenn du mir geheimes Zeug besorgst.‹ Er erwähnte nicht, daß es für die Russen sei. Er sagte nur ›für ein anderes Land‹ und daß es ›jeder‹ täte und nichts Besonderes dabei sei.«

Als Laura ablehnt, wendet sich John ohne Zeitverlust an seinen Bruder Arthur. Art Walker arbeitet bei der »VSE Corporation«, einem bedeutenden Schiffsausrüster der US-Marine. Mit den Gesetzen zur Verhinderung von Spionage kennt er sich aus; vor seiner Anstellung hat »VSE« ihn eingehend belehrt und seine Verläßlichkeit als Träger »vertraulicher« Informationen gründlich überprüft.

John Walker setzt zielsicher am wunden Punkt Arthurs an, um ihn zu rekrutieren und für die Wünsche des KGB empfänglich zu stimmen: Er hält seinem Bruder vor, wie leichtfertig dieser Kapital und Erfolgsaussichten des gemeinsam betriebenen Familienunternehmens »Walker Enterprises« 1979 in den Sand gesetzt hat. Schließlich sei es Johns Geld gewesen, mit dem Art nicht habe umgehen können. Daher schulde er nun seinem Bruder »eine Kleinigkeit«.

Arthur hat kein gutes Gefühl bei der ganzen Sache, will aber John auch nicht verärgern. Also entwendet er zwei als »confidential« (vertraulich) eingestufte Dokumente. John ist das, kaum verwunderlich, zuwenig. Ende 1981 setzt er Arthur massiv unter Druck, endlich »etwas Substantielles« abzuliefern. Aber wie? Arthurs Job taugt nicht für Top-secret-Material!

Mangels Masse kümmert sich John Walker nach der Pleite mit Laura und Arthur verstärkt um seinen Sohn Michael. Gezielt baut er ihn jetzt als Spion auf.

1982 tritt Michael Walker in die US-Marine ein. Nur zwei Jahre später hat er sich hochgedient und arbeitet 1984 dort, wo Vater John ihn brauchen kann: in der operativen Planungsabteilung des Flugzeugträgers »Nimitz«, einer wahren Goldmine für den jungen KGB-Spion mit massenweise Secret- und Top-secret-Material über neueste Waffensysteme der westlichen Verteidigungsallianz, Spionagesatelliten und detaillierten Einsatzplänen für den militärischen Ernstfall. Rückblickend ist sich Michael sicher, daß ihn sein Vater nicht nur zwecks Absicherung seiner Geschäftsbeziehung mit dem KGB »gefördert«, sondern ihn zudem auch noch »regelrecht verladen« hat, was den finanziellen Nutzen aus seiner Tätigkeit als Lieferant John Walkers angeht. Michael ist heute noch verbittert:

»Mein Vater hat mir fünftausend US-Dollar im Monat zugesagt. Während meiner gesamten Karriere als Spion, so kurz sie für mich und wiederum zu lang für andere gedauert hat, habe ich insgesamt tausend US-Dollar erhalten. Das muß man mal im zeitlichen Verhältnis sehen: Bei mindestens fünfundzwanzig Jahren, die ich im Knast abzusitzen habe, läßt sich das auf einen Verdienst von nicht einmal fünfundzwanzig Cent pro Tag hochrechnen. Das ist doch wohl ein Witz!«

Selbst nach nunmehr neun Jahren hinter Gittern zeigt Vater John bei diesem Argument seines Sohnes keinerlei Reue: »Der Spionagejob hat seinen Mann ernährt. Michael hätte mich ersetzen können. So sah ich das damals. Mein Vermögen hatte ich hauptsächlich in Immobilien angelegt. Mein Plan bestand darin – und dazu war von mir auch schon einiges diskret in die Wege geleitet worden –, Kasse zu machen. Ich wollte abhauen, vollkommen von der Bildfläche verschwinden.«

In diesem fortgeschrittenen Stadium unseres Interviews mit Walker senior kann uns das nicht mehr erschüttern: der Deal mit den Sowjets als »legitimer« Erbhof einer »Walker-Spionage-Dynastie«! Davon träumte der Dealer. Alles war doch so leicht!

Im Oktober 1983 quittiert Jerry Whitworth, unbeeindruckt von John Walkers Drohungen, endgültig seinen Dienst bei der Navy. Damit sieht der Chef des erfolgreichen Spionagerings seine düstere Vorahnung bestätigt. John tobt. Was aber kann er schon dagegen tun?

Wie wir heute wissen, fiel die erste Reaktion des KGB auf Jerrys Absprung keineswegs so aus, wie John es befürchtete. »Er [Whitworth] war klug genug für eine ordentliche Durchführung seiner Aufgaben und hat sich immer sorgfältig darauf vorbereitet. Wir haben sein Ausscheiden bedauert, aber respektiert«, sagt Boris Solomatin. Die von Johns Führungsoffizier gewählte Formulierung erinnert eher an die Ausstellung eines Arbeitgeber-Abgangszeugnisses für einen verdienten Firmenmitarbeiter als an das zweitälteste Gewerbe der Welt. Nur die übliche Schlußformel verkneift sich Boris Alexandrowitsch: »Wir wünschen ihm für seinen weiteren Lebensweg alles Gute!«

Jerrys Zukunftsplanung umfaßt Anfang 1984 mehr als nur die Ermittlung der finanziellen Soll- und Habenseite. Er will sichergehen, daß der Aufbruch in einen völlig neuen Lebensabschnitt nicht doch noch irgendwie gefährdet wird. Über mehrere anonyme Briefe versucht Whitworth daher, mit dem FBI ins Geschäft zu kommen: seine Haftverschonung als Preis für den Verrat des Top-Spions! Jerrys Motiv, von ihm selbst in der Gefängniszelle von Leavenworth, Kansas, emphatisch unterstrichen:

»Das mußte aufhören! Walker zog immer mehr Personen mit hinein. Das war doch Irrsinn!«

Nach einer kurzen Pause fügt Whitworth hinzu: »Ich wollte nicht riskieren, daß ein wunderbares Leben weggeworfen wird – mein Leben!«

Jerrys Empörung klingt wenig glaubwürdig – im Gegensatz zur Reue, die in seinen Worten mitschwingt. Überhaupt scheint er das einzige Mitglied des Spionagerings zu sein, das sich ernsthafte Gedanken hinter Gittern macht und auch zu den letzten Konsequenzen seines Handelns steht:

»Kein Zweifel, ich habe in schwerster Weise Vertrauen mißbraucht. Und der Stab soll über mir gebrochen werden, hätte ich das alles wissentlich von Anfang an getan. Hab' ich aber nicht! Den Kontakt mit dem FBI mußte ich schließlich wieder abbrechen.

Die wollten gar nicht zum Kern des Problems vorstoßen, sondern mich nur austricksen und auf Teufel komm raus ihre Gesetzesparagraphen anwenden.«

Der Walker-Spionagering sollte auf andere, naheliegendere Weise auffliegen: Am 17. November 1984 ruft Barbara Walker die Telefonauskunft an. Sie will wissen, ob es in der Nähe ihrer Wohnung außerhalb von Boston, Massachusetts, ein Büro des FBI gibt. »In Hyannis«, erhält sie als Antwort. Fünf Minuten später hat sie den Agenten Walter Price am Apparat. Price merkt sofort, daß die Frau am anderen Ende sturzbetrunken ist. Die Geschichte über ihren Ehemann, der ein KGB-Spion sein soll, klingt phantastisch. Dennoch sagt Price zu, bei Barbara vorbeizuschauen.

Zwei Wochen nach ihrem Anruf beim FBI kommt endlich das Treffen mit dem Bundespolizisten zustande. Nach zwei Stunden Interview mit Barbara ist Agent Price sich nicht ganz sicher: Wieviel Wahrheitsgehalt soll er der Aussage einer geschiedenen Ehefrau und offensichtlichen Alkoholikerin beimessen, die ihren Ex-Gatten ans Messer liefern will, weil dieser sich mit jüngeren Damen amüsiert? Barbaras Angaben über die Spionagetätigkeit ihres Verflossenen scheinen dem Agenten Price kaum substantiierbar. Resultat: »Information rechtfertigt keine weitere Bekümmerung.« So schreibt es Walter Price unter seinen Kurzbericht, der intern in der sogenannten »Nuller-Akte« landet – der »Märchensammlung« des FBI in Boston.

Der gesamte Dezember 1984 und die ersten zwei Januarwochen des folgenden Jahres vergehen, ohne daß Barbara etwas vom FBI hört. Zwischenzeitlich hat Laura ihre Mutter aus Buffalo angerufen, um ihr zum Geburtstag zu gratulieren. Seitdem ist Barbaras Tochter über den FBI-Besuch im Bilde:

»Ich habe die Bundespolizei nur informiert, weil Lauras Ehemann Mark ihren Sohn entführt hatte«, erklärt Barbara Walker. »Es ging damals ums Sorgerecht für den kleinen Chris. Mark wußte von Johns Spionagetätigkeit und setzte das als Druckmittel gegen Laura ein, ihm Chris zu überlassen. Das war der Hauptgrund meiner Entscheidung, John zu verraten: Indem er eliminiert würde, sollte Laura ihren Sohn zurückbekommen, von dem wir keine Ahnung hatten, wie es ihm ging und wo er steckte.«

Für Laura Walker ist die fortdauernde Ungewißheit über das Schicksal ihres Sohnes Chris Mitte Januar schließlich Anlaß, wieder bei Barbara anzurufen.

»Ich wollte wissen, was aus dem Kontakt meiner Mutter mit Mister Price geworden war«, kommentiert Laura heute, »mir war jeder Weg recht, meinen Sohn wiederzubekommen. Niemals hätte ich ihn für meinen Vater geopfert!«

Laura verspricht ihrer Mutter, ihrerseits mit dem FBI-Mann zu sprechen, um Barbaras Aussage im Kern mehr Glaubwürdigkeit zu verleihen. Tatsächlich schreibt Price daraufhin noch einmal einen Report, der diesmal in Kopie sogar nach Washington und Norfolk geschickt wird. Während das Papier im riesigen J. Edgar Hoover Building der Bundeshauptstadt keine Menschenseele interessiert, denkt der stellvertretende FBI-Sektionschef von Norfolk, Virginia, ganz anders über den Fall Walker. Es ist Special Agent Bob Hunter.

»Mein erster Gedanke war: ›Ich hätte mir wohl auch erst mal Mut angetrunken, bevor ich mich zu einem Anruf entschließe, von dem ich weiß, daß er mein Leben total verändern wird.‹ Und Barbara war das auch ganz klar, bevor sie zum Telefonhörer griff, um das örtliche FBI-Büro zu verständigen.«

Bob Hunter bespricht sich mit seinem direkten Vorgesetzten, Joseph Wolfinger. Beide sind sich einig, der Sache auf den Grund zu gehen. Die Rechtfertigung dafür brauchen sie nicht erst zu erfinden: John Walker lebt in ihrem Zuständigkeitsbereich.

Anfang März 1985 setzt sich Bob Hunter mit Walter Price in Hyannis in Verbindung. Er möge Barbara Walker davon überzeugen, sich einem Lügendetektortest zu unterziehen. Außerdem erbittet Hunter Amtshilfe von den Kollegen in Buffalo. Sie sollen die Glaubwürdigkeit von Laura Walker und ihre Kooperationsbereitschaft mit den Behörden eruieren.

Binnen vierzehn Tagen erhält der Special Agent aus Norfolk zwei positive Rückmeldungen: Barbara habe den Detektortest bestanden, und auch Laura signalisiere ihren Willen zur Zusammenarbeit. Hunter bereitet daraufhin seinen nächsten Zug vor: Er will Laura persönlich dazu bringen, ihren Vater anzurufen und einen Köder auszuwerfen, denn »zu Beginn der Ermittlungen habe ich gehofft und im stillen gebetet, daß John Walker noch als Spion aktiv ist«.

Genau das ist die große Unbekannte in Bob Hunters Gleichung: Sollte überhaupt eine Chance bestehen, den notorischen Spion zu überführen, dann nur, wenn er auf frischer Tat gefaßt wird. Am 15. März 1985 wählt Laura den Privatanschluß ihres Vaters in Norfolk. Sie macht ihre Sache ausgezeichnet. Laura erzählt von ihren Sorgen und Nöten, der permanenten Ebbe in der Haushaltskasse – und ihrer Absicht, eventuell wieder zum Militärdienst zurückzukehren. Johns Reaktion gibt Hunter den ersten Hinweis: Nach fünfzehn Minuten belangloser Konversation, in der Walker seine Tochter immer wieder auf wüsteste Weise beschimpft, weil sie ihn angeblich im Stich gelassen hat, ändert sich plötzlich sein Tonfall; er wird ruhiger, fast schon väterlich, und versucht Laura die Waffengattung und Aufgabenstellung vorzugeben, für die sie sich beim Militär interessieren solle.

Als Laura einwirft, daß sie auch daran denke, sich bei der CIA in Langley zu bewerben, aber nicht wisse, ob sie den Lügendetektortest schaffen werde, unterbricht sie John mit einem für Hunter aufschlußreichen Statement: »Da hättest du tatsächlich ein Problem.«

Bob Hunter weiß natürlich, daß er damit keinen gerichtsfähigen Beweis gegen John Walker gewonnen hat, aber immerhin doch Anhaltspunkte, die das Installieren von Abhörwanzen in Johns Büro und Haus rechtfertigen. Am 12. April 1985 liegt die Genehmigung des Gerichts von Norfolk vor.

Nach knapp einem Monat auf der Lauer kommt am 16. Mai der entscheidende Hinweis: »John Walker«, berichtet uns Hunter heute, »erhielt an jenem Abend einen Telefonanruf seiner Mutter aus Scranton, Pennsylvania. Und sie sagte: ›Johnny, deine Tante Emilia hat die Chips eingelöst‹, was soviel bedeutete wie: Sie ist tot. Johns Mutter sagte ihrem Sohn, daß sie ihn am folgenden Samstag zum Begräbnis erwarte.

Und John? Was antwortete der? ›Mommy, tut mir leid, daß ich nicht kommen kann, aber ich hab' was überaus Wichtiges zu tun.‹

Was konnte so wichtig sein, die Beerdigung seiner Lieblingstante abzusagen, die ihn über viele Jahre seiner Kindheit großgezogen hatte und die er verehrte? Das hatte alle meine Antennen aufgerichtet und zu meinem Entschluß geführt, für das folgende Wochenende unseren Aktionsplan mit dem Codenamen ›Windflyer‹ in Gang zu setzen.«

Die »Operation Windflyer« beginnt am frühen Morgen des 18. Mai 1985. Die Strategie sieht vor, John auf frischer Tat zu ertappen und ihm dazu, wenn nötig, bis Washington, D. C., zu folgen. Insgesamt sind knapp hundert Polizisten an diesem Einsatz beteiligt.

Der Sonnabend endet im vollen Frust für die Beamten. Alles, was John an jenem 18. Mai tut, ist, den Rasen zu mähen und ein paar gemütliche Stunden auf seinem neuen Hausboot zu verbringen. Hunter: »Das hatte rein gar nichts mit James Bond zu tun. Es war nervenaufreibend, langweilig, und meine Männer fingen schon an zu spotten, was der ganze Zauber mit Hubschrauberobservation aus der Luft und Beschattung am Boden eigentlich bringen sollte ... Ich meinte nur trocken: ›Ich will euch alle am Sonntag, Punkt sieben Uhr, wieder auf dem Posten sehen.‹ Die Jungs waren ›‹begeistert‹, glauben Sie mir!«

Am 19. Mai 1985 hat das Hunter-Team in aller Frühe wieder vollzählig Stellung bezogen. Als sich der Verdächtige bis zehn Uhr immer noch nicht blicken läßt, beschließt Bob Hunter, rasch auf eine Tasse Kaffee ins »McDonald's« unweit von Johns Haus zu gehen. »Als ich reinkam und mich so nach rechts umdrehte, traf mich fast der Schlag«, gibt Bob sichtlich amüsiert zu Protokoll, »wen sehe ich da, vor sich Kaffee und eine Sonntagszeitung? John Anthony Walker! Ich konnte es nicht fassen und dachte nur: ›Was zum Teufel geht hier eigentlich vor?‹

Ich habe sofort auf dem Absatz kehrtgemacht und erst mal einige Herrschaften daran erinnern müssen, daß wir Profis sind und einen gewissen Stolz für die Erfüllung unserer Aufgaben mitbringen sollten! Also nahmen wir wieder unsere Positionen ein und warteten. Und warteten. Ich hatte meinen Männern versprochen: Sollte Walker sich nicht bis dreizehn Uhr gerührt haben, würden wir das ganze Unternehmen abblasen und mal einen halben Tag entspannen. Glücklicherweise kam John um zehn nach zwölf, also fünfzig Minuten vor Ablauf der Frist, aus dem Haus, stieg in seinen Kleinbus und verließ seine Nachbarschaft.«

Eigentlich ist Walker an jenem Sonntag viel zu früh dran. Der »dead drop« ist erst für die Zeit nach Einbruch der Dunkelheit vorgesehen. Weil John aber ohnehin nichts für den Nachmittag geplant hat, fährt er überpünktlich los, um sich am Zielort noch Zeit für ein Nickerchen zu nehmen.

Im Interview kann Bob Hunter kaum die Aufregung verbergen, die ihn heute noch überfällt, wenn er an die Agentenhatz von damals zurückdenkt: »Wir folgten John zunächst unauffällig von Norfolk nach Richmond. Er fuhr merkwürdig umständlich – so, als wollte er feststellen, ob sich jemand an ihn drangehängt hatte. Deshalb hielt ich auch das Pkw-Verfolgerteam aus acht Einsatzfahrzeugen in gebührendem Abstand hinter ihm. Nur unser Mann im Flugzeug ließ Walker nicht aus den Augen. Ich fragte ihn: ›Are we having fun yet?‹ [Kriegen wir endlich unseren Spaß?] Und er antwortete: ›Noch nicht‹, weil immer noch die Möglichkeit für John bestand, auf der Umgehungsstraße von Richmond eine andere Richtung als Washington einzuschlagen.

Gegen Viertel vor drei Uhr meldete sich wieder mein Kollege aus der zweimotorigen Cessna: ›Bob, now we're having fun!‹ Damit kam ›Operation Windflyer‹ erst richtig in Schwung: Johns Ford AstroVan fuhr jetzt auf der Interstate 95 in Richtung District of Columbia. In dem Moment war für mich hundertprozentig klar, daß Walker sich wirklich auf einem Trip zum toten Briefkasten befand. Die Sache fing an, spannend zu werden!«

Der Augenblick höchster Konzentration kommt für Hunter und seine Männer genau um fünf Minuten vor fünf. Als John Walker die Stadtgrenze von Washington erreicht, muß das Verfolgerteam aus Virginia die Einsatzleitung an die Bundespolizei der US-Hauptstadt abgeben.

Der Wechsel in der Luft und auch am Boden gerät zur Katastrophe für die Fahnder. John ist plötzlich wie abgetaucht – vollkommen von der Bildfläche verschwunden. Auf einer Landstraße in Montgomery County, in einem dichtbewachsenen Waldgebiet, endet vorerst der Plan, Walker auf frischer Tat der Spionage für das KGB zu überführen.

Bob Hunter bekommt heute noch eine Gänsehaut, wenn er an

diesen Vorfall denkt: »Ich war Co-Einsatzleiter, und die Jungs vom FBI in Washington luden all ihren Unmut auf mir ab. Es sei schwachsinnig von mir gewesen, keinen Minisender an Johns Kleinbus zu klemmen, alles sei meine Schuld. ›Versager‹ und weiß der Himmel was noch alles wurde mir an den Kopf geworfen. Dabei wußte jeder nur zu gut, daß Walker Elektronikspezialist war und ein ›tracking device‹ viel zu riskant gewesen wäre.

Ich saß also mit hängenden Ohren in der Zentrale, die Stimmung war absolut auf dem Tiefpunkt, finstere Blicke, eisige Ablehnung überall – und dann, welch göttliche Fügung, hören wir plötzlich um Viertel vor acht eine aufgeregte Stimme aus dem Flugzeug, das wir über der Gegend, wo wir John aus den Augen verloren hatten, weiterkreisen ließen: ›Er ist wieder da! Wir hängen uns dran!‹ Mir fiel ein Stein vom Herzen!«

Der Späher in der Cessna gibt an jenem Abend noch eine letzte, jedermann erleichternde Meldung durch. Um neun Uhr, wenige Minuten bevor die Überwachung aus der Luft wegen der heraufziehenden Dunkelheit eingestellt werden muß, teilt er mit, daß John Walker unter einem riesigen Baum an der Partnership Road angehalten hat.

»Sobald John weg war, habe ich natürlich unsere Suchtrupps losgeschickt, um zu erkunden, ob John irgend etwas zurückgelassen hatte. Genau um halb zehn an diesem Abend kam die erlösende Durchsage: ›Wir haben es! Wir haben das Päckchen gefunden!‹

Mission accomplished! Auftrag ausgeführt! Dies war das allererste Mal in der Geschichte des FBI, daß wir einen Spion auf frischer Tat ertappt hatten!«

Während Walker nach dem mißglückten Austausch ohne übertriebene Nervosität wieder im Hotel »Ramada Inn« von Rockville eintrifft, besorgt Hunter beim Distriktstaatsanwalt den Haftbefehl für den Observierten.

Am Abend des 21. Mai 1985 sind alle Mitglieder des Spionagerings gefaßt: Johns Sohn Michael, Johns Bruder Arthur, Johns Freund Jerry Whitworth. John Walker hat sie rekrutiert, beschäftigt und am Ende verraten.

Mit dem erfolgreichsten und schädlichsten Spionagering in der amerikanischen Geschichte macht die US-Justiz kurzen Prozeß.

Jerry Whitworth wird zu dreihundertfünfundsechzig Jahren Gefängnis verurteilt; Bewährung frühestens nach hundertsieben Jahren.

Arthur Walker erhält dreimal lebenslänglich und eine Viertelmillion US-Dollar Strafe.

Michael Walker wird zu zweimal fünfundzwanzig Jahren und dreimal zehn Jahren Haftstrafe verurteilt; Bewährung frühestens nach sechzehn Jahren.

John Anthony Walker erhält zweimal lebenslänglich und zusätzlich hundert Jahre Gefängnis. Er hofft noch immer, daß er wegen guter Führung vorzeitig entlassen wird. Schließlich gibt es ja noch »eine Kleinigkeit« zu regeln.

Der Überläufer

»Er würde einen guten Verkäufer abgeben«, erinnert sich die einstige Geliebte. »Er könnte einem einen Sack Kohlen andrehen und ihn glauben machen, es sei Gold. Wobei er niemals sagt, es sei Gold.« Der Mann, von dem sie spricht, hat es zu etwas gebracht.

Sein Name lautet auf Peter Fischer. Als Beruf gibt er Investmentbanker und Börsenmakler an. Er ist Jahrgang 1947, meistens braungebrannt, wirkt durchtrainiert und trägt seit Jahren einen Macho-Schnauzbart. Sein Leben verläuft auf der Überholspur: Er liebt das Geld, schnelle Autos, schöne Frauen, extreme Sportarten – und bei allem das Risiko. Darüber spricht er gerne – mit leicht sächsischem Akzent. Am Telefon (er telefoniert andauernd und überall) wechselt er gelegentlich ins Amerikanische. Dann geht es um Termineinlagen, Kurserwartungen, Yen und Dollar – oder, seit neuestem, um Immobilien. In Leipzig mischt er mit beim Aufschwung Ost. »Diese Stadt«, und es klingt, als wolle er sie verkaufen, »brummt. Da geht die Post ab.« Peter Fischer gehört zu den Erfolgreichen im Lande, zu den Dynamischen, zu den Gewinnern.

Peter Fischer hat eine Vergangenheit. Er war Agentenführer der Hauptverwaltung Aufklärung des Ministeriums für Staatssicherheit im Rang eines Oberleutnants. Er hieß Werner Stiller – damals in einem anderen Leben, in einem engen und muffigen Land namens Deutsche Demokratische Republik. Profite, die Peter Fischer heute so erfolgreich macht, waren dem Klassenfeind vorbehalten, den Ausbeutern und Imperialisten, die zu bekämpfen Werner Stiller geschworen hatte.

Über den Spion Werner Stiller spricht der Banker Peter Fischer oft und gerne. Bei Biolek und Gottschalk, im *Spiegel* und in seinem Buch »In Zentrum der Spionage«. Werner Stiller, der Spion, der in die Medien kam. Angst? Das war einmal, als Mielkes Häscher hinter ihm her waren. Eine Million Mark soll der Stasi-Chef geboten haben für den Verräter, tot oder lebendig. Als es keine »Firma« in der Normannenstraße mehr gab, als niemand mehr das Kopfgeld zahlen konnte, da hat sich Peter Fischer als Werner Stiller geoutet.

Im Dezember 1993 treffen wir Peter Fischer in der ehemaligen Stasi-Zentrale im Ost-Berliner Stadtteil Lichtenberg. Dreißigtausend hauptamtliche Mitarbeiter steuerten von der Normannenstraße aus ihr Netz zur Unterdrückung nach innen und zur Subversion nach außen. Der riesige Komplex heißt jetzt »LCC«: »Lichtenberger Congress Center«. Werner Stiller hatte sein Büro im fünften Stock eines schmucklosen Plattenbaus. Hier residierte die Hauptverwaltung Aufklärung (HVA), die Abteilung für Auslandsspionage der DDR. Wo bis Ende 1989 die Stasi-Kader der »Abteilung Wissenschaft und Technik« ihre Kundschafter in der Grundlagenforschung der bundesdeutschen Industrie steuerten, hat jetzt die Deutsche Bahn AG Einzug gehalten.

Zimmer 506, Werner Stillers einstige Bürozelle: Peter Fischer wirkt seltsam deplaziert zwischen den spartanischen Büromöbeln aus volkseigener Produktion.

»Das ganze Leben hier in dieser engen DDR zu verbringen, für immer und ewig eingesperrt zu sein«, antwortet seine Ex-Frau auf die Frage, warum ihr Mann geflohen sei, »das hätte er niemals ertragen können. Fischer steht am Fenster und diskutiert über sein »Handy« die Reisepläne der kommenden Woche: New York, London, Havanna (»da muß man rein, bevor's die anderen tun«). Die DDR ist auch gescheitert, weil sie Leuten wie Stiller keine Perspektive geboten hat.

Erich Mielkes »Ministerbau« ist heute Museum und Gedenkstätte. Eine Eintragung im Gästebuch: »Ein alter Traum ist wahr geworden. Er sitzt in Plötzensee und ich an seinem Schreibtisch. Werner Stiller (Peter Fischer).« Mielke brummt zwar in Tegel seine Strafe ab, aber Stiller sitzt uns gegenüber auf Mielkes Sessel. Hinter sich den leergeräumten Panzerschrank. Vor sich zwei Tischgruppen für Beratungen und für so denkwürdige Konferenzen wie die am 22. Januar 1979: Da schrie und tobte der Schrekken der DDR vor seinen ranghöchsten Paladinen. So außer sich hatte noch keiner diesen Choleriker erlebt, erinnert sich einer, über dem sich Mielkes Wut entlud. Der Grund: Zwei Tage vorher war Werner Stiller zum Westen übergelaufen. Mit zwei Koffern voll geheimster Informationen aus dem Innersten der HVA.

Einen solchen Schlag hatte das erfolggewohnte Ministerium für Staatssicherheit, der Schild und das Schwert der Partei, noch nicht einstecken müssen. Ein »Verrat« aus heiterem Himmel, etwas Unvorstellbares für diesen harten Kern der deutschen Kommunisten. Eine Wunde, die bis heute nicht vernarbt ist: Stillers einstige Kollegen äußern Bitterkeit und Haß, sobald der Name des »Verräters« fällt.

Der Vorwurf des Verrats läßt Peter Fischer kalt: »Ich habe in der Schule bei der Aufarbeitung des Faschismus gelernt, daß eine schlechte Sache nicht verraten werden kann. Ich bin der Auffassung, daß das MfS eine durchaus schlechte Sache war – es war eine kriminelle Vereinigung in unserem Verständnis, und deshalb trifft mich der Vorwurf des Verrats überhaupt nicht. Ganz im Gegenteil. Ich müßte mir allerdings von einigen meiner Agenten den Vorwurf gefallen lassen, daß ich sie ins Gefängnis gebracht habe, und das ist auch so. Das tut mir in diesem oder jenem Fall sogar leid. Auf der anderen Seite wußten sie genau, was sie taten. Sie haben das Risiko gekannt – genauso wie ich mein Risiko gekannt habe.«

Peter Fischer erzählt seine Version der Geschichte: als einer, der nach der Niederschlagung des »Prager Frühlings« innerlich mit dem Sozialismus bricht. Der angewidert von Unterdrückung und Heuchelei des SED-Regimes im Auftrag des Bundesnachrichtendienstes (BND) jahrelang Karriere macht im Innersten des verhaßten Feindes. Der in enger Kooperation und unter Anleitung von Führungsagenten aus Pullach das Leben eines Doppelagenten führt. Und den schließlich ein Fehler – die Liebesbeziehung zu einer Frau namens Helga – zum vorzeitigen Abzug aus dem Operationsgebiet zwingt.

Eine coole Story, Stoff für einen Spionagefilm. Doch sie ist eine Mischung aus Dichtung und Wahrheit – Desinformation, zusammengerührt von Mitarbeitern des BND. Sie soll den Feind verwir-

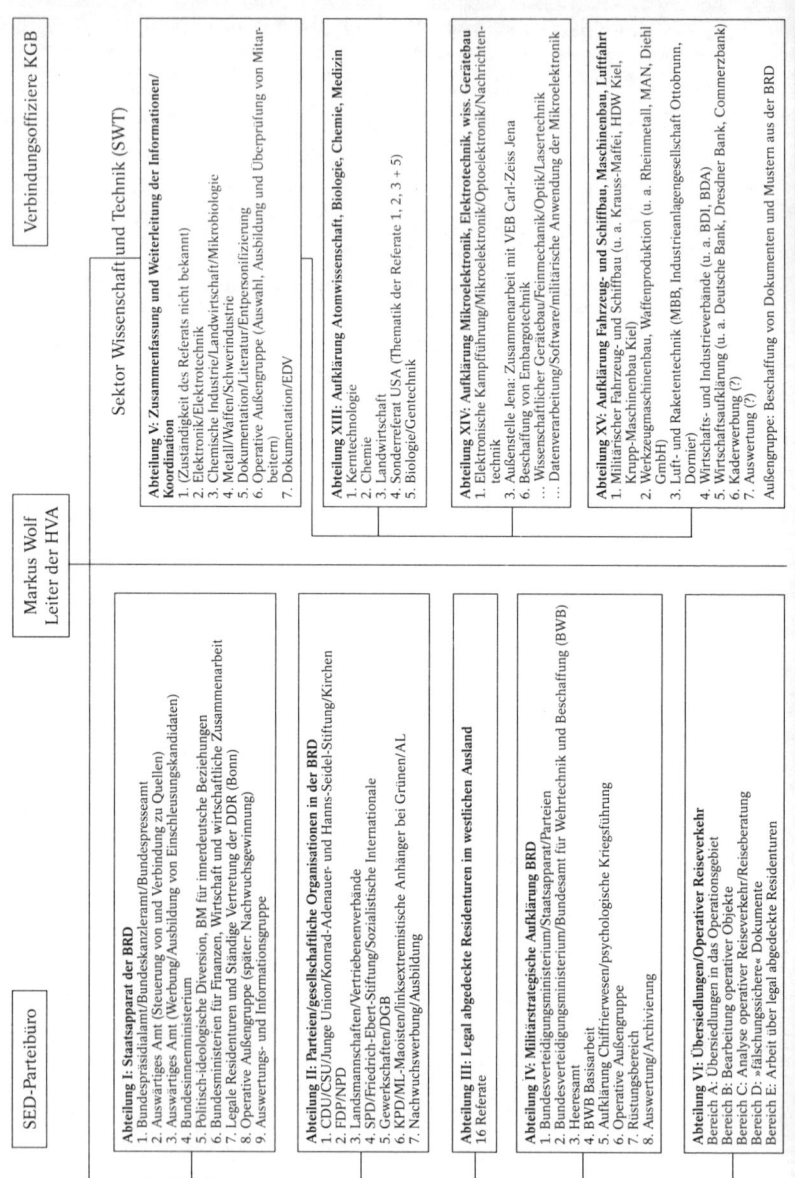

SED-Parteibüro | **Markus Wolf Leiter der HVA** | **Verbindungsoffiziere KGB**

Sektor Wissenschaft und Technik (SWT)

Abteilung V: Zusammenfassung und Weiterleitung der Informationen/Koordination
1. (Zuständigkeit des Referats nicht bekannt)
2. Elektronik/Elektrotechnik
3. Chemische Industrie/Landwirtschaft/Mikrobiologie
4. Metall/Waffen/Schwerindustrie
5. Dokumentation/Literatur/Entpersonifizierung
6. Operative Außengruppe (Auswahl, Ausbildung und Überprüfung von Mitarbeitern)
7. Dokumentation/EDV

Abteilung XIII: Aufklärung Atomwissenschaft, Biologie, Chemie, Medizin
1. Kerntechnologie
2. Chemie
3. Landwirtschaft
4. Sonderreferat USA (Thematik der Referate 1, 2, 3 + 5)
5. Biologie/Gentechnik

Abteilung XIV: Aufklärung Mikroelektronik, Elektrotechnik, wiss. Gerätebau
1. Elektronische Kampfführung/Mikroelektronik/Optoelektronik/Nachrichtentechnik
3. Außenstelle Jena: Zusammenarbeit mit VEB Carl-Zeiss Jena
6. Beschaffung von Embargotechnik
· Wissenschaftlicher Gerätebau/Feinmechanik/Optik/Lasertechnik
... Datenverarbeitung/Software/militärische Anwendung der Mikroelektronik

Abteilung XV: Aufklärung Fahrzeug- und Schiffbau, Maschinenbau, Luftfahrt
1. Militärischer Fahrzeug- und Schiffbau (u. a. Krauss-Maffei, HDW Kiel, Krupp-Maschinenbau Kiel)
2. Werkzeugmaschinenbau, Waffenproduktion (u. a. Rheinmetall, MAN, Diehl GmbH)
3. Luft- und Raketentechnik (MBB, Industrieanlagengesellschaft Ottobrunn, Dornier)
4. Wirtschafts- und Industrieverbände (u. a. BDI, BDA)
5. Wirtschaftsaufklärung (u. a. Deutsche Bank, Dresdner Bank, Commerzbank)
6. Kaderwerbung (?)
7. Auswertung (?)
Außengruppe: Beschaffung von Dokumenten und Mustern aus der BRD

Abteilung I: Staatsapparat der BRD
1. Bundespräsidialamt/Bundeskanzleramt/Bundespresseamt
2. Auswärtiges Amt (Steuerung von und Verbindung zu Quellen)
3. Auswärtiges Amt (Werbung/Ausbildung von Einschleusungskandidaten)
4. Bundesinnenministerium
5. Politisch-ideologische Diversion, BM für innerdeutsche Beziehungen
6. Bundesministerien für Finanzen, Wirtschaft und wirtschaftliche Zusammenarbeit
7. Legale Residenturen und Ständige Vertretung der DDR (Bonn)
8. Operative Außengruppe (später: Nachwuchsgewinnung)
9. Auswertungs- und Informationsgruppe

Abteilung II: Parteien/gesellschaftliche Organisationen in der BRD
1. CDU/CSU/Junge Union/Konrad-Adenauer- und Hanns-Seidel-Stiftung/Kirchen
2. FDP/NPD
3. Landsmannschaften/Vertriebenenverbände
4. SPD/Friedrich-Ebert-Stiftung/Sozialistische Internationale
5. Gewerkschaften/DGB
6. KPD/ML-Maoisten/linksextremistische Anhänger bei Grünen/AL
7. Nachwuchswerbung/Ausbildung

Abteilung III: Legal abgedeckte Residenturen im westlichen Ausland
16 Referate

Abteilung IV: Militärstrategische Aufklärung BRD
1. Bundesverteidigungsministerium/Staatsapparat/Parteien
2. Bundesverteidigungsministerium/Bundesamt für Wehrtechnik und Beschaffung (BWB)
3. Heeresamt
4. BWB Basisarbeit
5. Aufklärung Chiffrierwesen/psychologische Kriegsführung
6. Operative Außengruppe
7. Rüstungsbereich
8. Auswertung/Archivierung

Abteilung VI: Übersiedlungen/Operativer Reiseverkehr
Bereich A: Übersiedlungen in das Operationsgebiet
Bereich B: Bearbeitung operativer Objekte
Bereich C: Analyse operativer Reiseverkehr/Reiseberatung
Bereich D: »fälschungssichere« Dokumente
Bereich E: Arbeit über legal abgedeckte Residenturen

Die Gliederung der Hauptverwaltung Aufklärung (HVA)
(Nach: Reichenbach und Aussagen Werner Stillers)

Abteilung VII: Information und Auswertung
1. Politik der BRD
2. Allgemeine Politik in westlichen Industrieländern
3. Naher Osten/Lateinamerika
4. Militär (Bundeswehr und Nato)
5. Wirtschaft (BRD/andere westliche Staaten)
6. Analysen
7. Ferner Osten
8. EDV-gestützte interne Dokumentation
9. Früherkennung
10. Tagesinformationen/interner Bereich
11. Bibliothek/offizielle Dokumentation

Abteilung VIII: Operative Technik und Funk
Bereich B: Funk und Chiffrierung
– Sende-/Empfangsanlagen
– Geheimschreibmittel
Bereich C: Forschung und Entwicklung elektrischer Geräte
– Mechanikerwerkstatt: Lederverarbeitung, Containerbau
– Herstellung elektrischer Baugruppen/Meßwesen
Bereich D: Arbeitsgruppe Auslandsvertretungen
– Funkverkehr zwischen Auslandsvertretungen und HVA im Krisenfall
– Funkaufklärung im Operationsgebiet
– »Kontereinsätze«: Abwehr von Lauschangriffen auf DDR-Auslandsvertretungen

Abteilung IX: Gegenspionage
Bereich A: Gegnerische Dienste
1. BND
2. MAD
3. CIA und andere US-Nachrichtendienste
4. Bundesamt/Landesämter für Verfassungsschutz
5. Übrige westliche Nachrichtendienste
6. Bundeskriminalamt/Landeskriminalämter
7. Operative Außengruppe
8. Interne Auswertung
9. Außengruppe Sicherheit/Absicherung
Bereich B: Legalresidenturen
1. Westeuropa
2. BRD
3. Arabische und asiatische Staaten
4. Afrika, Mittelamerika
5. Kaderfragen
6. Operative Außengruppe
Bereich C: Auswertung
1. Verfassungsschutz und polizeilicher Staatsschutz (Struktur)
2. EDV-Erfassung von Erkenntnissen
3. Alliierte Nachrichtendienste
4. Verfassungsschutz und polizeilicher Staatsschutz (Personen)
5. BND

Abteilung X: Desinformation
1. Dritte Welt
2. Innenpolitik BRD/Parteien/Politische Kräfte
3. Schaffung und Steuerung von Einflußagenten
4. Einflußnahme unter »legalen Dächern«
5. Geheimdienste
6. Nachwuchsgewinnung
7. Wirtschaftsbeziehungen/Handel

Abteilung XI: Nordamerika (USA, Kanada, Mexiko)
1. USA/Kanada/Mexiko einschließlich Einschleusungen
2. US-Botschaft in Bonn/US-Burger in BRD
3. US-Burger in Westeuropa
4. US-Vertretung bei UNO in New York
5. US-Streitkräfte (USAREUR/EUCOM)
6. Wissenschaftliche Auswertung
7. Ausbildung und Kaderzuführung
8. Auswertung und Berichtswesen
9. US-Militärmission in Potsdam und US-Streitkräfte

Abteilung XII: Nato und EG
5 Referate

Abteilung Rückwärtige Dienste
Bereich Kfz-Wesen: Bereitstellen von Kraftfahrzeugen
Bereich Objekte Wohnungswesen: Liegenschaften, Wohnungswesen und Urlaubsplätze
Bereich Finanzen: Finanzen und Kassenwesen
Bereich Bauwesen: Baumaßnahmen und Materialbesorgung der HVA
Bereich Objekt Niederschönhausen: Offiziere im besonderen Einsatz in Firmen
Bereich Objekt Gosen: für Objekt S in Gosen zuständig

Objekt S (HVA-Schule in Gosen)
(Legende: Objekt des Ministerrats der DDR)
Bereich A: Politisch-operative Ausbildung
Lehrstuhl 1: Internationale Politik
Lehrstuhl 2: Sozialismusproblematik
Lehrstuhl 3: Imperialismusanalyse und »Regimeverhältnisse im Operationsgebiet«
Lehrstuhl 4: Geschichte, insbesondere der »Kundschaftertätigkeit«
Bereich B: Operative Spezialdisziplin/operative Methodik
Lehrstuhl 5: Operative Vorgangstätigkeit, insbesondere Nutzung der operativen Basis in der DDR
Lehrstuhl 6: Operative Psychologie
Lehrstuhl 7: Schutz und Sicherheit des IM-Netzes
Lehrstuhl 8: Bearbeitung feindlicher Hauptobjekte
Lehrstuhl 9: Arbeit mit legal abgedeckten Residenturen
Bereich Fremdsprachenausbildung
Bereich Bildung und Erziehung

ren und – ebenso wichtig – den ramponierten Ruf der Pullacher Schlapphüte aufpolieren. Bis heute weigert sich der BND, Auskunft über den Fall Stiller zu geben. Und zu vielem schweigt auch Fischer: »Meine Loyalität gehört immer noch dem BND.«

Die Wahrheit mußten wir auf anderen Wegen finden. Niemand kennt sie besser als jene Frau, die Stillers Flucht ermöglicht hat. Helga Michnowski spielte die Schlüsselrolle in den Plänen des Überläufers. Das haben auch jene herausgefunden, die sich Jahre vor uns um die Wahrheit im Fall Stiller zu kümmern hatten: die Spezialisten der Hauptabteilung (HA) II des MfS. Ihr Aufgabengebiet: die Spionageabwehr.

Mit der Jagd auf die beiden »Verräter« war die HA II bis zum Ende der DDR beschäftigt. Die OV (Operativen Vorgänge) mit den Titeln »Schakal« (für Stiller) und »Borste« (für Helga Michnowski) füllen mehr als ein Dutzend Aktenordner. Wie durch ein Wunder sind sie dem Reißwolf entgangen. Bis ins kleinste und intimste Detail waren die Ermittler der Stasi bestrebt, Umfeld und Motive des »Verrats« zu dokumentieren. Das eigentliche Ziel haben sie nicht erreicht: herauszubekommen, wohin die »Verräter« verschwunden sind. Auch wir haben Helga Michnowski, die Geliebte und Partnerin Werner Stillers, gesucht – und gefunden.

Helga Michnowskis neue Heimat ist eine Fernsehkulisse. Unten schimmert der Ozean. Palmen, Blumen, Boulevards, rote Ziegeldächer über weißen Häusern. Rundum der Wohlstand amerikanischer »middle class«. Helgas Zuhause ist ein Bungalow mit Patio, hell, luftig und amerikanisch. Auf dem gepflegten Rasen vor der Garage tollt ein Collie, Ehemann Bob kommt vom Golfen. Dreharbeiten oder Fotos sind jedoch nicht zugelassen. Helga wird nach wie vor von der CIA betreut. Ihre neue Identität ist Geheimsache.

»Der Werner Stiller«, Helgas Deutsch ist stark amerikanisch geprägt, »erzählt immer nur soviel, wie er muß, um etwas zu erreichen.« Sie kennt seine Version der Geschichte, bis heute hat sie dazu geschwiegen. Jetzt möchte sie reden. Man spürt, daß manche Wunden noch immer nicht vernarbt sind. Und sie möchte die Heimat wiedersehen. Wir sichern der CIA den Schutz ihrer neuen Biographie zu und laden sie nach Deutschland ein.

»Wie klein und eng und niedrig das hier alles ist.« Die Thüringer

Heimat hat Helga Michnowski anders in Erinnerung. Wir fahren durch Oberhof, es ist Winter, ein grauer Tag; der Kontrast zur Wahlheimat könnte nicht größer sein. Dann liegt es vor uns – das Hotel »Panorama«: ein Tausend-Betten-Klotz in Form einer Sprungschanze, einst der Stolz der »Interhotel«-Kette. Die Belegschaft gehörte zu den Privilegierten der Republik: Kontakt mit Ausländern, Trinkgeld in Valuta, ein gastronomisches Vorzeigeangebot, »Intershop« im Hause. »Wir nahmen eine Sonderstellung ein, hatten Beziehungen. Ich hatte eine schöne Wohnung und auch Westgeld. Ich hatte im Grunde genommen keinen großen Grund wegzugehen.«

Nach der »Wende« hat die Treuhand das Hotel verkauft. Helgas Kollegen von einst sind fast alle entlassen. Das »Restaurant Thüringen« ist jetzt Speisesaal für Busladungen von Kegelbrüdern und Kaffeefahrten. Vor fünfzehn Jahren war es Devisengästen und DDR-Bürgern mit Sonderauftrag vorbehalten. Werner Stiller schätzte es als stilvollen Treffpunkt mit seinen Agenten aus dem Westen.

An einem Winterabend im Januar 1978 speist Stiller hier allein. Der IM aus dem Westen, ein Siemens-Ingenieur, soll erst am nächsten Morgen eintreffen. Die Kellnerin Helga und ihr Gast kommen ins Plaudern. Sie ist sauer auf die DDR-Behörden: Man hat ihr eine Reise in »dringenden Familienangelegenheiten« zur Hochzeit ihres Bruders nicht genehmigt. Der Bruder, erzählt sie, wohne ganz in der Nähe, im bayerischen Coburg. Bald komme er sie wenigstens besuchen.

Der Gast ist hellhörig geworden. Die Frau interessiert ihn. Er lädt die Kellnerin zu einem Drink an die Bar ein, nach Dienstschluß. Doch private Kontakte zu Gästen sind dem »Panorama«-Personal untersagt. Helga kennt eine nette Tanzbar in Oberhof. Stiller hat einen Wartburg. Draußen schneit es mittlerweile heftig, Stiller muß Schneeketten anlegen und verschmutzt dabei sein Hemd.

»Und dann habe ich ihn mit hochgenommen ins Appartement und das Hemd gewaschen, und wir hatten ja immer etwas im Kühlschrank zu trinken, das war hier so gang und gäbe. Und da haben wir Sekt getrunken, und ich war fasziniert, wie er gesprochen hat. Er hat 'ne poetische Art und Weise, wie er Sachen sagt.

Und er macht Komplimente, die nicht übertrieben sind, sie sind glaubhaft.«

Stiller erzählt Helga, daß er im Ministerium für Wirtschaftstechnik arbeite und daß er gelernter Physiker sei. »Wenn ich seine wahre Identität gekannt hätte, als ich ihn kennengelernt habe, dann wäre nie etwas daraus geworden«, sagt Helga Michnowski heute. Werner Stiller ahnt, daß er vorsichtig zu Werke gehen muß, und er weiß: Ein Zufall hat ihm die entscheidende Chance seines Lebens eröffnet. So viele Jahre mußte er auf diesen Augenblick warten!

Werner Stiller wurde am 24. August 1947 in Weßmar als unehelicher Sohn einer Landarbeiterin geboren. Aus dem trostlosen Dorf zwischen Leipzig und Halle ziehen Mutter und Sohn in die Industriestadt Leuna. Werner, ein Sohn der Arbeiterklasse, wird Funktionär bei den »Thälmann-Pionieren« und in der FDJ. Im August 1966 delegiert man ihn zum Physikstudium an die Karl-Marx-Universität in Leipzig. Er heiratet eine Schulfreundin, wird Vater. Ein DDR-konformes Verhalten: Man bekam auf diese Weise schneller eine Wohnung. Dort erfährt man, daß man nicht zusammenpaßt. Zwei Jahre später wird die Ehe geschieden.

Stiller ist einer von vielen, die mit dem Strom schwimmen. »Ganz normal« sei das gewesen, denn nur den Linientreuen winkten Chancen: »Ich wollte Abitur machen, ich wollte studieren, und dazu gehörte ein bestimmtes, systemloyales Auftreten.« Einen »unpolitischen Typ« nennt ihn Heribert Hellenbroich, der als Chef des bundesdeutschen Verfassungsschutzes Werner Stiller nach seiner Flucht verhörte. Was Stiller »wahnsinnig geärgert« habe, sei vor allem das Stasi-Reglement gewesen, »neben der Ehe keine Freundschaften anzufangen«.

»Der Werner Stiller war – denn sonst hätten sie ihn nicht zum Studienjahr-Sekretär der FDJ gemacht – ein linientreuer SED-Genosse«, erinnert sich Frank Maßmann, damals sein engster Freund und ein paar Jahre später wegen versuchter Republikflucht verhaftet. »Aber ich habe schnell festgestellt, daß er zwei Seiten hatte. Er hat nie ein Hehl daraus gemacht, daß er in der Partei und eigentlich Sozialist ist, aber doch die Sache relativ locker sieht. Er war den Freuden des Lebens nicht abgeneigt.«

Vor allem die Leipziger Messe bringt zweimal jährlich Freuden in das Leben des Studenten. Stiller jobbt in Messerestaurants. Hier lernt er im Herbst 1969 die Ungarin Erzsebet kennen.

»Das war auf alle Fälle Liebe auf den ersten Blick. Also richtig auf den ersten Blick.« Wenn Erzsebet Tota heute von dieser Begegnung erzählt, kann man erahnen, wie es damals gefunkt haben mag. »Ein Draufgänger, schon damals hat er immer die Gefahr geliebt, er hatte immer was Spontanes... und er war ein lieber, ein sehr lieber Kerl.« Die feurige »Erzsi«, wie sie Stiller nannte, warb damals als Model für Kühlschränke aus volkseigener Produktion. Monatlich reist Stiller nach Ungarn, im Juli 1970 wird geheiratet.

Frank Maßmann erfährt als erster von der heißen Liaison: »Die ist ganz toll«, berichtet ihm Stiller von seiner Flamme, »und die könne er heiraten, und der Vater ist dort Werkleiter, und wenn er dann Ungar wird, dann könne er mehrmals im Jahr ins westliche Ausland, und das wäre ja sehr reizvoll. Er hat nicht gesagt, daß er wegwill, aber daß eben die Freiheiten als Ungar wesentlich größer seien denn als DDR-Bürger. Der Mief hier hat ihm absolut mißfallen.«

Wenig später meldet sich das MfS beim Genossen Stiller. Man verspricht ihm, so jedenfalls begründet Stiller heute seine Bereitschaft zur Kooperation, ein Studium und den Einsatz im Ausland: »Das war genau das, was ich wollte.« Zur Ausbildung schnüffelt Stiller als IM »Stahlmann« an den Messeständen bundesdeutscher Aussteller. Es folgt ein Jahr der Schulung in Berlin zum Oberreferenten in der »Physikalischen Gesellschaft der DDR«, einer Tarnorganisation der Stasi.

»Im Beisein von Akademikern äußert er unmißverständlich seine Meinung zu Fragen der führenden Rolle der Arbeiterklasse, der Einschätzung des westdeutschen Imperialismus«, urteilt der Einstellungsvorschlag (Vermerk: »Streng geheim!«) der MfS-Hauptabteilung Kader und Schulung. »Es wird eingeschätzt, daß der Kandidat eine harmonische Ehe führt. Seine frühere Haltung gegenüber Frauen ist überwunden, er vertritt einen sauberen Standpunkt. Charakterlich ist der Kandidat ein aufgeschlossener, wendiger, intelligenter, allseitig interessierter Genosse, der es ver-

Ministerium für Staatssicherheit

Verpflichtung

Ich Stiller, Werner geb. am 24.8.1947 in
Weßmar
verpflichte mich, für eine Gesamtdienszeit
von mindestens 10 Jahren im Ministerium
für Staatssicherheit als

Berufssoldat

Dienst leisten.

Bei der Abgabe dieser Verpflichtung bin ich
mir bewußt,

das das Ministerium für Staatssicherheit ein zuverlässiges und der Sozialistischen Einheitspartei Deutschlands
treu ergebenes Organ der Regierung der
Deutschen Demokratischen Republik ist,
in deren Auftrag es wichtige politisch-
operative und militärische Aufgaben
zur Festigung unserer Arbeiter-und-
Bauern-Macht und zur Sicherung
des Friedens durchführt,

das das Ministerium für Staatssicherheit als ein bewaffnetes Organ der

»Für die Gesamtdauer von 10 Jahren…«
Verpflichtungserklärung Werner Stillers beim Ministerium
für Staatssicherheit der DDR (1972).

steht, sich gut ins Kollektiv einzufügen... Der Kandidat ist entwicklungsfähig.«

Am 1. August 1972 unterschreibt Werner Stiller seine »Verpflichtungserklärung« als Leutnant der Abteilung XIII des Sektors Wissenschaft und Technik (SWT) der HVA. Der SWT war die Industriespionage der DDR. Es ging um die konspirative Beschaffung wissenschaftlicher Informationen, die für die technologisch rückständige Volkswirtschaft, vor allem auch für den militärisch-industriellen Komplex der DDR (und der UdSSR), irgendwie verwertbar schienen.

Den Einführungslehrgang der geheimen HVA-Akademie in Belzig absolviert der Physiker Werner Stiller mit »sehr gut«. Doch statt in den Westen zieht Familie Stiller in den Sterndamm nach Ost-Berlin, eine Wohnsiedlung der Stasi. Stiller wird Vorsitzender der Hausgemeinschaft, organisiert das Rasenmähen, Heckenschneiden, die Anlage eines Kinderspielplatzes.

»Der Werner war derjenige, der das große Wort führte, ob in den Hausversammlungen, beim Arbeitseinsatz oder hinterher beim Biertrinken.« Werner Stiller sorgt für Stimmung. Mit Günther Liebchen und seiner Frau, den Nachbarn und Kollegen, fahren die Stillers sogar zusammen in den FKK-Urlaub an die Ostsee. »Am Strand hat der Werner mittags die Schnitzel geholt und dann auch das *Neue Deutschland* mitgebracht mit der Bemerkung: ›Jetzt wollen wir erst mal gucken, ob wir noch an der Macht sind.‹« Er war, sagt Liebchen, ein guter Kumpel, ein begeisterter Autonarr – und zugleich ein zweihundertprozentiger Genosse: »Und damit war dann eigentlich alles abgetan. Solchen Leuten hat man nach Möglichkeit keine politischen Diskussionen aufgezwungen – da ist man dann sang- und klanglos eingegangen.«

Als »Hundertprozentigen« erlebte auch Ex-Ehefrau »Erzsi« den Gatten. »Bei uns gab's kein Westfernsehen, und es gab auch kaum politische Witze.« Erzsebet kam, wie sie sagt, als »politischer Blindgänger« nach Deutschland: »Wie ich das erste Mal die Mauer gesehen hab', da hab' ich angefangen zu weinen. Ich stellte mir vor, Pest und Buda würden geteilt und meine Eltern und Geschwister leben auf der anderen Seite von dieser Mauer und ich kann sie nicht mehr sehen.« Aber Erzsebet mußte die ungarische Staatsbürgerschaft aufgeben und sich mit Marxismus-Leninismus beschäftigen: »Irgendwann hab' ich mich reingelebt. Ja, ich bin von Werner erzogen worden.«

Für Stiller war das forsche Bekenntnis zur DDR nichts anderes als »Risikobegrenzung«. Kein Wort also zur Gattin über seine ideologischen »Bauchschmerzen« (und schon gar nicht über die Absicht, irgendwann die DDR zu verlassen). »Das hätte sie möglicherweise an einen Nachbarn weitergetragen und mich damit gefährdet. Ich wollte das verhindern.«

»Also daß ich mich verstellen konnte, das hab' ich ja wohl später dann noch gezeigt. Ich muß das wahrscheinlich können. Es hat mir keine großen Schwierigkeiten gemacht, ein Doppelleben zu führen.« Stiller nennt das »Befähigung zur aktiven Schizophrenie«. Die sei weit verbreitet, meint er, »denn jeder verheiratete Mann, der eine Freundin hat, ist in der gleichen Situation. Also ist uns die Fähigkeit zum Doppelspiel doch irgendwo angeboren. Natürlich ist das in dieser Art von Doppelspiel eine sehr extreme Spannungssituation – und die hält man nicht lange durch.«

Noch aber äußert sich Stillers Einstellung zum SED-Regime nur in Form von innerer Distanz. Nach außen, an seinem Arbeitsplatz in der HVA, beeindruckt der junge »Tschekist« (so nennen sich die Stasi-Leute in Anlehnung an das sowjetische KGB) mit Erfolgen im Kampf an der unsichtbaren Front. 1975, nach drei Dienstjahren, wird er zum Oberleutnant befördert, wegen »ideenreicher, einsatzstarker Tätigkeit«. Im Jahr darauf folgt die Auszeichnung mit der Verdienstmedaille der NVA in Bronze: »Es gelang ihm, einen qualifizierten Vorgang zu entwickeln . . .« Die SED nimmt den »der Partei treu ergebenen Genossen, der sich durch konsequente parteiliche Haltung und hohe Einsatzbereitschaft auszeichnet«, in ihre »Kaderreserve« auf. Ende 1978, die Zusammenarbeit mit dem BND läuft schon auf Hochtouren, wird Stiller SED-Parteisekretär (und damit politisch wichtigster Mann) seiner Stasi-Abteilung.

Die Nachrichtenarbeit im Ministerium, Fischer streitet es gar nicht ab, hat Stiller fasziniert und »sehr viel Spaß gemacht. Das war interessant: Man hat mit Menschen zu tun und lernt jeden Tag was Neues, man kommt viel rum. Ich hab' meine Arbeit gern gemacht, und ich müßte heute eigentlich mit Widerwillen sagen: wahrscheinlich auch relativ gut.«

Stiller arbeitet im SWT-Referat 1, zuständig für physikalische Grundlagenforschung und Nukleartechnik. Jährlich wurde Bilanz gezogen, auch bei der Stasi herrschte Planwirtschaft. Uns liegen Stillers handschriftlicher »Jahresbericht 1977« und sein »Jahresplan 1978« vor. Stiller, so wird daraus ersichtlich, ist für sieben »Quellen« im Westen direkt verantwortlich, darunter für

– den IM »Hauser« alias Gerd Sperber*, Ingenieur bei Siemens in Coburg. Stiller ist unzufrieden mit ihm, vermerkt »Instabilität« aufgrund familiärer Probleme;

– den IM »Sturm« alias Gustav Ammer*, nach Karriere bei IBM selbständiger Unternehmer in der Computerbranche. »Seine Unterlagen zur Datenverarbeitungs-Software sind von hoher volkswirtschaftlicher und auch militärischer Bedeutung.« Er soll für die DDR »Einblick in das System der Datensicherung der BRD gewinnen«. Trotz neunzehnjähriger Agententätigkeit wird er 1981 nur zu zweieinhalb Jahren Haft verurteilt, weil er »mehr Quantität als Qualität« geliefert habe und deshalb »ein konkreter Schaden zu Lasten der Bundesrepublik nicht zu erkennen ist«;

– den IM »Sperber« alias Rainer Doll*, Spezialist für Kernfusion und Lasertechnik beim (französischen) »nationalen Rat für Wissenschaftliche Forschung«. »In der Anwerbung«, vermerkt Stiller etwas umständlich, »wurde auf eine langfristige Konzeption orientiert. Beschafft wichtige Unterlagen . . ., die besonders für die SU [Sowjetunion] interessant sind«;

– den IM »Fellow« alias Kurt Hinze*, emeritierter Physikprofessor in Göttingen und Spezialist für Fotokopiertechnik. Er ist der einzige Agent, den Stiller selbst angeworben hat – seine »Meisterleistung« (Stiller) im »Wettbewerb zum 25. Jahrestag der DDR«. Ein bundesdeutsches Gericht verurteilte Stillers angeblichen Top-Agenten 1982 zu einem Jahr mit Bewährung. Urteilsbegründung: »Der Bundesrepublik ist aus seiner Tätigkeit kein meßbarer Schaden entstanden«;

– den IM »Klaus« alias Reiner F., Finanzbuchhalter bei der Gesellschaft für die Wiederaufbereitung von Kernbrennstoffen in Karlsruhe. »Liefert wichtige Unterlagen zum Komplex nu-

---

* Die Namen wurden vom Autor verändert.

kleare Wiederaufbereitung und Endlagerung.« Durch seine Mitarbeit im Objekt »Waffe« seien »Aussagen zu den Bestrebungen der BRD, eigene Kernwaffen zu produzieren, möglich«.

Vor allem dieser Aspekt machte »Klaus« zur wichtigsten »Quelle« der Abteilung. Nichts interessierte Minister Mielke mehr als die Aufdeckung finsterer Pläne der Bonner Regierung. Friedensgefährdende Atomrüstung – das wäre Wasser auf die Propagandamühlen! Alle Mitarbeiter in der SWT wußten, daß da nichts dran war – trotzdem fahndete jeder mit. Was Stillers Kollegen tatsächlich bedrückte und viele zynisch werden ließ, war der zunehmende technologische Rückstand der DDR-Wirtschaft.

»Wir bekamen Unmassen an Material, aber da war höchstens fünfzehn Prozent Brauchbares dabei«, erzählt Peter G., Stillers ehemaliger engster Mitarbeiter. Nach dessen Flucht wurde er aus der »operativen« Arbeit in die Auswertungsabteilung abgezogen – eine bedrückende Tätigkeit: »Gerade mit den besten Informationen konnten wir oft nichts anfangen. Wie sollten unsere maroden Betriebe aus dem Stand auf einen rasenden technologischen Zug aufspringen? Wir hatten ja nicht mal die Mittel, um uns entsprechende Fertigungstechnik zu leisten!«

Davon ahnte »Atomspion« Reiner F. in Karlsruhe nichts. »Das war ein Agent, wie er im Buche steht«, schwärmt Fischer noch heute von seinem wagemutigen IM »Klaus«. »Er war ein Abenteurertyp und wahrscheinlich froh, überhaupt die Gelegenheit bekommen zu haben, was Interessantes zu tun.« F. lieferte an Stiller sogar den »Generalhauptschlüssel« für das Kernforschungszentrum. Von alldem will Reiner F. heute nichts mehr wissen: »Als friedlicher Kernforscher hat man immer das Bedürfnis gehabt, den Leuten da drüben zu sagen, nein, wir stellen keine Atomwaffen her. Was wir machen, ist alles öffentlich.«

F. sieht sich mittlerweile als leichtsinniges Opfer: »Irgendwann mal hatte ich eine Spesenquittung unterschrieben, und irgendwann mal ist man dann so verstrickt, daß man da nicht mehr rauskommt.« Er spricht von seiner Angst um die Verwandten drüben, davon, daß die Führungsoffiziere ja auch »Deutsche waren, also meine Landsleute«. Und außerdem waren sie »psychologisch gut gebildet und erschienen zumindest sehr menschlich«. Bei Stiller will er sogar bemerkt haben, »daß die DDR nicht seine geistige Heimat war«.

Die Zusammenkünfte in Ost-Berlin verliefen in familiärem Rahmen. »In den meisten Fällen«, so Fischer heute, »konnte man von einer Kumpanei sprechen. Da wurde relativ kurz die Arbeit abgehandelt, und dann wurde ein Gläschen getrunken.«

Mehr als hundertmal traf sich F. mit Kurieren der Stasi in Ost und West. Diese DDR-IMs (Stiller verfügte über etwa vierzig) reisten als unverfängliche Tagungsteilnehmer oder als Handelsleute in den Westen. »Über Funk«, so erinnert sich F., »wurde ein Trefftermin vereinbart. Dann gab es Vortreffs, Briefkästen mit Reißzwecksignalen, lauter solchen Unsinn. Diese ganze konspirative Tätigkeit war auffälliger, als wenn ich vorbeigekommen wäre und dem Kurier das Papier oder später den Film in die Hand gedrückt hätte.«

Der Agentenlohn fiel bescheiden aus. F., ganz penibler Buchhalter, berechnete den Zeitaufwand fürs Kopieren, für Treffvorbereitungen und Fahrten im MfS-Auftrag. Das Ganze multiplizierte er mit seinem üblichen Stundenlohn plus den Spesen für Material (»wenn ich mal eine Filmkamera kaufen mußte«) und Reisekosten. Insgesamt neunzigtausend DM, so das Oberlandesgericht in Stuttgart 1984 in seinem Urteil (sechs Jahre Haft), soll F. in fünfzehn Jahren als Ostspion erhalten haben. Auf hundertfünfzig bis dreihundert Millionen DM schätzen Experten (und auch HVA-Quellen) den jährlichen Nutzen der SWT-Informationen für die DDR-Wirtschaft – bei Aufwendungen von etwa zwei bis drei Millionen DM. Stillers »Firma« dürfte damit das mit Abstand profitabelste volkseigene Unternehmen gewesen sein.

»Einen großen Schaden« hätten die Wirtschaftsspione seines Gegenspielers Markus Wolf, des Chefs der Hauptverwaltung Aufklärung und Stellverteters Mielkes, angerichtet, meint jedenfalls Heribert Hellenbroich. Als professioneller Nachrichtendienstler, als einstiger Chef des Bundesamtes für Verfassungsschutz und des BND steht er – wie das ganze Gewerbe der Schlapphüte in Ost und West – unter stetem Rechtfertigungsdruck: »Ich weiß, daß es viele gibt, die das [den Schaden für die bundesdeutsche Wirtschaft] immer herunterspielen, ihn nicht wahrhaben wollen. Aber gerade

Stiller hat uns die Augen geöffnet... Was wäre mit der DDR passiert, wenn sie nicht die Wirtschafts- und Wissenschaftsspionage in diesem Umfang ausgeführt hätte? Vielleicht wär' sie schon fünf Jahre früher zusammengekracht.«

Für den illegalen Technologietransfer, für verdeckte Treffen mit Kurieren und Informanten standen den Führungsoffizieren der HVA eigene »konspirative Wohnungen« (KW) zur Verfügung. Stillers einstige KW »Burg« versteckt sich in einem Hinterhaus im Berliner Stadtteil Prenzlauer Berg. Die Marienburger Straße 5: bröckelnde Fassade, Einschußlöcher, Höfe ohne Licht. Fünf Stiegen geht es hoch im Schummerlicht. Keiner der alteingesessenen Mieter im Haus will etwas geahnt haben: »Die Stasi, da oben? In so 'nem Loch?« Ungläubiges Staunen drückt sich uns gegenüber aus bei den Recherchen vor Ort. Die winzige Einraumwohnung (mit Außenklo und Ofenheizung) ist eine perfekte Tarnung hinsichtlich Stillers Operationen für und gegen das MfS.

Wie, so überlegt Stiller, während er in der Normannenstraße Karriere macht, kann ich mit dem BND Kontakt aufnehmen? »Sie müssen sich mal überlegen, wie schwierig es ist, an die andere Seite heranzukommen, ohne daß es die eigenen Leute merken und ohne daß es die eigenen Leute sind, an die Sie herankommen.« Ein Problem vor allem, wenn man, wie Stiller, kaum in den Westen reisen kann (ein Ausflug im Kollektiv zur Fußballweltmeisterschaft 1974 in Gelsenkirchen war die einzige Ausnahme) und keinen Verwandtenkontakt nach drüben hat.

»Ich mußte irgendwie jemanden kennenlernen, von dem ich mir dann ein Bild machen konnte, dem ich vertrauen konnte und der alle Gründe hatte, mich nicht hochgehen zu lassen.«

Stiller wußte: Er mußte auf einen Zufall warten. In Oberhof, das hatte Stiller sofort begriffen, war er fündig geworden.

Helga Michnowski war zehn Jahre älter als Stiller, seit kurzem Witwe und hatte einen dreizehnjährigen Sohn. War sie möglicherweise aber ein Lockvogel der Stasi? Stiller will jedes Risiko ausschalten, stellt unter einem Vorwand Nachforschungen bei den Stasi-Leuten in Suhl an. »Negative Einstellungen zur DDR treten bei ihr nicht auf«, teilt man ihm schriftlich mit, und es gäbe auch »keine Hinweise zum ungesetzlichen Verlassen der DDR«.

Stiller ruft Helga Mitte Februar in Oberhof an: »Ich muß dich wiedersehen.« Man trifft sich in Leipzig, fährt nach Karl-Marx-Stadt, geht ins Hotel. »Es hat mich eins gewundert«, sagt Helga. »Als wir ins Hotelzimmer sind, hat er nach ›Wanzen‹ gesucht, nach Abhörgeräten. Er sagte, er wisse, daß Hotels abgehört werden. Er wolle nicht, daß irgend jemand von unserer Unterhaltung hört. Und dann hat er das Radio lautgedreht. Ich hab' mir nichts dabei gedacht – ich dachte, na ja, er muß es ja wissen.«

Noch ist Helga völlig ahnungslos, mit wem sie sich da eingelassen hat. Stiller erzählt, daß er eine Tochter habe, die Ehefrau und die Stasi verschweigt er. »Er hat alles jedem tröpfchenweise beigebracht. Er konnte gut einschätzen, wieviel man verkraften konnte, ohne –«, Helga zögert einen Augenblick, »– ohne daß man sich von ihm abwenden oder mißtrauisch würde.«

Ende Februar bekommt Erzsebet Stiller ihr zweites Kind, einen Sohn: Andreas. Es ist eine schwere Geburt: »Alles stand auf der Kippe für uns beide«, sagt die geschiedene Frau Stiller heute. Stiller bringt Mutter und Sohn vom Klinikum Buch nach Hause. Im Auto sagt Stiller, »daß er eine Freundin hat und ohne diese Helga nicht leben kann. Ich muß dich verlassen, denn ich kann mit dir nicht mehr leben.«

Die Ehefrau ist wütend, sie droht, sich an Stillers Vorgesetzte zu wenden. Stiller vertröstet Erzsebet, will sich bemühen, von Helga wieder loszukommen. Sie möge ihm doch bitte Zeit lassen. Jedoch: »Weiterhin konnte sie feststellen, daß ihr Ehemann nach seinen Aufenthalten in Oberhof Kratzspuren am Rücken, Knutschflecken usw. aufzuweisen hatte«, notierte Stasi-Major Schröder nach einer »Aussprache« mit Frau Stiller am 21. Januar 1979.

Dann kommt der Moment, in dem Stiller alles auf eine Karte setzt. Es ist ein Morgen im Bett in Oberhof, draußen spürt man die ersten Zeichen des Frühlings im Thüringer Wald. Ein Augenblick, den Helga Michnowski nie vergessen wird:

»Es war ein sonniger Morgen. Ich glaub', es war ein Sonntagmorgen – jedenfalls fühlte es sich an wie Sonntagmorgen. Wir waren in aufgeräumter Stimmung, und es war schön. Da sagt er: ›Na, wie würdest du das finden, wenn wir zusammenleben könnten, und das wär' immer so? Aber wir können das nicht hier. Wir müssen nach dem Westen gehen.‹«

Helga ist schockiert. Sie denkt an ihre schöne Wohnung, an ihre Sammlung von Kristallvasen. Warum das alles aufgeben? Und dann sagt Stiller, er sei Mitarbeiter des Ministeriums für Staatssicherheit. Er dürfe nicht mit einer Frau zusammenleben, die einen Bruder im Westen hat. Und er wolle doch eine Zukunft für sie beide.

»Zuerst hab' ich das alles gar nicht ganz wahrgenommen. Man hat eine ganz andere Vorstellung von den Leuten. Man denkt: ›Das sind finstere, miese Typen‹ – und er ist immer so aufgeschlossen und heiter und hat nie schlechte Laune.«

Was auch immer jetzt kommen sollte, Helga wollte es mit Werner Stiller durchstehen: »Denn ich hatte ihn liebgewonnen.« Er behauptet, daß er und seine Informationen für den Westen sehr wertvoll sein könnten: »Und er sagte, wenn die erst mal Blut gerochen hätten, dann würden sie ihn haben wollen.«

Stiller (dessen Monatseinkommen als Stasi-Oberleutnant tausend DDR-Mark beträgt) hätte sich natürlich ganz einfach in den Westen absetzen können, aber »ich bin nicht so ein Idealist«. Er will nicht »mit leeren Händen kommen«, denn natürlich sei dann »die Leistung, die man von der Gegenseite erwarten kann, entsprechend. Und da mir klar war, daß ich eine neue Existenz aufbauen mußte, irgendwann einmal, da wollte ich doch relativ gute Startbedingungen schaffen.«

Das ist ein Deal, der sorgfältig eingefädelt werden muß. Die Gelegenheit dazu ergibt sich am 29. April 1978: Helgas Bruder kommt mit seiner jungen Ehefrau zu Besuch nach Oberhof. Herbert Kroß, ein paar Jahre älter als seine Schwester, ist als Zwanzigjähriger aus der DDR geflohen. Er ist Oberstudienrat in Coburg und vor allem mit dem Bau eines neuen Hauses beschäftigt.

Kroß notiert als präziser Mensch alle Ereignisse seines Lebens im Terminkalender: Der Fall Stiller ist lückenlos dokumentiert. Auch jener Vormittag in Helgas Wohnung: »Ich war etwas überrascht: Als wir hinkamen, traf ich einen fremden Herrn in der Wohnung, den ich bis dahin nicht gesehen habe.« Das könnte ihr neuer Freund sein, vermutet Kroß. Man führt höfliche Gespräche.

Dann ziehen sich die Frauen in die Küche zurück, um das Mittagessen vorzubereiten. Kroß und Stiller sind allein im Raum.

Stiller kommt gleich zur Sache. Er sei Mitarbeiter des Ministeriums für Staatssicherheit. Kroß ist überrascht: »Damit habe ich nun überhaupt nicht gerechnet.« Stiller sagt, er wolle in den Westen, die Seite wechseln. Er sei unzufrieden. Er hoffe, daß ihm Kroß helfe. Dieser lehnt ab, versucht auf Zeit zu spielen. Doch Stiller läßt nicht locker.

»Dann hat er eine Karte aus dem Ärmel gezogen, da hatte ich keinen Trumpf, der gleichwertig war. Er hat gesagt, ich solle es ja nicht für ihn tun, sondern es geht eigentlich um meine Schwester. Und ob ich meiner Schwester nicht diesen Gefallen tun will. Weil ihre Absicht ist, daß sie beide zusammen in den Westen gehen und dort ein neues Leben beginnen möchten.«

Helga bestätigt dies dem mißtrauischen Bruder. Aber: »Zu der Zeit habe ich nicht gewußt, daß Stiller verheiratet war. Mein Bruder hätte da nein gesagt, von vornherein.« So aber läßt sich Kroß auf das Abenteuer ein. Beim Abschied übergibt ihm Stiller eine flache braune Geldbörse. Er bittet Kroß, sie beim Bundesgrenzschutz abzugeben und zu sagen, man möge das nach Pullach weiterleiten. In der Börse seien Informationen für den Bundesnachrichtendienst.

»Das war ein ganz klares Angebot zur Zusammenarbeit. Das einzige, was ich verschwiegen habe, war mein Klarname. Aber ich habe dem BND mitgeteilt, wo ich gearbeitet habe, und habe Vorschläge gemacht, wie man das gestalten könnte, und auch die Regeln der Zusammenarbeit dargelegt. So, wie ich mir das vorgestellt hatte.«

Wir wissen nicht, was daraufhin in Pullach geschah. »Der Bundesnachrichtendienst ist ein geheimer Nachrichtendienst«, schreibt uns der BND. »Die Natur seiner Arbeit versagt es ihm, sowohl zu seinen Quellen – auch ehemaligen – als auch zur Methodik der nachrichtendienstlichen Arbeit öffentlich Auskunft zu geben.«

So schweigsam ist der BND nicht immer. In unzähligen Zeitungsmeldungen nach Stillers Flucht und in den (vom BND redigierten und lancierten) Stiller-Memoiren »Im Zentrum der Spionage« verbreitet Pullach die Version vom BND-gesteuerten »Doppelagenten« Stiller: Schon Anfang der siebziger Jahre habe man den jungen Mann auf der Leipziger Messe (in der *Bild*-Zeitung heißt es: beim Urlaub in Bulgarien) angeworben. Auftragsgemäß habe er als »Schläfer« in der HVA Karriere gemacht. 1976 sei er dann aktiviert worden, persönlich betreut von den mutigen und schlauen Kurieren und Führungsoffizieren »Günther« und »Karl-Heinz«. Die bundesdeutsche Öffentlichkeit war beeindruckt: Noch im Jahre 1992 (!) berichtet der *Spiegel* über die »jahrelangen« Funkkontakte zwischen dem BND und Stiller und schwärmt von den geheimen Treffen der Pullacher in Budapest, Zagreb und sogar in der Ost-Berliner »Burg«.

Die Tatsachen sehen anders aus:

Am 8. Mai 1978 reist ein Herr namens »Wolfgang Ritter« nach Coburg. Er stellt sich bei Herbert Kroß als »Führungsoffizier« des BND vor. Was er, Kroß, von der Angelegenheit halte. Sei dieser Stiller ernst zu nehmen? Kroß vermag da nicht viel weiterzuhelfen: »Ich kann mir schon vorstellen, daß er nicht ganz zufrieden wieder fortgefahren ist.« Ende Mai kommt »Ritter« wieder, diesmal mit einem älteren Vorgesetzten: »Das ganze Gespräch drehte sich im Grunde genommen, im Kern, um die Frage: Wie glaubwürdig ist Stiller?« Die BND-Leute, so der Eindruck von Kroß, waren »völlig ahnungslos«, mit wem sie es da zu tun hatten.

Am 6. Juli reist (laut den Ermittlungen der Stasi) der BND-Agent Dietrich Niestroj nach Ost-Berlin. Am Tag zuvor taucht auch »Ritter« abermals in Coburg auf, mit einem Text – der Angabe eines Verstecks:

»Es war genau beschrieben in Berlin, in einem Park; wie man dorthin kommt, welche Wege man gehen muß, wie weit, in welche Himmelsrichtung. Schließlich, als letztes, war dann der Fundort beschrieben.«

Kroß muß den Text auswendig lernen und dann den Zettel vernichten. Am 8. Juli fährt er nach Oberhof – zum letzten Mal. An diesem Tag verreist auch Stiller mit seiner Familie zum Urlaub nach Ungarn. Am 10. Juli kreuzt »Ritter« schon wieder bei Kroß auf; er möge bitte dringend einen Brief an seine Schwester schreiben: »Die geplante Urlaubsreise, über die wir gesprochen haben, kann am 25. Juli durchgeführt werden. Alle Beteiligten werden wohl damit zufrieden sein.«

Am 19. Juli telefoniert Stiller von Budapest aus mit Helga. Er muß seinen Urlaub abbrechen, fliegt am 24. Juli unter einem Vorwand (»zu einem späteren Zeitpunkt keine Flüge in die DDR«) zurück nach Berlin. Helga Michnowski und Werner Stiller machen sich auf die Suche nach dem Versteck: »Das war schon spannend«, sagt Helga, »und dann der Gedanke: Jetzt geht's los, jetzt wird's ganz ernsthaft, und jetzt machen wir Fortschritte.«

Unter einem unscheinbaren Laubhaufen, in einer Art von Grube, finden sie das von Herbert Kroß beschriebene Brett – ein geschickt präparierter toter Briefkasten. Zurück in der »Burg«, wird das Brett geknackt: Zum Vorschein kommen, in Plastikfolien verpackt, ein Begrüßungsschreiben des BND (»ein richtig netter Brief«), Informationen über Funkfrequenzen, Chiffriertafeln auf transparenten Folien, Patronen mit Geheimtinte und zehn vorgeschriebene Briefe samt Umschlägen an Deckadressen im Westen. Dazu die notwendigen Gebrauchsanweisungen.

»Der Werner sagte, ich werd's nicht vergessen: ›Oh, die machen Nägel mit Köpfen.‹ Er war ganz beeindruckt, wie das alles gehandhabt worden ist.« Nur eines fehlte noch: der Rundfunkempfänger mit gespreizter Kurzwellenfrequenz (der BND sendet seine Rundsprüche auf der Frequenz 3,7–4 Megahertz). Helga klappert die Trödler am Prenzlauer Berg ab, noch am selben Abend ersteht sie einen »Telefunken International 101«.

Der BND meldet sich täglich unter den Rufnummern 688 und 226. Zur Sicherheit werden alle Botschaften mehrmals und zu verschiedenen festen Tageszeiten wiederholt. Erst ertönt die »Wesselhymne«, die Erkennungsmelodie des BND, so genannt nach Gerhard Wessel, dem Präsidenten des Bundesnachrichtendienstes. Dann meldet sich eine künstliche Frauenstimme: »Es liegen Mitteilungen vor für...« Schließlich die Information, wie viele Zahlengruppen der Empfänger zu erwarten hat.

Das Empfangen und Entschlüsseln der BND-Mitteilungen ist Helgas Aufgabe. Stets muß sie deshalb das Radio dabeihaben. »Es wäre schön gewesen, wenn man einen Kopfhörer gehabt hätte, dann hätte man es lauter drehen können.« Aber die Anschlüsse der DDR-Kopfhörer passen nicht in das BRD-Gerät. »Ich habe dann Kissen um das Radio rumgestellt. Es war sehr schwierig zu verstehen, manchmal mußte man es auch mehrfach hören, weil die Funkstärke wechselte, da waren Störungen drin. Die Nummern waren in Fünfergruppen, und wenn man da eine verloren hatte, dann macht es keinen Sinn mehr.«

Zu jeder Fünfergruppe gibt es eine entsprechende Gruppe auf dem Chiffriercode, die dann zu subtrahieren ist. Das Ergebnis: eine neue Zahlenkolonne, die – entsprechend einer Codetafel – dann die entschlüsselte Botschaft ergibt. Vier bis fünf Stunden braucht Helga dafür. Zum Vorschein kommen vor allem jede Menge Fragen des BND zu Identität, Bedeutung und Kenntnissen ihres unbekannten Kontaktes.

»Das gehört zu dieser Arbeit«, sagt Heribert Hellenbroich, damals als oberster Verfassungsschützer auch Chef der Spionageabwehr der Bundesrepublik. »Man muß am Anfang, gerade weil es ja auch so seltene Ereignisse sind, außerordentlich vorsichtig sein, und das ist bei meinen Kollegen vom BND der Fall gewesen. Man hat mit Sicherheit gezögert, sehr lange gezögert. Meinen Gesprächspartnern beim BND haben wir auch gesagt: ›Paßt auf, seid vorsichtig, wer weiß, in welche Falle wir hineinlaufen.‹«

Generalleutnant Günther Kratsch wäre der Mann gewesen, der eine solche Falle gestellt hätte. Er galt als die rechte Hand Mielkes. Seine Hauptabteilung II, die Spionageabwehr der DDR, galt als besonders effektiv bei der Suche nach imperialistischen Agenten im Arbeiter-und-Bauern-Staat. Seine zweitausend Spezialisten überwachten vor allem alle potentiellen Verbindungswege in den Westen.

Kratsch ist heute ein etwas rundlicher älterer Herr, das gutmütige Gesicht von einem Bart umrahmt, ein Blitzen in den Augen, wenn er sich in Fahrt geredet hat, mit weit ausholenden Gesten und Sätzen. Wie mögen ihn Menschen erlebt haben, die in sein Netz gerieten? Der »rote Admiral« Baumann etwa? Oder Stillers Kollege Teske, der wie Baumann als »Verräter« gefaßt und auf Befehl Mielkes hingerichtet wurde?

Der Abwehrchef der DDR lebt heute zurückgezogen. Unter seiner offiziellen Anschrift (einer Neubauwohnung in der Plattensiedlung Hellersdorf) ist er nie anzutreffen. Am Gartentor seines Häuschens am Berliner Stadtrand fehlen Namensschild und Klingel: Wer zu ihm vordringen will, muß über den Gartenzaun steigen. Auch auf ein Telefon verzichtet der alte Fuchs: »Da können zu viele mithören«, sagt er. Wir sitzen an einem Tisch im Restaurant »Moskau« an der Ost-Berliner Karl-Marx-Allee. »Das war mal meine Lieblingsgaststätte«, sagt er mit einem wehmütigen Blick auf die leeren Tische rundherum. Das gastronomische HO-Objekt mit gehobenem Speiseangebot ist geschlossen, der neue Eigentümer will es demnächst umbauen. »Da drüben«, Kratsch deutet auf einen Tisch in der Ecke, »hab' ich oft mit den Amerikanern gesessen.« Das Milieu kannte sich, vom BND hat man in diesen Kreisen nicht viel gehalten.

Für Kratsch ist die einstige Konkurrenz aus Pullach ein »Verein bürokratischer Sesselfurzer«. »Es lag doch, mal salopp formuliert, ein Verratsangebot vor.« Kratsch holt tief Luft. »Und an sich leckt sich jeder Geheimdienst alle zehn Finger, wie man so sagt, nach so 'ner Quelle.« Und was macht der BND aus einer solchen Chance?

»Ich habe eigentlich nie verstanden, warum der BND sich so hartherzig, so bockig zeigte, diesen Leuten entgegenzukommen, ihr Angebot anzunehmen. Mit der Annahme des Angebots verpflichtet man sich auch, das Größtmögliche für dessen Sicherheit zu tun. Wenn ich das nicht garantieren kann, dann kann ich die Angebote auch nicht annehmen. Aber ich kann nicht das Angebot annehmen und dann hin und her plänkeln über Verbindungswege und Methoden, von denen man beim BND genau weiß, daß sie der Spionageabwehr der DDR bekannt sind. Daß es also nur eine Frage der Zeit ist, wann wir – wenn wir uns nicht ganz dumm anstellen – in diese Verbindungslinien eindringen.«

Auch Hellenbroich ist sich darüber im klaren, daß zumindest in einem spektakulären Fall (Baumann) das Zögern und das Lavieren des BND einen erstrangigen Überläufer nachgewiesenermaßen direkt ans Messer der Stasi geliefert haben. Aber so ein Überläufer wie Stiller, das sei »eine einzigartige Geschichte«, da bedürfe es eben einer »begleitenden Prüfung, und die hat sicherlich sehr lange angedauert«.

Fischer will aus Loyalität seine »Engel« nicht kritisieren, versteht – »teilweise« – das Zögern des BND. Er wollte damals unbedingt mit einem Instrukteur oder Kurier des BND zusammentreffen, um schnell Klarheit zu schaffen, für beide Seiten.

»Aber dazu waren sie nicht bereit, sie wollten keinen eigenen

Mann riskieren. Das hätte wahrscheinlich ›Mischa‹ [Markus Wolf, der HVA-Chef] ohne Zögern getan. Man hätte einen relativ un-wichtigen eigenen Mann nehmen können, dem wäre auch nicht viel passiert. Außerdem: Die DDR hätte nicht einen Offizier des MfS angeboten, nur um irgendeinen lapidaren Kurier zu packen.«

Am 28. August 1978, also gut einen Monat nach Übergabe des Brettes, gelingt der HA II des MfS der Einbruch in die Verbindung Stillers mit dem BND. Im Rahmen der (routinemäßigen) Fahn-dungsaktion »Netz« wird »ein nachrichtendienstlich verdächtiger Brief mit fingierter Absenderangabe« beschlagnahmt. Die Chemi-ker der Abteilung 34 können eine Geheimschrift nachweisen: »Die Geheimschrift ist vollständig chiffriert (129 5er-Zahlengrup-pen), das verwendete Geheimschriftmittel ist für den BND ty-pisch. Der als GS-Träger [= Geheimschrift-Träger, G. K.] be-nutzte Brief wurde höchstwahrscheinlich vorgeschrieben.« Ein Stasi-Ermittlungsvorgang mit dem Decknamen »Borste« wurde neu eröffnet.

Ein Volltreffer für Kratsch. Der Stasi war ein Brief Stillers an den BND in die Hände gefallen. In der »Burg« herrschte nachrich-tendienstliche Arbeitsteilung: Helga kümmert sich um die Ein-gänge, Stiller um die Ausgänge. Erst wurden alle Informationen an den BND verschlüsselt, dann als Zahlenkolonnen mittels unsicht-barer Tinte aus den BND-Labors zwischen die Zeilen des »unver-fänglichen« (vom BND fix und fertig gelieferten) Brieftextes ge-schrieben.

Wie konnte die Stasi das alles so schnell herausbekommen? Kratsch und seine Leute wußten, daß die Deckadressen für die vom BND vorgeschriebenen Briefe stets in ganz bestimmten Ziel-gebieten lagen. Auf seine Spürnase ist der oberste Agentenjäger der DDR noch immer stolz. »Wir kannten auch die Methode, daß der BND insbesondere mit sogenannten Nachsendeaufträgen bei westdeutschen Postämtern arbeitete.«

Die Stasi-Fahnder hatten schnell herausgefunden, daß die An-schriften im Westen fingiert und die angeblichen Absender in der DDR harmlose Landsleute waren. Noch dazu ging Stillers Ge-heimschriftpost stets an dieselben drei Anschriften. War das MfS einmal fündig geworden, brauchte es nur noch auf Nachfolgebriefe zu warten. Die entscheidende Frage für Kratsch war aber: »Wer ist der wirkliche Absender und Autor dieser geheimen Korrespondenz?« Noch gelang es nicht, die verschlüsselten Zahlenkolonnen zu knacken.

Major Johannes Schröder (Kratsch: »Ein sehr guter Mann«) ist von jetzt an zuständig für die Fahndung nach der unbekannten »Borste«. Fast täglich protokolliert er den Stand der Ermittlungen. Als vordringliche Maßnahmen werden eine »Handschriftenfahndung« (man kann sich dabei allerdings ausschließlich auf die handschriftlichen Zahlen der Geheimschrift stützen) und eine »Einzelkastenleerung mit verkürzten Intervallen« veranlaßt. Schröders Ziel: den Einwurfpostkasten und damit den Wohnbereich des Täters zu lokalisieren. In den nun folgenden Wochen sind ganze Heerscharen von Stasi-Kräften durch solche Dienstanweisungen gebunden:

»Das Aufkommen der zentralen Briefkastenleerung ist unmittelbar nach Abschluß der Leerung, getrennt nach den einzelnen Leerungsbezirken, durch die jeweiligen Kastenleerer dem Referat 4 der Abteilung -M- zur fahndungsmäßigen Bearbeitung zu übergeben... Das Aufkommen jedes einzelnen Briefkastens ist in einen gesonderten Beutel einzulegen, wobei die Bezeichnung des Briefkastens mit der entsprechend beizufügenden Kennkarte übereinstimmen muß... Es ist zu gewährleisten, daß das gesamte Aufkommen gewissenhaft sowie lückenlos bearbeitet wird.«

Bis Ende November werden in Berlin acht Briefe von der Stasi geortet, überprüft, dokumentiert und dann »aus Gründen der Konspiration« an den BND weitergeleitet. Einen Postkasten am Alexanderplatz nimmt man besonders ins Visier, und es werden »konspirative Filmaufnahmen von allen Personen gemacht, die Postsendungen einwerfen, zum Zwecke des Identitätsvergleichs« (Schröder).

Doch Kratsch kommt nicht weiter. Beim täglichen Rapport vor dem Minister »bekam ich natürlich immer dieselben Fragen zu hören: ›Wie weit seid ihr? Wer sind diese Leute? Arbeitet ihr richtig dran? Ist alles eingesetzt? Brauchst du zusätzliche Leute, dann sage Bescheid, dann werden zusätzliche Leute eingesetzt. Es darf nicht passieren, daß hier der DDR irgendein Schaden entsteht.‹«

In Pullach bleibt man mißtrauisch. Man verlangt von Stiller ein »Faustpfand, um sicher zu sein, daß ich nicht eingespielt worden bin. Sie wollten den Nachweis, daß ich das, was ich an Wissen angedeutet habe, auch tatsächlich habe.« Stiller soll die Identität seiner wichtigsten Agenten rausrücken. Das ist sein größtes Kapital, für Stiller eine enorme Vorleistung auf den geplanten »Deal«.

Der Schatz ruht gut versteckt in der »Burg«. Schon seit geraumer Zeit schmuggelt Stiller Mikrofilme mit geheimsten Unterlagen seines Arbeitsbereichs aus dem Ministerium. Ende November kommen dann vom BND die Anweisungen zur Übergabe. Helga macht sich auf den Weg. Zum Abschied sagt Stiller: »Wenn jetzt was schiefgeht, dann sind wir zu hundert Prozent geliefert.« Falls sie gefaßt werde, solle sie nicht lügen, es habe keinen Zweck. »Er sagte, er hoffe nur, daß sie unsere Asche zusammenmischen werden... Aber wie das so ist, man denkt immer, nichts passiert einem. Man fährt ja auch Auto und denkt nicht, daß man in einen Unfall kommt.«

Helga soll in einem Zug mit Kurswagen nach Dänemark in einer genau beschriebenen Toilette das Päckchen mit den Filmen verstecken. Doch schon in Berlin sind die Transitwaggons von bewaffneter Polizei abgeriegelt, die Übergänge zu den anderen Wagen hat man verschlossen. In Magdeburg das gleiche Bild. Helga kehrt unverrichteterdinge nach Berlin zu Stiller zurück. Sie schikken ein handschriftliches Telegramm an den BND, der Einfachheit halber an eine der Deckadressen. Text: »Kann Deinen Wunsch leider nicht erfüllen. – Platzkarte wird nicht an DDR-Bürger ausgegeben. Bitte antworte bald. Gruß, Gisi.«

»Solches Glück soll es ja geben«, sagt Kratsch. Denn das Telegramm landet auf seinem Tisch. Der BND hatte schlicht vergessen, den Nachsendeauftrag bei der Post auch auf Telegramme zu erweitern. Die Bundespost schickt Helgas Telegramm deshalb als »unzustellbar« zurück an den – ebenfalls nicht existenten – Absender. Jetzt hat Kratsch auf jeden Fall Unterlagen für einen Schriftvergleich. Aber: Man stellt fest, daß die geheimschriftlichen Ziffern in den Briefen an den BND »mit hoher Wahrscheinlichkeit« von einer anderen Person geschrieben worden sind als das Telegramm: »Es wird vermutet«, notiert Major Schröder, »daß die Ehefrau einbezogen ist.«

»Solches Glück soll es ja geben…«
Stillers Telegramm an eine Tarnadresse des BND wurde von der Stasi
abgefangen.

Helga startet einen zweiten Versuch, an einem vom BND vorge-
schlagenen Ausweichtermin eine Woche später. Diesmal ist es der
Interzonenzug von Leipzig nach Mönchengladbach. Helga sucht
und findet die beschriebene Toilette.

»Und da hab' ich dann die Deckenplatte abgeschraubt. Es war
ziemlich schmutzig, das Ganze. An der rechten Seite in der Ecke
gehen Rohre runter. Ich habe das Päckchen dann an einer dünnen
Nylonschnur runtergelassen und die am Rohr befestigt. Das Päckchen und die Schnur konnte man nicht sehen. Dann mußte ich alles
wieder zuschrauben und alles saubermachen, die Toilette war
voller Staub. Dann bin ich zurück ins Abteil und in Erfurt ausge-
stiegen.«

Das Päckchen, das können Helga und Stiller nicht wissen, erreicht den BND. Pullach, so erfährt Stiller später, ist beeindruckt.

Wieder geben beide ein Telegramm auf, diesmal ausgerechnet
vom Postamt in der Marienburger Straße, nur fünfhundert Meter
entfernt von der »Burg«: »Helga hat die Reisepapiere am 7. 12.
um 10.30 in Leipzig abgeschickt. Viele Grüße, Gisi.« Und wieder
freut sich das MfS über den Rückläufer. Jetzt sollen auch alle
Belege des Postamtes in der Marienburger Straße in den Schriftvergleich einbezogen werden. Die »Aktion Adlerflug«, die flä-
chendeckende postalische Überwachung, wird auf die gesamte
Ost-Berliner Innenstadt ausgedehnt – mitten in der Vorweih-
nachtszeit! Auf die Fahnder der Stasi wartet ein Berg von vierhun-
dertsechzigtausend Belegen!

Die Schonfrist für Stiller und Helga ist knapp geworden. Vor allem
drohen Stillers private Lebensumstände außer Kontrolle zu geraten. Denn Stiller und Helga wurden schon im Februar zusammen
in Oberhof beobachtet – ausgerechnet von Horst Vogel, dem
Leiter der HVA-Sektion Wissenschaft und Technik. Im März 1978
kommt es deshalb, so die Unterlagen des Majors Schröder, »zu
einer Aussprache zwischen dem Genossen Vogel und Stiller, wobei Gen. Vogel den Stiller, Werner aufgefordert hat, sich gegenüber der Helga korrekt zu verhalten und an seine Familie zu
denken«.

Wohl auch deshalb gibt Stiller seiner Ehefrau Erzsebet sogar
Helgas Telefonnummer in Oberhof: für den Fall, daß er am Wo-

chenende von seiner Dienststelle gesucht werden sollte. »In einem Fall«, notiert Major Schröder, »hat Frau Stiller von der Vereinbarung Gebrauch gemacht. Gegenüber seinem Dienstvorgesetzten hat sie angegeben, daß er sich zu der fraglichen Zeit bei seiner Mutter in der Nähe von Halle aufhalten würde.«

»Warum ich so dumm war damals«, sagt Erzsebet rückblickend, »das weiß ich heute noch nicht. Aus Liebe zu ihm oder aus Liebe zu den Kindern hab' ich den immer gedeckt. Heute würde ich so was nicht mehr machen, das ist erst mal Fakt.«

Dann wendet sich die verzweifelte Erzsebet direkt an ihre Rivalin: »Ich habe sie gefragt, wie sie sich das vorstellt, daß ich gerade mit einem neugeborenen Kind aus dem Krankenhaus komme, und wie sie sich dabei fühlt, wenn sie so eine Familie einfach kaputtmacht.«

Auch Helga erinnert sich an dieses Telefongespräch. »Sie sagte, daß sie keinen Wert darauf legt, mit ihrem Mann weiter eine Ehe zu führen, und daß sie nichts dagegen hat und das wär' schön. Und dann hat sie was von einem kleinen Jungen oder Baby gesagt, und ich war da vollkommen ... ich wußte das nicht. Da sagte sie: ›Ach, Sie brauchen da keine Entschuldigung zu machen, da hat er wieder gelogen.‹«

Als Stiller vom Telefonat der Frauen erfährt, klingeln bei ihm sämtliche Alarmglocken. Der schöne Fluchtplan droht zu scheitern! Sofort ruft er Helga an. »Er sagte, er hat sich nicht getraut, mir das zu sagen, weil er dachte, daß ich das Verhältnis abbrechen würde. Und dann sagte er: ›Ich kann auf alles verzichten, aber nicht auf dich.‹ Ich hab' ihm das geglaubt.«

Erzsebet droht mit Scheidung und Information der Dienststelle. »Damit«, sagt Stiller, »wäre ich hochgegangen.« Deshalb lenkt er ein, »täuscht den Bruch der Beziehung zu Helga vor. Er brachte tatsächlich einen Teil seiner persönlichen Kleidungsstücke, die zwischenzeitlich bei der Helga in Oberhof waren, wieder zurück in die eheliche Wohnung«, protokolliert Major Schröder den Fortgang des Ehedramas.

»Ich hatte Angst«, sagt Stiller, »aber eigenartigerweise kann man sich an Angst gewöhnen.« Auch Erzsebet merkt, daß ihr Mann unter Druck steht, sich verändert: »Der ist wirklich nur noch ein Nervenbündel gewesen. Ich hatte den Eindruck gehabt, daß er auch recht viel getrunken hat in der letzten Zeit. Ich meine, Angst muß er bestimmt gehabt haben. Und vielleicht auch ein schlechtes Gewissen gegenüber seiner Familie, den Geschwistern, Eltern, vielleicht sogar seinen Freunden.«

Die Situation spitzt sich weiter zu. Anfang Dezember steigt eine Hausgemeinschaftsfeier in der nahe gelegenen HO-Gaststätte »Stern«. »Bei dieser Feier«, so die Chronik von Stasi-Ermittler Schröder, »nähert sich Stiller wiederum einer anderen Frau in der Gaststätte. Im Anschluß an diese Feier kam es deshalb zu einer Auseinandersetzung, in deren Verlauf Frau Stiller ihrem Ehemann eine Ohrfeige gab. Der Stiller, Werner, verprügelte daraufhin seine Ehefrau in einer äußerst brutalen Art und Weise, daß sie sich für 14 Tage nicht in der Öffentlichkeit sehen lassen konnte.«

Die Zeit heilt Wunden. »Im nachhinein weiß ich«, sagt Erzsebet, »daß er mich doch noch geliebt hat. Es war aus Liebe zu mir, daß er mich so weit bringen wollte, daß ich ihn hasse. Weil es für ihn hundertprozentig klar war, daß er eines Tages wegmußte. Heute hab' ich ihm das verziehen. Vielleicht hat er sogar richtig gehandelt.«

Als Geheimdienstprofi spürt Stiller »intuitiv«, wie er sagt, daß ihm jetzt nicht mehr viel Zeit bleibt. »Ich kriegte das Gefühl, daß dieses Balancieren auf der Nadelspitze nicht mehr lange gehen würde.« Der BND bereitet deshalb die Ausschleusung vor. »Natürlich wäre es ihnen lieber gewesen, das nur mit mir zu machen«, sagt Fischer. Aber er besteht darauf, daß Helga und ihr Sohn zeitgleich mit ihm ausgeschleust werden.

Ein erster Anlauf Mitte Dezember wird abgebrochen. Warum? Die Angaben widersprechen sich: Helga sei mit ihrem Auto liegengeblieben (Version Stiller). Die gefälschten Pässe des BND seien fehlerhaft gewesen, man habe Stillers Augenfarbe mit Blau statt mit Braun eingetragen (Version Helga). Wertvolle Zeit verstreicht.

Am 19. Dezember, wenige Tage vor Weihnachten, werden die Stasi-Fahnder in den Postämtern fündig. Die Schriftexperten bemerken eine große Ähnlichkeit zwischen den Handschriften der Telegramme und den Eintragungen auf vier sichergestellten Paketkarten. Der Absender der Pakete ist eine Helga Michnowski

7 866   Berlin $\frac{1055}{1061}$ 529

C 29a I 21.3 1967

Zum Aufkleben des Nummernzettels.

Raum für die Freimachung

Absender: *H. Michnowski Waldstr.*

6055 Oberhof

BStU

000036

Postgewicht (kg)	Freigebühr (Pf)	

Wirtschaftspaket/Paket
(Nichtzutreffendes streichen)

Besondere Vermerke des Absenders (siehe Rückseite)

YI C47-3385

Fam. Herbert Kroß

Gnailesearstr. 8

D 8633 Rödental

Postleitzahl

---

244   1055   Berlin   530

Raum für die Freimachung

Zum Aufkleben des Nummernzettels.

Absender: *Helga Michnowski*

6055 Oberhof Waldstr. 26

BStU

000037

Postgewicht (kg)	Freigebühr (Pf)	

Wirtschaftspaket/Paket
(Nichtzutreffendes streichen)

Besondere Vermerke des Absenders (siehe Rückseite)

Fam.

Herbert Kroß

Gnailesearstr. 8

D 8633 Rödental

Postleitzahl

(Straße und Hausnummer oder Postfach bzw. Postschließfach)
222057 (C 1028) VV Sprbg. Ag 310/77/DDR/895 1/21/3 (11032,

»Die wurden alle registriert.« Vor der Flucht schickte Helga
Michnowski die besten Stücke ihrer Kristallsammlung per Paket
an den Bruder im Westen. Die Stasi fing die Sendungen ab.

aus Oberhof, Waldstraße 26, Kellnerin im Interhotel »Panorama«.

Tatsächlich: Zur Vorbereitung ihrer Flucht schickt Helga seit November regelmäßig Pakete mit den besten Stücken ihrer Kristallsammlung an den Bruder in Coburg. Alles Sachen, die sie unter schwierigsten Umständen unter dem Ladentisch erworben hat: »Und so dachte ich: ›Das mußt du rüberschicken.‹ Ich war mir nicht bewußt, daß die registriert wurden.« Fast alles, stellt sie später fest, wird auch konfisziert. Was für die Stasi wichtig ist: Endlich gibt es eine heiße Spur.

Kratsch will, daß alles »hieb- und stichfest« ist. Die Schriftproben wandern deshalb am 20. Dezember zu einem Sachverständigen. Diplomkriminalist Hauptmann Dr. Hegewald braucht zwei Wochen für seinen »Untersuchungsbericht«. Die Urheberin der Telegramme an den BND und die Absenderin der Pakete seien »wahrscheinlich« identisch. Die Stasi könne zugreifen.

»Na ja«, sagt Kratsch, und man merkt ihm immer noch den Kummer über diesen dunkelsten Fleck seiner Karriere an, »mir war die Sache dann – ich will nicht sagen, aus der Hand geglitten, aber ich habe nicht mit dem notwendigen Druck auf die Mitarbeiter eingewirkt, um nun tatsächlich so schnell wie möglich die Probleme in Oberhof zu klären.«

Auch in der DDR war zu Weihnachten 1978 der Winter eingebrochen. Ganz Norddeutschland erstickte unter den Schneemengen. In der DDR wurde zum eisernen Energiesparen aufgerufen, Dienstfahrten sollten – so ein Aushang im MfS – nur in äußersten Notfällen unternommen werden. Das sind dann Zeiten, so Kratsch, in denen die »rückwärtigen Dienste sich zu Wort melden«, die dann auf den Mangel an Winterreifen hinweisen und den schlechten Zustand einiger Dienstwagen.

Erst am 11. Januar reist ein Stasi-Ermittler namens Nowack aus Berlin nach Oberhof. Sein Auftrag: sich im »Panorama« umhören, weitere Schriftvergleiche vornehmen und etwas über den rätselhaften Berliner Lebensgefährten der Frau Michnowski rauskriegen. Doch das »Panorama« ist geschlossen. In der Silvesternacht war die Heizung zusammengebrochen. Das Personal, auch Helga Michnowski, ist bis zum 21. Januar beurlaubt.

Der Kratsch-Mann recherchiert schlampig: Die Michnowski sei in Berlin, bekommt er im Hotel zu hören – und er nimmt das zur Kenntnis, ohne selbst in die Waldstraße (Helgas Wohnung) zu fahren. Ihr Freund, bringt er in Erfahrung, arbeite im Chemieministerium und sei Besitzer eines Lada 1500. Am Freitag, rechtzeitig zum Wochenende, fährt Nowack zurück nach Berlin. Zur gleichen Zeit stellt die Stasi in Berlin weitere Geheimschriftbriefe sicher, im Funkverkehr des BND werden »außerordentlich hohe Aktivitäten« registriert.

Tatsächlich verlassen Helga Michnowski und ihr Sohn Michael Oberhof erst am Abend des 14. Januar. Mit einem Taxi fahren sie zum Bahnhof und besteigen den Zug nach Berlin. Spät in der Nacht treffen sie in der konspirativen Wohnung in der Marienburger Straße ein und übernachten dort.

Montag, den 15. Januar. Beratungen in der Hauptabteilung II. Alles deutet darauf hin, daß nicht Helga, sondern ihr ominöser Freund der eigentliche Verräter sein muß. Doch wo ist er zu suchen? In einem Ministerium, im diplomatischen Dienst, beim FDGB? Die Rasterfahndung ergibt, daß er »im Gebiet um die Marienburger Straße wohnhaft ist... Es wird beschlossen«, notiert Major Schröder, »den Verdacht gegen Michnowski unter strenger Wahrung der Konspiration zielstrebig weiter zu klären.« Man nimmt an, daß sie demnächst wieder nach Oberhof an ihre Arbeitsstelle zurückkehrt, und beschließt die »Kontrolle des D-Zugs Berlin–Meinungen nach Fotovorlage und Feststellung der Person, die sie am Bahnhof möglicherweise verabschiedet«.

Am selben Tag kauft Helga in Berlin zwei Fahrscheine. Zielort: Warschau. Am Abend verläßt sie mit Sohn Michael Berlin im Fernzug Paris–Moskau.

Am Dienstag, dem 16. Januar, erfassen Mitarbeiter der HA II alle Ladas im Gebiet um die Marienburger Straße mit dem Ziel, die Halter dieser Wagen zu ermitteln. Stiller, der zu diesem Zeitpunkt wieder einen Wartburg fährt, bleibt unbehelligt bei seinem Aufenthalt in der »Burg«.

An diesem Tag treffen Helga und Michael Michnowski in Warschau ein. Sie ziehen in das Hotel »Sirena«, Zimmer 206.

Diese Postbelege vom Nov./Dez. 1978 trugen den Absender

Michnowski geb. Kroß, Helga

geb. 10. 5. 1937 in Königsberg

wohnhaft: _Oberhof_

Waldstr. 26

Arbeitsstelle: Kellnerin im IH "Panorama" Oberhof

Auf Grund dieser Feststellungen wurden die Tatschriften "Borste", einschließlich der Telegramme am 20. 12. 1978 zum Handschriftenvergleich an die Abteilung 32 des OTS übergeben.

Im Ergebnis dieser Untersuchung wird in der Expertise 78.1803 vom 3. 1. 1979 eingeschätzt, daß die _Michnowski_

- wahrscheinlich Schrifturheber der zwei vorgelegten Telegramme ist und

- als Schreiber der GS (Ziffergruppen) wahrscheinlich nicht in Frage kommt.

Ausgehend vom Untersuchungsergebnis und der daraus erstmals gezogenen Schlußfolgerung, daß es sich um zwei Täter handeln kann, wurde die Version abgeleitet, daß die _Michnowski_

- zwischenzeitlich nach Berlin gezogen ist

- oder sich häufig bei Verwandten oder Bekannten in Berlin aufhält.

Eine polizeiliche Anmeldung in Berlin konnte nicht festgestellt werden.
Bei den 16 in Berlin ermittelten Personen namens Kroß, die möglicherweise in verwandtschaftlichen Beziehungen zur _Michnowski_ stehen konnten, wurden keine Schriftähnlichkeiten zum Tatmaterial herausgearbeitet.

Zur weiteren Präzisierung und Klärung dieser Aussage wurden am 11./12. 1. 1979 Ermittlungen über die _Michnowski_ bei der Abteilung VI der BV Suhl und mit deren Unterstützung in Oberhof geführt, einschließlich der Beschaffung weiterer Handschrift.

Wesentliches Ermittlungsergebnis:

- _Michnowski_ ist verwitwet und hat seit ca. einem Jahr einen Freund in Berlin, der im Ministerium für Chemische Industrie in der Forschung arbeiten soll. Sie besucht diesen so oft es ihre Freizeit erlaubt in Berlin.

Die Absender sind identisch...«
Fahndungsbericht der Stasi zum Stand der Ermittlungen gegen Stiller (»Borste«) und Helga Michnowski kurz vor deren Flucht.

Bei früheren Besuchen in Oberhof kam er mit einem
blaugrauen "Wartburg", jetzt fährt er einen "Lada
1500". Die Adresse ihres Freundes gab sie bisher
nicht preis.

- Die *Michnewski* hat bis 21. 1. 1979 frei, da das
  Hotel aufgrund der Witterungsunbilden geschlossen ist,
  und hält sich gegenwärtig in Berlin auf.

- Vordem unterhielt sie intime Beziehungen mit einem
  Kameramann des Fernsehens der DDR mit dem Vornamen
  ▃▃▃

- Ein 1977 durch die Abteilung VI des Flughafens Schönefeld fotokopiertes Notizbuch der *Michnewski* enthält
  drei Berliner Adressen.

- Es liegen einige allgemeine Berichte der Abteilung VI
  über Gespräche mit ihrem in der BRD wohnhaften Bruder

  Kreß, Herbert
  D 8633 Rödental

  vor, geführt be▃ ▃▃▃▃en desselben in die DDR.

Das in Suhl beschä▃▃te Handschriftenmaterial (Kaderakte, Brief-
kopie, Notizbuch) ▃▃ *Michnewski* wurde am 16. 1. 1979 zur Präzisierung der 1. Aussage erneut der Abteilung 32 übergeben. Im Ergebnis dieser Untersuchung wird in der Expertise Nr. 79.0078 vom
18. 1. 1979, die Aussage aufrechterhalten, daß die *Michnewski*

- wahrscheinlich die zwei Telegramme geschrieben hat,
  jedoch eine zufällige Übereinstimmung der Konfiguration
  der Schriftzeichen nicht mit Sicherheit ausgeschlossen
  werden kann

- wahrscheinlich die Zifferntexte (GS) nicht geschrieben
  hat.

Die namentlich bekanntgewordenen drei Verbindungspersonen der
Michnewski in Berlin wurden ermittelt und handschriftlich überprüft, mit dem Ergebnis, daß bei der Verbindung

▃▃▃▃▃▃▃▃▃▃▃▃▃▃▃▃
▃▃▃▃▃▃▃▃▃▃▃▃▃▃▃▃

eine starke Schriftähnlichkeit zu den Ziffern von "Borste" besteht.
Laut Eintragung in der VP-Meldekartei soll er politischer Mitarbeiter
des FDGB sein. Entsprechende Maßnahmen zur Beschaffung weiterer
Schrift dieser Person wurden eingeleitet (HA VI, VP, Kfz-Kartei, Ermittlung und Überprüfung der Hausbewohner nach nutzbaren Quellen).

8

Am 11. 1. 1979 fand die Abteilung M Berlin im allgemeinen Brief-
aufkommen einen verdächtigen Brief

Empfänger: Absender:
Familie   R████ F█████
K███ V████   ████████Berlin
D████Holzminden   Karl-Marx-Allee ████

mit dem Poststempel Berlin 10, 4.1.79 - 19. Das Schreibdatum
des Tarntextes lautete 14. 12. 1978. Es wurde ferner festgestellt,
daß an diese Adresse bereits am 23. 12. 1978 (Poststempel) vom
gleichen Schrifturheber ein Brief zum Versand kam. Beide Sendungen
wurden durch die Abteilung M operativ-technisch bearbeitet.

Am 15. 1. 1979 bestätigte die Abteilung 34 die Briefe vom 23.12.1978
und 4. 1. 1979 als GS-Träger. Die gesicherten Geheimschriften beider
Briefe (64 und 99 5er Gruppen) konnten eindeutig "Borste" zugeordnet
werden.

Auf Grund dieser außerordentlich hohen Aktivitäten des Spions und
der vorliegenden Aussagen über die wahrscheinliche Schrifturheber-
schaft der *Michnowski* wurden unter Zugrundelegung der Ermittlungs-
ergebnisse zu ihrer Person nachfolgende Maßnahmen unter Berück-
sichtigung der Version, daß ihr Freund ████████ die Marienburger
Straße wohnhaft ist, durchgeführt.

   1. Erfassung der in diesem Bereich abgeparkten Pkw
      Typ "Lada" ████ (Kennzeichen) und Überprüfung der
      Halter dieser Fahrzeuge nach der Handschrift und
      Beruf (Chemieingenieur).

   2. Kontrolle der abfahrenden D-Züge Berlin-Meiningen, ob
      sich unter den Reisenden dieser Züge die *Michnowski*
      befindet und sie von einer männlichen Person verab-
      schiedet wird.

Beide Maßnahmen führten zu keinem positiven Ergebnis.

Die Überprüfung des Schalteraufkommens des Postamtes 1055 durch
die Abteilung M erbrachte am 18. 1. 1979 zwei Briefe der *Michnowski*
vom 16. 1. 1979 adressiert an ihren Bruder

        Herbert Kreß
        Gneileser Str. 8
        D 8633 Rödental

mit der Absenderangabe von Oberhof.

324

Die beiden Briefe beinhalteten ohne jeglichen weiteren Text:

- 8 Paßbilder der *Michnowski* , Helga
- 4 Paßbilder des ███████ , ██████
- je ein Antrag zum Erwerb der Fahrerlaubnis der vorgenannten Personen
- 1 Bescheinigung über Teilnahme an der DRK-Ausbildung der *Michnowski* , Helga
- 4 Einzahlungsbelege (Postanweisung) über je 1000,- M an ihre ███████
- Bescheinigung einer ██████ über Gutschrift von 200,- DM (West) von ihrem Konto für Helga

Durch die eingeleitete PK über den Bruder fiel am 19. 1. 1979 eine Ansichtskarte (Oberhof) mit dem Poststempel Berlin 10, 16.1.79-1 an.
Textinhalt:

Die herzlichsten Urlaubsgrüße, denn so kann man es nennen sendet Euch

Eure Helga

Habe bis Monatsende frei. Das Hotel ist geschlossen.

Als Schrifturheber konnte eindeutig die *Michnowski* bestimmt werden.

Aus dem Inhalt der beiden Briefe der *Michnowski* an ihren Bruder vom 16. 1. 1979 wurde abgeleitet, daß sie aktive Vorbereitungen zum ungesetzlichen Verlassen der DDR trifft.
Daraufhin wurden durch Gen. Oberst Klippel am 19. 1. 1979 umfangreiche Maßnahmen zur weiteren Aufklärung der *Michnowski* , zur Feststellung ihrer Verbindungen, insbesondere zum Spion "Borste" und zur Verhinderung des vermuteten illegalen Grenzübertritts eingeleitet.

Schröder
Major

Mittwoch, den 17. Januar: Im Offizierskasino des MfS hält Markus Wolf ein Referat vor der »Parteiorganisations-Delegiertenkonferenz« der HVA. Als Parteisekretär seiner Abteilung sitzt auch Stiller unter den Zuhörern. Der Stasi-Ermittler findet heraus, »daß der Stiller gründliche Notizen zum Verlauf der Konferenz gemacht hat«.

Donnerstag, den 18. Januar: In der Normannenstraße beraten die Fahnder der HA II »über erforderliche politisch-operative Maßnahmen, die sich aus der entwickelten Situation ergeben«. Helga Michnowski soll nach ihrer Rückkehr in Oberhof »durchgängig« beobachtet werden. Wichtigstes Ziel: »Verhinderung des vermuteten illegalen Grenzübertritts«.

Um fünf Uhr nachmittags ruft Stiller von der »Burg« aus zu Hause an. Am Vorabend hat es mit Erzsebet einen heftigen Streit gegeben. Sie habe die Schnauze voll, wolle die Dienststelle benachrichtigen und die Scheidung einreichen. Stiller möchte wissen, ob sie bei ihrem Entschluß bleibe. Die Antwort: ja. Stiller sagt: »Das war's wohl« und legt auf.

Werner Stiller soll – so sieht es die BND-Planung vor – an diesem Tag mit dem Interzonenzug von Halle über Magdeburg nach Hannover ausreisen. BND-Kurier Dietrich Niestroj hat den gefälschten Paß (vermutlich) am 15. Januar in einem toten Briefkasten in Ost-Berlin hinterlegt. Stasi-Spitzel melden aus Hannover (Stasi-Information G/318/01/79) die Anmietung mehrerer Zimmer (inklusive Fernschreibstelle) im Hotel »Körner« und im Motel »Atlas« durch den BND. Zwischen drei und vier Uhr nachmittags, so beobachten Mielkes westdeutsche Späher, treffen Mitarbeiter der Pullacher Zentrale in Hannover ein, abgeschirmt durch örtliche Observationskräfte.

Nach Dienstschluß betritt Stiller (offiziell ist er an diesem Tag auf einer »Dienstreise nach Halle«) noch einmal den fünften Stock der HVA. Er hat einen großen Aktenkoffer bei sich. Die Schlüssel zu den Büros seines Referats hängen ungesichert in einem Kasten. Stillers Ziel: der Stahlschrank im Büro von Stillers Abteilungsleiter Günter Jauck. Stiller hat Werkzeug mitgebracht.

Er setzt den Meißel an, bearbeitet ihn mit wuchtigen Hammerschlägen, doch der Schrank hält stand. Stiller will dem BND die

Agenten aller fünf Referate, also die gesamte Spionage der HVA gegen die Grundlagenforschung des Westens, enttarnen. Er schlägt heftiger zu, doch der Schrank läßt sich nicht knacken. (Am nächsten Tag vermerkt das »Tatortuntersuchungsprotokoll« der Stasi: »An der oberen Türkante der linken Tür ist eine Aufbiegung des Stahlblechs von ca. 3 cm Länge vorhanden.«) Stiller gibt auf.

Resigniert will er sich verdrücken, da fällt sein Blick auf den Stahlschrank im Vorzimmer. Ein entschlossenes Rucken, ein kurzes Verkanten: Der Schrank springt auf. In den Koffer wandern (laut uns vorliegender MfS-interner Aufstellung) unter anderem:

- die Materialbegleitlisten der an die Auswertungsabteilung der HVA gegangenen Informationen von 1975 bis 1978,
- zahlreiche Akten und Filmmaterial über IMs und Kontaktpersonen sowie deren »operative Dokumente«,
- »geheime Verschlußsachen« wie Befehle, Direktiven und deren Durchführungsbestimmungen,
- Schulungsmaterial und der Text einer Geheimrede Mielkes,
- die gesamte SED-Mitgliederkartei der Abteilung,
- das namentliche Telefonverzeichnis der SWT sowie Fotografien von Mitarbeitern
- 7180 DM aus der Kasse der Sekretärin.

Stillers wichtigster Fund: Blankounterlagen zum Passieren der »Gepäckschleuse« im Bahnhof Friedrichstraße. Er entschließt sich auf der Stelle, den gesamten Fluchtplan zu ändern, sein Schicksal in die eigene Hand zu nehmen.

Das Ausfüllen der Dokumente in der »Burg« ist fast Routinesache – in diesem Agentendrehkreuz im Herzen Berlins gingen die Stillers und ihre Kuriere ein und aus. Vom Prenzlauer Berg in die Friedrichstraße braucht der Wartburg nur wenige Minuten. Stiller kennt den Weg im Schlaf. Sein Ziel: eine unauffällige Tür an der Südseite des Bahnhofs. Rechts darüber eine Tafel: »Diensteingang. Nur für Angehörige der Deutschen Reichsbahn« – eine Tarnung für die Agentenschleuse des MfS.

Dahinter: ein kahler Vorraum, eine weitere Tür ohne Griff, ein (durch einen Vorhang verhängtes) Fenster, eine Klingel, auf die Stiller kurz drückt. Hinter dem Vorhang: Stasi-Oberleutnant Martin Brückner, der Diensthabende an diesem Abend. Brückner schiebt den Vorhang beiseite, blickt auf einen MfS-Ausweis. Ein

Summen, die Tür öffnet sich. Der Mann hat zwei Koffer dabei. Brückner weiß: Das ist »Gepäck« für einen Kurier im Westen. Er kontrolliert die Papiere des Mannes: den MfS-typischen »Reisepaß«, die Ausweise zum Betreten des Grenzgebiets, dann den »besonderen Dienstauftrag«.

Brückner stutzt: Da steht zwar in der Spalte »Zweck«: »Eigene operative Tätigkeit«, aber seit 1. Januar muß – laut Dienstanweisung – auch der Vermerk »Gepäckschleuse« eingetragen werden.

Der HVA-Mann bleibt cool und locker: »Bis unsere blöde Sekretärin das mitkriegt, ist das nächste Jahr vergangen.« Brückner überlegt: Soll er den Offizier vom Dienst der HVA anrufen? Wegen so einer Kleinigkeit einen Kämpfer an der unsichtbaren Front bei einem bestimmten wichtigen Auftrag behindern? Das gibt Ärger, denkt Brückner. »Das waren ja für uns Grenzer so 'ne Art Halbgötter«, sagt einer von Brückners Kollegen, »die von der HVA. Was die machten, das war eigentlich Gesetz.«

Brückner öffnet mit dem Summer die Stahltür zum Westteil des Bahnhofs. Stiller betritt eine seltsame Zwielichtzone des Kalten Krieges: ein Labyrinth aus Gängen, Treppen und Hallen, das – mitten in Ost-Berlin – für Westler frei und ohne Kontrolle zugänglich ist. Ein idealer Ort für die Stasi, hier in den Schließfächern als Reisegepäck getarntes Kuriermaterial konspirativ ein- und auszuschleusen. Laut Dienstanweisung müssen sich die Beteiligten als »unauffällige« Passanten auf den Bahnsteigen in den Strom der Reisenden mischen.

Stiller betritt um 20.41 Uhr den Bahnsteig der (West-Berliner) U-Bahn-Linie 6. Zwischen den (West-Berliner) Stadtbezirken Kreuzberg und Wedding unterquert sie im Transit den (Ost-Berliner) Stadtbezirk Mitte. Einziger Stopp im Osten bei dieser Reise unter der Mauer: die Friedrichstraße. Der Bahnsteig ist zu dieser Stunde fast menschenleer. Nur am »Intershop«, wo sich Westberliner zollfrei mit Zigaretten und Schnaps versorgen, hängen einige Gestalten herum. Von der Decke äugen flächendeckend die Überwachungskameras der Stasi.

Stiller muß warten, die längsten Minuten seines Lebens. »Das war so, als ob ich neben mir stehe und mich beobachte«, sagt Peter Fischer fünfzehn Jahre später. »Ich hatte mich von der Person, die da handelt, irgendwie emotional völlig losgelöst. Ich hatte absolut keine Angst mehr. Ich war sehr, sehr kühl eigentlich und sehr konzentriert. Ich habe an diesem letzten Tag überhaupt keine Fehler gemacht.«

Ein paar Schritte in den gelben U-Bahn-Wagen. »Zurückbleiben!« ruft der Zugführer, die Türen schließen sich. Werner Stiller ist ein Überläufer.

Über das, was dann in dieser Nacht geschah, hat bisher niemand der Beteiligten ausgepackt – außer einem. Der Mann war leitender Mitarbeiter des (Westberliner) Verfassungsschutzes. 1982 setzte er sich in den Osten ab. Bis ins kleinste Detail schildert er der Stasi den Empfang Stillers im Westen. Er hätte chaotischer nicht sein können.

Niemand in Berlin wußte Bescheid, als sich Werner Stiller kurz nach neun Uhr abends bei der Polizei im Flughafen Tegel meldet. Zehn Geheimdienstler (darunter Franzosen und CIA-Mitarbeiter) versuchen, mit Pullach in Kontakt zu kommen, Stiller bemüht sich pausenlos, einen (stets besetzten) Anschluß in Coburg zu erreichen. In den Räumen des polizeilichen Staatsschutzes im Flughafen Tempelhof bestaunen die Westler (Stiller hat inzwischen einen Kasten Paderborner Pils und zwei Flaschen Wodka auffahren lassen) den Inhalt der randvollen Koffer.

Allein der Stapel der Mikrofiches sei, so erinnert sich der Augenzeuge, »etwa zehn Zentimeter hoch« gewesen. Stiller habe darum gebeten, in »von ihm mitgebrachte Unterlagen keinerlei Einsicht zu nehmen, da diese ausschließlich für den BND bestimmt sind«. Es seien bereits Maßnahmen eingeleitet worden. Stiller sei »wegen einer Frau und einem Kind beunruhigt«. Zum mitgebrachten Bargeld sagte Stiller: »Wenn ihr mir hier nicht genug Geld gebt – ich muß ja auch ein kleines Kapital haben.« Schließlich erreicht Stiller einen telefonischen Gesprächspartner. Er hört, daß es mit Helga und ihrem Sohn Probleme gebe.

Am nächsten Morgen fliegt der Überläufer nach München, am selben Tag noch nach Köln, zum Verhör bei Heribert Hellenbroich, als oberster Verfassungsschützer zuständig für den Schlag gegen Wolfs Industriespione.

»Da stand er nun vor mir«, erinnert sich Hellenbroich, »noch komplett eingekleidet in die klassische DDR-Textilindustrie. Das war eine meiner ersten Entscheidungen, ich muß das noch nebenher sagen, ihn zu einem ordentlichen Kleiderladen zu schicken, um sich da mal vernünftig anzuziehen.«

Hellenbroich gerät ins Schwärmen, wenn er sich an die »ganz phantastische Arbeitsatmosphäre« in seinem Kölner Dienstzimmer erinnert. Bundesanwaltschaft, BKA und BND, der Verfassungsschutz: eine »improvisierte Community«. »Keine Spur von Kompetenzgerangel, Stichwort: Bad Kleinen« – alle wollten Effizienz im Zuschlagen, vor allem Stiller.

»Was mir auffiel: Er hatte ja eine ungeheure Anspannung hinter sich, trotzdem war er sehr, sehr locker. Ich kam direkt mit ihm ins Gespräch. Wir mußten ja darauf sehen, daß er am Anfang sehr viele Informationen rübergab, über hier tätige Agenten. Das machte der reibungslos. Er hat ja ein unglaubliches Gedächtnis. Ein sehr heller Kopf, sehr kooperativ, keine Schwierigkeit, sich auf unsere Art einzustellen. Cleveres Bürschchen.«

Am Ende landen siebzehn Ostagenten vor bundesdeutschen Gerichten und werden als Spione verurteilt. Mehr als dreißig von ihnen werden von der Ost-Berliner Zentrale noch am Tag nach Stillers Flucht gewarnt und zurückbefohlen. Viele von ihnen zu voreilig, meint ein Kollege Stillers. Am schlimmsten sei aber der »moralische Schaden« gewesen. »Manche Kollegen hat das nachdenklich gestimmt, daß es auch solche Leute in unserem Apparat gibt.«

Mißtrauen ist seitdem eingezogen in der HVA. Jahrelang glauben die Stasi-Ermittler, Stiller müsse von einem Komplizen in seiner Abteilung unterstützt worden sein. Sogar die privaten Telefone der SWT-Mitarbeiter werden abgehört, viele müssen sich (»Maßnahme A«) versetzen lassen. Ein lähmendes System bürokratischer Kontrolle breitet sich aus.

»Das Entsetzen war groß«, erinnert sich Abwehrchef Günther Kratsch an seine größte Pleite. Die Betroffenheit war um so größer, als gerade ein SED-Parteitag vor der Tür stand und auch das Mfs mit »erhöhten Leistungen« glänzen wollte. Mielke ist außer sich und trommelt die Spitzen des Ministeriums zur Krisensitzung zusammen. Erst da, am Samstag morgen, erfährt der blamierte Kratsch, wer Helgas ominöser Freund war.

Fürchterlich muß es Kratsch und Markus Wolf erwischt haben beim »ersten Ablassen der Luft«. Die Worte flogen mehr hin als her. »Der Vorgesetzte hat ja in solchen Dingen immer recht«, gesteht Günther Kratsch, »und unser Minister Mielke, der war ja in solchen Sachen auch kein feiner Mensch. ›Warum habt ihr nicht besser und schneller gearbeitet?‹ brüllte Mielke. ›Du hast mir doch selbst gesagt, es ist ein wichtiger Vorgang!‹« Kratsch weiß, man hätte Tage rausholen können oder auch nur Stunden, die wichtig gewesen wären: »Aber es war eben nun nicht. Der Spion war weg. Das war nun die Tatsache.«

Zur gleichen Zeit im Haus Sterndamm 34. Die ganze Nacht schon haben Major Schröder und ein Kollege Erzsebet Stiller in ihrer Wohnung verhört. Was denn passiert sei, will sie wissen. Das werde sie noch rechtzeitig erfahren. Um halb sieben, Erzsebet wickelt gerade den elf Monate alten Andreas, trifft ein hoher Offizier aus der Normannenstraße ein. »Frau Stiller«, sagt er, »ihr Mann hat Republikflucht begangen.«

»Dieser Satz! Das kann sich ein Mensch, der im Westen gelebt hat, gar nicht vorstellen. Das ist eigentlich ein Todesurteil. Für mich ist einfach alles nur schwarz geworden.« Zum ersten Mal in ihrem Leben wird sie ohnmächtig, mit dem Kleinen im Arm kippt sie um. Als der Arzt sie wieder aufweckt, ist der erste Gedanke: »Das bedeutet das Ende für mich.«

An ebendiesem Samstagmorgen klingelt das Telefon im Zimmer 206 des Hotels »Sirena« in Warschau. Helga Michnowski hat schlecht geschlafen in dieser Nacht. Am Donnerstag, schon vor zwei Tagen, sollten sie und ihr Sohn Michael von einem Kurier des BND in den Westen geschleust werden. Doch nichts hat sich in den vier Tagen seit ihrer Ankunft getan. Was war passiert? Einmal hat ihr Bruder angerufen und kurz und verschlüsselt mitgeteilt, daß Stiller im Westen sei und daß es in Warschau Probleme gebe. Sie solle aber keine Angst haben, man werde einen Ausweg finden.

Diesmal ist Werner Stiller am Telefon, sie erkennt seine Stimme sofort. Helga soll sich sehr vorsichtig in die deutsche Botschaft begeben! *Das* war im Fluchtplan nicht vorgesehen. »Die waren nicht glücklich, das muß ich sagen«, beschreibt Helga die Stimmung der Diplomaten. »Die haben mir leid getan, sie waren in eine unmögliche Situation gebracht worden – ja, die waren sehr unglücklich darüber. Die mußten uns verstecken, und wir durften kein Licht machen. Wir haben dort auf Feldbetten geschlafen.«

Sie sitzen in der Falle. Und sie versäumen an diesem Abend des 20. Januar die Top-Meldung der »Tagesschau«: Ein Oberleutnant der Stasi, meldet Karl-Heinz Köpke, »hat sich mit seiner Braut und einem Kind nach West-Berlin abgesetzt«.

Das hatte der BND so lanciert, um dem MfS zu suggerieren, auch Helga und ihr Sohn seien schon in Sicherheit – eine Fahndung lohne sich nicht.

In einem kleinen Häuschen am Chiemsee wohnt der Mann, dem Helga und Michael Michnowski möglicherweise ihr Leben zu verdanken haben. CSU-Mitglied und Rentner Heinz H., im Krieg U-Boot-Kommandant, ist unter dem Decknamen »Sissi« Wirtschaftsagent des BND. Er bereist als »Journalist« den Ostblock, ausgestattet mit detaillierten Fragebogen aus Pullach (Beispiel: »Wie weit ist die DDR bei der Entwicklung elektronischer Vermittlungsanlagen? Werden bereits Mikroprozessoren verwendet? Was kostet die 100 AE?«).

Mitte Januar trifft er sich mit seinem Führungsoffizier »Bierling« (sozusagen ein westliches Gegenstück zu Stiller) in einem Rosenheimer Hotelzimmer. Es gehe diesmal darum, zwei Personen aus Warschau herauszuschleusen. Wenn H. diesen äußerst wichtigen Auftrag zur vollen Zufriedenheit ausführe, so soll »Bierling« versprochen haben, dann wolle er sich dafür einsetzen, daß H. eine Anstellung in der Redaktion des *Bayern-Kurier* bekomme.

Am 14. Januar reist H. nach Warschau. In seinen gefütterten Winterstiefeln stecken zwei Pässe aus der Fälscherwerkstatt des BND, im Koffer befinden sich »westliche« Kleidungsstücke für eine Frau und einen Jugendlichen. Papiere und Kleidung soll H. in einem Schließfach deponieren.

In Warschau vergleicht BND-Kurier H. auftragsgemäß die polnischen Stempelungen in seinen eigenen Papieren mit denen in den Pullacher Falsifikaten. Er ist ein Experte: »Ich sah verschiedene Unterschriften, die stimmten nicht, falsche Stempelung auf der Deklaration.« H. erzählt das so aufgeregt, als säße er noch immer in

Warschau. »Auf dem C-Schein, dem Laufschein: das Foto nicht abgestempelt. Auf der Rückseite kein Hotelstempel, kein Umtauschschein von ORBIS, der staatlichen Tourismusorganisation. Mit einem Wort: Pfusch.«

H. sendet am 16. Januar um vier Uhr nachmittags ein verschlüsseltes Blitztelegramm an eine Deckadresse des BND. »In Eigenverantwortung habe ich alles auf Null gestellt, die Unterlagen vernichtet und das Gepäck zurückgeholt.«

»Sissi« soll sofort zurück nach München. Der BND will bis zum 18., dem Fluchttag Stillers, neue Pässe anfertigen und sie nach Warschau schleusen. Doch der Warschauer Flughafen wurde wegen heftiger Schneefälle geschlossen. Erst am 18., Stiller ist schon auf dem Weg zum Bahnhof Friedrichstraße, landet H. wieder in München-Riem. Im Hotel »Sollner Hof« warten die Leute vom BND. »Bierling« sei fast »durchgedreht«. H. könne sich überhaupt nicht vorstellen, wie wichtig die Sache sei. Sie müsse bis spätestens übermorgen gelaufen sein!

Am nächsten Tag soll nur eine LOT-Maschine von Köln nach Warschau. Sie erhält aber keine Starterlaubnis. Eine Bombendrohung sei eingegangen, teilt man der Besatzung mit. Umständlich werden Maschine und Reisegepäck gefilzt. Es trifft sich glücklich, daß auf diese Weise ein verspäteter Passagier doch noch mitfliegen kann.

Am 22. Januar sind an Bord einer Finnair-Maschine eine Frau Pfeiffer und ihr Sohn, zwei Bürger der BRD, von Warschau nach Helsinki unterwegs. Bei der Ankunft in München knallen die Champagnerkorken. Happy-End.

Epilog im Sommer 1981: Werner Stiller, Helga Michnowski und ihr Sohn Michael leben seit achtzehn Monaten im obersten Stock eines Münchner Bürohauses. Zwei weitere Mitbewohner vom BND fungieren als Leibwächter. »Es war wie im Zuchthaus«, vergleicht Helga Michnowski diesen Schutz vor Mielkes Häschern. Einige wenige Male darf sie auf konspirativ organisierten »Ausflügen« ihren Bruder sehen, ansonsten ist die Isolation total. »Die relativ intensiven Gefühle«, sagt Peter Fischer heute, »haben im Westen nicht angehalten.« Helga meint: »Dann hatten wir auf einmal keinen Gesprächsstoff mehr.«

Schließlich darf Stiller, in Begleitung von Beschützern, für ein Wochenende alleine zum Surfen an den Gardasee. »Da habe ich eine junge Dame kennengelernt, oberflächliche Sache, aber immerhin. Ich war anderthalb Jahre so gut wie eingesperrt gewesen...«

Stiller erzählt Helga, er habe sich neu verliebt. »Und wenn er verliebt ist, erzählt er zuviel«, sagt Helga. »Und er hat ihr gesagt, wer er ist, ihr die Umstände seines Lebens erzählt. Ich glaube, die war erst neunzehn und hat das gar nicht ganz verstanden. Sie hat nur gesagt: ›Ach, du Ärmster.‹ Für mich war das ja eine kleine Katastrophe. Ich habe dann den BND wissen lassen, was passiert ist, weil das Risiko zu groß war. Und da hatten sie ihn dann in drei Tagen aus dem Land.«

Für Stiller, Helga und Michael Michnowski ist von nun an die CIA zuständig. Im Schutz eines »Resettlement-Programms« können sie sich ein neues Leben aufbauen. Alle drei haben in der Neuen Welt geheiratet, Helga ist kürzlich zum ersten Mal Großmutter geworden.

»Wir haben einen oder zwei Schutzengel gehabt«, sagt Helga, »und noch einmal würde ich das nicht mehr machen. Aber...«, und sie lacht nur ein ganz kleines bißchen bitter: »Was tut man nicht alles aus Liebe.«

Glossar

Agent Ein geheimer freier Mitarbeiter eines Nachrichtendienstes. Im Sprachgebrauch der bundesdeutschen Nachrichtendienste werden solche Mitarbeiter »V-Männer« oder »V-Leute« genannt. Hauptamtliches Personal bezeichnet nur das amerikanische FBI als »Agents«.

Berlintunnel Ein berühmt gewordenes Unternehmen westlicher Nachrichtendienste: Vom Westberliner Gebiet aus grub man Mitte der fünfziger Jahre einen unterirdischen Tunnel, um an sowjetische Nachrichtenverbindungen heranzukommen. Zum Teil verliefen diese Verbindungen unterirdisch in der Nähe der Sektorengrenze. Das Unternehmen gelang. Doch die Sowjets, denen George Blake den Tunnel verraten hatte, leiteten die wirklich wichtigen Gespräche um. Im April 1956 wurde der Tunnel offiziell »entdeckt«.

BfV Bundesamt für Verfassungsschutz. Spionageabwehr der Bundesrepublik Deutschland.

BND Bundesnachrichtendienst. Auslandsnachrichtendienst der Bundesrepublik Deutschland.

Briefkasten, lebender Eine Person, die einem Nachrichtendienst ihre Anschrift zur Verfügung stellt, damit über sie Informationen auf dem Postweg unauffällig dem Dienst oder einem Agenten zugeleitet werden können.

Briefkasten, toter Ein Versteck, in dem ein Nachrichtendienst Aufträge oder Geld für den Agenten verbirgt, während der Agent dort die Nachrichten unterbringt, die für den Dienst bestimmt sind.

Chiffrieren Vom französischen Wort »Chiffre« (Zahl). Chiffrieren heißt zunächst: in Zahlen setzen. In einem Geheimtext werden Buchstaben also durch Zahlen ersetzt. Ein Text kann aber auch chiffriert (verschlüsselt) werden, indem man ein Wort oder einen ganzen Gedankengang durch einen Buchstaben oder eine Buchstabengruppe ersetzt. Die Methode der Verschlüsselung, der Code, muß mit dem Empfänger der Mitteilung vorher verabredet werden.

CIA Central Intelligence Agency. Auslandsnachrichtendienst der USA.

CIC Counter Intelligence Corps. Ehemalige Behörde für militärische Abwehr der USA.

Dechiffrieren Entschlüsseln. Die Entschlüsselung eines chiffrierten Textes setzt voraus, daß man den Code von vornherein kennt oder daß man ihn »geknackt«, also seine Gesetzmäßigkeit entdeckt hat.

FBI Federal Bureau of Investigation. Bundeskriminalamt der USA.

Führungsoffizier Ein Beamter, der dem Agenten Aufträge erteilt, ihn entlohnt, überwacht und seine Berichte entgegennimmt.

Gegenspionage Eigene Aktivitäten, mit denen man Informationen über gegnerische Spionagetätigkeiten zu gewinnen sucht. Zum Beispiel der Versuch, einen Botschaftsangehörigen, der als Mitglied eines gegnerischen Nachrichtendienstes erkannt worden ist, als eigenen Informanten anzuwerben.

Die »Glorreichen Fünf« Die fünf britischen Top-Spione Kim Philby, Guy Burgess, Donald McLean, Anthony Blunt und John Cairncross, die drei Jahrzehnte lang Geheimnisse aus dem Westen an dem Kreml verrieten. Alle fünf hatten an der Universität Cambridge studiert, die den Ruf genießt, im 20. Jahrhundert einige der fähigsten Spione sowohl der britischen Geheimdienste wie ihres Hauptgegners, des KGB, hervorgebracht zu haben. Die führenden KGB-Rekruten aus Cambridge wurden in der Moskauer Zentrale nach dem bekannten Western »Die glorreichen Sieben« von 1960 als »Glorreiche Fünf« bezeichnet.

GRU Glawnoje raswediwatelnoje upraljenie: Hauptnachrichten-Direktorium. Hauptverwaltung für Erkundung im Volkskommissariat für Verteidigung der UdSSR, Miliärgeheimdienst.

HVA Hauptverwaltung Aufklärung. Eine Abteilung des DDR-Ministeriums für Staatssicherheit, deren Aufgabe die Nachrichtengewinnung im Ausland war.

Intelligence Service Ein in der englischsprachigen Welt üblicher Ausdruck für Nachrichtendienst.

KGB Komitet gossudarstwennoj besopasnosti: Komitee für Staatssicherheit. Sowjetische Geheimpolizei 1954 bis 1992. Sie war sowohl im Innern der Sowjetunion als auch im Ausland tätig.

Kryptographie Zusammenfassende Bezeichnung für die Methoden zur Verschlüsselung (Chiffrierung) und Entschlüsselung (Dechiffrierung) von Informationen.

Lubjanka Hauptquartier des sowjetischen Staatssicherheitsdienstes und Geheimdienstgefängnis in Moskau.

MAD Militärischer Abschirmdienst der Bundesrepublik Deutschland.

MfS Ministerium für Staatssicherheit. Die Geheimpolizei der DDR. Sie war im Innern der DDR, aber auch im Ausland tätig. In der DDR war auch der Begriff »Stasi« gebräuchlich.

MGB Ministerstwo gossudarstwennoj besopassnosti: Ministerium für Staatssicherheit der UdSSR. Sowjetische Geheimpolizei 1946 bis 1954.

MI 5 Military Intelligence No. 5. Früherer Name des britischen inneren Sicherheitsdienstes (Spionageabwehr). Heute wird dieser Dienst »Security Service« genannt.

MI 6 Military Intelligence No. 6. Früherer Name des britischen Auslandsnachrichtendienstes (Spionage). Heute wird dieser Dienst »Secret Intelligence Service« genannt.

NKWD Nazionalnyi komitet wnutrennych delj: Volkskommissariat für Innere Sicherheit der UdSSR. Sowjetische Geheimpolizei 1934 bis 1943.

Military Intelligence Nachrichtendienst auf militärischem Gebiet.

NSA National Security Agency. Militärischer Geheimdienst der USA.

SIS Secret Intelligence Service. Der heutige britische Auslandsnachrichtendienst.

Tscheka Sowjetischer Sicherheitsdienst 1917 bis 1922. Wörtlich: »Russische Außerordentliche Kommission für den Kampf gegen Konterrevolution und Sabotage«.

Literaturverzeichnis

Literatur zu den einzelnen Spionagefällen

Der Fall George Blake
Andrew, Christopher: Secret Service – The Making of the British Intelligence Community. London 1985.
Blake, George: No other choice. London 1990.
Bloch, John/Fitzgerald, Patrick: British Intelligence and Covert Action. London 1983.
Bourke, Séan: The Springing of George Blake. London 1970.
Chapman, Pincher: Inside Story. London 1978.
Chapman, Pincher: Their trade is treachery. London 1981.
Cookridge, E. H.: Shadow of a spy. London 1967.
Gramont, Sandra de: The Secret War. London 1962.
Hyde, Montgomery: George Blake – Superspy. London 1987.
»Ich gab ihm die Freiheit«. *Quick*, Heft 14/1972, S. 124.
Knightley, Philipp: The Second Oldest Profession. London 1986.
»Lebenslang im größten Gefängnis der Welt. Leben der Spione Philby und Blake in der Sowjetunion«. *Quick*, Heft 36/1975, S. 26.
O'Connor, Kevin: A Death in January. Eireann 1983.

Der Fall Klaus Fuchs
Agenten leben einsam. Kurzporträts der Meisterspione. *Neue Zürcher Zeitung*, Folio 1992. Heft 11, S. 43.
Moorehead, Alan: The traitors. London 1962.
Moss, Norman: Klaus Fuchs. The man who stole the atom bomb. London 1987.
Williams, Robert/Chadwell: Klaus Fuchs, Atom Spy. London 1987.

Der Fall Günter Guillaume
Agenten leben einsam. Kurzporträts der Meisterspione. *Neue Zürcher Zeitung*, Folio 1992. Heft 11, S. 43.
Baring, Arnulf: Machtwechsel, Stuttgart 1982.
Bracher, Karl Dietrich u. a.: Geschichte der Bundesrepublik Deutschland. Bd. 5: Republik im Wandel 1969–1974. Stuttgart 1990.
Brandt, Willy: Erinnerungen. Berlin 1989.
Guillaume, Günter: Die Aussage. Wie es wirklich war. Frankfurt a. M. 1990.
Koch, Peter: Willy Brandt. Eine politische Biographie. Berlin 1988.
»Mehr als 1000 Stunden ... Auszüge aus den Memoiren des Günter Guillaume – Aufstieg, Verrat und Fall des Kanzlerspions«. *Spiegel*, Heft 52/1988, S. 22.
Vielain, Heinz/Schell, Manfred: Verrat in Bonn. Berlin 1978.

Der Fall Oleg Gordiewski
Gordiewski, Oleg/Andrew, Christopher: K.G.B. The Inside Story. New York 1991.
Gordiewski, Oleg/Andrew, Christopher: Instructions from the Centre: Top Secret Files on KGB Foreign Operations, 1975–85. New York 1991.

Gordiewski, Oleg; Andrew, Christopher: KGB. Die Geschichte seiner Auslandsoperationen von Lenin bis Gorbatschow. München 1990.

Der Fall Werner Stiller

»Der Geheimnis-Cremer«. *Quick*, Heft 7/1979, S. 22.

Richter, Peter/Rösler, Klaus: Wolfs West-Spione. Ein Insider-Report. Berlin 1992.

Schlomann, Friedrich-Wilhelm: Operationsgebiet Bundesrepublik. Spionage, Sabotage, Subversion. Frankfurt a. M./Berlin 1989.

Schmidt-Eenboom, Erich: Der BND. Schnüffler ohne Nase. Düsseldorf 1993.

Siebenmorgen, Peter: »Staatssicherheit« der DDR. Der Westen im Fadenkreuz der Stasi. Bonn 1993.

Stiller, Werner: Im Zentrum der Spionage. Mainz 1988.

Stiller, Werner/Adams, J.: Beyond the Wall – Memoirs of an East and West German Spy. New York 1992.

»Treffen am Grab von Tucholsky«. *Quick*, Heft 8/1979, S. 113.

Der Fall John Walker

Barron, John: Breaking the Ring: The Bizarre Case of the Walker Family Spy Ring. New York 1988.

Blum, Howard: I Pledge Allegiance ... The True Story of the Walkers: An American Spy Family. New York 1987.

Earley, Pete: Family of Spies: inside the John Walker Spy Ring. Toronto/New York 1989.

»Exfrau vergiftet Sowjetspion«. *Quick*, Heft 25/1985, S. 28.

Kneece, Jack: Family Treason. The Walker Spy Case. New York 1986.

Walker, Laura/Horner, Jerry: Daughter of Deceit: The Human Drama Behind the Walker Spy Case. Richmond 1988.

Spionage im Kalten Krieg

Ammann, Thomas/Lehnhardt, Matthias/Meißner, Gerd/Stahl, Stefan: Hacker für Moskau. Deutsche Computer-Spione im Dienst des KGB. Reinbek 1989.

Bailey, Geoffrey: Verschwörer um Rußland. Intrigenkampf der Geheimmächte. München 1961.

Bakatin, Wadim: Im Innern des KGB. Frankfurt a. M. 1993.

Ball, Desmond/Windren, Robert: Soviet Signals Intelligence – Organisation and Management. O. O. 1990.

Bamford, James: NSA. Amerikas geheimster Nachrichtendienst. Zürich/Wiesbaden 1986.

Berg, Wieland/Cyranka, Daniel: Zur Aktenlage. MfS-Papiere und Öffentlichkeit. Halle 1992.

Baring, Arnulf: Machtwechsel. Stuttgart 1982.

Barring, Ludwig: Geheimagenten und Spione. Das Sachbuch der Spionage vom Altertum bis heute. Bayreuth 1968.

Barron, John: Breaking the Ring (siehe Fall John Walker).

Barron, John: KGB. Arbeit und Organisation des sowjetischen Geheimdienstes in Ost und West. Bern/München 1974.

Barron, John: Spione für den KGB. Die folgenreichste Spionageaffäre der letzten Jahrzehnte. Bern 1988.

Bergh, Hendrik van: ABC der Spione. Eine illustrierte Geschichte der Spionage in der Bundesrepublik Deutschland seit 1945. Pfaffenhofen a. d. Ilm 1965.

338

Beste-Verlag (Hrsg.): Die lautlose Macht. Geheimdienste nach dem Zweiten Weltkrieg. Bde. 1–2. Stuttgart 1985.

Biagi, Enzo: Lubjanka oder Die Gewöhnung an den Tod. Reinbek 1991.

Binder, Gerhart: Spione – Verräter – Patrioten. Nachrichtendienste im Schatten der Politik. Herford 1986.

Bloch, John/Fitzgerald, Patrick: British Intelligence and Covert Action. London 1983.

Blum, Howard: I Pledge Allegiance ... (siehe Fall John Walker).

Borgs-Maciejewski, Hermann/Ebert, Frank: Das Recht der Geheimdienste. Boorberg 1986.

Bourke, Séan: The Springing of George Blake. London 1970.

Boyle, Andrew: The climate of treason. Five who spied for Russia. London 1979.

Bracher, Karl Dietrich u. a.: Geschichte der Bundesrepublik Deutschland. Bd. 5: Republik im Wandel 1969–1974. Stuttgart 1990.

Brandt, Willy: Erinnerungen. Berlin 1989.

Buchheit, Gert: Die anonyme Macht. Aufgaben, Methoden, Erfahrungen der Geheimdienste. Frankfurt a. M. 1969.

Buchheit, Gert: Im Würgegriff der Politik. Vom Geheimkampf der Geheimdienste. Frankfurt a. M. 1974.

Cookridge, E. H.: Karriere: Doppelagent. Kim Philby. Meisterspion für London und Moskau. Oldenburg/Hamburg 1968.

Cookridge, E. H.: Shadow of a Spy. London 1967.

Corson, William: Maulwürfe. Die geheimen Kriege des KGB gegen die USA. München 1989.

Deakin, Frederick William: Richard Sorge. Die Geschichte eines großen Doppelspiels. München 1965.

Dulles, Allen Foster: Der lautlose Krieg. 39 berühmte Spionagefälle. München 1968.

Earley, Pete: Family of Spies: inside the John Walker Spy Ring. Toronto/New York 1989.

Edgar, J. H.: Spionage in Deutschland. Preetz 1962.

Engberding, Rainer O. M.: Spionageziel Wirtschaft. Technologie zum Nulltarif. Stuttgart 1993.

Felfe, Heinz: Im Dienst des Gegners. 10 Jahre Moskaus Mann im BND. Hamburg/Zürich 1986.

Gabriel, Hans: Sex und Spionage. Ein offener Bericht über geheime Verhältnisse. Pfaffenhofen 1966.

Gauck, Joachim: Die Stasi-Akten. Das unheimliche Erbe der DDR. Reinbek 1991.

Gelger, Hansjörg/Klinghard, Heinz: Stasi-Unterlagen-Gesetz. Mit Erläuterungen für die Praxis. Stuttgart 1993.

Gehlen, Reinhard: Der Dienst. Erinnerungen 1942–1971, Mainz 1990.

Gehlen, Reinhard: Verschlußsache. Mainz 1980.

Gemballa, Gero: Geheimgefährlich. Dienste in Deutschland. Köln 1990.

Gerken, Richard: Spione unter uns. Methoden und Praktiken der Roten Geheimdienste nach amtlichen Quellen. Donauwörth 1965.

Gordiewski, Oleg/Andrew, Christopher: K.G.B. The Inside Story. New York 1991.

Gordiewski, Oleg/Andrew, Christopher: Instructions from the Centre: Top Secret Files on KGB Foreign Operations, 1975–85. New York 1991.

Gordiewski, Oleg/Andrew, Christopher: KGB. Die Geschichte seiner Auslandsoperationen von Lenin bis Gorbatschow. München 1990.

Gramont, Sanche de: Der geheime Krieg. Die Geschichte der Spionage seit dem Zweiten Weltkrieg. Wien/Berlin 1963.

Gramont, Sandra de: The Secret War. London 1962.

Günther, Heinz: Wie Spione gemacht wurden. Stuttgart 1993.

Guillaume, Günter: Die Aussage. Wie es wirklich war. Frankfurt a. M. 1990.

Gunzenhäuser, Max: Geschichte des geheimen Nachrichtendienstes. Frankfurt a.M. 1968.

Haase, Dieter: Mein Name ist Haase, ich weiß... zuviel? Ein Doppelagent berichtet über unheimliche Dienste. Stuttgart 1993.

Hagen, Louis: Der heimliche Krieg auf deutschem Boden seit 1945. Düsseldorf/Wien 1969.

Halter, Hans: Krieg der Gaukler. Das Versagen der deutschen Geheimdienste. Göttingen 1993.

Höhne, Heinz: Der Krieg im Dunkeln. Die Geschichte der deutsch-russischen Spionage. München 1993.

Horchem, Hans Josef: Auch Spione werden pensioniert. Berlin 1993.

Hutton, Joseph Bernhard: Ostagenten am Werk. Das Ohr am Eisernen Vorhang. Dokumentarbericht. München 1972.

Hyde, Montgomery: George Blake – Superspy. London 1987.

Jentsch, Eva: Agenten unter uns. Spionage in der Bundesrepublik. Düsseldorf/Wien 1966.

Joesten, Joachim: Im Dienste des Mißtrauens. Das Geschäft mit Spionage und Abwehr. München 1964.

John, Otto: Zweimal kam ich heim. Vom Verschwörer zum Schützer der Verfassung. Düsseldorf/Wien 1969.

Joyal, Paul M.: Fifteen Years of Espionage. Washington 1991.

Kabus, Andreas: Auftrag WINDROSE. Der militärische Geheimdienst der DDR. Berlin 1993.

Kahl, Werner: Spionage in Deutschland heute. München 1986.

Kauß, Udo. Der suspendierte Datenschutz bei Polizei und Geheimdiensten. Frankfurt a. M. 1989.

Kessler, Pamela: Undercover Washington: Touring the Sites Where Famous Spies Lived, Worked & Loved. Washington 1992.

Kneece, Jack: Family Treason. The Walker Spy Case. New York 1986.

Knightley, Philipp: Die Geschichte der Spionage im 20. Jahrhundert. Aufbau und Organisation, Erfolge und Niederlagen der großen Geheimdienste. München 1989.

Knightley, Philipp: The Second Oldest Profession. London 1986.

Koch, Peter: Willy Brandt. Eine politische Biographie. Berlin 1988.

Koch, Peter-Ferdinand: DDR contra BRD. Wie Deutsche gegen Deutsche spionierten. München 1994.

Koppe, Ingrid: Die Kontinuität des Wegsehens und Mitmachens. Köln 1991.

Lucas, Norman: Die Sowjetspionage. Organisation, Methode und Praxis der sowjetischen Geheimdienste im Westen. Wien/München 1965.

Markus, Georg: Der Fall Redl. Mit unveröffentlichten Geheimdokumenten zur folgenschwersten Spionage-Affäre des Jahrhunderts. Wien/München 1984.

Massing, Hede: Die große Täuschung. Geschichte einer Sowjetagentin. Freiburg/Basel/Wien 1967.

Melton, H. Keith: CIA Special Weapons & Equipment: Spy Devices of the Cold War. Washington 1993.

Mendelsohn, John: The Spy Factory & Secret Intelligence. New York 1989.

Michels, Bernd: Spionage auf deutsch. Wie ich über Nacht zum Top-Agent wurde. Düsseldorf 1992.

Mitgang, Herbert: Überwacht. Große Autoren in den Dossiers amerikanischer Geheimdienste. Hamburg 1992.

Moorehead, Alan: The Traitors. London 1952.

Moss, Norman: Klaus Fuchs. The man who stole the atom bomb. London 1987.

Myers, Lawrence: Covert Communications Techniques of the Underground. Lake Geneva 1991.

Myers, Lawrence: Honorable Treachery: A History of U.S. Intelligence, Espionage, & Covert Action. New York 1991.

Newman, Bernard: Spionage. Mythos und Wirklichkeit. München 1966.

Noetzel, Thomas: Die Faszination des Verrats. Eine Studie zur Dekadenz im Ost-West-Konflikt. Hamburg 1989.

O'Connor, Kevin: A Death in January. Eireann 1983.

Ottilinger, Margarita: Geheime Akten des KGB. München 1992.

Penkowskij, Oleg: Geheime Aufzeichnungen. München/Zürich 1966.

Penninger, Reinhard: Geheimdienste. Frankfurt a. M. 1993.

Piekalkiewicz, Janusz: Weltgeschichte der Spionage. Agenten, Systeme, Aktionen. München 1988.

Pincher, Chapman: Inside Story. London 1978.

Pincher, Chapman: Their Trade is Treachery. London 1981.

Powers, Thomas: Heisenbergs Krieg. Die Geheimgeschichte der deutschen Atombombe. Augsburg 1993.

Rado, Sandor: Deckname Dora. Stuttgart 1971.

Reese, Mary E.: Organisation Gehlen. Der Kalte Krieg und der Aufbau des deutschen Geheimdienstes. Reinbek 1992.

Reichenbach, Alexander: Chef der Spione. Die Markus Wolf Story. Stuttgart 1992.

Richter, Peter/Rösler, Klaus: Wolfs West-Spione. Ein Insider Report. Berlin 1992.

Ritter, Falko L.: Die geheimen Nachrichtendienste in der Bundesrepublik Deutschland. Heidelberg 1989.

Ritter, Nikolaus: Deckname Dr. Rantzau. Die Aufzeichnungen des Nikolaus Ritter, Offizier im Geheimen Nachrichtendienst. Hamburg 1972.

Rittlinger, Herbert: Geheimdienst mit beschränkter Haftung. Bericht vom Bosporus. Stuttgart 1973.

Roth, Jürgen: Die Mitternachtsregierung. Wie westliche Geheimdienste internationale Politik manipulieren. Ein schonungsloser Report. München 1993.

Runge, Irene/Stelbring, Uwe: Markus Wolf: »Ich bin kein Spion«. Berlin 1990.

Rusbridger, James: The Intelligence Game: Illusions & Delusions of International Espionage. New York 1991.

Russell, Francis: Der geheime Krieg. Amsterdam 1982.

Scharnhorst, Gerd: Spione in der Bundeswehr. Bayreuth 1965.

Schechter, Jerrold L./Deriabin, Peter: Die Penkowskij-Akte. Der Spion, der den Frieden rettete. Frankfurt a. M. 1993.

Schlomann, Friedrich-Wilhelm: Operationsgebiet Bundesrepublik. Spionage, Sabotage, Subversion. Frankfurt a. M./Berlin 1989.

Schmidt-Eeboom, Erich: Der BND. Schnüffler ohne Nase. Düsseldorf 1993.

Schweizer, Peter: Diebstahl bei Freunden. Wie die Geheimdienste der Japaner und Deutschen die US-Wirtschaft ausspionieren. Reinbek 1993.

Shannon, Michel L.: Don't Bug me: The Latest High-Tech Spy Methods. Lake Geneva 1992.

Siebenmorgen, Peter: »Staatssicherheit« der DDR. Der Westen im Fadenkreuz der Stasi. Bonn 1993.

Stiller, Werner: Im Zentrum der Spionage. Mainz 1988.

Stiller, Werner/Adams, J.: Beyond the Wall. Memoirs of an East and West German Spy. New York 1992.

Stoll, Clifford: Kuckucksei. Die Jagd auf die deutschen Hacker, die das Pentagon knackten. Frankfurt a. M. 1989.

Trepper, Leopold: Die Wahrheit. Autobiographie. München 1978.

Treverton, Gregory: Top Secret! Geheime Operationen und ihre politischen Auswirkungen. Stuttgart 1988.

Tumanow, Oleg: Geständnisse eines KGB-Agenten. O. o. 1993.

Vielain, Heinz/Schell, Manfred: Verrat in Bonn. Berlin 1978.

Volkmann, Ernest: Secret Intelligence: The Inside Story of America's Espionage Empire. New York 1991.

Walker, Laura/Horner, Jerry: Daughter of Deceit: The Human Drama Behind the Walker Spy Case. Richmond 1988.

Wennerstroem, Stig: Mein Verrat. Erinnerungen eines Spions. München/Berlin 1973.

Whiteside, Thomas: Wennerstroem. Der perfekte Agent. Frankfurt a. M. 1967.

Wighton, Charles: Meisterspione der Welt. Düsseldorf 1963.

Wilcox, Laird: Master Bibliography on Terrorism, Assassination, Espionage & Propaganda. Huntington 1993.

Williams, Robert, Chadwell: Klaus Fuchs, Atom Spy. London 1987.

Wise, David: Flucht nach Moskau. Wie der CIA-Agent Edward Lee Howard die eigenen Geheimdienste aufs Kreuz legte. München 1988.

Wise, David: Das Spionage-Establishment. Berlin 1968.

Wolf, Markus: In eigenem Auftrag. Bekenntnisse und Einsichten. München 1991.

Wollenberger, Vera: Virus der Heuchler. Innenansicht der Stasi-Akten. Berlin 1992.

Woodward, Bob: Geheimcode VEIL. Reagan und die geheimen Kriege oder CIA. München 1987.

Worst, Anne: Ein Geheimdienst am Ende. Die Auflösung der Staatssicherheit. Berlin 1991.

Wright, Peter: Spycatcher. Enthüllungen aus dem Secret Service. Frankfurt a. M./ Berlin 1988.

Wynne, Greville: Der Mann aus Moskau. Stuttgart 1967.

Zarew, Oleg/Costello, John: Der Superagent. Der Mann, der Stalin erpreßte. Moskau 1993.

Personenverzeichnis

Stichwortverzeichnis

350

BILDNACHWEIS

Die Seitenzahlen beziehen sich auf den Bildteil, der fortlaufend von 1 bis 16 numeriert ist.

Peter Adler: 14 unten; 16 oben links und oben rechts; 16 unten rechts. dpa: 6 unten; 10 oben und unten links; 11 unten rechts. epa: 2 unten (Gerry Penny). Matthias Haedecke: 2 oben links; 6 oben links und oben rechts. Keystone: 4; 5 unten rechts; 8 oben links; 12 oben links; 15 unten. Guido Knopp: 14 oben rechts. Michael Schallon: 9 unten rechts; 11 oben rechts und unten links. Werner Stiller: 15 oben links und oben rechts. Süddeutscher Verlag: 1; 3 unten; 5 unten links; 7 oben rechts und unten; 9 unten links; 10 unten rechts; 12 oben rechts. Ullstein: 5 oben links und oben rechts; 7 oben links (UPI). Armin Vater: 3 oben rechts; 8 oben rechts und unten; 9 oben links und oben rechts. ZDF: 3 oben links; 11 oben links; 12 unten links und unten rechts; 14 oben links; 16 unten links.